Friedrich Spielhagen

Sämtliche Werke

Band 9

Friedrich Spielhagen

Sämtliche Werke
Band 9

ISBN/EAN: 9783743322707

Hergestellt in Europa, USA, Kanada, Australien, Japan

Cover: Foto ©ninafisch / pixelio.de

Manufactured and distributed by brebook publishing software
(www.brebook.com)

Friedrich Spielhagen

Sämtliche Werke

Friedrich Spielhagen's

Sämmtliche Werke.

Neue,
vom Verfasser revidirte Ausgabe.

Neunter Band.

Hammer und Amboß.

Erster Theil.

—◆◆—

Leipzig.

Verlag von L. Staackmann.

1874.

Hammer und Amboß.

Roman

von

Friedrich Spielhagen.

Erster Theil.

Fünfte Auflage.

Leipzig.

Verlag von L. Staackmann.

1874.

Leipzig. Druck von Grimme & Trömel.

Erstes Capitel.

Wir standen in der tiefen Nische an einem offenen Fenster unseres Classenzimmers. In dem klösterlich stillen Schulhof lärmten die Spatzen, und einzelne Strahlen der Spätsommersonne glitten an den altersgrauen Mauern herab auf das grasumsponnene Pflaster; aus dem hohen, sonnelosen, mit der abgestandenen Luft einer ganzen Schulwoche erfüllten Zimmer tönte das Summen der leisen Zwiegespräche unserer Mitschüler, die, außer uns, bereits sämmtlich auf ihren Plätzen über ihren Sophokles gebeugt saßen und des Kommens des „Alten" harrten, das jeden Augenblick erfolgen konnte, denn das akademische Viertel war bereits verflossen.

Im schlimmsten Falle brennst Du durch, sagte ich, als jetzt die Thür aufging und er hereintrat.

Er — der Professor Doctor Lederer, Director des Gymnasiums und zugleich Ordinarius unserer Prima — in dem Schüler-Rothwelsch „der Alte" genannt — war eigentlich nicht gerade alt, sondern ein Mann in der zweiten Hälfte der Vierziger, dessen kleiner, bereits ergrauender Kopf auf einer steifen schneeweißen Halsbinde ruhte, und dessen sehr langer und wunderbar dürrer Leib Jahr aus, Jahr ein, Sommer und Winter in einen Rock von feinstem glänzend schwarzen Tuch geknöpft war. Seine schlanken, äußerst sorgfältig gepflegten Hände mit den langen, spitzigen Fingern waren, wenn sie sich — was häufiger vorkam — dicht vor meinen Augen in nervöser Erregung hin- und herbewegten, stets der Gegenstand meiner bewundernden Aufmerksamkeit gewesen — ein paar Mal war ich der Versuchung kaum entgangen, plötzlich zuzufassen und

dies Kunstwerk von einer Hand in einer meiner groben brau=
nen Fäuste zu zerquetschen.

Professor Lederer legte den Weg von der Thür bis zum
Katheder stets in zwölf gleichmäßigen, unendlich würdevollen
Schritten zurück, Haupt und Augen ein wenig gesenkt, mit
der strengen Miene concentrirtesten Nachdenkens, anzuschauen
wie ein Opferpriester, der auf den Altar zuschreitet, oder auch
wie Cäsar, der in den Senat geht, auf jeden Fall wie ein
Wesen, das, weit entrückt der modernen plebejischen Sphäre,
Tag für Tag in dem Lichte der Sonne Homer's wandelt und
sich dieses wunderbaren Factums vollkommen bewußt ist.
Deshalb war es auch nicht wohlgethan, den classischen Mann
auf diesem kurzen Wege aufzuhalten; eine abwehrende Hand=
bewegung war in den meisten Fällen die ganze Antwort; aber
der sanguinische Arthur war so sicher, mit seinem Gesuche
nicht abgewiesen zu werden, daß es ihm auf eine Chance mehr
gegen ihn nicht eben ankam. So vertrat er denn dem Pro=
fessor den Weg und brachte seine Bitte vor, von den Stun=
den des heutigen Tages — es war ein Sonnabend — dis=
pensirt zu werden.

Nimmermehr! sagte der Professor.

Behufs einer Vergnügungsfahrt, sprach Arthur weiter,
durch den grollenden Ton des gestrengen Mannes keineswegs
eingeschüchtert — er war sehr schwer einzuschüchtern, mein
Freund Arthur — behufs einer Vergnügungsfahrt auf dem
Dampfschiffe meines Onkels zur Exploration der Austern=
bänke, die mein Onkel vor zwei Jahren angelegt hat, wissen
Sie, Herr Professor, ich habe auch ein Gesuch meines Vaters!
— Und Arthur producirte das betreffende Blatt.

Nimmermehr! wiederholte der Professor. Sein bleiches
Gesicht war vor Zorn ein wenig geröthet; seine weiße Hand,
von der er bereits den schwarzen Handschuh abgestreift hatte,
war in einer oratorischen Geste gegen Arthur erhoben; seine
blauen Augen hatten eine tiefere Färbung angenommen, wie
Meerwasser, wenn ein Wolkenschatten darüber hinzieht.

Nimmermehr! rief er zum dritten Male; schritt an

Arthur vorüber nach dem Katheder; erklärte, nachdem er stumm die weißen Hände gefaltet, daß er zu aufgeregt sei, um beten zu können, und nun kam eine gestotterte Philippika — der würdige Mann stotterte stets, wenn er aufgeregt war — gegen die Pest der Jugend: die Weltlust und Vergnügungs= sucht, der gerade Diejenigen, auf welchen der Geist Apollos und · der Pallas Athene am wenigsten ruhe, am meisten ver= fallen seien. Er sei ein milder und humaner Mann und wohl des Dichterwortes eingedenk, daß man zur rechten Zeit, am rechten Ort den strengen Ernst fahren lassen, ja gelegentlich zechen und mit den Füßen im Tanz den Boden stampfen dürfe — aber dann müsse die Ursache der Wirkung ange= messen sein; — ein Virgil müsse uns aus der Fremde heim= kehren, eine Kleopatra durch ihren freiwillig = unfreiwilligen Tod das Gemeinwohl von einer drohenden Gefahr erlöst haben. Wie aber könne jemand, der notorisch zu den schlech= testen Schülern gehöre, ja unbedingt der schlechteste sein würde, wenn ihm nicht Einer, der nach dieser Richtung unerreichbar sei — hier suchten des Professors blöde Augen mich — den Rang ablaufe, — wie könne ein Solcher nach einem Kranze greifen, welcher nur die vom Schweiße des Fleißes rieselnde Stirn kühlen dürfe! Sei er — der Redner — zu streng? er glaube nicht, obgleich niemand es inniger wünschen könne, als er, niemand sich inniger freuen würde, als er, wenn jetzt der hart Gescholtene den Beweis seiner Schuldlosigkeit sofort anträte und den herrlichen Chor der Antigone, welcher das Thema unserer heutigen Vorlesung sei, ohne Anstoß übersetzte. Von Zehren, beginnen Sie!

Der arme Arthur! Ich sehe noch heute, nach so viel Jahren, sein schönes, damals schon etwas verlebtes Gesicht, welches sich vergeblich Mühe gab, das aristokratisch = gleich= gültige Lächeln auf den feinen Lippen festzuhalten, als er jetzt das Buch aufnahm und ein paar Verse des griechischen Textes nicht eben geläufig las. Während dieser kurzen Lectüre verschwand das verächtliche Lächeln mehr und mehr und ein Blick hülfesuchender Verlegenheit aus den langgeschlitzten

Augen irrte herab zu seinem Nachbar und Pylades. Lieber Himmel, wie konnte ich ihm helfen! und wer wußte besser als er, daß ich ihm nicht würde helfen können! So geschah das Unabänderliche. Er machte aus einem „Strahl des Helios“ einen „Schild des Aeolus“ und brachte noch vieles Aehnliche, Unerhört=Ungehörige vor. Die Anderen feierten ihr besseres Wissen durch Salven von Gelächter, und selbst die classischen Züge des Professors erhellte ein grimmiges Lächeln des Triumphes über den in den Staub getretenen Gegner.

Die Hunde! murmelte Arthur mit bleichen Lippen, als er sich, nachdem das peinliche Verhör ein paar Minuten gedauert, wieder setzte. Weshalb hast Du mir nicht zugesagt?

Es blieb mir keine Zeit, eine so thörichte Frage zu beant= worten, denn jetzt kam die Reihe an mich. Aber ich hatte keine Lust, mich, meinen Mitschülern zum Spaß, der gelehrten Fol= ter zu unterwerfen, sondern erklärte, daß ich noch weniger vor= bereitet sei, als mein Freund, und daß ich durch dieses Bekennt= niß dem Zeugniß, welches mir der Herr Professor vorhin ja selbst ausgestellt hätte, zu entsprechen hoffe.

Ich begleitete diese Worte mit einem drohenden Blick gegen die Andern, der ihr Gelächter alsbald verstummen machte; und auch der Professor, sei es, daß er weit genug ge= gangen zu sein glaubte, sei es, daß er meine freche Rede einer Erwiderung für unwürdig hielt, wandte sich mit einem Achsel= zucken ab und strafte uns, während er gegen die Andern unge= mein liebenswürdig war und die gelehrtesten Witze zum Besten gab, den noch übrigen Theil der Stunde hindurch mit stiller Verachtung.

Die Thür hatte sich hinter ihm geschlossen. Arthur stand vor der ersten Bank und rief: Ihr habt Euch einmal wieder erbärmlich benommen; aber mir fällt es nicht ein, hier zu blei= ben Der Alte kommt heute nicht wieder; wenn die Andern nach mir fragen, sagt nur: ich wäre krank.

Und dasselbe gilt für mich! rief ich, neben Arthur tretend

und ihm einen Arm auf die Schulter legend. Ich gehe mit. Ein Lump, der seinen Freund verläßt!

Einen Augenblick später hatten wir uns zwölf Fuß hoch aus dem Fenster auf den Schulhof hinabgleiten lassen und standen nun zwischen zwei Mauerpfeilern, eng aneinander gedrückt, damit uns der Professor, wenn er aus dem Schulgebäude in seine Wohnung ging, nicht erblicke, den weitern Plan überlegend.

Es gab zwei Möglichkeiten, von dem rings eingeschlossenen Hinterhof, auf dem wir uns jetzt befanden, in's Freie zu gelangen: durch die langen, winkeligen Kreuzgänge des Gymnasiums — eines uralten Benedictiner=Klosters — auf die Straße, oder durch die Wohnung des Professors, die mit einer Ecke den Hof begrenzte, direct auf die Promenade, zu welcher die längst demolirten Stadtwälle umgeschaffen waren und die fast das ganze Städtchen umkreiste. Der erste Weg war gefährlich, denn es geschah häufig, daß ein oder das andere Lehrerpaar noch lange nach dem officiellen Anfang der Lection in den kühlen Gängen plaudernd auf= und abpromenirte — und wir hatten keine Minute zu verlieren; der zweite war noch viel gefährlicher, denn er führte direct durch die Höhle des Löwen; aber er war der bei weitem kürzere und jeden Augenblick praktikabel; wir entschieden uns deshalb für denselben.

An der Mauer, dicht unter den Fenstern unserer Klasse, in welcher die zweite Lection bereits begonnen hatte, hinschleichend, kamen wir bis zu der schmalen Pforte, die auf den kleinen Hof der Professorwohnung führte. Hier war Alles still; durch die offen stehende Hinterthür konnten wir auf den weiten, mit Steinfliesen gepflasterten Flur des Hauses sehen, wo der Professor, der eben zurückgekommen war, sich mit seinem jüngsten Söhnchen, einem hübschen schwarzköpfigen dreijährigen Buben, haschte, indem er mit seltsam langen Schritten hinter demselben herlief und dabei vorsichtig in die weißen Hände klatschte. Das Kind lachte und jauchzte und einmal kam es sogar auf den Hof gelaufen, gerade auf unsern Versteck, der aus einem Haufen Klobenholz bestand, zu; noch ein paar Schrittchen der kleinen Beine und wir waren entdeckt.

Ich habe hernach oft daran gedacht, wie an diesen paar Schrittchen im Grunde nicht weniger als mein ganzes Leben gehangen hat. Kam das Kind bis zu uns, so konnten wir nur hinter dem Holzstoß — an welchem man übrigens vom Schul= gebäude zur Directorwohnung vorüber mußte — hervortreten, als zwei Schüler, die sich zu ihrem Lehrer begeben, ihn wegen des Aergers, den sie ihm bereitet haben, um Verzeihung zu bitten. Wenigstens gestand mir Arthur, daß ihm, als das Kind auf uns zugekommen, blitzschnell dieser Gedanke durch den Kopf gefahren sei. Dann hätte es noch eine Strafpredigt gegeben, aber in milderm Tone — denn der Professor war im Grunde seines Herzens ein guter Mann, der das Beste wollte; — wir wären in die Klasse zurückgekehrt, hätten schlimmstenfalls den Mitschülern gegenüber unsern Entweichungsplan für einen schlechten Scherz ausgegeben und — ja ich weiß selbst nicht, was dann geschehen wäre, sicher nicht das, was wirklich geschah.

Aber die trippelnden Beinchen kamen nicht bis zu uns; der mit langen Schritten hinterher eilende Vater erhaschte das Kind und hob es, in überströmender Vaterfreude, hoch in die Höhe, daß die dunkeln Locken des Bübchens in der Sonne blitzten — dann trug er es kosend zum Hause zurück, in dessen Thür die Frau Professorin im Schmuck auf Papilloten gewickelter Locken und einer weißen Küchenschürze erschien; dann verschwanden Vater, Mutter und Kind — die offen gebliebene Thür zeigte auf einen leeren Hausflur — jetzt, oder nie war es Zeit.

Mit jenem hochklopfenden Herzen, das nur in der Brust eines Schülers Raum hat, der einen dummen Streich macht, schlichen wir bis zur Thür, über den sonntäglich stillen Flur, wo in den schrägen Sonnenstreifen, welche durch die gothischen Fenster fielen, die bunten Staub=Atome tanzten. Die Glocke der Hausthür gab, als wir dieselbe langsam öffneten, einen schrillen Warnungsruf, aber schon winkten uns die breitkronigen Bäume der Wallpromenade; eine halbe Minute später waren wir zwischen den dichten Gebüschen der Anlagen verschwunden und eilten mit großen Schritten, die manchmal in einen kurzen Trab fielen, dem Hafen zu.

Was wirst Du Deinem Vater sagen? fragte ich.

Gar nichts, denn er wird nicht fragen, erwiederte Arthur; oder wenn er fragt: daß ich frei bekommen habe; was sonst? Es wird famos werden; ich werde mich famos amüsiren.

Wir eilten eine Weile schweigend nebeneinander her. Zum ersten Male fiel mir ein, daß ich doch eigentlich um nichts und wieder nichts aus der Schule gelaufen sei. Wenn Arthur hernach ein paar Tage Carcer trafen, so hatte er sich doch wenigstens famos amüsirt; und die Sache hatte also für ihn gewissermaßen einen Sinn. Ueberdies waren seine Eltern sehr nachsichtig — er riskirte mit einem Worte so gut wie nichts. Ich dagegen lief die Gefahr der Entdeckung und der Strafe ohne alle Entschädigung, und mein strenger, alter Vater verstand überhaupt keinen Scherz, in solchen Dingen am wenigsten. Ich hatte wieder einmal, wie schon so oft, für einen Andern die süßen Kastanien aus dem Feuer holen helfen. Indessen was that's! Hier bei dem eiligen Lauf unter den wehenden Bäumen war es jedenfalls besser als in der dumpfigen Klasse, und für mich, wie ich damals gesinnt war, trug jeder dumme, übermüthige Streich seine Belohnung in sich selbst. Ich empfand es deshalb als eine besondere Großmuth meines sonst sehr egoistischen Freundes, als dieser plötzlich sagte: Höre, Georg, Du solltest mitkommen. Der Onkel hat mir noch speciell aufgetragen, so viel Freunde als möglich mitzubringen. Ich sage Dir: es wird famos werden. Elise Kohl und Emilie Heckepfennig sind auch dabei. Ich will Dir ausnahmsweise Emilie lassen. Und dann die Austern und der Champagner und die Ananas-Bowle — Du solltest wirklich mitkommen.

Und mein Vater? sagte ich; aber ich sagte es nur, denn mein Entschluß, von der Partie zu sein, stand bereits fest. Emilie Heckepfennig — Emilie mit ihrem Stumpfnäschen und ihren lachenden Augen, die mich immer ganz besonders auszeichnete und mir neulich beim Pfänderspiel einen herzhaften Kuß gegeben, zu dem sie gar nicht verpflichtet war, und die mir Arthur, der Fant, ausnahmsweise lassen wollte! Ich mußte mit, jetzt mußte ich es; mochte daraus kommen, was wollte.

Meinst Du, daß ich so erscheinen kann? fragte ich, stehen bleibend, mit einem Blick auf meinen Anzug, der einfach und sauber — ich hielt darauf — aber keineswegs gesellschaftlich war.

Warum denn nicht, erwiderte Arthur; was ist daran gelegen! Und übrigens haben wir keine Minute zu verlieren.

Arthur, der in seinen besten Kleidern war, hatte mich nicht angesehen und seinen Schritt nicht gemäßigt. Wir hatten in der That keine Minute zu verlieren, denn, als wir jetzt durch ein paar enge Gäßchen zum Hafen gelangten, tönte uns die Signalglocke des Dampfers entgegen, der an der Landungsbrücke zur Abfahrt bereit lag. Die vierschrötige Gestalt des Kapitäns stand auf dem Radkasten. Wir drängten uns eilig durch die dichte Schaar der Gaffer auf der Brücke und stürzten über das Laufbret, als man es eben auf das Schiff ziehen wollte und die Räder ihre erste Umdrehung machten, mitten hinein in die auf dem Deck versammelte Gesellschaft.

Zweites Capitel.

Wie Du mich erschreckt haft! sagte Frau von Zehren, indem sie ihren Sohn bei beiden Händen ergriff; — wir hielten schon das Unmögliche für möglich und glaubten, Professor Lederer habe Dir die Erlaubniß verweigert. Siehst Du wohl, Zehren, daß ich recht hatte?

Nun, mir ist es ja auch recht, erwiderte der Steuerrath; die jungen Damen waren schon trostlos über Dein Ausbleiben, Arthur; oder habe ich zu viel gesagt, Fräulein Emilie, Fräulein Elise? — Und der Steuerrath wandte sich mit einer galanten Handbewegung an die Mädchen, die kichernd ihre breitgeränderten dunkeln Strohhüte gegeneinander neigten. — Nun aber mußt Du den Onkel begrüßen, fuhr er leiser fort; — wo ist denn der Onkel? und er ließ seine Augen über die auf dem Deck herumschwärmende Gesellschaft schweifen.

Der Commerzienrath Streber kam eben dahergeschossen. Seine kleinen hellblauen Augen blitzten ärgerlich unter den grauen buschigen Brauen hervor; den langen Schirm seiner unmodischen Mütze hatte er aus der kahlen Stirn geschoben; der linke Aermel seines weiten blauen Fracks mit den goldenen Knöpfen war ihm halb von der Schulter gerutscht; seine in gelben Nankinghosen steckenden Beinchen hatten es sehr eilig.

Wo hat denn der verdammte Johann die —

Erlauben Sie, werther Herr Schwager, daß Ihnen mein Arthur —

Ist gut! rief der Commerzienrath, ohne den Präsentirten anzusehen; — aha! da ist der Schlingel! — und er schoß unaufhaltsam weiter, auf seinen Bedienten zu, der eben mit einem Präsentirbret voll Gläser aus der Kajütenthür auftauchte.

Der Steuerrath und die Steuerräthin tauschten untereinander ein paar Blicke aus, in welchen „der alte Grobian“ oder etwas derart ziemlich deutlich zu lesen war. Arthur hatte sich zu den jungen Mädchen gewandt und etwas gesagt, was jene veranlaßte, hell aufzulachen und mit ihren Sonnenschirmen nach ihm zu schlagen; ich, um den sich niemand kümmerte, wandte mich ab und suchte das stillere Vorderdeck auf, wo ich auf einer Rolle Schiffstaue Platz nahm und, den Rücken gegen die Ankerwinde gelehnt, in den hellen Morgen und auf das helle Meer hinauszublicken begann.

Denn das Schiff hatte unterdessen den Hafen verlassen und fuhr längst der Küste linker Hand dahin, auf welcher die rothen Dächer der Schifferhäuschen durch Busch und Baum blickten, während auf dem schmalen weißen Strande hier und da einzelne Gestalten sichtbar wurden, Schiffer oder auch Badegäste, die nach dem vorüberbrausenden Dampfer schauten. Rechter Hand trat das flache Ufer immer mehr zurück; vor uns — aber in weiterer Ferne — glänzten die Kreide-Felsen der Nachbarinsel herüber über die blaue Meeresfläche, die jetzt, unter einem lebhafteren Wind, sich zu kräuseln begann, während unzählbare Scharen von Seevögeln bald vor dem daherbrausenden Schiff in den Wind flogen, bald, die klugen Köpfchen drehend, auf den bewegten Wassern tanzten und mit ihrem eintönigen Geschrei die Luft erfüllten.

Es war ein heller köstlicher Morgen; ich sah es wohl, aber fühlte es nicht recht. Meine Stimmung war sonderbar trüb. Sie würde ausgezeichnet gewesen sein, wäre des Herrn Commerzienrath „Pinguin,“ der mit einer Schwerfälligkeit, die seinem Namen entsprach, durch das Wasser sich arbeitete, ein schönes, schnelles Schiff gewesen, nach China bestimmt oder Buenos-Ayres oder sonst ein paar tausend Meilen weit weg, und ich als Passagier, mit einem großen Beutel voll Gold, ja meinetwegen selbst als Matrose an seinem Bord, mit der Gewißheit, nun und niemals wieder die verhaßten Thürme meiner

Vaterstadt zu schauen, die da eben auf dem blendenden Morgen=
himmel mit dem sonnedurchleuchteten Morgendunst verflossen.
Aber jetzt! — was war es nur, was mich so melancholisch
machte? Das Bewußtsein meines Ungehorsams, die Furcht der,
nach menschlicher Berechnung, unausbleiblichen unangenehmen
Folgen? Gewiß nicht! Das Aeußerste konnte doch nur sein,
daß mich mein strenger Vater aus dem Hause jagte, wie er es
schon oft genug zu thun gedroht, und diese Möglichkeit sah ich
als eine Befreiung von einem Joch an, das mir mit jedem Tage
unerträglicher däuchte, und begrüßte sie deshalb, als sie sich
jetzt im Geiste darbot, mit einem Lächeln grimmiger Zufrieden=
heit. Nein, das war es nicht!

Was aber sonst?

Ja, mein Gott, wer will denn aus der Schule gelaufen
sein mit einem Eifer als gälte es, das Höchste zu erringen, und
hernach, in einer fröhlichen Gesellschaft, auf dem Deck eines
Dampfers, abseits auf einer Taurolle sitzen, ohne daß irgend
jemand der Herren oder Damen ihn im geringsten beachtet, ja
selbst ohne die Aussicht, der Diener mit den Kaviarbrödchen
und dem Portwein würde endlich auch einmal zu ihm kommen!
Diese letztere Vernachläjsigung beleidigte mich, ehrlich gestan=
den, für den Augenblick am schmerzlichsten. Mein Appetit war,
wie das bei einem neunzehnjährigen Burschen von meiner Kör=
perbeschaffenheit nicht anders sein konnte, immer ausgezeichnet
und jetzt durch den scharfen Lauf von der Schule zum Hafen
und durch den frischen Seewind ungewöhnlich gereizt.

Ich stand in einer Anwandlung von Ungeduld auf, aber
setzte mich alsbald wieder. Nein, Arthur mußte kommen und
mich zur Gesellschaft führen; es war, nachdem ich ihm den
Gefallen gethan hatte, mit ihm wegzulaufen, das Geringste,
was er mir schuldig war. Als ob er mir noch jemals bezahlt
hätte, was er mir schuldig war! Wie viel Angelruthen, Kana=
rienvögel, Muscheln, Thonpfeifen, Messer hatte er mir abgekauft,
das heißt abgeschmeichelt und abgetrotzt, ohne jemals den aus=
bedungenen Preis zu entrichten! Ja, wie oft hatte er mir mein
baares Geld abgeborgt, sobald es nur irgend der Mühe werth

schien, wozu manchmal nicht mehr als zwei und ein halber Silbergroschen gehörten!

Sonderbar, daß ich gerade jetzt in dieser hellen Morgenstunde diese dunkle Rechnung aufsummiren mußte! Es war gewiß das erste Mal seit dem Beginn unserer Freundschaft, die doch mindestens schon von unserm sechsten Jahre an datirte. Denn ich hatte den schönen schlanken Knaben immer geliebt, der so langes goldglänzendes Haar und so weiche braune Augen hatte und weil der Sammet von seiner Sonntagsjacke sich immer so glatt anfühlte. Ich hatte ihn geliebt, wie ein großer, vierschrötiger Kettenhund ein zartes Windspiel lieben mag, das er mit einem Druck seiner Kinnbacken zermalmen kann: und so liebte ich ihn noch gewiß in diesem Augenblick, während er mit den Mädchen schäferte und als ein petit maitre, der er war, sich plaudernd, lachend durch die Gesellschaft bewegte.

Ich wurde ganz traurig, als ich das von meinem Platz, der eigentlich ein Versteck war, beobachtete, — ganz traurig und ganz muthlos; — ich mußte wohl sehr hungrig sein.

Wir hatten jetzt die weit in das Meer sich streckende Landzunge, in welche der westliche Strand auslief, und die wir umfahren mußten, erreicht. Auf der äußersten flachen Spitze, von der Reihe der Dünenhäuser durch einen weiten Zwischenraum getrennt, und vom Meere rings umfluthet, stand, von einer alten halbverdorrten Eiche überragt, noch eine Hütte, an die sich für mich viel köstliche Erinnerungen knüpften. Der alte Schmied Pinnow wohnte da, meines Freundes Klaus Pinnow Vater. Schmied Pinnow war für meine Knabenjahre unzweifelhaft die merkwürdigste Persönlichkeit gewesen. Er besaß vier alte doppelläufige, verrostete Percussionsgewehre und eine lange einläufige Vogelflinte mit Pfannenschloß, die er an jagdlustige Badegäste verlieh und gelegentlich an uns Jungen, wenn wir gut bei Kasse waren, denn Schmied Pinnow that nicht leicht etwas um Gottes willen; außerdem hatte er ein großes Segelboot, ebenfalls nur zur Benutzung der Badegäste, wenigstens in den letzten Jahren, wo er halb blind geworden war und größere Fahrten nicht wohl unternehmen konnte. Ehemals sollte er

freilich ganz andere Fahrten von weniger harmloser Natur ge=
macht haben; und die Steuerofficianten, meines Vaters Colle=
gen — mein Vater war seit einiger Zeit zum Rendanten avan=
cirt — schüttelten die Köpfe, wenn sie auf Schmied Pinnows
Vergangenheit zu sprechen kamen. Indessen, was ging uns
Jungen das an! Was ging es mich vor allen an, der ich den
vier verrosteten Jagdgewehren und der Vogelflinte und des al=
ten Pinnows altem Boot die schönsten Stunden meines Lebens
verdankte und an Klaus Pinnow den besten Kameraden von der
Welt gehabt hatte. Gehabt! Denn seit den letzten vier Jahren,
wo Klaus bei Schlosser Wangerow in der Lehre und später in
Arbeit gewesen, hatte ich ihn selten nur noch gesehen und seit
einem halben Jahre gar nicht wieder.

Aber eben jetzt dachte ich an ihn, als wir an seines Vaters
Hütte vorüberfuhren und auf dem Sande neben dem auf den
Strand gezogenen Boot eine Gestalt stand, — zwerghaft klein
in Folge der großen Entfernung, — in der meine scharfen Au=
gen aber dennoch Christel Möwe erkannten, Klaus' Pflege=
schwester, welche die nun auch längst verstorbene Frau des alten
Pinnow vor sechszehn Jahren nach einer Sturmnacht zwischen
Kisten und Planken eines gescheiterten Schiffes am Strande
fand und der Alte in einer Anwandlung von Großmuth, wie
die Einen — um sich ein Ansehen vor den Leuten zu geben,
wie die Andern sagten, in sein Haus aufgenommen hatte. Das
Schiff war ein holländisches gewesen; so viel hatte man aus
den Trümmern gesehen, sonst war nie etwas über Namen und
Eigenthümer bekannt geworden — infolge vielleicht der Lässig=
keit, mit der man von seiten der Behörden die Nachforschungen
angestellt — den kleinen Findling aber hatte man Christine
oder Christel Möwe genannt, weil das wilde Geschrei der in
der Luft kreisenden Möwen Frau Pinnow an die Stelle, wo
es lag, gelockt hatte.

Ein Geräusch in meiner unmittelbaren Nähe ließ mich
schnell den Kopf nach der Seite wenden. Zwei Schritte von
mir wurde eine Luke in dem Verdeck des Schiffes geöffnet, und
aus der Luke hob sich, mit den Füßen auf der Leiter stehen

bleibend, ein Mensch, so weit, daß er eben über die niedrige Schiffswandung blicken konnte. Das kurze starre Haar, das breite Gesicht, der nackte muskulöse Hals, die bis zum Gürtel fast offene Brust, das einst rothbunt gewesene Hemd, die einst grau gewesenen Beinkleider — Alles war mit einer dichten Schicht schwarzen Kohlenstaubes bedeckt, und da der Mann die ohnehin sehr schmalen Augen beinahe zugekniffen hatte, um schärfer in die Weite blicken zu können, so wäre an ihm Alles schwarz gewesen, hätte er nicht in diesem Moment den unge= heuren Mund zu einem fröhlichen Grinsen verzogen und zwei Reihen Zähne gezeigt, die an glänzender Weiße nicht übertrof= fen werden konnten. Und jetzt hob er sich noch ein paar Zoll höher, winkte mit der großen leeren schwarzen Hand zum Gruß hinüber nach dem Strande, und jetzt erkannte ich den schwarzen Gesellen.

Klaus! sagte ich.

Halloh! rief er, sichtbar zusammenschreckend, und richtete schnell die schmalen Augen auf mich.

Das war ja ein gewaltig zärtlicher Gruß, Klaus!

Klaus erröthete unter seiner Rußdecke und zeigte alle seine Zähne: Herr du meines Lebens! rief er, Georg, wo kommst Du — wo kommen Sie hierher?

Ja, und Du, Klaus!

Ich bin ja schon seit Ostern hier, erwiderte er; — ich wollte immer schon einmal herankommen und sehen, wie es Ihnen geht.

Aber, närrischer Kerl, weßhalb nennst Du mich denn auf einmal Sie? fragte ich.

Na, Sie gehören doch nun auch zu der vornehmen Gesell= schaft, sagte Klaus, mit dem Daumen über die Schulter nach dem Hinterdeck zeigend.

Ich wollte, ich wäre unten bei Dir und Du könntest mir ein tüchtiges Butterbrod geben, sagte ich. Hole der Teufel die vornehme Gesellschaft!

Klaus sah mich erstaunt an.

Ja, aber, sagte er; warum —

Warum ich hier bin? unterbrach ich ihn; — weil ich ein Narr, ein Esel bin, Klaus.

Ach nein! sagte Klaus.

Glaub' es mir, Klaus, ein vollkommener Esel. Ich wollte, ich hätte lauter so gute Freunde, wie Du, Klaus. — Und mein Blick irrte zu dem treulosen Arthur hinüber, der mit dem Sonnenschirm der treulosen Emilie zwischen den Gästen herumstolzirte, während sie sich seinen kleinen Strohhut kokett auf die Locken gesetzt hatte.

Ich muß wieder hinunter, sagte Klaus, freundlich grinsend, adjüs! und er stieg die Leiter hinab.

War das ein Schornsteinfeger? fragte eine helle Stimme hinter mir.

Ich wandte mich schnell um, indem ich mich zugleich von meinem Sitz erhob. Da stand ein zierliches Dämchen von zehn Jahren in weißem Kleidchen mit kornblumblauen Bändern an den Achseln und kornblumblaue Bänder flatterten von ihrem Strohhütchen und die großen kornblumblauen Augen starrten neugierig auf die Luke, durch die mein schwarzer Freund verschwunden war, und blickte dann fragend zu mir empor.

In demselben Moment wurde die Luke wieder gehoben; Klaus schaute heraus: Soll ich Ihnen wirklich ein Butterbrod —

O Gott! schrie die Kleine. Hinter mir klappte die Luke über dem blitzschnell untertauchenden Freunde.

O Gott, rief die Kleine nochmals. — Wie ich erschrocken bin!

Worüber, ma chère? fragte eine andere Stimme. Die Stimme war sehr dünn, und die Dame, der sie gehörte, und die eben um das Kajütenhaus herumtrat, war ebenfalls sehr dünn, ungefähr so, wie das fadenscheinige Seidenkleid, couleur changeante, das ihre Gestalt umflatterte, oder die röthlichen Locken, die von beiden Seiten ihres blassen Gesichts herabfielen.

Diese Dame war Fräulein Amalie Duff und die mit den kornblumblauen Augen und Bändern war ihre Zöglingin, Hermine Streber, des Commerzienraths einziges Kind. Ich kannte

natürlich beide, wie ich denn so ziemlich wohl sämmtliche Be=
wohner unserer kleinen Stadt, sobald sie nur erst aus den Win=
deln heraus waren, kannte und hätte auch wohl von ihnen ge=
kannt sein können, denn ich war ein paar Mal mit Arthur in
dem großen Garten des Commerzienraths vor dem Thore ge=
wesen und hatte vor vierzehn Tagen sogar die Ehre gehabt,
die kleine Hermine eine halbe Stunde lang schaukeln zu dürfen
in der großen hölzernen Schaukel, von der man, wenn man sie
recht hoch schleuderte, einen Blick zwischen die Bäume weg auf's
Meer hatte. Ueberdies stammte Fräulein Duff aus demselben
kleinen sächsischen Städtchen, welches auch der Geburtsort mei=
ner Eltern war, und sie hatte, als sie vor einigen Monaten in
unserer Stadt erschien, Empfehlungen und Grüße aus der Hei=
mat gebracht, welche leider für meine gute Mutter, die schon
seit fünfzehn Jahren in der Erde ruhte, zu spät kamen. Auch
hatte Fräulein Duff mich schon wiederholt — auch an jenem
Schaukelnachmittage — ihrer belehrenden Unterhaltung ge=
würdigt, aber sie war sehr kurzsichtig, und so konnte ich es ihr
denn nicht weiter verübeln, daß sie jetzt die goldene Lorgnette
vor die blassen Augen nahm und mit jener Verbeugung, die
man in der Tanzstunde, glaube ich, grand compliment nennt,
fragte: Ich habe die Ehre?

Ich nannte meinen Namen.

O ciel! rief Fräulein Duff, mon jeune compatriote! Ich
bitte tausendmal um Verzeihung! meine Kurzsichtigkeit! — Wie
befindet sich Ihr würdiger Herr Vater? Wie befindet sich Ihre
liebe Frau Mutter? — Himmel, wie verwirrt ich bin! sie weilt
ja nicht mehr unter den Lebenden! verzeihen Sie! aber Ihr
plötzliches Erscheinen in diesem stillen Winkel der Welt hat
mich ganz fassungslos gemacht. Was ich sagen wollte — man
verlangt dort drüben sehr nach Ihnen. Wie haben Sie sich so
versteckt halten können; man sucht Sie überall —

Und doch wäre ich leicht genug zu finden gewesen, sagte
ich, vermuthlich mit einiger Bitterkeit, welche dem leisen Ohr
Fräulein Duffs nicht entging.

Ach ja, sagte sie mit einem verständnißvollen Blick der blassen

Augen, und indem sie einen Schritt näher trat: Wer sich der
Einsamkeit ergiebt . . . das ist eine ewige Wahrheit. Am Golde
hängt, nach Golde drängt . . . Nicht so wild, ma chère! Das
gräuliche Thier wird Dir die Kleider zerreißen!

Diese letzten Worte galten der kleinen Hermine, welche mit
einem allerliebsten Wachtelhündchen, das bellend herangesprun=
gen kam, auf den glatten Dielen des Verdecks Haschen zu spie=
len begann.

Sie sind ein sinniges Gemüth, fuhr die Gouvernante fort,
indem sie sich wieder zu mir wandte; ich sehe es an dem
schmerzlichen Zug, der um Ihren Mund grollt. Die lauten
Freuden widern Sie an; das Toben und Schreien ist Ihnen
ein verhaßter Klang; aber wir Armen müssen uns in das Un=
vermeidliche schicken, ich wenigstens muß es. Würde ich sonst
hier sein? auf diesem schwankenden Kahn, wo ich Todesangst
ausstehe? Und zu welchem Zweck? einem kannibalischen Mahle
beizuwohnen! unschuldige Austern, die man dem mütterlichen
Schooße der heiligen Salzfluth entreißt, um sie lebend zu ver=
schlingen! Ist das ein Schauspiel, das man einem Kinde bie=
ten darf? und Fräulein Duff schüttelte sorgenvoll ihre dünnen
Locken.

Es fragt sich noch sehr, ob wir welche finden, sagte ich
höhnisch.

Meinen Sie? auch die anderen Herren bestreiten es. Der
Salzgehalt der Ostsee ist zu gering. Zwar sollen die Römer
in Süßwasserseen bei Neapel — aber wie darf ich einem jun=
gen Gelehrten wie Ihnen mein bescheidenes Wissen aufdrängen
wollen! Der gute Commerzienrath! Ja, ja: verachte nur Ver=
nunft und Wissenschaft! Aber da kommt er selbst! Kein Wort
von dem, was wir gesprochen, mein junger Freund! ich bitte!

Mir blieb keine Zeit, die blasse Dame meiner Verschwie=
genheit zu versichern, denn beinahe die ganze Gesellschaft, an
der Spitze der Commerzienrath, der die dicke Frau Justizrath
Heckepfennig am Arm führte, kam jetzt auf das Vorderdeck ge=
schwärmt, einen Dreimaster besser zu sehen, der mit vollen Se=
geln auf uns zurauschte. Im nächsten Augenblick war ich

mitten in dem Schwarm, und das Eis, in welchem ich so zu sagen festgesessen hatte, war gebrochen. Arthur, dessen feines Gesicht von dem reichlich genossenen Wein bereits lebhaft geröthet war, schlug mich auf die Schulter und fragte, wo zum Kukuk ich denn gesteckt hätte? Die treulose Emilie reichte mir die Hand und lispelte: Haben Sie mich denn ganz vergessen? und sank, als jetzt, zum Salut des vorüber rauschenden Oceanriesen an Bord unseres Dampfers die Böller gelöst wurden, mit einem kleinen Schrei in meine Arme. Der Dreimaster, der eben von Westindien zurückkam, gehörte zu des Commerzienraths Flotte. Man hatte gewußt, daß er heute einlaufen würde, und dem Commerzienrath war es keineswegs unlieb, seine Gäste auf der Fahrt nach seinen Austerbänken an dem stolzesten seiner Schiffe vorüberführen zu können. Er stand auf dem Radkasten, das Sprachrohr am Munde, aus Leibeskräften etwas schreiend, was in dem allgemeinen Hurrah hinüber und herüber und dem Krachen der Böllerschüsse unmöglich von dem bronzefarbenen Kapitain drüben verstanden werden konnte, der denn auch zum Zeichen, daß er nichts verstanden habe, die breiten Achseln zuckte. Aber was kam darauf an! Es war doch ein glorioses Schauspiel, und der Commerzienrath mit dem Sprachrohr auf dem Radkasten die Hauptperson in demselben. Das war ihm genug, und als er jetzt, nachdem der „Albatros" auf breiten Schwingen vorübergerauscht war und die plumpen Beine des „Pinguin" wieder zu schaufeln begannen, von seinem Piedestal herunterstieg, die Glückwünsche der Gesellschaft in Empfang zu nehmen, glitzerten seine Aeuglein so hell, zuckten die Flügel seiner langen Nase so vergnüglich, strich er sich so behaglich das spitze Bäuchelchen und sein lautes Lachen klang wie das Krähen eines Hahns, der sich in dem angenehmen Bewußtsein bläht, der Erste auf dem Düngerhof zu sein.

Das übrige Geflügel erkannte diesen Vorzug auf das bereitwilligste an: man schnatterte, piepte, gluckste Beifall; man duckte sich, man kratzfüßelte. Niemand mehr als Arthurs Vater, der Steuerrath, der sich beständig an der Seite des Gefeierten hielt und ihm mit seiner glatten Stimme Schmeicheleien sagte, die Jener, als etwas, das sich von selbst verstand, und woran er, besonders von dieser Seite, gewöhnt war, mit einer Gleichgültigkeit aufnahm, die für die meisten Anderen etwas Beleidigendes gehabt haben würde. Auch mochte wohl der Steuerrath nicht gerade angenehm durch das Benehmen seines reichen Schwagers berührt sein, obgleich er ein viel zu gewandter Mann war, um, was auch immer in solchen Augenblicken sein Herz bedrücken mochte, merken zu lassen. Nicht ganz so gut gelang diese Selbstkasteiung seiner Gemahlin, die, als geborene Baroneß Kippenreiter und als leibliche Schwester der verstorbenen Frau Commerzienrath, ohne Zweifel Anspruch auf respectvolle Behandlung hatte und ein Recht, unzufrieden zu sein, wenn ihr diese versagt wurde. Sie suchte sich für die Zurücksetzung durch ein möglichst herablassendes Benehmen gegen die übrigen Damen, die Frau Bürgermeister Koch, die Frau Justizrath Heckepfennig, die Frau Bauinspector Strombach und wer denn noch sonst von der weiblichen Elite unseres Städtchens anwesend war, zu entschädigen, indessen konnte diese Genugthuung nicht die Wolke von ihrer aristokratischen Stirn verscheuchen, mit wie krampfhafter Freundlichkeit auch die dünnen Lippen über den langen, gelben Zähnen auf- und niederzuckten.

Ich hatte kaum angefangen, mich in der Gesellschaft heimisch zu fühlen — und wie bald geschah das! — als mein gewöhnlicher, kecker und zum Theil wilder Uebermuth sein Recht verlangte und sich in hundert Streichen Luft machte, die vielleicht nicht immer vom besten Geschmack waren, aber gewiß niemals aus einem schlechten Herzen kamen, und in denen ich mich um so unbefangener gehen ließ, als ich die Lacher stets auf meiner Seite hatte. Lieber Himmel! ich könnte jetzt noch vor Scham erröthen, wenn ich denke, welche schalen Reden ich meinem bescheidenen Auditorium für Witze verkaufte, wie arm an Erfindung und plump in der Darstellung die Scenen waren, die ich vorzuführen liebte und für die ich in der ganzen Stadt eines großen Rufes genoß (ein Verliebter, der seiner Schönen ein Ständchen bringen will und dabei fortwährend von bellenden Hunden, miauenden Katzen, keifenden Nachbarinnen, schaden-

frohen Passanten gestört und zuletzt vom Wächter arretirt wird,
war meine Glanzrolle); wie tactlos und unsinnig die Reden,
die ich über Tisch hielt und mit wie vielen Gläsern Wein ich
mich für diese tactlosen und unsinnigen Reden zu belohnen für
gut fand!

Ach! dieses Mittagsmahl auf dem mit Zelttuch überspann=
ten Deck des in dem spiegelglatten Meer vor Anker ruhenden
Dampfers! es war für mich die letzte wirkliche Lustbarkeit auf
lange, lange Jahre hinaus; ich weiß es nicht, ob sie darum so
hell in meiner Erinnerung geblieben ist, oder ob es die Ju=
gend war, die mir in den Adern brauste, oder der Wein, der
in den Kryftallgläsern funkelte, oder der Sonnenschein, der so
glanzvoll auf dem weiten Meere lag, oder die balsamische Luft,
welche über die ungeheure Fläche so leise herangeschwungen kam,
daß sie die glühenden Wangen der Mädchen nicht zu kühlen
vermochte. — Es war wohl eben Alles zusammen: Jugend,
Sonnenschein, Meeresathem, goldener Wein, rothe Mädchen=
wangen, ach! und die Austern, die bösen Austern, die zwei
Jahre Zeit gehabt hatten, sich zu vermehren wie der Sand des
Meeres und die der Meeresfand und die Meeresströmung bis
auf wenige leere Schalen vergraben und fortgespült hatte!
Welch' ein unerschöpfliches Thema waren diese leeren Schalen,
die mitten auf der Tafel in einer prachtvollen Schüssel als hu=
moristisches Schaugericht prangten! wie versuchte Jeder seinen
Witz daran! und wie gönnte man es heimlich dem Millionär,
daß sein trotziger Eigensinn doch endlich einmal eine Lection be=
kommen, daß er mit allen seinen Millionen der Natur nicht
abringen konnte, was sie nicht zu gewähren entschlossen war!

Aber man mußte es dem alten Kauz lassen: er machte zu
dem bösen Spiel die beste Miene von der Welt, und als jetzt,
nachdem er in launiger Rede sein Unglück beklagt, plötzlich lau=
tes Geschrei auf dem Vorderdeck entstand und die Matrosen
große Austerfässer herbeischleppten, die sie eben gefangen zu ha=
ben behaupteten, da war des Jubels kein Ende und der Lebe=
hochs auf den splendiden Wirth, der zum andern Mal bewiesen,

daß seine Schlauheit und Umsicht denn doch noch größer waren, als sein Trotz und sein Eigensinn.

Ich weiß nicht, wie lange das glänzende Mahl für die Herren noch währte, während die Damen auf dem Verdeck promenirten; jedenfalls noch sehr lange, viel zu lange für uns junge Burschen. Man erzählte sich die bedenklichsten Geschichten — in denen besonders der Commerzienrath stark war — man lachte überlaut, man schrie; ich mußte Lieder singen, die mit Jubel aufgenommen wurden, und ich war nicht wenig stolz, als mein kräftiger Baß selbst die Damen wieder an die Tafel lockte; ich that mein Bestes, in einem unisonen, von dem gesammten Herren- und Damenpersonal ausgeführten Vortrage von: „Ich weiß nicht, was soll es bedeuten" eine zweite Stimme (in Terzen) durchzuführen und verwandte während dessen kein Auge von Fräulein Emilie — eine Aufmerksamkeit, welche die Freundinnen der jungen Dame natürlich zu kichern und sich gegenseitig anzustoßen zwang und Arthur so in Eifersucht versetzte, daß er mich später, als wir, die Cigarren im Munde, auf dem Vorderdeck promenirten, nothwendig zur Rede stellen mußte.

Es war unterdessen Abend geworden; ich erinnere mich, daß, als ich den Wortwechsel mit Arthur hatte, auf der Küste der Insel, der wir uns auf unserer Heimfahrt einmal ziemlich genähert hatten, eine vom Schein der untergehenden Sonne getroffene Ruine erglänzte, die malerisch von dem hohen, steilablaufenden Vorgebirge aufragte. Der Anblick dieser Ruine gab unserem Streit, der schon ziemlich lebhaft geworden war, eine peinliche Wendung. Jener Thurm war nämlich das einzige Ueberbleibsel der uralten Zehrenburg, der Stammburg von Arthurs Familie, die in früheren Zeiten auf der Insel reich begütert gewesen war. Arthur deutete mit pathetischer Geberde auf die rothen Steine und verlangte von mir, daß ich, Angesichts der Burg seiner Ahnen, auf immer und ewig Emilie Heckepfennig abschwören solle. Ein Bürgerlicher, wie ich, habe immer vor einem Adeligen zurückzustehen. Ich behauptete, daß in der Liebe von Bürgerlich und Adelig nicht die Rede sei, und daß ich mich nun und nimmer zu einem Schwur verstehen

könne, der mich und das Mädchen unglücklich machen würde. —
Sklave, sagte Arthur, so belohnst Du mich für die Herablassung,
mit der ich mir Deinen Umgang so lange schon habe gefallen
lassen? — Ich lachte überlaut; mein Lachen entflammte den
trunkenen Zorn Arthurs auf's Höchste. — Mein Vater ist der
Steuerrath von Zehren, rief er, Dein Vater ist ein elender
Subalternbeamter. — Laß unsere Väter aus dem Spiel, Ar=
thur, sagte ich; Du weißt, ich verstehe in Beziehung auf mei=
nen Vater keinen Spaß. — Dein Vater ... — Noch einmal,
Arthur, laß meinen Vater aus dem Spiel! Mein Vater ist
mindestens so viel werth, als der Deine. Und wenn Du jetzt
noch ein Wort gegen meinen Vater sagst, so fliegst Du über
Bord! und ich schüttelte meine Fäuste vor Arthurs Gesicht.

Was giebt es hier? fragte der Steuerrath, der plötzlich
herantrat. — Wie, junger Mensch, ist dies die Achtung, die
Sie meinem Sohn, die Sie mir schuldig sind? Es scheint, daß
Sie dem unpassenden Betragen, dessen Sie sich während des
ganzen Tages befleißigt haben, jetzt die Krone aufsetzen wollen.
Mein Sohn hat Sie zum letzten Male mitgenommen.

Mitgenommen? rief ich, mitgenommen! Weggelaufen sind
wir, Einer wie der Andere. Mitgenommen! Mitgefangen, mit=
gehangen! — und ich brach in ein schallendes Gelächter aus,
das den mir soeben gemachten Vorwurf des unpassenden Be=
tragens leider vollauf bestätigte.

Wie? sagte der Steuerrath, Arthur, was heißt das?

Aber Arthur war nicht im Stande, eine verständliche Ant=
wort zu geben. Er lallte, ich weiß nicht was und taumelte mit
erhobener Hand auf mich zu. Der Vater ergriff ihn am Arm
und führte ihn fort, indem er leise und heftig auf ihn einsprach
und mir im Abgehen noch einen wüthenden Blick zuwarf.

Diese Scene hatte das Blut, das so schon feurig genug
durch meine Adern brauste, vollends in Flammen gesetzt. Das
Nächste, dessen ich mich noch erinnere, war, daß ich den Com=
merzienrath — ich weiß nicht mehr, wie ich zu der Ehre ge=
kommen — am Arm führte und ihm in leidenschaftlichen Wor=
ten das himmelschreiende Unrecht klagte, das ich so eben von

meinem besten Freunde erlitten habe, für den ich Gut und
Blut zu opfern jederzeit bereit sei. Der Commerzienrath wollte
sich todt lachen. — Gut und Blut! rief er, ja, das können sie
brauchen! denn das Gut! — der Commerzienrath zog die
Schultern in die Höhe und blies die Backen auf: — und das
Blut! hier stieß er mich mit dem Elnbogen in die Seite; —
das Blut! Vollblut, capitales Blut, das versteht sich! habe ja
selbst eine gehabt; — eine Kippenreiter! Baroneß Kippenreiter!
mein Hermann mindestens Halbblut. Da springt sie hin —
ist es nicht ein Engel? Schade, daß es kein Junge geworden
ist; nenne sie deshalb immer Hermann. Hermann, Hermann!

Die Kleine kam gesprungen; sie hatte ein rothes Tuch um-
gebunden, das ihr der Vater, nachdem er sie geküßt, noch fester
um die zarten Schultern zog.

Ist es nicht ein Engel? ein Stolz? — fuhr er fort, indem
er wieder meinen Arm nahm. — Sie soll auch einen Grafen
zum Mann haben, nicht so einen ausgehungerten Adeligen,
wie mein Schwager, der Steuerrath, oder so einen, wie sein
Bruder auf Zehrendorf, der Saufaus, oder wie der andere,
der Duckmäuser, der Zuchthausdirector in Dingsda! Nein, einen wirklichen Grafen, einen Kerl, der seine sechs Fuß hoch ist,
so wie Sie! ja, so wie Du, mein Junge!

Der kleine Commerzienrath suchte mir seine beiden kurzen
plumpen Hände auf die Schultern zu legen und blickte mit
weinseligen Augen gerührt zu mir auf. — Du bist ein kapita-
ler Kerl, ein Prachtkerl. Schade, daß Du so ein armer Teufel
bist, Du solltest mein Schwiegersohn werden; aber ich muß
dich Du nennen; kannst mich auch Du nennen, Bruderherz! —
und der würdige Mann schluchzte an meiner Brust und rief
nach Champagner, vermuthlich, um den eben geschlossenen
Bruderbund nach alter Weise mit einem solennen Trunk zu
besiegeln.

Ich bezweifle, daß dies geschehen ist, wenigstens erinnere
ich mich dieser Ceremonie nicht mehr, die sich doch wohl meinem
Gedächtniß eingeprägt haben würde. Dagegen weiß ich, daß
ich kurz nach dieser Scene mit einer vollen Flasche in dem Ma-

schinenraum gewesen bin, um mit meinem Freunde Klaus anzustoßen und ihn zu versichern, daß er der beste, treueste Kerl von der Welt sei und daß ich ihn zum Oberheizer in der Hölle machen wolle, sobald ich einmal dorthin gelangt, was gar nicht mehr lange dauern werde; denn mit meinem Vater müsse es heute Abend noch eine Entscheidung geben, obgleich ich mich für ihn jeden Augenblick in Stücke zerreißen lassen würde, und das möge lieber jetzt gleich geschehen, und wenn der große schwarze Kerl nicht aufhöre, mit dem langen eisernen Arm auf und nieder zu fahren, würde ich meinen Kopf darunter stecken, und dann werde es wohl mit Georg Hartwig aus sein.

Wie der gute Klaus mir dieses selbstmörderische Vorhaben ausgeredet und wie er mich die steile Leiter wieder hinaufgeschafft hat, weiß ich nicht; doch muß es irgendwie geschehen sein; denn als wir in den Hafen einliefen, war ich wieder auf Deck und sah die Maste der vor Anker liegenden Schiffe an uns vorübergleiten und zwischen die Raaen und Spieren hindurch die Sterne tanzen, und der Halbmond stand auf dem spitzen Thurm der St. Nikolaikirche und fiele dann mit einem Male herunter, und ich wäre auch beinahe gefallen, denn der „Pinguin" streifte eben ziemlich hart die vorspringenden Balken der Schiffbrücke, auf welcher wieder eine schwarze Menschenmenge stand, die aber nicht Hurrah schrie, wie heute Morgen, sondern — wie mir vorkam — auffallend still war, und als ich durch sie hindurch drängte, mich — so schien es — mit wunderlich ernsten Gesichtern anstarrte, so daß mir zu Muthe wurde, als sei irgend ein Unglück geschehen, oder es werde demnächst eines geschehen, und ich selbst hätte irgendwie das Unglück zu Wege gebracht.

Ich stand vor dem kleinen Hause meines Vaters in dem schmalen Hafengäßchen. In der Stube zur Hausthür linker Hand schimmerte Licht durch die geschlossenen Läden; mein Vater war also schon zu Hause — er pflegte um diese Zeit einen einsamen Spaziergang um den Stadtwall zu machen. — War es denn schon so spät? — Ich zog die Uhr hervor — und suchte bei dem schwachen Schimmer des Mondes — Laternen brannten an Mondscheinnächten in Uselin nicht — zu sehen, welche Zeit es sei. Es war nicht möglich. Pah! sagte ich, es kommt auf eins heraus! — und ich ergriff entschlossen den Messingdrücker der Hausthür. Er fühlte sich an wie Eis so kalt in meiner fieberheißen Hand.

———

Drittes Capitel.

Als ich die Hausthür hinter mir schloß, trat Rieckchen, die seit dem Tode der Mutter dem Vater die Wirthschaft führte, schnell aus dem Zimmerchen rechter Hand. Bei dem Schein des Oellämpchens auf dem weißgescheuerten Flurtisch sah ich, daß die gute Alte die Hände zusammenschlug und mich mit weit aufgerissenen, entsetzten Augen anstarrte. — Ist dem Vater etwas passirt? sagte ich, indem ich mich an dem Küchentisch fest hielt. Die im Vergleich mit draußen etwas dumpfe Luft des Flures und der Schrecken über Rieckchens Angstmiene versetzte mir den Athem und dann strömte mir das Blut so heftig nach dem Kopfe: die Gegenstände im Flur schienen sich mir im Kreise zu drehen. — Ach, Du Unglückskind, was hast Du angerichtet, wimmerte Rieckchen. Um Gottes willen, was ist's? rief ich laut, die Alte bei der Hand fassend.

Hier öffnete mein Vater die Thür seines Zimmers und erschien auf der Schwelle, beinahe den ganzen Rahmen ausfüllend, denn die Thür war schmal und niedrig und mein Vater ein starker, großer Mann.

Gott sei Dank! murmelte ich.

Ich empfand in diesem Augenblicke nichts, als das freudige Gefühl der Befreiung von der Angst, die mir noch eben die Kehle zugeschnürt hatte; im nächsten freilich schon hatte diese natürliche Regung einer ganz anderen Platz gemacht und wir starrten uns an wie zwei Gegner, die plötzlich aufeinandertreffen, nachdem der Eine schon lange des Andern geharrt hat, und der Andere, so gut es gehen will, sich zu der Entscheidung aufrafft, von der er weiß, daß sie unvermeidlich ist.

Komm herein, sagte mein Vater, indem er aus der Thür zurücktrat.

Ich folgte seinem Ruf. Es sauste mir in den Ohren, aber mein Schritt war fest, und wenn mein Herz wild an die Rippen schlug, so war es nicht vor Angst.

Als ich eingetreten war, erhob sich eine lange, schwarze Gestalt, die auf dem mit Haartuch überzogenen Arbeitsstuhl meines Vaters gesessen hatte — mein Vater duldete kein Sopha in seinem Hause — es war der Professor Lederer. Ich stand in der Nähe der Thür; mein Vater weiter rechts am Ofen, der Professor vor dem Arbeitstisch und vor der Lampe, so daß sein Schatten dunkel über die geweißte Zimmerdecke und über mich fiel. Keiner regte sich und Keiner sprach: der Professor wollte dem Vater das erste Wort lassen, mein Vater war zu aufgeregt, um sprechen zu können; so verging wohl eine halbe Minute, die mir eine Ewigkeit dünkte und während welcher ich jedenfalls Zeit hatte, mir den Gedanken zum klarsten Bewußtsein zu bringen, daß, wenn der Professor nicht sofort das Zimmer und das Haus verließ, jede Möglichkeit einer Verständigung zwischen meinem Vater und mir abgeschnitten war.

Verirrter junger Mann, sagte der Professor.

Lassen Sie mich mit meinem Vater allein, Herr Professor, sagte ich.

Der Professor sah mich an, wie Jemand, der seinen Ohren nicht traut. — Ein Schuldiger, ein Verbrecher — das war ich in den Augen des Schulmannes — der dem Richter in die Rede zu fallen, in diesem Tone, mit einer solchen Zumuthung in die Rede zu fallen wagt, — es war unmöglich.

Junger Mann, fing er noch einmal an, aber sein Ton war nicht mehr so sicher wie das erste Mal.

Ich sage Ihnen, lassen Sie uns allein, rief ich mit starker Stimme, indem ich eine Bewegung nach dem Professor machte.

Er ist von Sinnen, sagte der Professor, indem er, rückwärts schreitend, an den Tisch stieß.

Bursche, rief mein Vater, der rasch vorgetreten war, als wollte er den Professor vor einem Angriff schützen.

Wenn ich von Sinnen bin, sagte ich, meine glühenden Augen bald auf den Professor, bald auf meinen Vater richtend, so thäten Sie doppelt wohl daran, uns allein zu lassen.

Der Professor sah sich nach seinem Hut um, der hinter ihm auf dem Tisch stand.

Nein, bleiben Sie, bleiben Sie! rief mein Vater mit vor Leidenschaft bebender Stimme. — Soll dieser freche Bube wieder einmal seinen bösen Willen durchsetzen? Ich habe nur zu lange eine strafbare Nachsicht geübt; es ist Zeit, endlich andere Saiten aufzuziehen.

Mein Vater fing an, im Zimmer hin= und herzugehen, wie er immer that, wenn er sehr aufgeregt war. — Ja, andere Saiten aufzuziehen, fuhr er fort; — dies geht nicht länger; ich habe gethan, was ich konnte; ich brauche mir nichts vorzuwerfen; aber ich will nicht eines ungerathenen Buben wegen zum Gespött der Leute werden. Wenn er nicht thun will, was seine verdammte Pflicht und Schuldigkeit ist, so habe ich auch keine Pflicht und keine Schuldigkeit gegen ihn mehr zu erfüllen; so mag er sehen, wie er ohne mich durch die Welt kommt.

Er hatte mich nicht ein einziges Mal angesehen, während er diese Worte, die der Zorn oft unterbrach, hervorstieß. Ich sah später einmal ein Gemälde, das jenen alten Römer darstellte, wie er sich die Hand auf den glühenden Kohlen abschwälen läßt und mit einem unendlich schmerzhaften Blick seitwärts auf die Erde starrt. Ich mußte dabei an meinen Vater in dieser verhängnißvollen Stunde denken.

Ihr Herr Vater hat recht, hob hier zum dritten Male der Professor an, der es für seine Pflicht hielt, an dem Eisen, das auf dem Amboß lag, mit schmieden zu helfen; — wann hat es einen Vater gegeben, der mehr für seine Kinder gethan hätte, als dieser treffliche Mann, dessen Ehrenhaftigkeit, Fleiß und Biederkeit sprüchwörtlich sind, den jede Bürgertugend schmückt und der nun durch Ihre Schuld des schönsten, kostbarsten Schmuckes eines Bürgers entbehren soll, das ist: eines wohlgerathenen Sohnes, der ihm eine Stütze sei in seinem wan-

fenden Alter. Ist es nicht genug, daß diesen trefflichen Mann
das unabwendbare Schicksal so hart getroffen, daß er so früh
die theure Gattin, einen Sohn in der Blüthe der Jahre verlieren mußte? Soll ihm nun auch noch der letzte geraubt werden, der Benjamin seines Alters? soll seine treue Sorge, sein
Gebet bei Tag und Nacht —

Mein Vater war ein strenger Mann, aber nichts weniger
als fromm im Sinn der Kirche; die Unwahrheit war ihm ein
Gräuel, und daß er Tag und Nacht gebetet haben solle, das
war eine Unwahrheit; überdies war er von tiefster, fast krank-
hafter Bescheidenheit und das Lob des Professors dünkte ihm
überschwänglich und unpassend.

Lassen Sie es gut sein, Herr Professor, unterbrach er den
beredten Gelehrten mit rauher Stimme; — ich sage noch
einmal: ich habe meine Pflicht gethan, damit basta! und er
soll seine thun, und damit basta! Ich will weiter nichts von
ihm, nichts, gar nichts, nicht so viel — und mein Vater strich
dabei die Handflächen übereinander — das aber will ich, und
will er's nicht, nun —

Mein Vater hatte sich von Neuem in einen Zorn hineinge-
gesprochen, der um so heller aufflammte, je ruhiger meine
Haltung war. Seltsam! hätte ich mich auf Bitten und Flehen
gelegt, ich bin überzeugt, mein Vater würde mich verachtet
haben; aber weil ich that, was er, wäre er in meiner Lage
gewesen, ganz gewiß auch gethan haben würde; weil ich trotzig
und stumm war, haßte er mich in diesem Augenblicke, wie man
das haßt, was sich uns in den Weg stellt, über das wir fort
müssen und das wir dennoch nicht mit dem Fuß verächtlich bei
Seite stoßen können.

Sie haben sich ein schweres Vergehen zu Schulden kommen
lassen, Georg Hartwig, declamirte der Professor weiter; —
Sie haben sich ohne die Erlaubniß Ihrer Lehrer aus dem Gymnasium entfernt. Ich will nicht sprechen von der grenzenlosen
Mißachtung, mit welcher Sie wiederum, wie schon so oft in
anderer Weise, die Ihnen gebotene kostbare Gelegenheit, sich
zu unterrichten, von sich gewiesen haben; ich will nur sprechen

von der schlimmen moralischen Schuld des Ungehorsams, der rechen Auflehnung gegen das Gebot, des bösen Beispiels, das Sie durch dies schändliche Betragen Ihren Mitschülern geben. Wenn Arthur von Zehrens leichter Sinn sich endlich in entschiedenen Leichtsinn umgewandelt hat, so ist das die böse Frucht dieses Beispiels, denn nimmermehr würde jener bethörte Jüngling gewagt haben, was er heute gewagt hat. —

Hier brach ich, der ich den bethörten Jüngling besser kannte, in ein kurzes, höhnisches Gelächter aus, welches den Professor vollständig aus der Fassung brachte. Er griff nach seinem Hut und wollte sich, unverständliche Worte murmelnd, die vermuthlich seine Ueberzeugung, daß ich rettungslos verloren sei, ausdrücken sollten, entfernen. Mein Vater vertrat ihm den Weg.

Noch einen Augenblick, Herr Professor, sagte er; und dann sich zu mir wendend: Du wirst jetzt sofort Deinen Lehrer wegen dieser neuen Frechheit um Verzeihung bitten; sofort!

Nein, sagte ich.

Sofort! donnerte mein Vater.

Nein, sagte ich noch einmal.

Willst Du, oder nicht?

Er stand vor mir, vor Zorn am ganzen Leibe bebend. Sein immer etwas gelbliches Gesicht war aschfarben, auf seiner Stirn lag eine Ader wie ein Ast, seine Augen blitzten. Er hatte die letzten Worte in einem heiseren, zischenden Ton gesprochen.

Nein, sagte ich.

Mein Vater hob den Arm zu einem Schlage, aber er schlug mich nicht; der Arm senkte sich langsam, und die ausgestreckte Hand deutete nach der Thür: Hinaus, sagte er langsam und fest: aus meinem Hause, für immer!

Ich sah ihm starr in die Augen; ich wollte etwas erwidern; vielleicht: Vergieb mir, vergieb Du mir, Dich will ich um Verzeihung bitten! — aber das Herz lag mir wie ein Stein in der Brust, meine Zähne waren wie von einem Schraubstock zusammengepreßt; ich konnte sie nicht auseinanderbringen; ich konnte kein Wort hervorbringen; ich ging stumm nach der Thür.

Der Professor eilte mir nach und ergriff mich beim Arm, gewiß in der besten Absicht; aber ich sah in ihm nur den, der schuld war, daß es so gekommen; ich stieß ihn unsanft auf die Seite, schlug die Thür hinter mir zu, rannte an der alten Dienerin vorüber — sie mochte gehorcht haben, die gute Seele, und stand jetzt, die Hände ringend, ein Bild trostlosen Jammers da — zum Hause hinaus auf die Gasse.

———————

Viertes Capitel.

Ich lief, wie ein Unsinniger, ein paar Schritte; mit einem Male wankten meine Kniee, die mondbeschienenen Dächer, die hier und da erleuchteten Fenster — alles tanzte in wildem Wirbel um mich her; dann wurde es mir schwarz vor den Augen, der schwere Rausch, den ich von dem Schiff mitgebracht und den ich während der fürchterlichen Scene, von der ich kam, durch die gewaltsamste Spannung des Willens äußerlich beherrscht hatte, stieg mir wieder zu Kopf; ich lehnte mich an die Mauer, mich vor dem Fallen zu bewahren.

So mag ich ein oder ein paar Minuten in halber Ohnmacht gestanden haben, als mich die Stimmen von ein paar Mägden, die aus dem benachbarten Brunnen Wasser holen kamen, wieder zur Besinnung brachten. Ich raffte mich auf und wankte die Gasse hinab. Aber bald trug meine starke Natur den Sieg davon; mein Schritt wurde fester; ich fing an zu überlegen, was nun aus mir werden, wohin ich vor Allem jetzt mich wenden solle. Ein Unterkommen in einem Gasthause zu suchen, daran dachte ich nicht; ich hatte noch nie unter einem andern Dache, als dem meines väterlichen Hauses geschlafen; überdies bestand meine ganze Baarschaft aus noch nicht einem Thaler — mein Vater hielt mich sehr knapp im Taschengeld — und ich hatte eine unbestimmte Vorstellung davon, daß ich mit dieser Summe sehr lange werde reichen müssen. Hätte ich mich heute nicht in Hader und Streit von Arthur getrennt, so würde ich vielleicht den aufgesucht haben, so aber konnte ich nicht in seinem Hause als Bittender erscheinen; überdies schlief er vermuthlich jetzt seinen Rausch aus, und seine Eltern waren mir

nie sehr wohlgesinnt gewesen. — Der Commerzienrath? er
hatte mich heute umarmt und Du und Bruder genannt; er
würde mich gewiß mit Freuden empfangen, mir ein prachtvolles
Schlafzimmer anweisen lassen, mit einem großen Himmelbett. —

Aber während ich mir die glänzende Aufnahme im Hause
des Commerzienraths weiter ausmalte, eilte ich beständig in
der entgegengesetzten Richtung vorwärts nach der Hafenvorstadt
zu. Ich kam an ein paar Kneipen vorüber, aus denen wüster
Matrosengesang erschallte. Wenn ich einträte und mich unter
die Zechenden mischte und morgen als Matrose in die weite
Welt ginge wie mein Bruder Fritz? Das wäre Rache an mei=
nem Vater! Zwei Söhne zu verlieren — auf dieselbe Weise! —
und dann auf der See umzukommen und auf dem Meeres=
grunde zu liegen, wo meines Bruders Gebeine nun schon lange
lagen! — Pfui, Georg, sagte ich laut, pfui, der arme alte
Mann!

Wenn ich auf der Stelle umkehrte? Der Professor hatte
das Haus gewiß schon wieder verlassen. Vater war allein in
seiner Stube; ich wollte zu ihm treten und sagen: Schlag
mich jetzt! ich will mich nicht wehren, ich will nicht mit der
Wimper zucken.

Aber ich kehrte nicht um, ich stand nicht einmal einen Au=
genblick still; schon lag die Stadt hinter mir, und ich befand
mich in der breiten Allee der Vorstadt, wo rechts und links die
um diese Jahreszeit zum größten Theil von den Badegästen
eingenommenen Schifferhäuschen lagen. Hier und da schim=
merten sie hell durch die dunklen Bäume; vor einzelnen saß, in
den Lauben und Gärtchen vor den Thüren, um eine Lampe,
die in einer Glasglocke brannte, eine muntere Gruppe; Gesang
und Lachen ertönte und fröhliche Kinderstimmen, denn der
Abend war herrlich: kaum daß ein Lüftchen durch die dichten
Wipfel der hohen Bäume rauschte, die sich über mir wölbten;
in dem Grase und in den Büschen zu meinen Füßen spielten
Leuchtkäferchen.

Der feuchtwarme Athem, den das nahe Meer herüber=
hauchte, that dem Dahinstürmenden so wohl; draußen, wenn

ich aus den Häusern heraus war, mußte es kräftiger wehen, und auf einmal fiel mir Schmied Pinnows Hütte ein. Das war's! da mußte ich ein Unterkommen finden! Der Alte sollte mir ein Bett geben, oder wenn kein Bett, so doch ein Lager in der Schmiede, oder den Lehnstuhl der Alten; — die Alte konnte doch nicht Tag und Nacht in dem Lehnstuhle hocken! Schade, daß der Klaus nicht mehr zu Hause war! aber so war doch die hübsche Christel da. Christel war immer ein Liebling von mir gewesen; ich hatte sogar eine Zeit lang ernstlich für sie ge= schwärmt und sie hatte mich mindestens ebenso oft zu der Hütte gezogen als des Alten vier Doppelgewehre und die lange Vogelflinte zusammengenommen, oder die Kalteschale, die er des Sommers an segel= und jagdlustige Badegäste, oder der Glühwein, den er des Winters an die Schlittschuhläufer ver= kaufte, die sich am Strande tummelten!

Wunderbarer Leichtsinn der Jugend! oder muß ich mich besonders deswegen anklagen? — aber ich hatte in diesem Augenblicke das Unheil, das ich angerichtet: den Kummer meines Vaters, meine bedenkliche Lage, Alles vergessen, oder, wenn nicht vergessen, so war es doch nur der dunkle Hinter= grund, von dem sich das Bild der baufälligen Hütte mit dem flackernden Schmiedefeuer und besonders die hübsche Gestalt der geschäftig hin= und hereilenden Christel gar hell und lustig abhob. Was Schule! was väterliches Regiment und die andere Sklaverei! Wenn ich sonst um diese Zeit noch draußen war, fing ich an zu überlegen, wie kommst du hinein, ohne daß der Vater, der pünktlich um halb Zehn zu Bett geht, es hört: jetzt hatte mich der Vater selbst zum Hause hinausgetrieben, ich brauchte nicht die Stiefel auf dem Vorplatz auszuziehen und leise, leise die knarrende Treppe zu meiner Schlafkammer hin= aufzutasten; ich war ein freier Mann und konnte thun und lassen, was mir gefiel!

Die Allee und die Vorstadt lagen hinter mir, ich schritt den wohlbekannten Weg über das wellige Vorland dahin, links eine schmale Wiese, rechts ein Kartoffelfeld, ein einzelner Baum hier und da, der dunkel an dem lichten Nachthimmel stand und

hüben und drüben das Meer, dessen Rauschen, je weiter ich
kam und je schmaler die Landzunge wurde, ich deutlicher und
deutlicher hörte, besonders deutlich nach Westen, wo die offene
See lag und von woher in diesem Augenblicke der Wind wehte.
Ich merkte jetzt zum ersten Male, daß ich ohne Mütze war.
Ich hatte sie verloren oder auf dem Flurtisch neben dem
Lämpchen liegen lassen; desto besser, so brauchte ich sie nicht in
der Hand zu tragen und der Meerwind konnte frei um meine
heißen Schläfen, in meinen wehenden Haaren spielen.

Ein paar wilde Schwäne zogen hoch über mir dahin; ich
konnte sie nicht sehen, aber ich hörte ihr eigenthümlich klagendes
Geschrei; nur ein paar Töne, die wunderbar durch den stillen
Abend klangen. Glück zu! rief ich hinauf! Glück zu, ihr meine
guten Gesellen!

Eine selige, aus Wehmuth und Lust gemischte Stimmung,
wie ich sie nie gekannt, überkam mich. Ich hätte mich an die
schwarze Erde werfen und weinen, ich hätte die Arme zum
nächtlichen Himmel breiten und jauchzen mögen. Ich wußte
damals nicht, was mich so übermächtig durchzuckte. Jetzt weiß
ich es wohl: es war das wohlige Gefühl, das den Fisch durch=
zittern muß, wenn er blitzschnell durch sein heimisches Element
schießt, den Vogel, wenn er sich durch die Lüfte schwingt, das
Reh, wenn es über die Waldwiese fliegt; — die Wonne, die
den Menschen durchbebt, wenn er sich in voller Jugendkraft
eins fühlt mit der Allmutter Natur, die aus den Elementen,
aus denen sie selbst besteht, ihn schuf, damit sie Freude habe an
sich selbst. Die Ahnung dieser Wonne, die Sehnsucht, diese
Wonne zu empfinden, ist es, die den Menschen hinaustreibt aus
der Enge der Verhältnisse, in denen er geboren, in die weite
Welt, auf das Meer, in die Wüste, auf die Gipfel der Alpen,
überall hin, wo die Luft frei weht, wo der Himmel groß auf
ihn herniederblickt, wo es gilt, sein Leben einzusetzen, um es zu
gewinnen.

Soll dieser nachträgliche Gedanke den frevelhaften Trotz
entschuldigen, mit welchem ich mich eben erst gegen meinen
Vater vergangen? und den ungeheuren Leichtsinn, der mich

Va banque spielen ließ mit meiner Zukunft? Gewiß nicht.
Ich will nichts entschuldigen, nichts beschönigen; ich will einfach
berichten, was mit mir, was in mir vorgegangen bei dieser und
bei andern Gelegenheiten, und nur, wo es mir nöthig scheint,
eine Erklärung versuchen. Für die Moral mag die Geschichte
selber sorgen, und nur dies will ich zum Trost bedenklicher Gemüther schon jetzt hinzufügen, daß, wenn mein Frevelmuth, wie
es wohl unzweifelhaft ist, eine Strafe verdiente, diese Strafe
mich bald genug, und in nicht allzu milder Form, ereilt hat.

Aber, wie gesagt, für den Augenblick war die Grauengestalt
mit dem lahmen Fuß noch zu weit zurück, als daß ihre Schrecken
mich hätten umwittern können; dafür tauchten eben, als ich mit
verdoppelter Schnelle über die Haide weiter schritt, zwei andere
Gestalten vor mir auf, die nichts Gespenstiges hatten und auch
nichts Gespenstiges thaten, denn sie standen, sich innig um-
schlungen haltend, wie zusammengewachsen da, und fuhren mit
einem leisen Schreckensruf, der sich den Lippen des Mädchens
entrang, auseinander, als ich urplötzlich, bei einer scharfen
Wendung des Weges um einen Hügel herum, unmittelbar vor
ihnen stand. Das Mädchen bückte sich nach einem großen Korbe,
welchen sie, da sie ihre beiden Arme anderweitig brauchte, neben
sich gestellt hatte, und der Mann ließ ein Ehem! ertönen, welches
so laut und so verlegen nur aus einer sehr unschuldigen Brust
kommen konnte.

Guten Abend, sagte ich, ich hoffe —

Herr meines Lebens, sind Sie es wirklich? sagte der Mann.
— Christel, sieh doch nur, er ist es ja! und Klaus hielt Christel
Möwe, welche die Flucht ergreifen wollte, am Kleide zurück.

Ich dachte, er wäre es; stammelte Christel, deren Gemüth
selbst durch die Entdeckung, daß es ein guter Freund war, von
dem sie sich hatten überraschen lassen, nicht ganz beruhigt schien.

Obgleich das Verhältniß, welches offenbar zwischen Klaus
und Christel obwaltete, einer Erklärung nicht gerade bedurfte,
so war doch auch ich einigermaßen verwundert. Ich hatte, so
lange Klaus noch bei seinem Vater war — und aus dieser Zeit
stammte unsere beiderseitige Freundschaft — niemals bemerkt,

daß in dem Herzen des guten Burschen sich mehr als brüder=
liche Zuneigung zu seiner hübschen Pflegeschwester regte; aber
freilich war das schon vier Jahre her, Klaus, als er zu
Schlosser Wangerow kam, erst sechszehn Jahre alt, und mög=
licherweise hatte gerade die zeitweilige Trennung die Liebe ge=
weckt, welche ohne dieselbe ruhig weitergeschlafen hätte, vielleicht
niemals von selbst aufgewacht wäre. Dies bestätigten denn
auch die Liebenden, indem sie, während wir langsam auf die
Schmiede zuschritten, manchmal auch wohl, wenn die Geschichte
an einen besonders interessanten Knotenpunkt kam, auf ein paar
Minuten stehen blieben. Einer dieser Punkte — und gewisser=
maßen der einzig bedenkliche — war die in jeder Weise mit
derben und derbsten Worten ausgesprochene Abneigung und
Feindseligkeit des alten Pinnow gegen das Verhältniß. Klaus
sagte es nicht, aber ich mußte es nach Allem, was ich hörte,
für nicht unmöglich halten, daß der Alte selbst ein Auge auf
sein hübsches Pflegekind geworfen habe: wenigstens schien es
uns kaum begreiflich, weshalb er, ohne daß ihm der gute
Bursch, wie dieser hoch und heilig versicherte und ich ihm auf's
Wort glaubte, auch nur die geringste Veranlassung gegeben,
mit jedem Jahr und mit jedem Tage fast mürrischer und häß=
licher gegen ihn geworden sei und ihm zuletzt gar das Haus
verboten, nachdem er schon lange über das Hin= und Hergelaufe
und die sündhafte Zeitverschwendung gebrummt und gepoltert.
Deshalb seien sie — die Liebenden — nun gezwungen, heim=
lich zusammenzukommen, was leider seine großen Schwierig=
keiten habe, da der Alte unendlich wachsam und vorsichtig sei
und zum Beispiel lieber den taubstummen Lehrburschen Jakob
in die Stadt schicke, um die nöthigen Einkäufe zu machen, trotz=
dem derselbe Alles schlecht und unordentlich besorge, und auch
heute Christel nicht geschickt haben würde, wenn er nicht ange=
nommen, daß Klaus noch zu spät auf dem Dampfschiffe be=
schäftigt sei, um abkommen zu können.

Da ich dem braven Klaus, mit dem ich zu Wasser und zu
Lande unzählige Jugendstreiche ausgeführt hatte, von Herzen
gut und der rothwangigen, sanft redenden Christel Möwe

nichts weniger als abgeneigt war, fühlte ich die lebhafteste Sympathie mit ihnen, und, so unwahrscheinlich es klingen mag, ihrer Liebe Leid und Lust und der wo möglich glückliche Fort= gang ihrer Liebe lag mir in diesem Augenblicke viel mehr am Herzen als mein eigenes Schicksal. Ich dachte erst eigentlich wieder an mich, als jetzt, nachdem wir abermals eine Hügelwelle überstiegen, die Schmiede, aus deren niederem Fenster der rothe Schein des Essefeuers glühte, dicht vor uns lag und Klaus fragte, ob wir nicht umkehren wollten. Nun erst erfuhr er, daß es kein abendlicher Spaziergang sei, der mich so weit aus der Stadt auf die Haide geführt, und daß ich seinen Vater um Herberge für ein, vielleicht für mehrere Tage anzusprechen be= absichtige. Zugleich theilte ich ihm in den kürzesten Worten den Grund mit, der mich zu einem so ungewöhnlichen Schritte zwänge.

Klaus schien über meine Mittheilungen sehr bestürzt; er faßte mich bei der Hand und fragte, mich etwas auf die Seite führend, in leisem Ton, dem man die innere Unruhe anhörte, ob ich mir auch wohl überlegt habe, was ich thue? Mein Vater habe es gewiß nicht so bös gemeint und werde mir sicher ver= zeihen, wenn ich sogleich umkehrte. Er selbst wolle gern mich anmelden und den ersten Sturm über sich ergehen lassen.

Aber, Klaus, alter Junge, sagte ich, es geht Dir ja selbst nicht besser, als mir. Wir sind Leidensgefährten; Dir hat Dein Vater das Haus verboten, gerade wie mir mein Vater das seine. Was ist das für ein Unterschied?

Der, sagte Klaus, daß ich nichts gethan habe, weshalb mir mein Vater zürnen könnte, während Sie selbst sagen, Sie hätten — nehmen Sie's mir nicht übel — heute wieder einmal einen dummen Streich gemacht.

Ich entgegnete, dem möge nun sein, wie ihm wolle, zurück könne ich nicht mehr. Was ich später thun werde, wisse ich nicht. Wir könnten ja morgen weiter darüber sprechen; ich würde auf das Dampfschiff kommen, es sei leicht möglich, daß ich seine Dienste nöthig hätte.

Klaus, der mich entschlossen sah und von jeher gewohnt

war, sich meinen Anordnungen zu fügen, drückte mir nochmals
die Hand und sagte: Nun denn, auf morgen!

Sein gutes Herz war so voll von dem, was er eben gehört,
daß er weggegangen sein würde, ohne sich von Christel zu ver=
abschieden, wenn ich ihn nicht lachend auf eine so sträfliche Ver=
geßlichkeit aufmerksam gemacht hätte. Aber den Kuß, den ich
ihm gönnte, bekam er nicht; Christel sagte: ich wäre recht schlecht,
und so trennten wir uns, indem Klaus wieder den Weg nach
der Stadt einschlug, in dessen Dunkel er bald verschwand, wäh=
rend ich mich mit Christel nach der Schmiede wandte, durch
deren Fenster jetzt das Feuer heller als vorhin aufglühte.

Wie kommt es, daß der Alte noch so spät arbeitet? fragte
ich das Mädchen.

Das kommt so, erwiderte sie.

Ich that noch mehrere Fragen, auf welche ich nicht minder
einsilbige Antworten erhielt. Christel und ich waren früher
immer die besten Freunde gewesen, und ich kannte sie als das
munterste, lachlustigste Geschöpf. Es blieb mir also nur die An=
nahme, daß sie mir meinen Scherz von vorhin ernstlich übel=
genommen habe. Da, wenn die Leidenschaftlichkeit mich nicht
überwältigte, es gar nicht in meiner Natur lag, irgend Jemand
wissentlich zu kränken, am wenigsten ein armes Mädchen, dem
ich noch dazu herzlich gewogen war, so fiel es mir durchaus
nicht schwer, die Kleine aufrichtig um Verzeihung zu bitten,
wenn ich sie eben in der besten Absicht von der Welt, nämlich,
sie nicht durch meine Schuld um den Abschiedskuß von ihrem
Geliebten kommen zu lassen, beleidigt habe. Christel antwortete
nicht, und ich wollte eben meinen Arm um ihre rundliche Taille
legen, meiner Bitte um Verzeihung etwas mehr Nachdruck zu
geben, als das Mädchen zu weinen anfing und in ängstlichem
Tone sagte: ich dürfe nicht mit zu „ihm" gehen, und es würde
auch ganz vergebens sein, denn „er" werde mich doch nicht auf=
nehmen.

Diese Erklärung, diese Warnung hätten manchen Andern
gewiß stutzig gemacht. Die Schmiede lag so einsam, der Leu=
mund des alten Schmiedes war nichts weniger als gut, und ich

war in Räubergeschichten belesen genug, um mich an die bezüg=
lichen romantischen Situationen zu erinnern, in welchen das
Räubermädchen den verirrten Helden vor den übrigen Mit=
gliedern ihrer ehrenwerthen Familie warnt und ihm nebenbei
in eben so discreter als verständlicher Weise ihre Liebe zu er=
kennen giebt. Aber einmal war mein Gemüth damals, und ist
es noch jetzt, jenen bangen Regungen so gut wie unzugänglich,
welchen phantasiereiche Menschen so leicht unterworfen sind, so=
dann, wenn der Alte einmal auf seinen Sohn eifersüchtig war
— und ich nahm dies als feststehend an — weshalb sollte er
es gegen mich nicht ebenfalls sein? und drittens fuhr in diesem
Augenblicke ein kleiner Köter mit wildem Gekläff nach meinen
Beinen; zugleich erschien eine breite Gestalt in der offenen Thür
der Schmiede, und die wohlbekannte Stimme des alten Pinnow
rief in tiefstem Basse: Werda?

Ich bin's, gut Freund, Georg Hartwig, sagte ich, indem
ich die kläffende Bestie mit der Spitze meines Fußes in die
Büsche schleuderte.

Christel mußte den Alten, während sie sich an ihm vorbei
in's Haus drängte, bereits mit meinem Wunsche bekannt gemacht
haben, denn er sagte, während er, ohne sich zu regen, in der
Thür stehen blieb: Ich kann Ihnen kein Nachtquartier geben,
mein Haus ist keine Herberge.

Das weiß ich, Pinnow, erwiederte ich, an ihn herantretend
und ihm die Hand bietend; aber ich dachte, Sie wären mein
Freund.

Der Alte hatte meine Hand nicht genommen; er brummte
etwas, das ich nicht verstand.

Nach Hause gehe ich nicht wieder, fuhr ich fort, darauf
können Sie sich verlassen. Wenn Sie also nicht wollen, daß ich
mich da in die Büsche lege und um die Wette mit Ihrem Spitz
den Mond anheule, so lassen Sie mich hinein und machen Sie
mir ein Glas Grog, wissen Sie, halb und halb; und trinken
Sie selber eins oder auch zwei, das wird Ihnen gut thun und
Sie auf bessere Gedanken bringen.

Ich hatte bei diesen Worten dem ungastlichen Schmied die rechte Hand auf die Schulter gelegt und ihn, zum Zeichen meiner wohlwollenden Gesinnung, derb geschüttelt.

Ich glaube, Sie wollen einen alten Mann zu seinem eigenen Hause hinauswerfen, rief er zornig, und ich fühlte meinerseits zwei Hände, deren Breite und Eisenhärte, in Anbetracht, daß sie einem „alten" Mann gehörten, bewundernswerth waren, auf meinen Schultern. Mein Blut, das die kühlere Nachtluft noch keineswegs zu dem wünschenswerthen Grad abgekühlt hatte, brauchte nicht erst in Wallung zu gerathen, überdies war die Gelegenheit, eine Probe meiner vielbewunderten Stärke abzulegen, gar zu günstig; so packte ich denn meinen Gegner, riß ihn mit einem Ruck von der Schwelle, auf der er noch immer stand, und schleuderte ihn ein paar Schritte seitwärts. Es war gar nicht meine Absicht gewesen, mir den Eintritt in sein Haus zu erzwingen, aber der Schmied, der dies fürchtete und meine Absicht um jeden Preis verhindern wollte, warf sich mit einem Ungestüm auf mich, daß ich meine ganze Kraft aufbieten mußte, den Wüthenden zu bewältigen. Ich hatte schon manchen harten Strauß durchgefochten und war noch immer als Sieger daraus hervorgegangen, aber einem so ebenbürtigen Gegner war ich noch nie begegnet. Dazu kam, daß ich aus einem Rest von Pietät vor dem „alten Mann," der in Schifferweise mit gewaltigen Boxerschlägen auf mich eindrang, ihn nicht, obgleich ich es gekonnt hätte, mit derselben Münze bezahlen wollte, sondern mich begnügte, ihm die Arme an den Leib zu drücken. Endlich fühlte ich, daß ich ihn würde bewältigen können, mit einem blitzschnellen Griff faßte ich ihn ein paar Zoll tiefer, hob ihn vom Boden, und in der nächsten Secunde hätte er der Länge nach den Sand gemessen, als ein schallendes Gelächter aus unmittelbarster Nähe ertönte. Ich ließ meinen Gegner los, der sich kaum frei fühlte, als er sich abermals auf mich warf. Da ich auf diesen neuen Angriff nicht vorbereitet war, verlor ich das Gleichgewicht, strauchelte, stürzte, mein Gegner über mich. Ich fühlte seine Eisenhände

an meiner Kehle, als plötzlich das Gelächter verstummte.
Pfui, Alter, rief eine sonore Stimme, das hat er nicht um Dich
verdient! — und ein paar Arme, die für den Augenblick noch
stark genug sein konnten, rissen den Schmied von mir ab; ich
sprang auf die Füße und stand meinem Retter — so muß ich
ihn nennen, denn ich weiß nicht, was ohne ihn aus mir geworden wäre — gegenüber.

Fünftes Capitel.

Es war, soweit ich bei dem schwachen Lichte des Mondes erkennen konnte, der sich eben hinter Wolken versteckte, ein hoch= gewachsener Mann von schlankem Wuchs und so raschen Be= wegungen, daß ich ihn für einen jungen oder doch jüngeren Mann hielt, bis plötzlich bei einer Wendung, die er machte, der Flackerschein des Herdfeuers durch die offene Thür auf ihn fiel und ich einen alten Herrn von tief verwitterten Zügen vor mir zu sehen glaubte. Und als er mich jetzt, mich bei der Hand haltend, durch die Thür in die Schmiede zog, die eben von einem hellen rothen Lichte erfüllt war, erschien er mir weder jung noch alt oder vielmehr beides zu gleicher Zeit.

Freilich war der Moment für physiognomische Unter= suchungen nicht gerade günstig. Der Fremde besah mich mit großen Augen, die zwischen den krausen Falten und Fältchen, die sie umgaben, schier unheimlich hervorblitzten, von Kopf bis zu Füßen und faßte nach meinen Schultern und Armen, wie ein Sportsman ein Pferd besieht, oder befühlt, das eine Strecke, zu der andere Pferde fünf Minuten brauchen, in der Hälfte der Zeit durchmessen hat. Dann drehte er sich auf den Hacken um und brach in ein tolles Gelächter aus, als jetzt der Schmied dem taubstummen Lehrjungen Jakob, welcher während der ganzen Zeit, unbekümmert um Alles, was um ihn vorgegangen war, den Blasebalg bearbeitet hatte, einen Stoß versetzte, welcher den Jungen sich ein paar Mal, wie ein Kreisel, um sich selbst drehen machte.

Bravo, bravo, rief der Fremde, der saß! Das geht besser als mit dem Andern; wie, Pinnow?

Der Andere kann froh sein, daß er so davongekommen ist, brummte der Schmied, indem er ein rothglühendes Stück Eisen aus den Kohlen zog.

Ich bin jeden Augenblick bereit, von vorne anzufangen, Pinnow, rief ich und freute mich, daß die lachenden Augen des Fremden mir Beifall winkten, während er mit verstelltem Ernst rief: Schämen Sie sich, junger Mensch! schämen Sie sich! — ein schwacher, alter Mann! das ist eine rechte Kunst!

Der Schmied hatte den schweren Hammer ergriffen und führte auf das glühende Eisenstück Streiche, daß die Funken sprühten und die Fenster klirrten.

Der Fremde hielt sich die Ohren zu: Um Himmels willen, rief er, hört auf, Mann, mit dem wüsten Lärm! das mag der Teufel aushalten! Denkt Ihr denn, daß ich Eure plebejischen Ohren habe! hört auf! sage ich, oder —

Er hatte dem Schmied einen Stoß gegeben, wie dieser vorhin seinem Lehrjungen; aber der Schmied stand fester als jener; und jetzt hob er den Hammer mit einem wilden Blick; es sah aus, als wolle er mit dem nächsten Streich dem Fremden den Kopf zerschmettern.

Seid Ihr toll geworden? sagte dieser, den Wüthenden mit seinen großen Augen ansehend. — Dann, als der Andere langsam den Hammer sinken ließ, fuhr er leise zu sprechen fort, und der Schmied antwortete mit einem dumpfen Knurren, aus welchem ich meinen Namen heraus zu hören glaubte.

Mag sein, antwortete der Fremde, aber er ist einmal hier und soll hier bleiben.

Verzeihen Sie, sagte ich, ich habe durchaus nicht die Absicht, mich aufzudrängen; ich würde keinen Schritt hier hereingethan haben, wenn —

Nun fängt Der wieder an, rief der Fremde ärgerlich lachend; — werdet Ihr endlich vernünftig werden! Ich will Ruhe und Frieden, und vor Allem will ich zu Abend essen, und Sie sollen mir Gesellschaft leisten. Halloh, Christel! Wo steckt das Mädchen! — und Ihr, Pinnow, bindet Euer Schurzfell ab und kommt auch herein!

Mit diesen Worten öffnete er die niedrige Thür, welche rechts von dem Herde aus der Schmiede in das Wohnzimmer führte. Ich war oft genug dort gewesen, wie ich denn überhaupt die Einrichtung des Hauses wohl kannte. Das Wohnzimmer war ein ziemlich großes Gemach, das aber nur halb so hoch war, wie die Schmiede, da über demselben die Schlafräume lagen, zu denen eine steile leiterartige Treppe aus einer Ecke des Gemachs durch eine Oeffnung in der Decke hinaufführte. Dann war noch eine Thür mit ein paar Stufen. Man gelangte durch dieselbe in eine kleine Abseite, wo des Schmieds Mutter schlief, eine steinalte Frau, die jetzt noch in ihrem gewöhnlichen Winkel, dicht neben dem von außen geheizten Ofen, in ihrem Lehnstuhle hockte. In der Mitte stand ein schwerer eichener Tisch; auf dem Tisch der große Korb, den Christel aus der Stadt gebracht hatte. Christel kramte an einem Schrank in der Tiefe des Zimmers.

Nun, Christel, rief der Fremde, indem er mit einem Licht in den Korb leuchtete, — was hast Du eingeheimst? Das sieht ja gut aus. Spute Dich! ich habe einen Wolfshunger. Und Sie auch, nicht wahr? Sie stehen in dem glücklichen Alter, in welchem man immer Hunger hat. Kommen Sie hierher, in's Fenster. Setzen Sie sich!

Er drückte mich in einen der zwei Sessel, die in dem Fenster standen, nahm selbst auf dem andern Platz und fuhr in etwas leiserem Ton fort, indem er nach Christel blickte, die jetzt mit geräuschloser Eile den Tisch zu decken begann: Ein hübsches Mädchen, etwas zu blond vielleicht, sie ist eine Holländerin; aber das paßt hierher; ist doch die Alte, die da in ihrem Lehnstuhl nickt, wie ein Bild von Terburg! Dazu der Pinnow mit seinem Bulldoggengesicht und der Robbengestalt, und der Jakob mit seinen Karpfenaugen! — Aber das gefällt mir; ich verabsäume selten, wenn ich, wie diesmal, ohne meinen Wagen in der Stadt gewesen bin, hier vorzusprechen, und lasse mich dann von Pinnow hinüberfahren, um so lieber, als ich von hier aus bei günstigem Winde in einer halben Stunde drüben sein kann, während ich auf der Stadtfähre selten unter einer

Stunde wegkomme und dann noch eben so lange bis auf mein Gut habe.

Der Fremde hatte dies Alles in einer angenehmen, verbindlichen Weise gesagt, die mir höchlichst gefiel; dabei strich er sich wiederholt mit der linken Hand über den Vollbart, der ihm bis auf die Brust herabreichte, und dann blitzte manchmal ein Diamantring an seinem Finger. Ich begann einen großen Respect vor dem fremden Herrn zu bekommen und hätte gar zu gern gewußt, wer er sei, wagte aber nicht darnach zu fragen.

Welch abscheuliche Luft hier im Zimmer ist, fuhr er plötzlich auf; zum Ohnmächtigwerden! — und er wollte das Fenster, an welchem wir saßen, öffnen; wandte sich aber wieder um und sagte: Ja so! Die Alte könnte sich erkälten. Christel! kannst Du die Alte nicht zu Bett bringen?

Gleich, Herr! sagte Christel, die eben mit dem Decken des Tisches fertig geworden war.

Sie trat an die Alte heran und schrie ihr in's Ohr: Großmutter, Ihr müßt zu Bett!

Die Alte schien dazu keine rechte Lust zu haben, denn sie schüttelte heftig den Kopf, ließ sich aber endlich von dem Mädchen aus ihrer hockenden Lage aufrichten und schlich, auf den Arm desselben gestützt, durch das Zimmer. An den Stufen angelangt, die zur Abseite führten, blickte Christel sich um; ich sprang hinzu und hob die Alte die Stufen hinauf, während Christel die Thür öffnete, hinter der sie dann mit ihrer Bürde verschwand.

Brav, junger Mann, sagte der Fremde, als ich zu ihm zurückkehrte; — man muß stets höflich gegen Damen sein. Und nun wollen wir das Fenster öffnen.

Er that es. Die Nachtluft strömte herein. Es war dunkler geworden; der Mond hatte sich hinter schwerem Gewölk, das von Westen heraufzog, versteckt; von dem nur wenige Schritte entfernten Meer kam ein lautes Brausen und Rauschen der auf dem Strand zerschellenden Wellen; ein paar Regentropfen fielen mir in's Gesicht.

Der Fremde blickte aufmerksam hinaus. — Wir werden

bald ,abfahren müssen, hörte ich ihn murmeln. Dann sich zu
mir wendend: Aber jetzt wollen wir essen; ich sterbe fast vor
Hunger. Wenn Pinnow lieber brummen als essen will, mag
er es. Kommen Sie!

Er schritt zum Tisch, an welchem er sich niederließ, indem
er mich mit einer Handbewegung einlud, an seiner Seite Platz
zu nehmen. Ich hatte den Tag über sehr viel weniger gegessen
als getrunken, und meine kräftige Natur, welche den Rausch
längst überwunden hatte, verlangte gebieterisch nach Erquickung.
So folgte ich der Aufforderung meines Wirthes gar gern, und
der Inhalt des Korbes, den Christel vorhin ausgepackt hatte,
war wohl im Stande, auch einen verwöhnteren Gaumen zu
reizen. Da war Caviar, geräucherter Lachs, Schinken, frische
Wurst, Pickles; auch an Wein fehlte es nicht. Zwei Flaschen
Rothwein mit einer feinen Etikette standen bereits auf dem
Tisch, aus dem Korbe schaute noch der weiße Kopf einer Flasche
Champagner.

Das sieht nicht übel aus, sagte der Fremde, indem er mir
und sich einschenkte, sich bald von diesem, bald von jenem neh=
mend, mich auffordernd, ein Gleiches zu thun, und zwischen=
durch allerlei in seiner angenehmen Weise plaudernd. Ohne
daß er direct gefragt hätte, waren wir doch, ich weiß nicht wie,
auf meine Angelegenheiten zu sprechen gekommen, und wir
hatten die erste Flasche noch nicht geleert, als ich ihm, zutraulich
und mittheilsam wie ich war, bereits so ziemlich die kurze Ge=
schichte meines allerdings nicht langen und nicht eben inhalt=
reichen Lebens erzählt hatte. Etwas mehr Zeit erforderte die
Relation der Ereignisse des heutigen, für mich so verhängniß=
vollen Tages. In dem Eifer des Erzählens hatte ich, ohne
darauf zu achten, wieder mehrere Gläser Wein getrunken; der
Druck, der auf meiner Seele gelegen hatte, war alsbald ge=
wichen: meine alte, gute Laune brach wieder durch, um so mehr,
als die Begegnung mit dem geheimnißvollen Fremden unter so
eigenthümlichen Umständen meiner Abenteuerlust die köstlichste
Nahrung bot. Ich schilderte die Flucht aus der Schule, ich
copirte den Professor Lederer in Stimme und Redeweise; ich

war unendlich satirisch, als ich ein Bild von dem Commerzien=
rath entwarf, und ich fürchte, daß ich mit der Faust auf den
Tisch schlug, als ich auf meines Freundes Arthur schändliche
Undankbarkeit und die hochmüthige Parteilichkeit des Steuer=
raths zu reden kam. Dann gerieth meine geschwätzige Zunge
in's Stocken; das melancholische Halblicht in meines Vaters
Arbeitsstube breitete sich über mein verdüstertes Gemüth, ich
schlug tragische Töne an, ich schwur, daß ich nun und nimmer,
und sollte ich barfuß, wie ich schon barhaupt sei, zum Nordcap
pilgern und mein Brod vor den Thüren erbetteln, oder, da
Betteln nicht meine Stärke sei, darüber zum Räuber werden —
daß ich nun und nimmer zu meinem Vater zurückkehren werde,
nachdem er mich einmal zu seinem Hause hinausgetrieben. Hier
sei die Grenze dessen, was ich von meinem Vater zu leiden mich
für verpflichtet halte; der Schuldbrief der Natur sei zerrissen,
das stehe bei mir fest, wie die Sterne am Himmel, und wenn
Jemand darüber lache, so thue er das auf seine eigene Gefahr.

Damit sprang ich vom Tisch auf und stieß das Glas, aus
dem ich getrunken, so heftig auf, daß es zerbrach. Der Fremde
war nämlich, nachdem er mich während meiner Erzählung schon
wiederholt durch seine Heiterkeit bald ermuthigt, bald eingeschüch=
tert hatte, bei meinen letzten Worten, die wohl sehr pathetisch
herausgekommen sein mochten, in ein schallendes Gelächter, das
kein Ende nehmen wollte, gefallen.

Sie sind gut zu mir gewesen, rief ich; ich würde auch ohne
Ihre Dazwischenkunft schwerlich unterlegen sein; aber gleichviel!
Sie haben mir im rechten Augenblicke Hülfe geleistet, und jetzt
haben Sie mich bewirthet mit Speise und Trank — so mögen Sie
lachen, so viel Sie wollen; aber ich für meinen Theil will es
nicht länger mit anhören. Leben Sie wohl!

Ich suchte mit den Augen nach meiner Mütze, fuhr mir,
da ich mich besann, daß ich keine hatte, durch mein dichtes
lockiges Haar und stürzte nach der Thür, als mir der Fremde,
der mittlerweile sich auch erhoben hatte, nacheilte, mich am Arm
ergriff und in jenem freundlich=ernsten Tone, der mir vorhin so
sehr gefallen hatte, sagte: Junger Mann, ich bitte Sie um

Verzeihung; und nun kommen Sie und setzen Sie sich wieder; mein Wort als Edelmann, ich werde Ihre Gefühle respectiren, wenn Sie dieselben auch in einer etwas sonderbaren Weise äußern sollten.

In seinen dunkeln Augen zuckte es, und um die Augen in dem Labyrinth von Fältchen zuckte es ebenfalls. — Sie treiben Ihren Scherz mit mir, sagte ich.

Mein Wort als Edelmann, nein! Im Gegentheil, Sie gefallen mir ganz ausnehmend, und ich wollte Sie schon ein paar Mal während Ihrer Erzählung unterbrechen, mir eine Gunst von Ihnen zu erbitten. Kommen Sie auf einige Zeit zu mir! Ob Sie sich nun mit Ihrem Vater wieder aussöhnen, wie ich hoffe, oder ob Sie es nicht thun, wie Sie glauben — immer müssen Sie vor Allem erst einmal ein Dach über dem Kopfe haben, und hier können Sie doch unmöglich bleiben, wo man Sie offenbar nicht will. Mir für meinen Theil erweisen Sie, wie gesagt, eine Gunst, wenn Sie meine Einladung annehmen. Ich kann Ihnen nicht viel bieten, aber — schlagen Sie ein! So! nun wollen wir in Champagner auf gute Kameradschaft anstoßen.

Ich hatte dem liebenswürdigen Geheimnißvollen schon längst verziehen und konnte ihm in dem schäumenden Wein von Herzen Bescheid thun. Wir hatten unter Lachen und Scherzen im Nu die Flasche geleert, als der Schmied hereintrat. Er hatte sein Schurzfell abgebunden, eine Schifferjacke angezogen und ein dickes Tuch um den muskulösen Hals gewunden. Es fiel mir heute Abend zum ersten Male auf, daß er die große blaue Brille nicht trug, ohne die ich ihn in den letzten Jahren, wo er kurzsichtig geworden zu sein behauptete, nie gesehen; ja es war mir, als hätte er dieselbe schon vorhin während des Kampfes und auch später nicht getragen. Doch konnte ich mich irren; auch hatte ich keine Zeit über den sonderbaren Gegenstand nachzudenken, denn meine Aufmerksamkeit wurde alsbald von einem halblaut geführten Gespräch zwischen dem Schmied und meinem Unbekannten in Anspruch genommen.

Ist es Zeit? fragte der Fremde.

Ja, antwortete der Schmied.

Der Wind ist gut?

Ja.

Alles in Ordnung?

Bis auf den Anker, den Sie mich nicht haben fertig machen lassen.

Es wird auch so gehen.

Aber schlecht.

Der Fremde stand nachdenklich da; sein schönes Gesicht sah mit einem Male wieder zwanzig Jahre älter aus; er strich sich den Bart, und ich bemerkte, daß er mich aus den Augenwinkeln fixirte. Plötzlich ergriff er den Schmied am Arm und führte ihn zur Thür hinaus, die er hinter sich schloß. Draußen hörte ich sie sprechen, doch konnte ich nichts verstehen; der Fremde sprach in gedämpftem Ton, und des Schmieds militärische Stimme war immer schwer verständlich. Dann aber wurde das Gespräch laut und, wie es schien, heftig und immer heftiger, besonders von Seiten des Schmieds. —

Ich will es! rief der Fremde. — Und ich sage nein! grollte der Schmied. — Es ist meine Sache. — Und meine Sache ebenso gut.

Die Stimmen sanken wieder; bald darauf hörte ich die Außenthür knarren. Sie hatten die Schmiede verlassen; ich sah sie von dem offenen Fenster aus, an welches ich getreten war, nach dem kleinen Schuppen gehen, der hart am Strande lag und bei dem das Boot Pinnow's auf den Sand gezogen zu werden pflegte. In dem Schatten des Schuppens verschwanden sie; dann hörte ich eine Kette klirren und ein Knirschen im Sande; man machte das Boot flott; dann war Alles wieder still; nur das Brausen des Meeres erschallte stärker und mischte sich mit dem Rauschen des Windes in den Blättern der alten Eiche, die ihre halbverdorrten Aeste über die Schmiede breitete.

Ein Geräusch im Zimmer machte, daß ich mich schnell umwandte. Es war Christel; sie stand dicht hinter mir, mit gespannten Blicken, wie ich es eben gethan, durch das Fenster in die Dunkelheit starrend.

Nun, Christel! sagte ich.

Sie legte den Finger auf den Mund.

St! flüsterte sie.

Sie winkte mir vom Fenster zurück, bis mitten in's Zimmer; verwundert mehr als erschrocken folgte ich ihr.

Was hast Du, Christel?

Fahren Sie nicht mit! Thuen Sie es ja nicht! Und gehen Sie auch von hier fort, sogleich. Sie dürfen hier nicht bleiben.

Ja, aber Mädchen, warum denn nicht? Und — ja — wer ist der Herr?

Ich darf es nicht sagen; ich darf seinen Namen nicht nennen. Wenn Sie mitfahren, werden Sie's ja so wie so zu wissen be= kommen; aber fahren Sie nicht mit!

Was sollten sie mir thun, Christel?

Thun? Sie werden Ihnen nichts thun. Aber gehen Sie nicht mit!

Von draußen ertönte ein Geräusch; Christel wandte sich von mir weg und fing an, den Tisch abzuräumen, während die Stimmen der Beiden, die von dem Strande herankamen, deut= licher wurden.

Ich weiß nicht, was Andere, wären sie in meiner Lage ge= wesen, gethan haben würden; ich kann nur sagen, daß die War= nung des Mädchens auf mich gerade das Gegentheil der beab= sichtigten Wirkung hervorbrachte. Zwar erinnere ich mich wohl, daß mein Herz lebhafter schlug, und daß mein Blick mit einer gewissen Hast über die vier doppelläufigen Jagdgewehre und die lange Vogelflinte streifte, die auf ihrer gewöhnlichen Stelle in einer Reihe an der Wand hingen; aber mein Verlangen, das Abenteuer zu bestehen, war jetzt erst recht erwacht. Ich fühlte mich so vollauf jeder Gefahr, die an mich herantreten konnte, gewachsen, und daß man gegen mich persönlich nichts Böses im Schilde führte, hatte ja Christel selbst zugegeben. Ueberdies — und ich glaube, dieser Umstand birgt vorzugsweise die Erklä= rung für mein Verhalten an diesem Abend, — der Fremde, wer es auch sein mochte, hatte es mir förmlich mit seinem halb ernsten, halb übermüthigen, halb theilnehmenden, halb spöt=

tischen, für mich ganz unergründlichen Wesen angethan. In späteren Jahren, wenn ich von dem sagenhaften Rattenfänger von Hameln hörte, dem die liebe Jugend folgen mußte, sie mochte wollen oder nicht, habe ich wohl an jene Nacht und an jenen Mann gedacht.

Er war jetzt ebenfalls mit einer groben, weiten Schifferjacke bekleidet, die Tuchmütze, die er vorhin getragen, hatte er mit einem niedrigen Wachstuchhut vertauscht. Pinnow öffnete einen Wandschrank und langte eine eben solche Jacke nebst Hut hervor, die der Fremde mich anzulegen bat. — Es wird kalt werden, sagte er, und Ihr Anzug dürfte Ihnen wenig Schutz gewähren, wenn wir auch hoffentlich nicht lange unterwegs sind. So, das steht Ihnen prächtig; nun wollen wir machen, daß wir fort- kommen.

Der Schmied war an Christel herangetreten und hatte ihr ein paar Worte zugeraunt; Christel erwiederte nichts; sie hatte mir, nachdem die Männer eingetreten waren, den Rücken ge- wandt und blickte sich auch jetzt nicht um, als ich ihr gute Nacht wünschte.

Kommen Sie! sagte der Fremde.

Wir gingen durch die Schmiede, in welcher das Feuer auf dem Herd gelöscht war, und traten hinaus in die wehende Nacht. Als ich mich nach ein paar Schritten umwandte, war auch das Licht in der Wohnstube erloschen; dunkel lag das Haus da in der Dunkelheit, und in den dürren Zweigen der alten Eiche ächzte und stöhnte es.

Vom Strande her rauschte es laut; der Wind hatte sich noch stärker aufgemacht; der Mond war untergegangen; kein Stern schien durch die treibenden Wolken, die eben jetzt von einer fahlen Helligkeit durchzuckt wurden, welcher ein dumpf- hallender Donner folgte.

Wir gelangten zum Boot, das schon halb in's Wasser ge- zogen war. Ich mußte einsteigen, während Pinnow, der Fremde und der taubstumme Jakob, der plötzlich aus dem Dunkel auf- getaucht war und, so viel ich sehen konnte, jetzt ebenfalls in Schifferkleidung und in Wasserstiefeln war, das Fahrzeug

vollends flott machten. Ein paar Minuten später glitten wir
schon durch die Wasser, die um den Kiel aufsiedeten, der Fremde
stand am Steuer, das er hernach, als Pinnow und Jakob die
Segel aufgehißt hatten, an den Ersteren abtrat. Er setzte sich
zu mir.

Nun, wie gefällt Ihnen das? sagte er.

Ausgezeichnet, erwiederte ich; aber ich glaube, Pinnow, Sie
könnten noch ein Reff einbinden; wir tragen zu viel Segel und
da drüben — ich deutete nach Westen — sieht es bös aus.

Sie scheinen kein Neuling, sagte der Fremde. Pinnow sagte
nichts, commandirte aber alsbald: Focksegel dal (herab), indem
er zugleich das Steuer herumdrückte und das Fahrzeug vor den
Wind brachte. Es war die höchste Zeit gewesen; denn auch jetzt
noch wurde das große Boot von der plötzlich heranstürmenden
Boi so auf die Seite gedrückt, daß ich einen Augenblick glaubte,
es werde kentern. Doch richtete es sich wieder auf. Fock und
Klüver wurden ganz hereingenommen, das Hauptsegel nur zur
halben Höhe wieder aufgehißt, und so schossen wir durch die
Wellen, über deren schäumende Kämme das fahle Licht der Blitze
zitterte, die sich jetzt in immer kürzeren Pausen folgten, während
die Donner lauter und lauter zu brüllen begannen.

· Indessen legte sich das Unwetter so schnell, als es herauf-
gezogen war; schon begannen einzelne Sterne wieder durch die
Wolken zu blicken, ich kam von dem Vordertheil des Bootes,
wo ich Jakob beim Ausschöpfen des Spülwassers geholfen hatte,
wieder nach dem Hintertheil und setzte mich zu dem Unbekannten,
der mir mit der Hand über die Jacke strich.

Sie sind durch und durch naß, sagte er.

Wie wir alle wohl, erwiederte ich.

Aber Sie sind es nicht gewohnt.

Dafür bin ich neunzehn Jahre.

Nicht älter?

Keine zwei Monate.

Sie sind ein ganzer Mann.

Das kurze Wort machte mich so stolz, wie mich noch keine
längste Strafpredigt des Professor Lederer oder eines andern

meiner Lehrer gedemüthigt hatte. Es gäbe wohl wenig, was ich zu thun und auszuführen nicht im Stande gewesen wäre, hätte es der Unbekannte von mir gefordert; aber er verlangte keinen Pact mit der Hölle oder dergleichen, sondern nur, daß ich mich in dem Boot niederlegen und mich mit einem Stück Segeltuch zudecken lassen solle, denn die Fahrt werde, da der Wind umgesprungen, doch länger dauern; ich könne jetzt nichts mehr helfen, und „der Schlaf ist ein warmer Mantel", wie Sancho Pansa sagt, meinte der Unbekannte.

Ich protestirte und behauptete, ich könne drei Tage und drei Nächte hintereinander wachen; aber ich that ihm doch den Willen und hatte mich kaum auf dem Boden des Bootes ausgestreckt, als der Schlaf, den ich so fern geglaubt, bleischwer auf mich sank.

Wie lange ich geschlafen habe, kann ich nicht sagen. Ich erwachte, als das Boot knirschend auf den Sand des Ufers stieß. Der Unbekannte half mir empor, doch weiß ich mich kaum zu erinnern, wie ich aus dem Boote gekommen bin, so verschlafen war ich. Ueberdieß war es noch dunkle Nacht, ich sah nur eben das Aufschäumen der Wellen an einem lang hin sich streckenden flachen Strande, von dem man aber alsbald zu einem höheren Ufer aufstieg. Als ich ganz zu mir kam, war das Boot bereits wieder in See gestochen; mein Unbekannter und ich schritten unter Bäumen aufwärts. . Er hielt mich an der Hand und machte mich auf die Unebenheiten des Weges, wo er jeden Stein und jede Baumwurzel zu kennen schien, mit freundlichen Scherzen aufmerksam. Dann gelangten wir auf die Uferhöhe; vor uns lag eine freiere Strecke, die aber etwas weiterhin von einer dunkeln Masse begrenzt wurde, in der ich in dem ersten Dämmergrau des Morgens die Häuser eines Gehöftes erkannte, dahinter ein Park oder Wald mit gewaltigen Bäumen.

Da wären wir, sagte der Unbekannte, als wir, über das stille Gehöft schreitend, vor einem großen, dunkeln Gebäude standen.

Wo wären wir? fragte ich.

Bei mir zu Hause, erwiederte er lachend, indem er auf dem Flur Licht zu machen sich bemühte.

Und wo wäre das? fragte ich weiter — ich wußte selbst nicht, wo ich plötzlich die Kühnheit hernahm.

Das Schwefelhölzchen blitzte auf; er entzündete ein bereit stehendes Licht; der Schein fiel hell in sein von dem langen, zerzausten Bart umstarrtes Gesicht, auf dem Regen und Sprüh=wasser jedes Fältchen zu einer Falte und jede Falte zu einer Furche vertieft hatte. Er sah mich groß mit den großen, tief in die Höhlen gesunkenen Augen an.

Auf Zehrendorf, sagte er, bei Malte von Zehren, den sie den Wilden nennen. Es ist Ihnen doch nicht leid, daß Sie mir gefolgt sind?

Nein, bei Gott, sagte ich.

———

Sechstes Capitel.

Als ich am nächsten Tage erwachte, dauerte es lange, bis ich mich nur einigermaßen in meine Situation finden konnte. Mein Schlaf war gegen Morgen von schweren Träumen geängstigt worden, und diese Träume warfen noch ihre dunkeln Schatten über meine Seele. Ich glaubte noch die Stimme meines Vaters zu hören, und jetzt erinnerte ich mich auch, was es gewesen war. Ich war vor meinem Vater geflohen, bis ich an einen glatten Teich kam, in welchen ich mich hineinwarf, um meinem Verfolger schwimmend zu entgehen. Aber der glatte Teich hatte sich plötzlich in ein wildbewegtes Meer verwandelt, von dessen Wellen ich bald zum Himmel geschleudert, bald in den Abgrund gerissen wurde. Eine fürchterliche Angst kam über mich; ich wollte rufen: Vater, rette! aber ich vermochte es nicht, und mein Vater sah mich nicht, trotzdem er immer auf Armeslänge, wie es schien, am Ufer hin- und herlief, die Hände rang und nach seinem Sohn jammerte, der sich ertränkt habe.

Ich strich mir mehrmals mit der Hand über die Stirn, um das entsetzliche Bild zu verscheuchen, und schlug entschlossen die Augen auf, mich in dem Zimmer umzusehen, in welches mich mein Wirth gestern Nacht selbst geführt hatte. In dem großen kahlen Gemach herrschte ein Halbdunkel, so daß ich anfangs meinte, es sei noch sehr früh am Tage; aber meine Uhr war auf neun stehen geblieben, und ich überzeugte mich bald, daß die grüne Dämmerung durch Bäume hervorgebracht wurde, die ihr dichtes Gezweig unmittelbar gegen die Fenster drückten. Eben stahl sich ein dünner Strahl durch eine Oeffnung und streifte die Wand mir gegenüber, auf welcher sonderbare Figuren

gemalt schienen, bis ich, genauer hinsehend, bemerkte, daß die
dunkle Tapete sich von dem helleren Untergrunde hier und da
abgelöst hatte und in Fetzen herabhing, die als phantastische
Kleider grotesker Gestalten gelten mochten.

Ueberhaupt sah es in dem Raum so unwirthlich wie mög=
lich aus. Von der Decke war der Stuck an einzelnen Stellen
herabgefallen; man hatte es nicht für nöthig erachtet, die weißen
Trümmer von der Diele zu entfernen, die einst getäfelt gewesen
war, jetzt aber nach allen Richtungen auseinanderklaffte. Die
ganze Einrichtung bestand aus einem großen Himmelbett, dessen
Vorhänge aus gänzlich verschossenem grünen Damast bestanden;
zwei ebenfalls mit einst grün gewesenem Damast überzogenen
Lehnstühlen, von denen nur der eine seine vier Beine hatte,
während der andere in so viel Jahren auf dreien zu stehen noch
immer nicht gelernt zu haben schien und sich müde gegen die
Wand lehnte; außerdem war ein Waschtisch da aus weiß an=
gestrichenem Tannenholz, welcher von dem drüber hangenden
großen ovalen Spiegel in reichem alterthümlichen Rococo=
Rahmen höchst wunderlich abstach, obgleich allerdings auch
an diesem Prachtstück die Vergoldung mittlerweile braun ge=
worden war.

Ich stellte diese Beobachtungen an, als ich meine Kleider
anlegte, die während der Stunden, die ich geschlafen, den wün=
schenswerthen Grad von Trockenheit noch keineswegs erlangt
hatten. Indessen war dies eine Unbequemlichkeit, mit der ich es
leicht nahm; aber mir ging der Gedanke durch den Kopf, wie
es morgen und in Zukunft mit meiner Toilette werden sollte?
Woran sich dann die naheliegende Betrachtung schloß: Und was
soll nun überhaupt aus dir werden?

Die Beantwortung dieser Frage mußte ihre eigenthümlichen
Schwierigkeiten haben, wenigstens kam ich nicht gerade weit
damit; auch meinte ich, es werde verständig sein, bevor ich mich
entschiede, was ja überdies so sehr große Eile nicht habe —
meines gütigen Wirthes Rath einzuholen. Sonderbar! Ich
hatte bis zu diesem Tage den Rath Derer, welche doch wohl
vorzugsweise berufen und in der Lage waren, mir mit ihrer

besseren Einsicht zu Hülfe zu kommen, stets in den Wind ge=
schlagen, hatte stets behauptet: Ich wisse allein, was ich zu thun
habe; und jetzt sah ich mit einer Art von gläubiger Zuversicht
zu einem Manne auf, den ich eben erst, und das unter gewiß
nicht Vertrauen einflößenden Verhältnissen kennen gelernt hatte,
und dessen Name überdieß verrufen war weit und breit. Viel=
leicht lag darin gerade für mich die größte Anziehungskraft.
Der „Wilde Zehren" war in der Phantasie des Knaben gleich
hinter Rinaldo Rinaldini und Karl Moor gekommen, und ich
hatte meinen Freund Arthur, der die abenteuerlichsten Geschichten
von ihm zu erzählen wußte, glühend um einen solchen Onkel be=
neidet. In den letzten Jahren war weniger von ihm gesprochen
worden; ich hatte den Steuerrath einmal — es war im Ressource=
garten — in meines Vaters und einiger anderer Herren Gegen=
wart „Gott danken" hören, daß der „tolle Christ" nun doch
endlich auch vernünftig geworden sei und die Familie von der
beständigen Angst, es werde einmal ein „böses Ende mit ihm
nehmen", sich erlöst halten dürfe. Bei derselben Gelegenheit
war auch von einer Tochter des „Wilden" die Rede gewesen;
und die Herren hatten die Köpfe zusammengesteckt, und der
Justizrath Heckepfennig hatte die Achseln gezuckt. Später er=
zählte mir Arthur, seine Cousine sei einmal mit einem jungen
Hauslehrer davon gelaufen, aber nicht weit gekommen, da der
Onkel den Flüchtlingen nachgeritten sei und sie noch vor der
Fähre eingeholt habe. Uebrigens solle sie sehr schön sein, und
da thue es ihm um so mehr leid, daß der Vater und der Onkel
sich so schlecht ständen; denn dadurch sei es gekommen, daß er
Konstanze (ich erinnerte mich des Namens) als Kind einmal
und dann nie wieder gesehen habe.

An dies Alles, und was sich sonst daran reihte, dachte ich,
während ich meine einfache Toilette vor dem halb erblindeten
Spiegel mit dem braungewordenen Rococo=Rahmen beendete
und im Interesse der schönen Cousine meines Freundes die
langsame Entwickelung des Bärtchens, das seit einiger Zeit
meine Oberlippe zu schmücken begann, verwünschte. Ich ergriff

den Seemannshut, den ich seit gestern Abend getragen, und
verließ das Zimmer, Herrn von Zehren aufzusuchen.

Doch zeigte sich bald, daß dieser selbstverständliche Wunsch
nicht eben so einfach in's Werk zu richten war. Das Zimmer,
aus welchem ich kam, hatte glücklicherweise nur zwei Thüren
gehabt; das, in welches ich trat, hatte aber bereits drei, von
denen ich allerdings, wenn ich nicht wieder in mein Schlaf=
gemach zurückkehren wollte, nur zwischen zweien die Wahl hatte.
Es schien, daß ich nicht die rechte getroffen; denn ich kam auf
einen schmalen Corridor, welcher sein äußerst spärliches Licht
durch eine verschlossene und mit einem Vorhang verhangene
Fensterthür erhielt. Eine andere, zu der ich mich hintastete, öff=
nete sich in einen Saal von den stattlichsten Dimensionen, dessen
drei Fenster auf einen großen parkartigen Garten gingen. Aus
diesem Saal gelangte ich in ein großes, zweifenstriges Gemach,
das nach dem Hofe heraus lag, und aus diesem glücklich wieder
in dasjenige zurück, welches sich neben meinem Schlafgemach
befand, und von welchem ich ausgegangen war. Ich mußte sehr
lachen; aber das Gelächter schallte so fremdartig=hohl, daß ich
plötzlich wieder still wurde. Und es war kein Wunder, wenn
mein Lachen in diesen Räumen befremdend klang. Sie sahen
nicht aus, als ob sie in letzterer Zeit allzu viel Töne der Art
vernommen hätten, wie lustig es auch früher in denselben mochte
zugegangen sein. Denn auch dieser Raum war, wie mein Schlaf=
gemach, so gut wie kahl, mit eben solchen zerfetzten Tapeten,
zerbröckelnder Decke, wurmstichigen, halb zertrümmerten Mö=
beln, die einst ein fürstliches Gemach geziert haben würden.

Und so war es in den übrigen Räumen, durch die ich ge=
wandert war, und die ich jetzt bedächtiger als das erste Mal
durchschritt. Ueberall dasselbe Bild der Verwüstung und Ver=
ödung; überall stumme, wehmüthige Zeugen dahingeschwundenen
Glanzes; hier und da an den Wänden lebensgroße Portraits,
die gespenstergleich in den dunkeln Hintergrund, aus welchem sie
einst hervorgeglänzt hatten, zurückzuweichen schienen; zerbrochene
Marmorkamine, in welchen eine dicke Staub= und Aschendecke
auf halbverbrannten Scheiten lag; in einem Raum ungeheure

Haufen von Büchern in alten, ehrwürdigen Einbänden von Schweinsleder, unter welche, als ich mich näherte, ein paar Ratten huschten; in einem andern, sonst ganz leeren, eine Guitarre mit zerrissenen Saiten und die Scheide eines Galanteriedegens mit breitem seidenen Bandelier, das einst blau gewesen war. Ueberall Schutt und Staub und Spinngewebe, überall vergilbte oder zerbrochene Fensterscheiben, durch welche die Vögel Stroh und Unrath hereingetragen hatten (an einem Stuckfries klebten sogar ein paar jetzt verlassene Schwalbennester); überall eine dumpfe, modrige Atmosphäre, daß ich hoch aufathmete, als mich ein glücklicher Zufall, nachdem ich mindestens noch ein halbes Dutzend Gemächer durchwandert, auf einen weiten Flur gelangen ließ, von welchem eine breite Treppe aus Eichenholz mit alterthümlichen Schnitzereien nach unten führte.

Auch dieses Treppenhaus, das einstmals mit seinen gemalten Fenstern und den dunkeln Panelen, die beinahe bis an die Stuckdecke reichten, mit seinen Hirschgeweihen, alten Gewaffen und Standarten ungemein stattlich und vornehm gewesen sein mußte, bot jetzt nur noch ein trauriges Bild von Verwüstung und Verödung, und langsam, ganz verwundert und gewissermaßen betäubt von Allem, was ich gesehen und noch sah, stieg ich die Treppe hinab. Mehr als eine Stufe knarrte und knackte, während mein Fuß sie betrat, und als ich zufällig die Hand auf das breite Geländer legte, fühlte das Holz sich sonderbar weich an; aber es war nur der in Jahr und Tag aufgehäufte Staub, zu dessen Reich, wie es schien, auch die alte Treppe gehörte.

Ich wußte wohl, daß ich heute Nacht, als mein Wirth selbst mich in mein Schlafgemach leitete, den Weg, den ich eben gekommen, nicht gegangen war. Es führte, wie ich später erfuhr, aus einem Nebenflur eine steile Treppe direct zu jenem dunkeln Corridor, der an mein Schlafgemach stieß. Auf dem großen untern Hausflur, in welchem ich jetzt stand, war ich also noch nicht gewesen, und da ich nicht erst voraussichtlich vergebens an ein halbes Dutzend Thüren pochen mochte, die große Hausthür aber, der Treppe gegenüber, wie ich mich überzeugte, verschlossen war, schritt ich einen langen schmalen Gang hinab, an dessen

Ende ich eine Thür offen stehen sah, und kam in einen kleinen
Hof. Die niedrigen Gebäude, welche denselben umgaben, mochten
früher zu Küchen= und andern häuslichen Zwecken gedient haben,
jetzt standen sie sämmtlich leer und blickten mit ihren scheiben=
losen Fensterhöhlen und zertrümmerten Ziegeldächern gar kläg=
lich zu dem kahlen, verwitterten Hauptgebäude empor, wie ein
Haufen halbverhungerter Hunde zu ihrem Herrn, der selber
nichts zu essen hat.

Ich war just kein Kind mehr und nichts weniger als zart
organisirt und eine leichte Beute phantastischer Stimmungen,
aber ich gestehe, daß mir zwischen diesen Häuserleichen, aus denen
die Seele offenbar längst entflohen war, ganz wunderlich zu
Muthe wurde. Bis jetzt war ich auch noch nicht auf die kleinste
Spur thätigen Menschenlebens gestoßen. Wie das hier lag und
stand, ein Tummelplatz für Eulen und Spatzen, Ratten und
Mäuse, mußte es seit Jahren gelegen und gestanden haben. In
dem von der bösesten aller Hexen verzauberten Schlosse konnte
es nicht anders aussehen, und ich glaube nicht, daß ich mich
übermäßig erschrocken haben würde, wenn aus dem großen Kessel
der Leute= oder Waschküche, in die ich einen Blick warf, die Un=
holdin selbst mit struppigen Haaren sich erhoben und auf einem
Besenstiel, an welchem es auch nicht fehlte, zum weiten Schorn=
stein hinausgefahren wäre.

Die Waschküche hatte einen Ausgang auf einen von ver=
wilderten Hecken umgebenen und von einem halbverschütteten
Graben, über den eine verwitterte Planke führte, durchschnitte=
nen kleinen Platz, der, wie man aus den Topfscherben und
Knochen sah, einst für die Küchenabfälle reservirt gewesen war.
Aber über die Schutthaufen war Gras gewachsen, und in dem
Graben huschten ein paar wilde Kaninchen in ihre Löcher. Sie
hatten allerdings von einer Zeit gehört, da Wasser in dem
Graben gewesen und in dem Graben Ratten gehaust, es sollte
aber undenkbar lange her sein, und das Ganze war vielleicht
eine theologische Erfindung.

Von dieser Schädelstätte durch die Hecke in den Garten zu
gelangen, hielt nicht schwer. Ich hatte ein Geräusch vernommen,

das von einem Menschen herrühren mußte, und als ich in der Richtung, aus welcher der Schall kam, weiter ging, sah ich einen alten Mann, der eine Karre mit dünnen Holzlatten belud, welche er aus einem hohen Staket mit einem Beile heraushieb. Das Staket hatte offenbar früher als Einzäunung eines Thierparkes gedient; auf der Wiese in dem ellenhohen Grase lagen die Trümmer von ein paar Wildhütten, die der Wind umgeworfen; die Hirsche, welche sich dort ihr Futter aus den Raufen gezogen und das stolze Geweih hier gegen die Gitter gedrückt hatten, waren vermuthlich in die Küche gewandert, weshalb sollte das Gitter nicht denselben Weg gehen?

So meinte auch der alte verhuzzelte Mann, den ich bei dieser seltsamen Arbeit traf. Als er auf das Gut gekommen — es war noch bei Lebzeiten des seligen Herrn — seien vierzig Stück Wild in dem Park gewesen; aber anno neun, als die Franzosen auf der Insel gelandet wären und arg in dem Schlosse gehaust hätten, seien über die Hälfte todtgeschossen worden; die andern seien ausgebrochen und nicht wieder eingefangen, zum Theil aber später auf Jagden in den benachbarten Waldungen des Fürsten Prora erlegt.

Damit machte sich der alte Mann wieder an seine Arbeit; ich versuchte vergebens, ihn noch weiter in ein Gespräch zu ziehen. Sein Mittheilungsbedürfniß schien befriedigt, nur mit Mühe brachte ich noch heraus, daß der Herr zu einer Jagd gefahren sei und schwerlich vor Abend zurückkommen werde, wenn er überhaupt zurückkomme. — Und das Fräulein? — Wird wohl da oben sein, sagte der Alte, wies mit dem Stiel seiner Axt in den Park hinein, schob sich den Riemen seiner Karre über die altersgekrümmten Schultern und karrte langsam auf dem grasübersponnenen Wege dem Schlosse zu.

Ich blickte ihm nach, bis er hinter den Büschen verschwand; dann hörte ich noch das Quieken seiner Karre, und dann war Alles wieder still.

Lautlos still, gerade wie in dem verödeten Schlosse. Aber hier hatte die Stille nichts Peinliches; hier blaute doch der Himmel, an dem auch nicht das kleinste Wölkchen zu sehen war

hier schien doch die Morgensonne glänzend herab aus dem blauen
Himmel und malte die Schatten der ehrwürdigen Bäume auf
die weiten Wiesen und glitzerte in den Regentropfen, die noch
von dem Gewitter der Nacht in den Büschen hingen. Und dann
schauerte manchmal ein Lüftchen vorüber, und ein paar regen-
schwere Zweige beugten sich, und die langen Grashalme auf den
Wiesen nickten.

Das war wunderschön. Ich athmete voll die kühle, balsamische Luft; wieder empfand ich das Entzücken, das ich gestern
Abend empfunden, als die wilden Schwäne hoch über mir durch
den Aether rauschten. Wie oft, wie oft in spätern Tagen habe
ich an jenen Abend, an diesen Morgen gedacht und mir gesagt,
daß ich da, trotz alledem, trotz der Thorheit und des Leichtsinns
und des Frevelmuthes, glücklich, unendlich glücklich gewesen bin
— ein kurzlebiges, verrätherisches Glück, ich weiß es wohl, aber
doch ein Glück — ein Paradies, in welchem wir nicht weilen
können, aus welchem das rauhe Leben und die Natur selbst uns
vertreiben — und doch ein Paradies!

Langsam weiter schlendernd drang ich tiefer in die grüne
Wildniß, denn eine Wildniß war's. Kaum daß hier und da
manchmal vor wucherndem Kraut und wildwachsendem Buschwerk der Weg zu erkennen war, den einstmals die Schleppen
schöner Damen gestreift haben, oder die Füßchen anmuthiger
Kinder an der Hand der Wärterin dahingetrippelt sein mochten.
Das Terrain wurde hügelig, der Park war zu Ende, über mir
wölbten sich die mächtigen Kronen uralter Buchen. Dann ging
es wieder hügelab, der Wald that sich auseinander, und ich stand
am Rande eines mäßig großen, runden Weihers, in dessen
schwarzem Wasser sich die fast überall bis an seinen Rand heran-
drängenden Riesenbäume spiegelten.

Ein paar Schritte von mir, an einer etwas erhöhten Stelle
des Ufers, an dem Fuße eines vielhundertjährigen Baumes,
war eine niedrige Moosbank angebracht; auf der Bank lag ein
Buch und ein Handschuh. Ich blickte mich nach allen Seiten
um und lauschte nach allen Seiten; es blieb todt und still, nur
die rothen Sonnenstrahlen spielten durch das grüne Gezweig,

und manchmal wehte ein Blatt herab auf das schwarze Wasser des Weihers.

Ich konnte der Neugier nicht widerstehen; ich näherte mich der Bank und nahm das Buch. Es war Eichendorffs: „Aus dem Leben eines Taugenichts." Ich hatte noch nie etwas von Eichendorff gehört, geschweige denn gelesen. Ueber den Titel mußte ich lachen; es war, als ob mich Jemand beim Namen gerufen; aber ich hatte damals kein besonderes Interesse für Bücher; so legte ich es aufgeschlagen, wie ich es gefunden, wieder hin und griff nach dem Handschuh, nicht, ohne mich vorher noch einmal umgeblickt zu haben, ob nicht etwa doch die Eigenthümerin Zeuge meiner Dreistigkeit sein könne.

Denn dieser Handschuh gehörte der schönen Cousine Arthurs; wem sonst sollte er gehören? Der Schluß war sehr einfach, wie denn auch die Thatsache, daß eine junge Dame einen Handschuh auf ihrem Ruheplatze hatte liegen lassen, für den Verstand des Verständigen nichts besonders Merkwürdiges gehabt haben würde. Aber mit dem Verstand von jungen neunzehnjährigen Leuten meines Schlages kann man nicht viel Wesens machen; wenigstens muß ich bekennen, daß, als ich das leichte zierliche Ding so in der Hand hielt, und ein feiner lieblicher Duft daraus zu mir aufstieg, mein Herz auf eine ganz unverständige Weise anfing zu schlagen. Und doch hatte ich Emilie Heckepfennig schon unzählige Fensterparaden gemacht und sogar einmal vier Wochen lang ein Band, das sie mir beim Tanze geschenkt, auf dem Herzen getragen. Das Band hatte nicht die Kraft gehabt, wie dieser Handschuh; es mußte ein Zauber im Spiele sein.

Ich ließ mich auf die Moosbank gleiten und versank in Träumereien, während ich den Handschuh bald auf den Sitz neben mich legte und bald wieder ergriff, ihn mit immer gesteigerter Aufmerksamkeit zu betrachten, als wäre er der Schlüssel zu dem Geheimniß meines Lebens.

So mag ich wohl eine Viertelstunde lang gesessen haben, als ich plötzlich, zusammenschreckend, aufhorchte. Wie vom Himmel her kam ein Klingen und Singen, erst leise, dann lauter, und endlich vernahm ich deutlich eine weiche Frauenstimme und die schwirrenden Töne einer Guitarre. Die Stimme sang eine Strophe, die der Anfang oder der Refrain eines Liedes sein mochte:

Am Tage die Sonne,
Wohl hat sie mich gerne . . .

„Am Tage die Sonne" klang es noch einmal, aber schon ganz aus der Nähe, und jetzt sah ich auch die Sängerin, welche mir die dicken Stämme der Buchen bis dahin verborgen hatten.

Sie kam einen Pfad herab, der ziemlich steil zwischen den Bäumen aufwärts führte, und wie sie jetzt an einer Stelle, auf welche durch das Blätterdach ein helles Sonnenlicht fiel, stehen blieb und sinnend nach oben blickte, hat sich mir ihr Bild ein=. geprägt, wohl für immer; denn heute nach so vielen Jahren sehe ich sie, wie ich sie damals sah.

Wie ich sie damals sah: ein reizendes, tief brünettes Mädchen, die das wundervollste Ebenmaß der Glieder kleiner erscheinen ließ, als sie in Wirklichkeit war, und für deren fremdartige, ich möchte sagen, zigeunerhafte Erscheinung ein phantastischer Anzug von dunkelgrünem, mit goldenen Litzen besetzten Sammt die passendste Tracht schien.

Sie trug an einem rothen Bande eine kleine Guitarre, über deren Saiten ihre Finger glitten, wie über sie selbst die sonnigen Lichter durch die leise wehenden Zweige.

Arme Konstanze! Kind der Sonne! Weshalb, wenn sie dich so gerne hatte, tödtete dich die Mutter nicht mit diesem ihrem Strahl, daß ich dir ein Grab hätte graben können in dieser Waldeinsamkeit, fern von der Welt, nach der dein Herz so heiß verlangte, dein armes, thörichtes Herz!

Ich stand, im Anschauen verloren, regungslos, selbst als sie jetzt mit einem tiefen Seufzer aus ihrem Traum erwachte und ihre Augen, während sie den Pfad herabkam, mich trafen. Ich bemerkte, daß sie leicht zusammenfuhr, wie Jemand, der einen Menschen findet, wo er nur einen Baumstamm vermuthen konnte, aber die Regung war ganz momentan; dann sah ich, daß sie mich unter den gesenkten Wimpern hervor betrachtete, und daß ein nur zu schnell verschwindendes Lächeln um ihre Lippen spielte; den Ausdruck einer an Betäubung grenzenden Bewunderung in meinem Gesicht mochte ein schönes, sich ihrer Schönheit bewußtes Mädchen wohl kaum ohne Lächeln ansehen können.

Ob sie oder ich zuerst gesprochen, weiß ich nicht mehr, auch ist mir von dieser ganzen ersten Unterredung nichts erinnerlich, nur der Klang ihrer weichen, etwas tiefen Stimme, die mir wie lieblichste Musik war. Dann müssen wir zusammen aus dem Waldesgrunde heraufgestiegen sein auf die Uferhöhe, und der Wind, der vom Meere heraufwehte, muß mir die Besinnung wieder gegeben haben, denn ich sehe das stille blaue Meer im Morgensonnenschein sich grenzenlos vor uns ausdehnen, und den weißen Schaumstreifen zwischen den Steinen des Strandes wohl hundert Fuß unter uns, und ein paar große Möven, die sich hin- und herschwingen und dann auf das Wasser senken, wo sie wie Sterne blinken; und ich sehe das Haidekraut des Felsplateau in dem leisen Winde nicken und höre ein Seufzen und Raunen um die scharfen Uferkanten, und zwischendurch höre ich Konstanzens Stimme:

Meine Mutter ist eine Spanierin gewesen, so schön wie der Tag, und mein Vater hat sie entführt, als er dorthin kam, einen Freund zu besuchen, den er in Paris kennen gelernt hatte; der Freund war meiner Mutter Bruder und hat meinen Vater sehr geliebt, aber doch hat er's nicht gewollt, daß sie sich heiratheten, denn er ist ein strenggläubiger Katholik gewesen, und mein Vater hat nicht katholisch werden wollen, sondern über alle Religionen nur gelacht und gespottet. Da sind sie heimlich geflohen, und der Spanier ist ihnen nachgesetzt und hat sie eingeholt mitten auf öder Haide in der Nacht, und da ist es zu scharfen Worten gekommen und sie haben zu den Degen gegriffen, und mein Vater hat den Bruder seiner Geliebten erstochen. Sie aber hat es viel später erfahren, denn sie ist ohnmächtig gewesen während des Kampfes, und mein Vater hat sie glauben machen können, er habe sich von dem Schwager in Freundschaft getrennt. Dann sind sie nach langer Irrfahrt hierher gekommen; aber meine Mutter hat sich immerdar nach ihrer Heimath gesehnt und immer gesagt, es sei ihr so schwer um's Herz, als ob sie einen Mord auf der Seele habe. Endlich hat sie's doch durch einen Zufall erfahren, wie ihr Bruder gestorben, den sie unendlich geliebt hat, und ist tiefsinnig geworden und immer umher gegangen Tag und Nacht und hat Jeden, der ihr begegnet ist, gefragt, wo doch der Weg nach Spanien gehe? Da hat sie mein Vater einschließen müssen, aber das hat sie nicht geduldet, sondern ist ganz rasend geworden und hat sich das Leben nehmen wollen, bis man sie wieder freigelassen und sie wieder Jeden gefragt hat: wo geht der Weg nach Spanien? Und eines Morgens hat sie sich in den Weiher gestürzt, von dem wir herkamen, und als man sie herauszog, ist sie todt gewesen. Ich war damals drei Jahre alt und weiß nicht mehr, wie sie ausgesehen hat, aber die Leute sagen, sie sei noch schöner gewesen als ich.

Ich meinte, das sei nicht möglich, und hatte das, weil ich während dessen an die arme Frau dachte, die sich in dem dunklen Wasser des Weihers ertränkte, so ernsthaft gesagt, daß Konstanze wieder lächelte und sagte: ich sei gewiß der beste Mensch von der Welt und mir könne man Alles sagen, was einem so durch den Kopf gehe und über die Zunge laufe; das sei gar lieb. Dafür solle ich auch immer bei ihr bleiben und ihr treuer Georg sein und alle Drachen der Welt für sie todt schlagen. Ob ich das wolle? — Ich sagte, das wolle ich ganz gewiß.

Wieder spielte ein Lächeln um ihre rothen Lippen:

Sie sehen ganz danach aus! Aber wie kommen Sie eigentlich zu uns, und was will der Vater mit Ihnen? Er hat mir Sie heute morgen, als er wegfuhr, so auf die Seele gebunden; er pflegt gerade nicht sehr zärtlich um das Wohl anderer Menschen besorgt zu sein; Sie müssen hoch in seiner Gunst stehen. Und wie kommt es, daß Sie einen Schifferhut tragen und noch dazu einen recht häßlichen? Ich denke, Sie sagten, Sie kämen von der Schule? Und giebt es denn so große Schüler? Das habe ich gar nicht gewußt. Wie alt sind Sie eigentlich?

So plauderte das Mädchen, oder eigentlich war es kein

Plaudern, denn sie blieb immer ernsthaft dabei, und es war mir oft, als ob sie, während sie sprach, an etwas ganz Anderes denke, wenigstens richteten sich ihre dunkeln Augen nur selten und dann immer mit einem Blick auf mich, als wäre ich kein lebendiger Mensch, sondern ein Bild, und oft fragte sie eine zweite Frage, ohne eine Antwort auf die erste abzuwarten.

Mir war das gerade recht; ich konnte so wenigstens den Muth gewinnen, sie wieder und wieder anzusehen und endlich kaum noch ein Auge von ihr zu verwenden. Sie werden noch da hinabstürzen, sagte sie, indem sie mir, als wir am Rande des steilen Ufers hingingen, leise mit dem Finger den Elnbogen berührte. — Es scheint, Sie sind nicht schwindelig.

Nein, sagte ich.

Lassen Sie uns da hinaufgehen, sagte sie.

Beinahe auf der Höhe des immer noch ansteigenden Vor-gebirges lagen, von Buschwerk umgeben, die Ruinen einer Burg. Nur ein gewaltiger, mit Epheu fast gänzlich überwucherter runder Thurm hatte den Stürmen der Zeit und des Meeres getrotzt. Es waren dies die Ruinen der Zehrenburg, auf die gestern Arthur, als wir auf dem Dampfschiff daran vorüber-fuhren, gedeutet; es war derselbe Thurm, bei dem ich Emilie Heckepfennig zu seinen Gunsten abschwören sollte. Ich hatte mich dessen gestern geweigert; was war mir heute Emilie Hecke-pfennig?

Das schöne Mädchen hatte sich auf einen moosbewachsenen Stein gesetzt und schaute unverwandt in die Ferne; ich stand dicht bei ihr, an den alten Thurm gelehnt, und schaute unver-wandt in ihr Angesicht.

Das Alles hat einst uns gehört, sagte sie, indem sie lang-sam mit der Hand die Linie des Horizontes nachzeichnete; und dies blieb von der ganzen Herrlichkeit.

Sie hatte sich schnell erhoben und begann einen schmalen Pfad, der sich durch den Ginster und das Haidekraut von der Höhe nach den Wäldern zog, hinab zu steigen. Ich folgte ihr. Wir kamen in den Buchenwald und wieder zu dem Weiher zurück, wo ihre Guitarre und das Buch noch auf der Rasenbank lagen. Ich war sehr stolz, als sie mir beides zu tragen gab und dabei sagte, daß sie die Guitarre noch Niemand anvertraut habe; dieselbe stamme von ihrer Mutter; nun aber solle ich diesen ihren größten Schatz beständig tragen und sie wolle mich spielen und singen lehren, wenn ich bei ihnen bliebe, oder würde ich nicht bei ihnen bleiben?

Ich sagte, ich wüßte es nicht, ich hoffte es, und der Gedanke, jetzt wieder fort zu gehen, fiel mir schwer auf die Seele.

Wir waren bei dem Schlosse angelangt.

Geben Sie mir die Guitarre, sagte sie; das Buch können Sie behalten; ich kenne es auswendig. Haben Sie denn schon gefrühstückt? Nein? Sie Aermster, Sie armer Georg; da ist es gut, daß uns kein Drache begegnet ist. Sie müssen sich ja kaum auf den Füßen halten können.

Eine Seitenthür, die ich früher nicht bemerkt hatte, führte in den von Vater und Tochter bewohnten Theil des Erdgeschosses. Konstanze rief eine alte Dienerin, der sie auftrug, mir ein Frühstück zu bereiten, während sie selbst sich auf ihr Zimmer begab, nachdem sie mir mit jenem schwermüthigen, schnell verschwindenden Lächeln — das ich nun schon öfter auf ihren schönen vollen Lippen gesehen hatte — die Hand gereicht.

———

Siebentes Capitel.

Das Frühstück, welches mir die häßliche, schweigsame Alte, welche von Konstanzen „Pahlen" genannt worden war, nach einer halben Stunde auftrug, hätte wohl in kürzerer Zeit hergestellt werden können, denn es bestand nur aus Schwarzbrod, Butter und Käse und einer Flasche Cognac. Der Cognac war vortrefflich, das Uebrige ließ viel zu wünschen, das Brod war sauer und stellenweise schimmelig, die Butter ranzig und der Käse hart wie ein Stein, aber was fragt ein junger Mensch von neunzehn Jahren danach, der seit zwölf Stunden nichts gegessen und getrunken hat, und dessen thörichtes Herz von einer ersten Leidenschaft zittert! So meinte ich denn nie ein herrlicheres Mahl gehalten zu haben und dankte der unliebenswürdigen Alten bestens für ihre Bemühungen. „Pahlen" schien nicht zu wissen, was sie aus mir machen solle; sie blickte mich ein paar Mal mit einem mürrisch forschenden Blick von der Seite an und begnügte sich, auf die Fragen, die ich an sie richtete, mit einigen brummenden Lauten zu antworten, die ich nehmen konnte, wie ich wollte.

Das Zimmer, in dem ich mich befand — es war dasselbe, in welches ich gestern bei der Ankunft von Herrn von Zehren zuerst geführt war — durfte man im Vergleich mit den verlassenen Räumen des obern Stockes wohnlich nennen, wenn der Teppich unter dem Tisch auch mehrfach zersetzt war, die geschnitzten Eichenstühle zum Theil nicht mehr fest auf ihren Beinen standen und ein großes alterthümliches Büffet in der Ecke entschieden bessere Tage gesehen hatte. Die Fenster gingen auf den Hof, auf welchen ich jetzt, nachdem ich meine Mahlzeit beendet, zum erſten Male einen Blick warf. Der Hof war ſehr weit, die Scheunen und Ställe, die ihn einſchloſſen, von den größten Dimenſionen, wie ſie nur auf den bedeutendſten Gütern zu finden ſind; um ſo auffallender war die Stille, die hier herrſchte. Mitten in dem Raume ſtand ein ſteinernes Taubenhaus, aber kein Flügel ſchwirrte durch die Luft; es hätte denn der einer eilig vorüberſchießenden Schwalbe ſein müſſen. Da war ein Ententeich ohne Enten, eine Düngerſtätte, auf welcher, ſo viel ich ſehen konnte, auch nicht ein Huhn ſcharrte, nur ein Pfau ſaß auf dem zerbrochenen Staket; und auch ſonſt war der Hof wie ausgeſtorben. Da war kein reges Treiben geſchäftiger Menſchen, kein Brüllen von Kühen, kein Wiehern von Pferden; Alles todt und ſtill, nur der Pfau auf dem Staket ließ manchmal ſein miß= tönendes Geſchrei erſchallen und in den Zweigen der alten Linden, die vor dem Hauſe ſtanden, lärmten die Spatzen.

Da Konſtanze mich bis auf weiteres entlaſſen zu haben ſchien und „Pahlen“ auf meine Frage nach dem Mittageſſen geantwortet hatte, ob ich nun auch noch zu Mittag eſſen wolle? ſo durfte ich annehmen, daß ich auf Stunden mir ſelbſt über= laſſen ſein werde. Ich trat auf den Hof hinaus und ſah nun, daß der Theil des Schloſſes, aus dem ich kam, ein dem Haupt= gebäude in gleicher Linie angebautes Nebenhaus war, welches früher als Wirthſchafterwohnung gedient haben mochte. An dem Schloſſe waren in dem untern Stockwerk die Läden ge= ſchloſſen und mit breiten eiſernen Leiſten verwahrt — ein Umſtand, der gerade nicht dazu beitrug, dem alten Bau ein freundlicheres Anſehen zu geben. Daß die Wohnung des Wirth= ſchafters ſchon lange überflüſſig geworden ſei, bewies der Hof zur Genüge. In der That gab es hier nichts mehr zu wirth= ſchaften. Die Gebäude, welche von weitem noch ein erträg= licheres Ausſehen gehabt hatten, erwieſen ſich, ſobald man näher trat, als baufällige Ruinen. Die Strohdächer waren eingeſunken und mit dickem Moos bewachſen; der Putz überall herunter= geregnet, das Lehmfachwerk ſchadhaft, zum Theil herausgefallen, die Thore hingen ſchief in den verroſteten Angeln, fehlten auch wohl gänzlich. Ein Pferdeſtall, in den ich hineinblickte, war urſprünglich wohl für vierzig Pferde gebaut worden, jetzt ſtanden in einer Ecke vier alte abgetriebene Thiere, die, als ich mich ſehen ließ, hungerig wieherten. Als ich wieder auf den Hof trat, ſchwankte ein ſchlecht geladenes, von vier andern abgetriebenen Pferden gezogenes Fuder Korn über das holperige Pflaſter und verſchwand in dem weitgähnenden dunkeln Thor einer der rieſigen Scheunen wie ein Sarg in einem Grabgewölbe.

Ich ſchlenderte weiter und kam in die Felder, vorüber an ein paar verfallenen Kathen, wo halbnackte Kinder im Sande ſpielten und ein paar eher wie Banditen als Tagelöhner ausſehende Kerle lungerten und mich mit halb frechen, halb ſcheuen Blicken verwundert anſtierten. Die Sonne ſchien hell genug, aber ſie ſah wenig, was ihr hätte Freude machen können: wüſtes Land, das hier und da von Streifen durchſchnitten wurde, wo zwiſchen dünn aufgegangenem Hafer Wälder von blauen Cyanen und rothem Mohn im Winde nickten, etwas verbrannter Weizen, ein paar Morgen, wo der Roggen — ſpät genug für die Jahreszeit — noch in wüſten Hocken ſtand und eben ein zweites Fuder von ein paar Leuten geladen wurde, die daſſelbe banditenmäßige Ausſehen hatten, wie die Kerle vor den Kathen, und mich mit denſelben verwundert-ſcheuen Augen anſtarrten, ohne meinen Gruß zu erwidern. In einiger Ferne blickten durch Bäume und Buſchwerk die Dächer eines andern Gehöftes, zu welchem wohl die beſſer cultivirten Aecker, bei welchen ich jetzt angelangt war, gehörten. Noch weiter rechts erhob ſich über einem größern Complex von Häuſern der kahle, weiße Thurm einer Kirche. Aber ich mochte meine Expedition nicht weiter ausdehnen; es zog mich nach dem Park zurück, den ich auf einem Umwege — ich wollte das Schloß und die mürriſche „Pahlen“ vermeiden — von einer andern Seite erreichte.

Ich hatte gehofft, hier Konſtanze wieder zu begegnen, aber vergebens lungerte ich wohl über eine Stunde zwiſchen den Büſchen unter den Bäumen herum und ſpähte aus der Ferne nach dem Schloß, bis ich nachgerade jeden zerbrochenen Ziegel auf dem Dache und jede der nicht wenigen Stellen kannte, wo der Regen ſo vieler Jahre den Kalk herabgeſchlagen und das

Mauerwerk bloßgelegt hatte. Niemand ließ sich sehen, kein Geräusch ließ sich vernehmen, Alles todt und still, während auf
den erblindeten Fensterscheiben die Nachmittagssonne glitzerte
oder die Schatten der weißen Wolken langsam darüber hinzogen.

Das Herz wurde mir schwer in der Brust inmitten dieser
sonnigen trostlosen Oede. Ich fühlte förmlich, wie sich die Stille,
einem unsichtbaren Zaubernetze gleich, immer dichter um mich
legte, daß ich mich nicht zu regen, kaum noch zu athmen wagte.
Statt des sorglosen Uebermuthes, der sonst die Grundstimmung
meiner Seele war, bemächtigte sich meiner eine tiefe Traurigkeit.
Wie kam ich hierher? Was sollte ich hier? Was wollte ich
hier, wo sich Niemand um mich kümmerte? War nicht Alles,
was ich seit gestern Abend erlebt, ein wunderlicher Traum? und
hatte ich nicht das schöne Mädchen mit ihren dunkeln Augen
und ihrem sonderbaren Lächeln auch nur geträumt?

Es ergriff mich ordentlich wie Heimweh. Ich sah im Geist
die Stadt mit den engen winkeligen Gassen zwischen den ernst-
haften Giebelhäusern; ich sah mein kleines Zimmer, in welches
ich um diese Zeit aus der Schule zurückgekommen sein würde,
die leidigen Bücher auf den Tisch zu werfen und dann zu meinem
Freund Arthur zu stürmen, der gewiß eine Ruderpartie in dem
Hafen arrangirt hatte. Ich sah meinen Vater an dem Fenster
seines Bureau in dem Steueramtsgebäude sitzen und drückte
mich dicht an der Wand vorbei, nicht von ihm bemerkt zu werden.
Wie mochte der Vater mein Weglaufen aufgenommen haben?
Hatte er sich geängstigt? Gewiß hatte er's, denn er liebte mich,
trotzdem wir so schlecht mit einander standen! Was würde er
thun, wenn er erführe — und erfahren mußte er's doch einmal — daß ich bei dem wilden Zehren sei? Würde er mich
hier lassen? Würde er verlangen, daß ich zurückkehre? Vielleicht selbst kommen, mich zu holen?

Ich blickte mich scheu um, als mir dieser Gedanke kam. Es
wäre abscheulich, zurück zu müssen in die dumpfige Schule, mich
wieder vom Professor Lederer ausschelten lassen zu müssen, wie
einen kleinen Buben; von hier fort zu müssen; Fräulein von
Zehren — Konstanze — nicht wieder sehen zu sollen! Nein

und abermals nein! Mein Vater hatte mich aus dem Hause gejagt; er mochte die Folgen tragen. Lieber, als zu ihm zurück, wollte ich Bandit und Schmuggler —

Ich weiß nicht, wie das letztere Wort auf meine Lippen gekommen war, aber ich erinnere mich, und habe später oft daran denken müssen, — daß, als ich es so, ohne irgend eine feste Vorstellung damit zu verbinden, ganz nur als heroische Phrase, vor mich hinmurmelte, ich mich plötzlich umwandte, als habe es Jemand ganz laut in meiner unmittelbaren Nähe gesagt, und in demselben Momente stellten sich meine Erlebnisse der vergangenen Nacht und was ich eben noch gesehen und beobachtet, in einen bestimmten Zusammenhang — gerade so, wie wenn man durch ein Fernrohr sieht, Himmel und Erde trüb durcheinander schwanken und plötzlich, sobald wir den richtigen Punkt erreicht, ein bis in alle Einzelheiten helles Bild vor uns steht. Wie hatte ich so blind, so gedankenlos sein können! Herr von Zehren drüben bei Pinnow, das wunderliche Verhältniß, das zwischen dem Edelmann und dem Schmied offenbar obwaltete, die Warnungen Christels, das Benehmen Pinnows mir gegenüber, die nächtliche Fahrt im wildesten Gewittersturm! Und dazu dies verwahrloste Haus, dieser ruinenhafte Hof, diese verödeten Felder, dieser verwilderte Park! Die einsame Lage des Hofes auf dem weit in das Meer sich streckenden Vorgebirge! Wußte ich doch aus unzähligen Unterhaltungen meines Vaters mit seinen Collegen vom Steueramt, wie eifrig der Schmuggel auf unsern Gewässern hinüber und herüber getrieben wurde, welch ein schwunghaftes Geschäft es war, und wie viel Einer dabei verdienen könne, der sich darauf eingerichtet hätte, gelegentlich sein Leben zu riskiren! Gewiß! gewiß! — es war so, es mußte so sein!

Du bist verrückt, sagte ich zu mir, als ich zu dieser Schlußfolgerung gekommen; — vollständig verrückt! Ein Edelmann wie Herr von Zehren! Das ist für das gemeine Volk! Der alte Pinnow! ja, das wäre möglich, aber ein Herr von Zehren! — pfui!

Ich versuchte mit aller Kraft einen Argwohn zu verbannen,

der mir in der That ganz unerträglich war; und es zeigte sich
hier einmal wieder, daß wir Alle, so frei wir uns dünken, und
so weit wir uns vielleicht innerlich befreit haben, doch immer in
unseren Empfindungen, wenn nicht in unseren Gedanken, mit oft
unmerklichen, deshalb aber nicht weniger festen Banden an die
Eindrücke unserer Kindheit und ersten Jugend geknüpft sind.
Wäre mein Vater ein König und ich sein Kronprinz gewesen,
würde ich vermuthlich in der Person eines Revolutionärs die
Verkörperung des Bösen gesehen haben; oder in der eines weggelaufenen Sklaven, wäre ich zufällig von einem Plantagen-
besitzer abgestammt, — so aber, da ich einen pedantisch recht-
lichen Steuerofficianten zum Vater hatte, haftete nach meinen
Begriffen an dem Gewerbe eines Schmugglers der abscheulichste
Makel. Zugleich aber — und das wird Niemand verwunderlich
finden, der über die sonderbare Doppelstellung des Teufels in
der christlichen Mythologie ernstlicher nachgedacht hat — war
dieses dunkle Höllenthor, um welches die Phantasie des Knaben
so oft in scheuer Ferne herumgeschlichen war, von einem dämo-
nischen Zauber umwittert. Und wie hätte das anders sein können,
wenn ich von den Entbehrungen hörte, welche die unheimlichen
Menschen oft mit solcher Standhaftigkeit erduldeten, von der
Schlauheit, mit der sie die größte Wachsamkeit der Beamten zu
täuschen wußten, von der Kühnheit, mit der sie nicht selten der
augenscheinlichsten Gefahr die Stirn boten! Davon hätte der
Knabe nichts erfahren müssen, und doch waren dergleichen Geschichten nur zu viele in unserer Stadt bekannt, und, was das
Schlimmste war, ich hatte die besten, schauerlichsten aus dem
Munde des eigenen Vaters gehört, immer mit einem Zusatz
tiefster sittlicher Entrüstung natürlich, aber dies Gegengift war
sicherlich nicht im Stande gewesen, das Gift gänzlich zu para-
lysiren. Hatten doch einmal Arthur und ich vor einem Schul-
examen, bei dem wir schlecht zu bestehen sicher sein konnten, die
Frage, ob wir, falls wir durchfielen, Schmuggler werden wollten,
in tagelange, ernste Berathung gezogen, und uns mit dieser Vorstellung gegenseitig bange gemacht! Das war vier Jahre her,
aber, wenn mittlerweile auch der Ueberschwang der knabenhaften

Gefühle auf ein verständigeres Maß zurückgeführt war — der Gedanke, in die Hände eines Schmugglers gefallen zu sein, hatte auch noch in diesem Augenblicke Macht genug über mich, um mein Herz heftig schlagen zu machen.

Du bist toll, du bist verrückt! ein solcher Mann, es ist nicht möglich! wiederholte ich immer wieder, während ich, da ich keinen andern kannte, denselben Weg, welchen ich heute Morgen gegangen war, durch den Park in den Wald dahineilte, bis ich wieder vor der Moosbank an dem Weiher stand.

Das stille Wasser blickte schwärzlich zu mir empor. Ich dachte der unglücklichen Frau, die sich da ertränkt, weil sie den Weg nach Spanien nicht finden konnte, und wie es doch so sonderbar und gewissermaßen unheimlich sei, daß die Tochter der Unglücklichen sich gerade diesen Ort zum Ruheplatz auserkoren. Hinter der Moosbank lag der zweite Handschuh — wir hatten heute Morgen vergeblich danach gesucht. Ich küßte ihn wiederholt mit wonnigem Schauder und steckte ihn zu mir. Dann verließ ich schnell den Platz und ging hinauf auf die Uferhöhe, an den Ruinen vorbei bis an die äußerste Spitze, welche zugleich die höchste Höhe des Vorgebirges war. Ich trat an den Rand und schaute lange hinab. Der Wind hatte sich lebhaft aufgemacht; der Schaumstreifen zwischen den großen Steinen und zahllosen Kieseln des Vorstrandes war breiter geworden, manchmal blinkte auf der blauen Weite der weiße Kamm einer sich überschlagenden Welle. Nach Südwest lag das Festland; ich hätte die Thürme meiner Vaterstadt sehen müssen, wenn nicht eine Uferhöhe, die jetzt im Nachmittagssonnenschein stahlblau aus dem Meere aufstieg, sich dazwischen geschoben hätte. Und das blieb von der ganzen Herrlichkeit! sagte ich mit Konstanze's Worten, als mein Blick, indem ich mich umwandte, auf die Burgruinen fiel.

Ich ging und legte mich mitten zwischen die Trümmer in das schwellende Moos. Kein Platz, der geeigneter zum Träumen gewesen wäre! Himmel, so viel man wollte, und über den Rand des Uferplateau weg ein mächtiges Stück des Meeres, und der nickende Ginster rings um mich her! Am Himmel die weißen

Wolken, auf dem Meere ein blinkendes Segel, in dem Ginster der flüsternde Wind! So müßig zu liegen und zu träumen! träumen von süßer Liebe, die dem Müßiggang hold ist, den holdesten Traum! voll Kampf natürlich und Gefahren mancherlei, wie es sich für das Herz eines Neunzehnjährigen schickt! Ja, bei Gott! so sollte es sein! Ich wollte ihr Retter werden! auf meinen Armen wollte ich sie tragen aus diesem veröbeten Schlosse, das der Holden, Schönen ja das traurigste Gefängniß sein mußte; erretten wollte ich sie von diesem schrecklichen Vater, und diese Trümmer mußte ich wieder aufrichten zu dem herrlichsten Palast, um, wenn der Bau vollendet und die ragenden Zinnen im Abendroth leuchteten, sie hineinzuführen und demüthig vor ihr niederknieend also zu sprechen: Dies ist Dein, nun lebe glücklich! mich siehst Du nimmer wieder!

So, während die Sonne sich zum Horizont neigte und die weißen Wolken des Mittags mit abendlichem Purpur malte, wanderten meine Gedanken. Was sollten sie sonst? Was kann ein junger Mensch, der aus der Schule gelaufen ist und keinen Thaler in der Tasche und einen geborgten Hut auf dem Kopfe und kaum hat, wo er sein Haupt hinlege — was kann er anders thun, als Schlösser in die Luft bauen?

Achtes Capitel.

Als ich durch eine kleine Pforte in der Parkmauer auf den Hof trat, wurden dort eben die Pferde von einem leichten Wagen abgeschirrt.-Neben dem Wagen stand ein Mann im Jagdcostüm, die Flinte über die Schulter gehängt; es war Herr von Zehren.

Ich hatte mir, ich weiß nicht welche diplomatische Haltung ausgedacht, die ich meinem Wirth gegenüber zur Schau tragen wollte; aber da ich mein Leben lang ein schlechter Schauspieler gewesen bin und überdies so wenig Zeit gehabt hatte, mir die neue Rolle einzustudiren, brachte mich das freundliche Lächeln und der herzliche Händedruck, mit dem mich Herr von Zehren empfing, ohne weiteres aus dem Text. Auch ich lächelte; ich erwiderte den Händedruck mit einer Lebhaftigkeit, als hätte ich den ganzen Tag nur auf den Moment geharrt, meinen Freund und Beschützer wieder zu sehen; ich war mit einem Worte ganz in der Gewalt des Zaubers, den der seltsame Mann vom ersten Augenblicke an auf mein junges, unerfahrenes Herz ausgeübt hatte.

Aber auch der Verstand eines Verständigern hätte sich wohl von dieser bezaubernden Liebenswürdigkeit fangen lassen. Schon das Aeußere des Mannes hatte für mich etwas Bestrickendes, und wie er jetzt, lachend und scherzend, den heitersten Ausdruck auf dem von der Sonne eines Jagdtages ordentlich verjüngten Gesicht, dastand und, sich das runde Hütchen abnehmend, mit der Hand das weichlockige, hier und da bereits ergrauende Haar aus der feinen Stirn und dann wieder den vollen braunen Bart strich, glaubte ich nie einen schönern Mann gesehen zu haben.

Ich stand heute Morgen vor Ihrem Bett, scherzte er; aber

Sie schliefen so fest, ich hatte nicht den Muth, Sie zu wecken. Freilich, wenn ich gewußt hätte, daß Sie mit der Flinte so gut umzugehen verstehen, wie mit dem Ruder oder der Segelleine — und das hätte ich, ohne Salomo zu sein, wissen können, denn Fischefangen und Vogelstellen und noch einiges Andere, das gehört zusammen, wie hinter dem Ofen sitzen und schlafen. Aber das läßt sich nachholen; wir haben, Gott sei Dank, für mehr als einen Tag zu schießen. Und nun kommen Sie herein und plaudern Sie mit mir, während man uns das Abendbrot zurecht macht.

Das Wohnzimmer des Herrn von Zehren lag in der Fronte des Hauses hinter dem Speisezimmer; neben dem Wohnzimmer war sein Schlafgemach.

Er zog sich dort um und sprach mit mir durch die offene Thür, während er mit den Waschschüsseln klapperte, so daß ich Mühe hatte zu hören, was er sprach. Aber ich verstand so viel, daß er noch heute Morgen an seinen Bruder, den Steuerrath, geschrieben habe, er möge meinen Vater von meinem augenblick= lichen Aufenthalt benachrichtigen. Mein Vater werde gewiß unter den obwaltenden Verhältnissen damit einverstanden sein, daß ich, bis meine Angelegenheit geordnet, in dem Hause eines Freundes Zuflucht gefunden. In solchem Falle erspare eine momentane Trennung oft eine für immer. Und wenn auch, nun dann — hier tauchte der Kopf des Sprechenden in das Wasch= wasser — und übrigens möge ich lieber gegen Niemand er= wähnen, wo er und ich uns getroffen. Wir könnten uns ja gestern Abend auf der Fähre begegnet sein, als ich im Begriff gestanden, mich nach der Insel übersetzen zu lassen. Weshalb solle ein junger Mensch, den der Vater aus dem Hause getrieben, nicht laufen so weit der Himmel blau ist, und unterwegs einen Herrn finden, der einen Platz auf seinem Wagen frei hat und den jungen Menschen fragt, ob er nicht mit ihm fahren wolle? Das sei ja Alles so einfach und natürlich. Und so habe er auch heute Morgen an seinen Bruder geschrieben. Dem alten Pinnow habe er noch gestern Abend Bescheid gesagt. Und übrigens gehe das Wo und Wie ja eigentlich Keinen etwas an — Herr

von Zehren sprach in seinen Kleiderschrank hinein, und ich verstand nur das Wort: „Ungelegenheiten".

Mir war eine große Last vom Herzen genommen. Der
Traum des Morgens, an den ich den ganzen Tag nicht gedacht,
war mir mit der Abenddämmerung wieder in die Erinnerung
gekommen. Zum ersten Mal hatte mich der Gedanke erschreckt,
mein Vater könne glauben, ich habe mir ein Leides gethan; aber
nur für einen Augenblick; die Jugend hält es für so unwahrscheinlich, daß Andere die Dinge ernster nehmen als sie selbst!
— aber so viel war mir doch klar geworden, ich werde meinem
Vater Nachricht geben müssen. Was aber dann? Dann drängte
sich irgendwie das alte Elend, dem ich kaum entronnen, wieder
herzu; auf jeden Fall war meines Bleibens hier nicht länger.
Nun sah ich plötzlich einen Ausweg aus diesem Labyrinth. Der
Steuerrath, das wußte ich, war, als sein unmittelbar Vorgesetzter,
für meinen loyalen, diensteifrigen Vater eine Art von höherm
Wesen, das auf Erden nur noch vier andere Wesen über sich
hatte: nämlich den Herrn Provinzialsteuerdirector, den Herrn
Generalsteuerdirector, des Handelsministers Excellenz, hinter
welchem dann unmittelbar Se. Majestät der König kam, der
aber freilich wieder ein Wesen eigener und anderer Art war,
selbst von einer Excellenz durch eine weltweite Kluft getrennt.
Wenn also Herr von Zehren mich bei sich behalten und der
Steuerrath dies Project bei meinem Vater befürworten wollte
— aber würde er das wollen? Der Steuerrath hatte mich nie
besonders gern gemocht und gestern Abend hatte ich ihn noch
dazu schwer beleidigt. Ich äußerte diesen meinen Zweifel gegen
Herrn von Zehren. Dafür lassen Sie mich nur sorgen, erwiderte
er, indem er, sich die frisch gewaschenen Hände reibend, aus
seinem Schlafgemach trat.

Nun, und wie haben Sie den Tag hingebracht? fuhr er fort,
sich in einen Lehnstuhl werfend und die Beine von sich streckend.
— Haben Sie meine Tochter gesehen? — Ja? — Da können
Sie von Glück sagen; ich sehe sie manchmal Tage lang nicht.
Und zu essen haben Sie bekommen? aber schlecht, ich wollte
darauf wetten; man ißt bei mir schlecht, wenn ich zu Hause bin,

aber erbärmlich, wenn ich nicht zu Hause bin. Mondschein und Beefsteak — das paßt nun nicht zusammen; wenn ich einmal gut essen will, muß ich's auswärts thun — gestern Abend — beim alten Pinnow — he? — war das nicht köstlich? roman= tisch? Bruder Tuck und der schwarze Ritter und Sie als Deschibado „der Enterbte". Solche kleinen Abenteuer liebe ich nun über Alles!

Und er streckte sich so behaglich in seinem Lehnstuhl und lachte so frei, daß ich ihm innerlich meinen Verdacht abbat und mich einen ganz einfältigen, albernen Menschen nannte, weil mir ein solcher Gedanke je habe in den Sinn kommen können.

Der seltsame Mann plauderte weiter, fragte mich auch viel über meinen Vater, über meine Familie, über meine Vergangen= heit — aber Alles in so freundlich theilnehmendem Ton, daß man es nicht leicht übel nehmen konnte. Er schien an meinen Antworten großes Gefallen zu finden; auch wurde ich nicht wieder böse, als er, wie gestern Abend, über einige meiner Aeußerungen in ein lautes Gelächter ausbrach. Er beschwich= tigte meine Empfindlichkeit dann immer gleich wieder mit einem gütigen Wort; ich hatte durchaus das Gefühl, daß der Mann es gut mit mir meine, und noch heute bin ich überzeugt, daß er vom ersten Augenblick an eine herzliche Zuneigung zu mir ge= faßt hatte, und daß, wenn es eine Laune war, was sich ihn eines jungen, hülfsbedürftigen Menschen annehmen hieß, diese Laune zu denen gehörte, deren nur von Natur großmüthige Herzen fähig sind.

Aber wo bleibt denn das Essen? rief er, indem er ungeduldig aufsprang nnd in das Speisezimmer blickte. Ah! da bist Du ja, Konstanze!

Er ging; ich hörte ihn durch die nur halb geschlossene Thür mit seiner Tochter leise sprechen; mir schlug das Herz, ich wußte nicht, weshalb.

Nun, warum kommen Sie nicht? rief er aus dem Speise= zimmer. Ich trat ein; neben dem Tisch, der meinem unver= wöhnten Auge reich gedeckt schien, stand Konstanze. Das Licht der Hängelampe fiel von oben herab auf sie. War es die andere

Beleuchtung, war es die andere Frisur — sie hatte jetzt das
Haar nach oben gekämmt, so daß es wie eine dunkle Krone,
durch die sich ein blaues Band flocht, auf ihrem schönen Haupte
ruhte — war es die andere Tracht — ein sommerliches, ganz
einfaches, knapp anliegendes Kleid, dessen sehr tiefen, keilförmigen
Ausschnitt ein weiter, nach Art eines Tuches umgebundener
Spitzenkragen kaum verhüllte — war es das Alles zusammen
und dazu der veränderte Ausdruck ihres reizenden Gesichtes,
das jetzt etwas unbeschreiblich Kindliches hatte — aber ich er=
kannte sie kaum wieder; ich hätte glauben können, heute Morgen
die um mehrere Jahre ältere, feurige Schwester dieses holden,
jungfräulichen Wesens gesehen zu haben.

Zweite Hälfte des vorigen Jahrhunderts, sagte Herr von
Zehren, Lotte? wie? Es fehlen nur noch ein paar Schleifen,
und vielleicht der Werther — sonst superb!

Ueber Konstanze's Gesicht flog ein Schatten und ihre Augen=
brauen zuckten. Ich hatte die Anspielung nicht recht verstanden,
dennoch fühlte ich mich peinlich berührt. Konstanze erschien mir
so schön; wie konnte man, wenn man sie ansah, etwas Anderes
sagen, als daß sie schön sei?

Ich hätte es ihr so gern gesagt, aber ich hatte kaum den
Muth, sie anzublicken, geschweige, sie anzureden, und sie ihrer=
seits war einsilbig und theilnahmlos; die Speisen berührte sie
nur eben; ich erinnere mich noch jetzt nicht, daß ich sie jemals
hätte essen sehen. Ueberhaupt war die Mahlzeit, die aus Fisch
und aus Rebhühnern bestand, welche der „Wilde" heute auf
der Jagd geschossen hatte, eigentlich für diesen allein, der einen
mächtigen Waidmannshunger entwickelte. Dazu trank er über=
mäßig von dem vortrefflichen Rothwein und forderte mich wieder=
holt auf, ihm Bescheid zu thun, wie er denn seine oft von Geist
sprühende Unterhaltung fast ausschließlich an mich wandte. Ich
war durch ein solches Flackerfeuer wie geblendet, und da ich
Vieles nur halb, Manches gar nicht verstand, so war die Folge,
daß ich einige Male an der unrechten Stelle lachte, was dann
wieder eine spottende Heiterkeit meines Wirthes hervorrief. Eins
aber verstand ich im Laufe dieser nicht eben langen Mahlzeit

sehr wohl: das gespannte, um nicht zu sagen, feindliche Ver=
hältniß, welches zwischen Vater und Tochter walten mußte.
Dergleichen fühlt sich bald heraus, zumal wenn man, wie ich,
so gut vorbereitet war, die Bedeutung der scheinbaren Gleich=
gültigkeit in einer hastig hingeworfenen Frage zu verstehen und
der unnöthig langen Pause, bis die Antwort erfolgt, und des
gereizten Tones, in welchem dieselbe endlich gegeben wird! Wie
lange war es denn her, daß mein Vater und ich uns so gegen=
über gesessen hatten und ich Gott in der Stille meines Herzens
dankte, wenn das peinliche Beisammensein durch einen glücklichen
Zufall früher, als zu erwarten war, aufgehoben wurde! Hier
hätte ich mich nun unbetheiligt fühlen dürfen, wäre ich nicht be=
reits in die Tochter verliebt gewesen, wie es, glaube ich, nur
eben ein so junger kopfloser Bursch sein kann, das heißt über
alle Maßen, und hätte mich nicht der Vater mit seinem Geist
und seiner Liebenswürdigkeit vollständig beherrscht. So aber
wurde mein Herz, wie es zwiefach getheilt war, zwiefach zer=
rissen, und wenn ich ein paar Stunden vorher den heroischen
Entschluß gefaßt hatte, die schöne, unglückliche Tochter vor dem
entsetzlichen Vater zu beschützen, so war ich jetzt felsenfest über=
zeugt, daß mir die erhabene Mission geworden, diese beiden
herrlichen Menschen mit einem festen Liebesbande wieder an=
einander zu knüpfen. Daß es mir besser angestanden hätte, vor
der Thür eines gewissen kleinen Hauses in der Hafengasse in
Uselin zu kehren, wo ein alter Mann wohnte, den ich so schwer
gekränkt — daran dachte meine Seele nicht.

Aber hoch athmete ich auf, als jetzt ein Wagen schnell über
das holperige Pflaster des Hofes gerollt kam und vor der Thür
still hielt. Es war der von Herrn von Zehren angekündigte
Besuch zweier Gutsnachbarn und Jagdgenossen. Konstanze
hatte sich sofort erhoben und war, trotz des Vaters in fast be=
fehlendem Tone ausgesprochenem Wunsch: Ich bitte, daß Du
bleibst! im Begriff, das Zimmer zu verlassen, als die Herren
eintraten. Der Eine war ein großer, breitschulteriger, blonder,
junger Mann mit einem hübschen, regelmäßigen Gesicht, aus
dem ein paar runde, vorstehende, blaue Augen mit einer Art

von gutmüthiger Verwunderung in die Welt starrten; mein Wirth
stellte ihn mir als Herrn Hans von Trantow vor. Der Andere,
eine kleine drollige Persönlichkeit, deſſen Kopf mit der zurück=
fliegenden Stirn und dem faſt fehlenden Hinterhaupt ſo winzig
war, daß für das kurzgeſchorene, ſtarre, braune Haar kaum eine
Hand breit blieb und dem die aufgeworfene Stumpfnaſe und
der große, mit großen weißen Zähnen reichlich ausgeſtattete, ſtets
offene Mund eine mehr als flüchtige Aehnlichkeit mit einer Bull=
dogge gab — hieß Herr Joachim von Granow. Er war Of=
fizier geweſen und hatte ſich, nachdem ihm eine bedeutende Erb=
ſchaft zugefallen, erſt vor wenigen Monaten in der Gegend
angekauft.

Konſtanze hatte nothgedrungen bleiben müſſen, denn der
kleine Herr von Granow war ſofort mit einem, wie es ſchien,
unerſchöpflichen Redeſchwall auf ſie eingedrungen, und der große
Herr von Trantow ſo nahe bei der offenen Thür unbeweglich
ſtehen geblieben, daß man nicht wohl an ihm vorbei konnte.
Ich hatte vom erſten Moment an ein feindſchaftliches Gefühl
gegen die Beiden, gegen den Kleinen, weil er es wagte, ſo nahe
an das ſchöne Mädchen heranzutreten und ſo viel zu ſprechen;
gegen den Großen, der freilich nicht ſprach, dafür aber ſie immer=
fort mit ſeinen gläſernen Augen anſtarrte, was mir noch viel
beleidigender ſchien.

Wir haben heute eine ſchlechte Jagd gehabt, mein gnädiges
Fräulein, ſchrie der Kleine mit quäkender Stimme; aber vor=
geſtern beim Grafen Griebenow war es ganz ungewöhnlich famos.
Wo ein Volk aufging, ich ſtand mitten drin; drei Doubletten an
einem Tage, das will etwas ſagen. Aber auch dieſe Eiferſucht!
dieſer Neid! Sie haben mich faſt in Stücke geriſſen. Der Fürſt
war ganz außer ſich. Sie ſind des Teufels, Granow, ſagte er
einmal über das andere. Ein junger Menſch muß Glück haben,
ſagte ich. Ich bin jünger als Sie, ſagte er. Durchlaucht brauchen
kein Glück zu haben, ſagte ich. Warum nicht? ſagte er. Ein
Fürſt von Prora=Wiek zu ſein, iſt Glück genug, ſagte ich. War
das nicht famos?

Und Herr von Granow ſchüttelte ſich vor Lachen und zog

seinen kleinen Kopf so tief zwischen die runden Schultern, daß er so gut wie keinen Kopf mehr hatte.

Der junge Fürst war auch da? sagte Konstanze.

Es war das erste Wort, das sie auf das Geschwätz des kleinen Mannes erwiderte. Vielleicht war es deshalb, daß ich der ich theilnahmlos dabei gestanden — Herr von Zehren war in sein Zimmer gegangen, Herr von Trantow hatte seinen Posten an der Thür noch nicht verlassen, plötzlich aufhorchte.

Ja, das wissen Sie nicht? rief der Kleine. Aber freilich, Ihr Herr Vater kommt ja nicht auf die Griebenowschen Jagden; aber ich meinte, Trantow hätte es Ihnen erzählt.

Herr von Trantow und ich pflegen uns nicht au courant unserer Erlebnisse zu erhalten, antwortete Konstanze.

O, wahrhaftig, sagte Herr von Granow, ist es möglich? Ja, was ich sagen wollte: der junge Fürst war da; er wird sich ja mit der jüngsten Comtesse Griebenow verloben, sagt man. Unterdessen hat er auf Rossow Quartier genommen — dem einzigen seiner Güter in hiesiger Gegend, wissen Sie, das eine Art von herrschaftlichem Hause hat und überdies ganz nahe bei Griebenow liegt. Vortreffliche Gelegenheit, wenn ein Fürst überhaupt eine Gelegenheit braucht. Die ist aber nur für uns arme Teufel. Ha ha ha!

Und des Kleinen Kopf verschwand wieder zwischen den runden Schultern.

Ich hatte nahe genug bei den Sprechenden gestanden, um jedes ihrer Worte hören und jede ihrer Mienen beobachten zu können, und ich hatte deutlich bemerkt, daß, als Herr von Granow des jungen Fürsten Erwähnung that, Konstanze, die halb ab-gekehrt mit einer gleichgültig-verdrießlichen Miene dastand, sich plötzlich umwandte und ihre Augen fest auf den Sprechenden heftete, während ein dunkles Roth über ihre Wangen flog. Ich hatte später Veranlassung genug, mich dieses Umstandes zu er-innern, über den zu räthseln mir vorläufig keine Zeit blieb, denn Herr von Zehren kam jetzt mit den Cigarren, die er holen ge-gangen war, zurück, und Konstanze entfernte sich sehr schnell, nachdem sie Hrrn von Granow die Fingerspitzen, mir die Hand

mit anscheinend großer Herzlichkeit gereicht und für Herrn von
Trantow, der noch immer stumm und unbeweglich an der Thür
stand, nur ein vornehmes, kaum merkliches Nicken des Kopfes
gehabt hatte.

Herr von Trantow strich sich mit der breiten Hand über
die Stirn, als die Thür sich hinter der schönen Gestalt geschlossen
hatte, und richtete dann seine großen starren Augen auf mich,
während er langsam auf mich zuschritt. Ich erwiderte den Blick,
in welchem ich eine finstere Drohung zu lesen glaubte, möglichst
trotzig, und war auf Alles gefaßt, als jetzt der Riese vor mir
stehen blieb, die starren Augen fest auf mich geheftet.

Das ist der junge Freund, von dem ich Ihnen erzählt habe,
Hans, sagte Herr von Zehren, der herantrat. Glauben Sie,
daß Sie mit ihm fertig werden?

Hans von Trantow zuckte die Achseln.

Ich habe nämlich mit Hans gewettet, daß Sie stärker sind,
als er, fuhr unser Wirth fort; er gilt in der ganzen Gegend für
den stärksten Mann; ich hielt es für meine Schuldigkeit, ihn auf
einen so formidabeln Concurrenten aufmerksam zu machen.

Aber nicht heute Abend, sagte Hans, indem er mir die Hand
reichte. Es war gerade, wie wenn eine große Dogge, vor der
wir nicht ganz sicher sind, ob sie nicht beißen wird, sich plötzlich
vor uns hinsetzt und uns die mächtige Tatze auf den Schooß
legt. Ich schlug unbedenklich ein.

Heute Abend! rief Herr von Zehren; das fehlte noch! Mein
junger Freund wird hoffentlich recht lange bei mir bleiben; er
will Deconom werden und wo könnte er schneller zum Ziele
kommen, als auf meiner Musterwirthschaft!

Und der „Wilde“ lachte; von Granow rief: das sei sehr
gut! der schweigsame Hans sagte nichts, und ich stand verlegen
da. Herr von Zehren hatte in der Unterredung vorhin kein Wort
davon gesagt, daß ich als Lehrling bei ihm bleiben solle. Weshalb hatte er es nicht gethan? Es war doch ein ausgezeichneter
Gedanke, der alle Schwierigkeiten meiner Stellung auf einmal
hob; — und was seine „Musterwirthschaft“ betraf, weshalb
sollte es mir nicht gelingen, das ironisch gemeinte Wort zur

Wahrheit zu machen? Ja, hier hatte ich eine neue Mission, die aber Hand in Hand mit jener ersten ging; den Vater mit der Tochter aussöhnen, das verkommene Gut wieder emporbringen, die Burg ihrer Väter wieder aufrichten, mit einem Wort, der gute Geist, der Schutzgeist des Hauses, der Familie sein!

Das Alles ging mir durch den Kopf, während sich die Herren an den Spieltisch setzten, und mich verfolgten diese Gedanken, nachdem ich, unter dem Vorwand, noch etwas frische Luft schöpfen zu wollen, das Zimmer und das Haus verlassen, und im Park zwischen den dunkeln Büschen auf den mir nun schon bekannten Wegen umherschweifte. Der Mond war noch nicht aufgegangen, doch verkündete eine hellere Stelle am östlichen Horizont sein Nahen. Die Sterne flimmerten in dem von der durchwärmten Erde aufsteigenden Luftstrom. In den Büschen, in den Bäumen rauschte und raunte es und im Dickicht schrie ein Käuzchen, sonst war Alles dunkel und still, nur aus einem Fenster des Erdgeschosses dämmerte ein Licht und die leisen Töne einer Guitarre irrten von dort zu mir herüber. Mein Herz begann heftig zu schlagen, ich konnte der Versuchung nicht widerstehen und schritt mit verhaltenem Athem und durch jedes kleinste Geräusch, das mein Fuß auf dem Boden machte, erschreckt, näher und näher, bis ich an die steinerne Balustrade kam, welche die breite, niedrige Terrasse umgab. Ich sah jetzt, daß das Licht aus einer weitgeöffneten Fensterthür kam, durch welche ich einen Blick in ein matterhelltes Gemach hatte. An den beiden Fenstern rechts und links waren die dichten Vorhänge herabgelassen. Von da, wo ich stand, konnte man die Bewohnerin nicht sehen, und ich überlegte eben mit pochendem Herzen, ob ich es wagen dürfe, noch weiter vorzudringen, als sie plötzlich in der Thür erschien. Jetzt mußte ich bleiben, wollte ich mich nicht verrathen. Ich hielt den Athem an und drückte mich dicht gegen eine große Steinvase, neben der ich stand.

Ihre Finger glitten über die Saiten der Guitarre, bald diesen Ton, bald jenen anschlagend, dann ein paar unsichere Accorde, als ob sie nach einer Melodie suche. Zuletzt wurden die Accorde fester und sie sang:

Am Tage die Sonne
Wohl hat sie mich gerne.
Ich aber, ich liebe
Die nächtigen Sterne.

Die nächtigen Sterne
Aus endlosen Räumen,
Sie kommen und blinken
Und lassen mich träumen.

Sie lassen mich träumen
Und machen mich weinen
Um den Lieben, den Holden,
Den Schlimmen, den Einen.

Den Schlimmen, den Einen,
Den ich mir erkoren,
An den ich die Seele,
Die arme, verloren.

Die letzten Worte hatte sie mit unsicherer Stimme gesungen; jetzt lehnte sie ihr Haupt gegen den Thürpfosten, und ich hörte sie weinen und schluchzen. Meine Erregung war zu groß, als daß ich die Vorsicht, welche meine Stellung erforderte, hätte beobachten können. Ein Stein löste sich von dem verwitterten Rande der Terrasse und rollte hinab. Konstanze zuckte empor und fragte mit unsicherer Stimme: Wer ist da? Ich hielt es für gefährlich, noch länger den Lauscher zu spielen, und trat auf sie zu, indem ich meinen Namen nannte.

Ach, Sie sind es! sagte sie.

Ja, sagte ich, ich bitte um Verzeihung. Ich hörte Sie spielen, das hat mich herangelockt; ich weiß, es war sehr unschicklich; bitte, verzeihen Sie mir.

Ich stand jetzt neben ihr, das Licht aus dem Zimmer fiel hell auf ihr Gesicht und ihre dunkeln, zu mir erhobenen Augen.

Sie Guter, sagte sie mit weicher Stimme; — oder meinen Sie es nicht gut mit mir?

Ich vermochte nicht zu antworten, aber sie wußte mein Schweigen wohl zu deuten.

Ja, sagte sie, Sie sind mein treuer Knappe; mein treuer

Georg. Wenn ich sagte: heute Nacht bewachst Du diese Ter=
rasse, bis der Morgen graut — nicht wahr, Sie würden es
thun?

Ja, sagte ich.

Sie lächelte zu mir auf. — Ach, wie das lieb ist, ein Wesen
auf Erden sich treu zu wissen. Wie lieb das ist!

Sie reichte mir die Hand, die ich in meiner zitternden Hand
festhielt.

Aber ich verlange nichts derart von Ihnen, sagte sie; nur
Eines: daß Sie uns recht lange Gesellschaft leisten und recht
oft mit mir spazieren gehen. Versprechen Sie mir's! Ja! das
ist so lieb! Und nun gehen Sie! Gute Nacht!

Sie zog mit leisem Druck ihre Hand aus der meinen und
ging in ihr Zimmer zurück. Als ich ein paar Schritte gemacht
hatte, hörte ich die Fensterthür schließen.

Unter einem der großen Bäume des Parkes stand ich und
blickte nach dem Hause zurück. Der Mond war über den Wald=
rand gestiegen, das große Gebäude hob sich heller aus dem
Dunkel; hier und da flimmerte auf einem der Fenster des oberen
Stockes ein ungewisser Schimmer. Das Licht in Konstanze's
Gemach kam zu mir herüber mit jenem magischen Schein, der
uns so nur einmal wohl im Leben leuchtet.

Die Wiese vor mir hatte in tiefem Schatten gelegen; eben
irrten die ersten Strahlen des Mondes darüber hin, und da
glaubte ich eine Gestalt zu sehen, die von der andern Seite
herankommend, sich langsam auf Konstanze's Fenster zu be=
wegte. Das war an sich unverfänglich genug; es mochte ein
Arbeiter sein, der aus dem Dorfe kam und den Richtweg durch
den Park eingeschlagen hatte; aber ein treuer Knappe hat die
Pflicht, sich in solchem Falle Gewißheit zu verschaffen, und so
schritt ich denn, ohne mich zu besinnen, quer über die Wiese auf
die Gestalt zu. Unglücklicherweise trat mein Fuß auf einen
dürren Ast; es gab ein lautes Geräusch. In demselben Moment
blieb der Mann stehen und eilte mit leichten, schnellen Schritten
in der Richtung, aus der er gekommen, zurück. Der Vorsprung,
den er hatte, war nur gering, aber das dichte Gehölz, welches

die Wiese nach jener Seite einrahmte und die Grenze des Parkes
bildete, war auch nahe, und so erreichte er dasselbe wenige Mi=
nuten vor mir. Ich hörte ihn deutlich durch die Zweige brechen,
aber wie sehr ich auch vorwärts strebte, ich konnte ihn nicht er=
reichen; ich glaubte schon, daß mich mein Ohr in eine falsche
Richtung gelockt habe, als ein lautes Poltern und Krachen nicht
weit von mir mich überzeugte, daß ich auf der rechten Fährte
war. Jenes Poltern konnte nur entstanden sein, indem sich der
Mann über das morsche Bretterstaket schwang, das den Park
nach dieser Seite einschloß und das ich selbst heute bereits
zweimal passirt hatte. Jetzt konnte er mir nicht mehr entgehen;
jenseits war eine weite Brache und ich hatte noch Niemand ge=
kannt, den ich im Lauf nicht überholt hätte. Aber in dem Augen=
blicke, wo auch ich die Planke erreichte, ertönte Hufschlag und
aufblickend sah ich einen Reiter über den ebenen Plan, den jetzt
der Mond hell genug erleuchtete, jagen. Das Pferd mußte ein
vorzüglicher Renner sein. Die Hufe schlugen so leicht auf und
die Sprünge waren von so mächtiger Weite, daß in weniger als
einer halben Minute Roß und Reiter meinen Blicken entschwunden
waren; eine zweite halbe Minute hörte ich noch den Hufschlag,
dann war auch der verklungen, und ich hätte glauben können,
das Ganze geträumt zu haben, wenn mein vor Aufregung und
von dem eiligen Lauf klopfendes Herz und meine dornengeritzten,
schmerzenden Hände mich nicht eines Andern belehrt hätten.

Wer war der freche Eindringling? Ein gewöhnlicher Dieb
sicher nicht; — wohl ohne Zweifel Jemand, den das Licht aus
Konstanze's Fenster herangelockt hatte, vielleicht heute nicht zum
ersten Male; er schien den Weg schon öfter im Dunkeln zurück=
gelegt zu haben.

An einen begünstigten Liebhaber glaubte ich nicht; eine
solche Annahme würde mir als die schnödeste Versündigung an
dem herrlichen Mädchen erschienen sein, das mit ihren träume=
rischen Augen wahrlich nicht einer glücklich Liebenden glich. Ihr
schwermüthiges Lied und ihr Weinen — das Alles deutete viel=
mehr auf eine unglückliche Liebe. Also doch auf Liebe? Ach!
ich wollte ja nichts für mich! Wie konnte ich wagen, die Augen

zu ihr zu erheben! Ich konnte nur für sie leben oder sterben, und einem Frechen, der es wagte, unter dem Schutz der Nacht und des Dunkels in dies Heiligthum zu bringen, bei nächster Gelegenheit das Genick brechen.

Dieser Vorsatz hob in etwas wieder meine gedrückte Stimmung, aber freilich: die Seligkeit von vorhin war unwiederbringlich verschwunden. Ich fühlte mich aufgeregt und beunruhigt, als ich in das Zimmer zu den Spielern zurückkehrte.

Man hatte mit Whist angefangen; und war jetzt beim Faro. Der Wilde hielt die Bank; er mußte sehr bedeutend gewonnen haben. In einem Teller vor ihm lag eine Menge Silbergeld, aus dem hier und da ein Goldstück hervorblickte; dieser Teller stand in einem zweiten, welcher mit zerknitterten Tresorscheinen angefüllt war. Die beiden Gäste hatten ihr baares Geld schon verloren; denn sie wechselten sich häufig gegen Bons, die zu den Tresorscheinen in den zweiten Teller wanderten, größere und kleinere Summen ein, welche eine entschiedene Neigung zeigten, zu der Quelle, aus der sie geflossen waren, zurückzukehren. Herr von Trantow schien sein Unglück mit großer Fassung zu tragen. Sein gutes, hübsches Gesicht war so leidenschaftslos ruhig wie vorher, nur daß es vielleicht ein paar Töne tiefer geröthet war und die großen blauen Augen noch etwas starrer blickten. Doch konnte das ebenso gut die Wirkung des Weines sein, von dem man bereits mindestens ein halbes Dutzend Flaschen geleert hatte. Herrn von Granow's Nerven waren gegen die Pfeil' und Schleudern eines bösen Geschicks weniger unempfindlich. Er hob sich bald in seinem Stuhl, bald ließ er sich wieder zurücksinken; er wetterte und fluchte bald laut, bald leise, und befand sich offenbar in der übelsten Laune, zum heimlichen Ergötzen, wie mir däuchte, des Herrn von Zehren, dem die Lust aus den braunen Augen blitzte, wenn er mit höflich=bedauernden Worten wieder einmal das Geld des Kleinen einzustreichen gezwungen war.

Ich hatte mich eben zu den Spielern gesetzt, die Chancen des Spiels, das mir aus schüchternen Schülerversuchen hinreichend bekannt war, besser zu beobachten, als mir Herr von

Zehren mit den Worten: Sie müssen auch spielen, einen Haufen Banknoten, den er gerade gewonnen hatte, zuschob.

. Verzeihen Sie, stotterte ich —

Machen Sie doch keine Umstände, sagte er, warum wollen Sie noch erst auf Ihr Zimmer gehen, sich Geld zu holen! hier ist genug.

Er wußte, daß meine ganze Baarschaft aus noch nicht einem Thaler bestand; ich hatte es ihm gestern Abend gesagt. Ich erröthete deshalb über und über, aber ich hatte nicht den Muth, der großmüthigen Lüge meines gütigen Wirthes zu widersprechen; ich rückte mit der Miene eines Mannes, der kein Spielverderber sein will, näher heran und fing an zu pointiren.

Vorsichtig im Anfang und mit kleinen Einsätzen, wie es sich für mich schickte, und mit dem festen Entschluß, ganz ruhig zu bleiben; aber es dauerte nicht lange, als sich in meinem Hirn und Herzen ein unheimliches Fieber entzündete. Mein Herz pochte in schnellen und schnellern Schlägen, mein Athem flog, meine Stirn und meine Augen brannten; ich stürzte, während die Karte geschlagen wurde, Glas auf Glas hinunter, meine verdorrende Zunge zu netzen; ich strich mit bebender Hand meinen Gewinn ein. Und dabei gewann ich fast unaufhörlich; wenn einmal eine Karte gegen mich schlug, brachte mir die folgende das Dreifache und Fünffache. Ich glaubte, das Herz müsse mir springen, als das Geld vor mir zu einer Summe anwuchs, wie ich sie noch nie beisammen gesehen hatte — zwei- bis dreihundert Thaler, wie ich es heimlich überschlug.

Nun kam ein Stillstand; ich gewann nicht mehr, verlor aber auch nicht; dann fing ich an, erst langsam, dann schneller und schneller zu verlieren. Es lief mir kalt durch die Adern, wie einer der großen Scheine nach dem andern wieder von mir wanderte, aber ich hatte vorhin das Betragen des Herrn von Granow zu widerwärtig gefunden, um in denselben Fehler zu verfallen. Ich verlor, wie ich Hans von Trantow verlieren sah, ohne eine Miene zu verziehen, worüber ich denn von Herrn von Zehren mit ermuthigenden Worten belobt wurde. Schon war meine Baarschaft bis auf die Hälfte zusammengeschmolzen, als

Hans von Trantow gähnend erklärte, er sei zu müde, um noch
weiter spielen zu können; Herr von Granow sagte, es sei noch
gar nicht spät, aber die herabgebrannten Lichter und die große
Pendule an der Wand, die auf halb drei wies, waren entschieden
anderer Meinung. Die beiden Herren zündeten sich frische Cigarren an und bestiegen den schon lange wartenden Wagen,
nachdem eine Jagdpartie, an der ich auch theilnehmen sollte,
auf morgen verabredet war.

Wir kehrten in das von Weindunst und Tabacrauch an-
gefüllte Zimmer zurück, wo der alte Christian, für den der Unterschied von Tag und Nacht nicht zu existiren schien, mit Auf-
räumen beschäftigt war. Herr von Zehren stieß das Fenster auf
und blickte hinaus. Ich trat zu ihm; er legte mir die Hand auf
die Schulter und sagte: Wie schön die Sterne leuchten und wie
balsamisch die Nachtluft ist! Und da — er wies mit der Hand
in das Zimmer — wie häßlich, wie ekelhaft — und wie schlecht
das riecht! Warum kann man nicht beim Sternenschein Faro
spielen und dazu den Duft von Levkojen und Reseda rauchen?
Und warum muß nach jeder lustigen Nacht die Reue in Gestalt
eines alten Mannes kommen und kopfschüttelnd die geleerten
Flaschen zählen und die Asche zusammenkehren? Das ist so
dumm! aber man darf sich keine grauen Haare darüber wachsen
lassen, die kommen von selbst. Und nun zu Bett, zu Bett! Ich
sehe, Sie haben noch hunderterlei auf dem Herzen, aber morgen
ist auch noch ein Tag und wenn nicht — desto besser. Gute
Nacht! schlafen Sie wohl!

Aber es dauerte lange, bis der Wunsch meines Wirthes an
mir in Erfüllung ging. Ein wahrer Hexensabbath von schönen
und häßlichen Spukgestalten tanzte vor meinen in fieberhaftem
Halbschlaf geschlossenen Augen den wildesten Reigen: Konstanze,
ihr Vater, seine Spießgesellen, die dunkle Gestalt in dem Park,
und dazwischen mein Vater und Professor Lederer und Schmied
Pinnow — und Alle wollten sie von mir gerettet sein aus einer
oder der anderen Gefahr — Professor Lederer von zwei dicken
Lexicis, die aber eigentlich zwei große Austern waren, welche die
Schalen gegen den dürren Gelehrten aufsperrten, während der

Commerzienrath im Hintergrunde stand und sich todt lachen wollte; und das wirrte und raste durcheinander und liebkoste und drohte, und entzückte und ängstigte mich, bis endlich, als die Morgendämmerung schon ihr bleiches Licht auf die zersetzten Tapeten meines Gemaches warf, ein bleischwerer Schlaf die Spukgestalten bannte.

——————

Neuntes Capitel.

Wenn nach den einstimmigen Berichten von Reisenden, welche die Tour gemacht, der Weg zur Hölle mit guten Vorsätzen gepflastert ist, so bin ich überzeugt, daß einige Quadratruthen davon meine Arbeit sind und daß ich diese Arbeit zum größten Theil in den ersten vierzehn Tagen meines Aufenthaltes auf Zehrendorf gethan habe. Es konnte aber auch nicht leicht ein Terrain geben, auf welchem Alles, was man zu jener leichten und angenehmen Handtierung braucht, in so reichem Maße vorhanden gewesen wäre. Wo man ging und stand, wohin man den Blick wandte — überall lag das Material bereit am Wege, und ich war zu jung, zu unerfahren und — ich darf es wohl sagen — von zu gutem Herzen, als daß ich nicht mit beiden Händen hätte zugreifen sollen. Welcher unsäglichen Thorheit ich mich schuldig machte, als ich daran ging, die aus den Fugen gegangene Welt, in der ich mich jetzt bewegte, wieder einzurenken, nachdem ich noch eben erst bewiesen, daß ich mich in die vollständig geordnete, aus der ich stammte, in keiner Weise hätte fügen können und wollen — dieser Gedanke ist mir erst viel später gekommen. Vorläufig war ich von meiner erhabenen Mission auf das Innigste überzeugt und segnete meinen Stern, der mich aus der schnöden Sklaverei der Schule und des väterlichen Hauses, wo ich verkümmerte, aus den drückenden Banden philisterhafter Verhältnisse, die den freien Flügelschlag meiner heroischen Seele hemmten, so herrlich herausgeführt in diese Wüstenfreiheit, die keine Grenzen zu haben schien und hinter der doch das Kanaan liegen mußte, wo die Milch der Freundschaft und der Honig der Liebe floß, und das zu erobern ich heldenhaft entschlossen war. Zwar der Brief, welcher an einem der nächsten Tage von meinem Vater an Herrn von Zehren — nebst einer großen Kiste mit Sachen — eintraf, hatte mich einen Augenblick stutzig gemacht. Der Brief hatte nur wenige Zeilen enthalten, des Inhalts, daß er (mein Vater), überzeugt von der Unmöglichkeit, mich auf seinem Wege zum Guten zu führen, wohl und übel mich mir selbst habe überlassen müssen, und daß er nur noch wünschen könne, es möge mein Ungehorsam und mein Trotz nicht zu schwer an mir heimgesucht werden. Herr von Zehren hatte mich den Brief lesen lassen und, als er meine nachdenkliche Miene wahrnahm, gesagt: Wollen Sie zurück? — Dann aber gleich hinzugefügt: Thuen Sie es nicht. Das ist nichts für Sie. Der alte Herr hat Sie zu einem Arbeitspferd machen wollen. Dazu taugen Sie nicht, so groß und stark Sie sind. Sie sind ein Jagdpferd, für das kein Graben zu breit, keine Hecke zu hoch ist. Kommen Sie, ich habe hinten in der Koppel ein Volk von vierundzwanzig gesehen. Das wollen wir vor Tisch noch vornehmen.

Ich war es zufrieden; ich fand, daß mein Vater mich zu bald aufgegeben hatte, daß er wohl noch einen Versuch hätte machen können, mich zu halten, und daß er sich des Rechtes begeben habe, mir nun noch mit einer himmlischen Strafe zu drohen. Dennoch war es mir unheimlich, als Herr von Zehren eine Stunde später, als er seine Pfropfen verschossen hatte, den Brief meines Vaters aus der Tasche nahm und mit dem Scherzwort, daß Noth kein Gebot kenne, ihn in vier Stücke riß und in die beiden Läufe seiner Flinte stampfte. Ich weiß, ich hatte die Empfindung, es werde, es müsse ein Unglück geben. Aber die Flinte sprang nicht, die Hühner kamen regelrecht herunter, und von dem Briefe war nichts übrig als ein glimmendes Stückchen Papier, das zwischen die trockenen Stoppeln gefallen war und auf das Herr von Zehren, als er die Hühner in die Tasche schob, seinen Fuß setzte.

Wenn ich aber noch gezweifelt hätte, ob ich recht gethan, mich auf die eigenen Füße zu stellen, wie ich es nannte, so war ein Brief Arthur's, welcher bald darauf eintraf, nur zu geeignet, mich in meinem Wahn von der endlich errungenen Freiheit zu bestärken.

Du bist doch immer der glückliche Hans, schrieb Arthur, Du läufst aus der Schule und man läßt Dich laufen, als ob sich das so von selbst verstünde, während man mich wieder einfängt, wie einen weggelaufenen Sklaven, mich drei Tage lang in's Loch steckt, mir jede Stunde meine Schande vorwirft und mir das Leben in jeder Beziehung blutsauer macht. Selbst mein Papa stellt sich an, als ob ich Gott weiß was verbrochen hätte, und nur die Mama ist vernünftig und sagt, ich solle mir das nicht zu Herzen nehmen; und der Papa müsse auch nur so thun, sonst setzte mich Lederer nicht nach Ober=Prima, und die Geschichte dauerte noch länger. Es ist wirklich eine Schande, daß ich, blos weil der Onkel Commerzienrath es will, das Abiturientenexamen machen muß, während Albert von Zitzewitz, der auch nicht älter ist als ich, es auf der Cadettenschule jetzt schon zum Fähnrich gebracht hat. Was habe ich von dem Commerzienrath? Papa sagt, er könne mich während meiner Lieutenantsjahre ohne die vom Onkel erwarteten Zuschüsse nicht erhalten, und das mag auch wohl so sein, denn es wird mit jedem Tage schlimmer bei uns, und der Papa war ganz außer sich, als er gestern sechszehn Thaler für meine Handschuhrechnung bezahlen sollte. Wenn mir die Mama nicht noch manchmal darüber hülfe, ginge es gar nicht mehr, aber sie hat auch nichts und hat mir gestern gesagt, daß sie nicht wüßte, wie es zu Neujahr werden solle, wenn alle die Rechnungen einlaufen. Du könntest mir wirklich aus der Verlegenheit helfen; Papa sagt, Onkel Malte sehe das Geld nicht an, wenn er mal welches habe, und wer den rechten Moment träfe, könne so viel bekommen, wie er wolle. Du Glücklicher bist ja doch nun beständig um ihn und da könntest Du doch, einem alten Freund zu Liebe, den rechten Moment abpassen und ein gutes Wort für mich einlegen; oder noch besser, Du sagst, Du habest noch einige alte Schulden, die Du gern bezahlen möchtest, ob er Dir nicht so ein Thaler fünfzig oder hundert leihen wolle, und Du schickst es mir, da Du es doch nicht brauchst. Hierher kommst Du ja auf keinen Fall zurück, denn, wie sie hier über Dich sprechen, das kannst Du Dir gar nicht vorstellen. Lederer betet jetzt immer fünf Minuten länger für das verirrte Lamm (womit er Dich alten Sünder meint); der Justizrath Heckepfennig soll gesagt haben: wenn es je einem Menschen auf dem Gesicht gestanden habe, daß er in den Schuhen sterben werde, so seist Du es; in Emiliens Kränzchen haben sie beschlossen, die Blätter, auf denen Du Dich verewigt, aus ihren Stammbüchern zu reißen, und beim Onkel Commerzienrath hat es vorgestern Deinethalben eine ordentliche Scene gegeben. Der Onkel hat über Tisch gesagt, Du müßtest verzweifelt lange Schritte machen, wenn Du dem (dabei hat er eine Handbewegung gemacht) entlaufen wolltest, worauf Hermine schrecklich zu weinen angefangen und Fräulein Duff gesagt hat, es sei lästerlich, in Gegenwart eines Kindes solche Reden zu führen. Du siehst also: Du hast in der Damenwelt noch ein paar mächtige Freunde, wie Du denn von jeher auf dieser Seite ein unverantwortliches Glück gehabt hast und noch hast. Mach' meine schöne Cousine nur nicht unglücklich, Du Teufelskerl!

P. S. Der Papa sagte mir einmal, daß Konstanze von einer alten spanischen Tante jährlich eine kleine Summe ausgezahlt erhalte, die sie gewiß nicht brauche; vielleicht wäre von ihr Geld zu haben, Du könntest wenigstens einmal hinhorchen.

Ich hatte auf diesen Brief hin, der mir eine so bequeme Gelegenheit bot, feurige Kohlen auf das Haupt meines noch immer geliebten Freundes zu sammeln, sofort beschlossen, ihn mit einem Theil meines Gewinnes vom ersten Spielabend aus der Verlegenheit zu reißen, aber auch dieser Vorsatz — von dem ich allerdings kaum behaupten möchte, daß er in irgend einem Sinne ein guter gewesen — sollte nicht zur Ausführung kommen. Am Abend desselben Tages nämlich, als auf dem Gute Hans von Trantow's der Wilde seinen Spielgenossen Revanche gab, verlor ich nicht nur das unter so vielem Herzklopfen gewonnene Geld unter demselben Herzklopfen bis auf den letzten Thaler, sondern noch eine ziemlich bedeutende Summe, die mir mein gütiger Wirth, der wiederum der Gewinner war, aufdrang. Dieses Unglück, das ich, wenn ich einen Gran klüger gewesen, hätte voraussehen können, traf mich als ein harter Schlag. Ich war, trotz allen Leichtsinns, in meinen kleinen Geldangelegen= heiten immer von der scrupulösesten Gewissenhaftigkeit gewesen; hatte die unbedeutenden Schulden, die ich etwa gemacht, stets so bald als möglich und mit willigem Herzen bezahlt, ich fühlte mich deshalb, als wir nach der Unglücksnacht in der Morgen= dämmerung nach Hause fuhren, so unglücklich wie noch nie in meinem Leben. Wie sollte ich je im Stande sein, eine solche Summe abzutragen, noch dazu, da ich entschlossen war, nie wieder eine Karte in die Hand zu nehmen? Wie sollte ich heute im hellen Tageslicht dem Mann an meiner Seite in's Gesicht zu sehen wagen, ihm, dem ich mich schon ohnedies so tief ver= pflichtet fühlte? Herr von Zehren, der in der glücklichsten Stim= mung war, lachte laut, als ich ihm, wie er in mich drang, meine Noth beichtete. — Mein lieber Georg, sagte er — er nannte mich bereits immer nur bei meinem Vornamen —, nehmen Sie mir es nicht übel, aber Sie sind nicht recht gescheit. Wie, Mann, denken Sie denn wirklich, daß ich Sie nur einen Augenblick für das, was Sie auf meinen Wunsch thun, verantwortlich machen könnte? Wer Unmündigen Geld leiht, thut es bekanntlich auf seine Gefahr und Sie erinnern sich doch wohl noch, daß ich Ihnen das Geld aufdrang. Weshalb? Nun, zum Teufel, weil es mir Vergnügen macht, Ihr ehrliches, erhitztes Gesicht beim Spiel mir gegenüber zu sehen und es mit Granow's Galgen= physiognomie oder mit Trantow's verschlafener Miene zu ver= gleichen. Und wenn ein junger Mensch, der mein lieber Gast ist, mir zu Liebe mit mir auf die Jagd und mit mir zum Farotische geht, und er keine Flinte und kein Geld hat, so ist es doch nur selbstverständlich und recht und billig, daß ich ihm meinen Ge= wehrschrank und meine Börse zur Disposition stelle. Und nun hören Sie auf, von der Bagatelle zu sprechen, und geben Sie mir eine Cigarre, oder haben wir keine mehr?

Ich bot ihm seine Cigarrentasche, die er meiner Obhut an= vertraut, und murmelte, daß seine Güte mich zu Boden drücke, und daß mein einziger Trost sei, es werde sich mir doch noch eine Möglichkeit bieten, wie ich ihm so oder so meine Schuld abtragen könne. — Er lachte wieder und sagte, ich sei so stolz wie Lucifer, aber das möge er wohl leiden, und was die Möglichkeit betreffe, mich gegen ihn abzufinden, so sei er ein Mann, in dessen Leben die Zufälle und die Glücksfälle und die Unfälle und alle möglichen Fälle eine so große Rolle spielten, daß es mit einem Wunder zugehen müßte, wenn nicht unter andern leider auch der von mir herbeigesehnte Fall einträte. Bis dahin wollten wir die Sache in der Schwebe lassen. So suchte er meine Gewissensbisse wegzuscherzen, aber es war ihm nur zum Theil gelungen, und ich schlief an diesem Morgen ein und erwachte ein paar Stunden später mit dem Vorsatz, ernstlich an die Ausführung eines andern Vorsatzes zu gehen, nämlich, in meiner Eigenschaft als Lehrling mich der verlassenen Wirthschaft anzunehmen, es in kürzester Frist zu einer vollkommenen Einsicht in ökonomische Dinge zu bringen, mit Hülfe dieser Einsicht und eines rastlosen Fleißes und mit Aufbieten aller meiner Kräfte das verwüstete Gut, ebenfalls in kürzester Frist, sagen wir in ein bis zwei Jahren, zu einem Paradies zu machen und so meinen gütigen Wirth der Nothwendigkeit zu überheben, das Geld, welches ihm seine Aecker nicht abwarfen, am Spieltisch zu gewinnen.

Von Stund' an legte ich ein Interesse für den spukhaften Pferdestall, das bis auf wenige jämmerliche Exemplare der Rinderspecies ausgestorbene Viehhaus und für ein paar Dutzend melancholischer Schafe an den Tag, daß Herr von Zehren, der ein ungemein scharfes Auge für das Komische hatte, gar nicht aus dem Lachen herauskam, bis sich ein Vorfall ereignete, der ihn veranlaßte, ein ernstes Wort zu sprechen, und mir meine ökonomischen Studien einigermaßen verleidete.

Jener alte Mann, den ich am ersten Tage im Park getroffen hatte, und der eigentlich Christian Haltermann hieß, von Allen aber nur „der alte Christian" genannt wurde, war in seiner Eigenschaft als Unterverwalter (oder Statthalter, wie man in jener Gegend sagt) in Ermangelung eines Herrn, der sich um etwas kümmerte, und eines Oberverwalters, der nicht vorhanden war, die kümmerliche Seele der kümmerlichen Wirthschaft. Was

etwa noch angeordnet wurde, ging von ihm aus, aber es be=
durfte gerade keines besonderen Scharfblickes, um zu sehen, daß
von den banditenmäßig aussehenden Kerlen, welche die Rolle
von Arbeitern spielten, jeder that, was ihm beliebte. Wenn der
alte Mann, wie ich es ein paar Mal beobachtet hatte, in einen
hilflosen Zorn gerieth, und mehr zu seiner Erleichterung als in
der Hoffnung, etwas damit auszurichten, in einem sonderbar
kreischenden, papageienartigen Tone schalt und keifte, lachten sie
ihm in sein verschrumpftes Gesicht und gingen ihres Weges,
verhöhnten ihn wohl gar ganz offen. Dabei zeichnete sich be=
sonders ein gewisser Johann Swart, genannt „der lange Jochen"
aus, ein baumhoher breitschulteriger Kerl mit affenlangen Armen,
dessen Physiognomie dem Justizrath Heckepfennig vielleicht doch
noch weniger gefallen hätte als die meinige, und von dessen un=
überwindlicher Stärke die Andern unheimliche Dinge erzählten.

Diesen Menschen traf ich eines Morgens wieder einmal im
Streit mit dem Alten. Der Gegenstand war ein Kornfuder, das
der Alte abgeladen haben und der Andere nicht abladen wollte,
die Scene der mit zertretenem Stroh bedeckte Platz vor dem
Scheunenthor, die Zuschauerschaft ein halbes Dutzend anderer
Kerle, die offenbar auf der Seite des Langen standen und jedes
gemeine Witzwort desselben mit wieherndem Gelächter begrüßten.

Ich hatte den Auftritt schon von weitem beobachtet und so
kam es, daß, als ich eilig herantrat, mein Blut bereits vor Zorn
kochte. Ein paar der Lacher unsanft beiseite stoßend, trat ich vor
den langen Jochen hin und fragte ihn, ob er jetzt dem Befehl
des alten Christian Folge leisten wolle oder nicht. Jochen ant=
wortete mit einem groben Lachen und einem gemeinen Wort.
Im nächsten Augenblick wälzten wir uns Beide auf dem zer=
tretenen Stroh, im folgenden kniete ich auf dem Besiegten und
machte ihm die Unannehmlichkeit seiner Situation so handgreif=
lich, daß er zuerst laut um Hülfe und, als er sah, daß die An=
dern starr vor Schreck standen und er rettungslos in meiner
Hand war, kläglich um Gnade schrie.

Ich hatte eben den halb Erwürgten und jämmerlich Zer=
bläueten losgelassen, als Herr von Zehren, der wieder seinerseits

die Scene aus dem Fenster seines Zimmers beobachtet hatte, eilends herzukam. Er sagte dem Langen, es sei ihm ganz recht geschehen, und er solle es sich für die Zukunft merken, schalt auch die Andern, aber, wie es mir schien, keineswegs mit dem gehörigen Nachdruck, faßte mich dann unter den Arm, führte mich eine Strecke schweigend fort und sagte, als wir außerhalb des Gehörkreises der Leute waren: Es ist ganz gut, Georg, wenn die Kerle wissen, wie stark Sie sind; aber ich möchte nicht, daß Sie sie mir durch wiederholte Exercitien derart verwöhnten. Ich sah ihn groß an.

Ja, fuhr er fort, sie wollen sonst bei tausend anderen Gelegenheiten dieselben Prügel haben und zu dieser Herkulesarbeit möchten selbst Ihre starken Arme nicht ausreichen.

Lassen wir es darauf ankommen, sagte ich.

Nein, lassen wir es nicht darauf ankommen, sagte er.

Aber darüber geht die Wirthschaft zu Grunde, rief ich, dessen Blut noch immer in hohen Wogen ging. Herr von Zehren zuckte die Achseln und sagte: Da hat sie nicht mehr allzu weit, gönnen wir ihr doch die paar Schritte! Kurz, Georg, die Parole heißt: es bleibt Alles beim Alten! und was die Leute betrifft: es sind keine Bienen an Arbeitsamkeit, aber das haben sie mit den Bienen gemein, daß sie leicht stechen, wenn sie gereizt werden. Seien Sie deshalb in Zukunft ein wenig vorsichtiger als vorhin!

Er hatte das lächelnd gesagt, aber ich hörte sehr wohl heraus, daß es ihm mit dem, was er sagte, vollkommener Ernst sei, und ich also das Paradies, mit dessen Plan ich mich trug, ungeschaffen lassen müsse. Ein Paradies, in welchem jene banditenmäßigen Strolche ungestraft herumlungern konnten, war ein zu greller Widerspruch, als daß er selbst meinen unerfahrenen Augen nicht hätte einleuchten sollen.

Ich kann nicht sagen, daß es mir sehr schmerzlich gewesen wäre, auf meine Schöpferrolle zu verzichten. Hatte ich mich doch hauptsächlich in dieselbe hinein geträumt, weil ich hoffte, so die Schuld der Dankbarkeit gegen meinen Wirth abtragen zu können. Wenn er in dieser Münze nicht bezahlt sein wollte, so war dies schließlich nicht mir anzurechnen, und wenn er mir tagtäglich wiederholte, daß er von mir nichts weiter wolle, als mich selbst, daß meine Gesellschaft ihm über Alles angenehm sei, — wie hätte ich Versicherungen, die mir so schmeichelhaft waren, nicht glauben, wie hätte ich den Lockungen eines Lebens, das meinen Neigungen so vollkommen entsprach, widerstehen können?

Fischefangen und Vogelstellen! — es knüpft sich eine ominöse Warnung daran, deren Richtigkeit zu erproben ich später verzweifelt ernste Veranlassung und bedenklich viel Zeit haben sollte; aber noch heute mag ich den Zauber nicht schelten, der auf jenen vom Sprichwort gezeichneten Beschäftigungen liegt. Man kann die Fische nicht fangen, ohne dabei in die Wellen zu blicken, und den Vögeln nicht nachstellen, ohne in den Himmel zu spähen, und die wandernden Wellen und die ziehenden Wolken — die haben's uns angethan, die hatten mir's angethan, von frühester Jugend an! Wie oft hatte ich als Knabe einen Umweg aus der Schule gemacht, um ein halbes Stündchen am Hafen auf der äußersten Spitze der Mole mit der Mappe unter dem Arm zu sitzen und mich einlullen zu lassen von dem leisen Plätschern zu meinen Füßen! wie oft am Fenster in meinem Dachstübchen und über die leidigen Bücher weg in den blauen Aether gestarrt, wo vielleicht des Nachbars weiße Tauben ihre himmlischen Kreise zogen! Und immer hatte ich mich gesehnt, mich nur einmal so recht satt hören zu können am Wellenrauschen, nur einmal so recht satt sehen zu können am Wolkenziehen! Dann war wohl, als ich älter wurde und den Kreis meiner Streifereien weiter ausdehnen konnte, manche glückliche Stunde für mich gekommen: manche Ruderfahrt, manches wilde Spiel in dem benachbarten Wald, manche ungeschickte Jagd auf Strandvögel mit einem von Pinnow's verrosteten Gewehren — aber es waren doch immer nur Stunden gewesen, die der übermüthigen Kraft des Knaben= jünglings bei weitem nicht genügten, und die noch dazu mit so viel Stuben= und Schularrest, so viel Sorge, Noth, Aerger, Zorn erkauft werden mußten! .

Nun hatte ich — zum ersten Male im Leben — vollauf,

wonach ich mich, so lange ich lebte, gesehnt: Wald und Wiese, die Felder und den Strand, ein unermeßliches Terrain, und Zeit, in diesem Revier herumzuschweifen, vom ersten Morgenstrahl bis zum Abendroth, in die Nacht hinein — unermeßliche Zeit, und einen Gefährten dazu, wie ihn sich ein Jüngling, der den Ehrgeiz hatte, es in den bewußten brotlosen, verderblichen Künsten möglichst weit zu bringen, nicht passender wünschen konnte. Des „Wilden" Auge und Hand waren vielleicht nicht mehr so sicher, wie sie es vor zehn, zwanzig Jahren gewesen, dennoch war er noch immer ein trefflicher Schütz und ein Meister in Allem, was die Jägerei betraf. Niemand wußte besser als er, wo man das Wild zu suchen habe, Niemand hatte so gut dressirte Hunde und wußte sie so gut zu führen, Niemand die Zufälligkeiten der Jagd so geschickt auszubeuten; Niemand, vor Allem, war ein besserer Kamerad. Wenn sein Feuereifer während der Jagd Alle mit sich fortriß, so konnte keiner das far niente des Rendezvous am kühlen Waldessaume oder in dem dünnen Schatten von ein paar Bäumen am Rande eines Grabens mitten in den Feldern so behaglich auskosten, und die müde Gesellschaft mit allerlei Scherz und Spott und meisterhaft erzählten Geschichten köstlicher unterhalten. Am liebenswürdigsten freilich erschien er mir immer, so oft ich mit ihm allein durch das Revier schweifte. Wenn er auf den größeren Jagden sein herrschsüchtiges Wesen weder verleugnen konnte noch wollte, und ihn die größeren Erfolge eines Andern mit einem Neid erfüllten, der sich in bittern Sarkasmen Luft machte, so war von dem Allen in meiner Gesellschaft keine Spur. Er lehrte mich alle Kunstgriffe und Auskunftsmittel, an denen er so reich war, und war entzückt, als er an mir einen so gelehrigen Schüler fand, ja lachte jedesmal herzlich, wenn ich mir erlaubte, ihm ein Huhn wegzuschießen, auf das er für sich gerechnet hatte.

Und dann sein Geplauder, dem ich mit immer neuem Entzücken zuhörte! Es war die seltsamste Mischung von köstlich erzählten Anekdoten aus seinem abenteuerreichen Leben und beißender Satire gegen die Menschheit, besonders gegen die schönere Hälfte derselben. Die Frauen hatten im Leben des

Wilden eine große und verhängnißvolle Rolle gespielt. Wie so viele Menschen von heftigen Leidenschaften und glühender Sinn= lichkeit, hatte er wohl nie nach wahrer Liebe gesucht und machte jetzt den Frauen ein Verbrechen daraus, daß er dieselbe nie ge= funden; auch bei jenem unglücklichen Mädchen nicht, das er unter so schauerlichen Umständen aus seiner Heimath entführte, und das ihm nichts mitbrachte als den Fluch seiner Eltern, eine nur zu schnell verblühende Schönheit und einen gänzlich un= gebildeten, vielleicht bildungsunfähigen, bigotten Geist, der den Keim des Wahnsinns schon in sich trug. Daß er, der damals bereits Vierzigjährige, der viel Umgetriebene, viel Erfahrene, sich einzig und allein die Schuld zuzumessen hatte, sich alles Unheil und Unglück, welches aus einer so frevelhaften, sinnlosen Verbindung hervorgegangen war, selbst zuschreiben mußte — das einzusehen, anzuerkennen, fiel ihm aber natürlich nicht ein. Er war der Mann, an dem viel mehr gesündigt war, als er sündigte; er war das Opfer seiner Großmuth; er war um sein Lebensglück betrogen worden! Wie hätte ein Mann häuslich sein können, der sich nicht wohl gefühlt hatte in seinem Hause? sich an Ruhe gewöhnen können an der Seite einer Frau, die der Irrwahn und der Aberglaube Tag und Nacht ruhelos umge= trieben? — Ja, ja, mein lieber Georg, ich habe mich mit großen Planen getragen, nachdem ich größere ad acta gelegt; ich wollte das noch aus der Franzosenzeit verwüstete Schloß wieder her= richten in seinem altem Glanz, ich wollte alle Güter wieder er= werben, die einst den Zehrens gehört — aber es sollte nicht sein, sollte nicht sein in den Jahren, als ich noch frisch und hoffnungsreich war, und Sie wollen mich alten verwilderten Menschen jetzt zum sparsamen Hauswirth bekehren — Sie junger hoffnungsgrüner Springinsfeld? Da springt er hin in's Feld! Das kommt vom Schwätzen. Nein, schießen Sie nicht mehr; es ist zu weit. Hierher Diana, altes Mädchen! Du wirst doch nicht in deinen ehrbaren Jahren so leichtsinnig sein; schäme dich! Ja, was ich sagen wollte, Georg, hüten Sie sich vor den Weibern! sie sind mein Unglück gewesen, sie sind aller Menschen Unglück. Nehmen Sie meine Brüder! Da ist der Steuerrath,

den Sie kennen! Der Mensch war dazu prädestinirt, eine gute
Carrière zu machen, denn er ist in die glänzenden Dinge dieser
Welt verliebt, wie eine diebische Elster, dabei schlau wie ein
Fuchs, glatt wie ein Aal, und, als ein Mensch ohne Leidenschaften, anspruchslos für seine Person, also billig zu erhalten.
Er mußte, wenn er durchaus heirathen wollte, zu einer Zeit,
wo er noch keine Ansprüche machen konnte, ein einfaches Mädchen
heirathen, das sich mit ihm durchdrückte. Statt dessen läßt sich
der pfenniglose Referendar von einer Baroneß Kippenreiter ein-
fangen, der ältesten von zwei zurückgebliebenen Töchtern eines
ich glaube vom Könige von Schweden baronisirten Armeeliefe-
ranten, welcher das Vermögen, um dessentwillen er geadelt
war, bis auf den letzten Heller wieder verspeculirt und sich
schließlich eine Kugel durch den Kopf gejagt hatte. Nun hat er
das Elend. Eine Baroneß Kippenreiter will nicht umsonst ihre
Briefe mit einem zwanzig Jahre alten Wappen siegeln und den
reichsten Mann der Provinz zum Schwager haben. Hat es ein
so decidirter Plebejer zu solchem Ansehen und bis zum Commerzienrath bringen können, muß ihr Mann, der aus der ältesten Familie der Provinz stammt, mindestens als Minister
sterben. Nun wäre vielleicht das geschmeidige anspruchslose
Füchslein in den Hühnerstall gelangt, das Füchslein aber, das
sich in einen vor Hunger und Schulden heulenden, stellen-
jägerischen Wolf verwandeln muß, wird mit Stockschlägen,
Steinwürfen und Fußtritten abgewiesen. Nächstens wird man
ihn pensioniren, um ihn nur ein für alle mal los zu sein. —
Da ist mein jüngster Bruder Ernst. Das ist ein Genie, also,
wie alle wahren Genies: bescheiden, großmüthig à la Don
Quixote, voll philantropischer Schrullen, maßlos unpraktisch
und kindisch hülflos. Er mußte eine resolute Frau haben, die
Ordnung in seine geniale Confusion brachte und den Ehrgeiz
hatte, aus ihm etwas Rechtes zu machen. Hatte er doch das
Zeug dazu; es brauchte ja nur zugeschnitten zu werden! Was
thut er? Er verliebt sich als Premierlieutenant von zwanzig
Jahren, denn er hatte sich, als ein halber Knabe fast, in den
Freiheitskriegen brillant geschlagen, kam mit Orden bedeckt zurück,

man war auf ihn aufmerksam geworden, und eine große Lauf=
bahn stand ihm offen — was wollte ich sagen? ja, er verliebt
sich in eine Waise, die Tochter, glaube ich, eines Malers oder
dergleichen, der als Freiwilliger in seinem Bataillon den Feld=
zug mitgemacht und sterbend sie ihm auf seine gutmüthige Seele
gebunden hatte; er heirathet sie — und adieu Generalstab,
Avancement! Man giebt dem Herrn Lieutenant, der durchaus
eine Mesalliance eingehen will, den Abschied mit dem Titel
eines Hauptmanns, macht ihn zum Gefängnißdirector, und da
sitzt er nun seit fünfundzwanzig Jahren in Dingsda mit einer
halb blinden Frau, einer Schaar von Kindern, vor der Zeit alt
und grau, ein jämmerlicher Invalide; — und das Alles einem
kleinen dummen Gänschen zu Liebe, dem jeder beliebige Gevatter
Schneider oder Handschuhmacher eben auch recht gewesen wäre.
O die Weiber, die Weiber! Lieber Georg, hüten Sie sich vor
den Weibern!

Hatte der Wilde, wenn er solche Reden gegen mich führte,
dabei eine bestimmte Absicht? Ich glaube nicht. Ich war jetzt
so viel mit ihm zusammen, wir brachen oft so früh auf, waren
des Mittags so selten zu Hause, kehrten in der Nacht meistens
so spät heim — ich sah infolge dessen Konstanze so wenig und
fast stets in seiner Gegenwart, wo ich mich durch die beständigen
Feindseligkeiten zwischen Vater und Tochter so eingeschüchtert
und befangen fühlte, daß ich die Augen kaum zu dem schönen
Mädchen aufzuschlagen wagte — er konnte unmöglich wissen,
wie sehr ich das schöne Mädchen bewunderte, wie ich es mit
jedem Male reizender fand, wie mein Herz klopfte, so oft ich
auch nur das Rauschen ihres Kleides hörte.

Und dann war noch ein anderer Grund, der ihn nach dieser
Seite hin sicher machte. So gern er mich in seiner Weise hatte,
mit welcher aufrichtigen Bewunderung ihn meine Gelehrigkeit
in Allem, was sich auf den Sport bezog, erfüllte, und meine
ungewöhnliche Körperkraft, die ich vor ihm zu entfalten liebte —
er betrachtete mich doch wohl kaum als ein Wesen seiner Art.
Verarmt, wie er war, seit vielen Jahren eine problematische
Existenz führend, konnte er doch nicht vergessen und vergaß es

nie, daß er von einem uralt adeligen Geschlecht abstammte, welches die Obmacht über die Insel hatte, als von den Fürsten von Prora-Wiek noch nicht die Rede war, und die später mächtige Hansestadt Uselin, meine Vaterstadt, noch aus Fischerhütten bestand. Ich bin überzeugt, daß er — wie ein depossedirter König — innerlich nie auf die Macht und den Reichthum, den seine Ahnen einst besessen, verzichtet hatte, daß der Fürst von Prora-Wiek, die Herren von Trantow und Granow und ein paar Dutzend andere adelige und unadelige Herren, die rings-umher auf Gütern saßen, die früher den Zehren's gehört, in den sogenannten Besitz dieser Güter nur durch, ich weiß nicht welche tölpelhafte Laune des Zufalls, jedenfalls auf keinen Rechts-titel hin, den er anerkannte, gekommen waren, und daß er, wo er auch jagte, auf seinen Jagdgründen jagte. Dieser mystische Cultus einer Herrlichkeit, die nicht mehr vorhanden war, die sich sogar in ihr Gegentheil verwandelt hatte, als deren Träger er sich aber betrachtete, gab seinen Augen den stolzen Blick, seinem Wesen die Anmuth, seiner Sprache die Verbindlichkeit, wie man es wohl bei regierenden Fürsten findet, deren politische Ohn-macht so groß und deren Legitimität so unanfechtbar ist, daß sie es sich erlauben dürfen, vollkommen liebenswürdig zu sein.

Herr von Zehren schwärmte für das Erstgeburtsrecht und fand es unverantwortlich, daß jüngere Brüder den Adel, den sie nicht zu repräsentiren im Stande seien, weiter führen dürften. — Ich habe nichts gegen einen Steuerrath, selbst nichts gegen einen Gefängnißdirector, sagte er; nur müssen die Leute Müller oder Schultze und nicht Zehren heißen. — Gegen den Hof-, Beamten- und Militäradel hegte er die tiefste Verachtung — das seien alles nur Bedienten mit und ohne Livree; auch unterschied er scharf zwischen dem alten und echten und dem neugebackenen Adel, zu welchem erstern beispielsweise die Trantows gehörten, die ihren Stammbaum in ununterbrochener Folge bis in die Mitte des vierzehnten Jahrhunderts zurückführen könnten, wäh-rend Herr von Granow einen Schäfer zum Urgroßvater, einen kleinen Pächter zum Großvater und einen Gutsbesitzer, der sich habe adeln lassen, zum Vater habe. — Und der Mensch thut

manchmal, als ob er meinesgleichen wäre! Die Ehre, sein
schnödes Geld an mich verlieren zu dürfen, scheint ihm in seinen
albernen Kopf gestiegen zu sein; ich glaube, nächstens wird er
kommen und fragen, ob ich nicht der Schwiegervater eines
Schäferjungen werden wolle. Nun, Gott sei Dank, in der Be=
ziehung wenigstens kann ich mich auf Konstanze verlassen; sie
würde lieber in's Wasser springen, als solchen kleinen aufgebla=
senen Molch heirathen. — Daß sie gegen den armen Hans so
spröde thut, ist freilich dumm. Trantow ist immer noch ein er=
trägliches pis-aller. Hans von Trantow darf sich unter einen
Glaskasten setzen, und Niemand wird einen Tadel an ihm finden.
Sie lachen, Sie Grünspecht! Sie meinen, er habe das Pulver
nicht erfunden, und wenn er es noch lange so forttreibe, werde
er sich sein bischen Verstand vollends weggetrunken haben?
Pah! Das Erstere qualificirt ihn nur zu einem guten Ehemann,
und was das Letztere betrifft, so weiß ich mit Bestimmtheit: es
ist die pure Verzweiflung, die ihn mit seinen starren Augen so
tief in's Glas sehen läßt. Der arme Teufel! er thut einem
wahrlich von Herzen leid, aber das thut einem schließlich Jeder,
der sich mit den Weibern einläßt. Hüten Sie sich vor den Wei=
bern, Georg, hüten Sie sich vor den Weibern!

Konnte der Mann, der solche Gesinnungen hatte, und der
mit mir so sprach, eine Ahnung von meinen Empfindungen
haben? Unmöglich! Ich war ihm ein junger Mensch, der ihm
über den Weg gelaufen, den er aus langer Weile angerufen
hatte, und den er nun so weiter neben sich herlaufen ließ und
mit dem er sich unterhielt, weil er nicht gern allein war und
weil er zu plaudern liebte. Und durfte ich mich denn beklagen?
durfte ich größere Ansprüche machen? War ich etwas Anderes
und wollte ich etwas Anderes sein als Einer in meines Ritters
Gefolge, wenn ich auch zur Zeit der Einzige war? und der sich
über nichts mehr betrübte als darüber, daß er nicht auch zu
gleicher Zeit seines Ritters schönem Töchterlein dieselben ehr=
furchtsvollen Knappendienste aus treuer Seele weihen durfte!

Zehntes Capitel.

Seit jenem unvergessenen Gange an ihrer Seite durch den Wald nach der Strandruine war ich nicht wieder längere Zeit mit Konstanze allein gewesen. Ich hatte sie nur des Mittags und, wenn wir von der Jagd zurückgekommen waren, an der Abendtafel gesprochen, das heißt in Gegenwart ihres Vaters und meistens auch der Herren von Trantow und von Granow, unsern Jagd= und Spielgesellen. Sie hatte dann immer kaum die schönen Augen von dem unberührten Teller erhoben, während Hans von Trantow sie in alter Weise anstarrte, der kleine von Granow sich durch ihre kalte Schweigsamkeit in seinem Rede= fluß nicht stören ließ und Herr von Zehren, der in Gegenwart seiner Tochter immer sonderbar gereizt war, mehr als einen seiner scharf gefiederten sarkastischen Pfeile auf sie abschoß. Für mich waren das immer sehr trübe, bittere Stunden, um so bit= terer, als ich mich bei all meiner Opferwilligkeit und Hilfs= bereitschaft so hilflos fühlte und, was das Schlimmste war, zu bemerken glaubte, daß sie mich von der Abneigung, welche sie offenbar gegen die Freunde ihres Vaters hegte, nicht mehr aus= schloß. Nicht mehr! denn in den ersten Tagen war es anders gewesen. In den ersten Tagen hatte sie stets für mich einen schnellen freundlichen Blick, ein gelegentlich geflüstertes Wort, einen herzlichen, wenn auch flüchtigen Druck der Hand gehabt. Das war jetzt Alles vorbei. Sie sprach nicht mehr mit mir, sie sah mich nicht mehr an, oder, wenn es ja geschah, mit einer Miene, die halb zornig und halb verächtlich war und mir jedes= mal in's Herz schnitt. Und wenn ich wirklich kurzsichtig genug gewesen wäre, mich über die Bedeutung dieser Blicke zu täuschen, so sollte bald ein Wort der alten Pahlen den letzten Zweifel nach dieser Seite zerstören.

Ich war nämlich auf den Einfall gekommen, mir statt des Zimmers in der Front des Schlosses, welches ich während der ersten Tage bewohnt hatte, eines der vielen leerstehenden nach dem Parke zu erbitten, in welches ich nach und nach von dem mancherlei, zum Theil noch immer kostbaren Geräth, das in den verwüsteten Räumen des oberen Stockes herumlag und herumstand, ein seltsames Ameublement zusammentrug.

Herr von Zehren hatte sehr gelacht, als er mich eines Tages zum Essen holen wollte, dessen Stunde ich in meinem Eifer versäumt, und mich in voller Arbeit fand, meine wurmstichigen und vergilbten Schätze zu arrangiren.

Buntscheckig genug sieht es allerdings aus, rief er, aber für einen Alterthümler wäre das Gerümpel vielleicht nicht ohne Interesse; wahrhaftig, es ist wie ein Capitel aus einem Scott'schen Roman! Da, in dem Lehnstuhl könnte Mr. Dryasdust selbst gesessen haben; den müssen Sie hierher stellen, wenn der Kerl nicht umpurzelt, sobald Sie ihn von der Wand nehmen. So, noch etwas weiter an's Fenster! Ist das nicht ein Prachtmöbel? Es stammt aus meines Urgroßvaters Malte Zeit. Er war Gesandter am Hofe August des Starken — der einzige, meines Wissens, der, als Erstgeborner, je im Staatsdienst gestanden hat. Er brachte von Dresden die schönen Vasen mit, von denen dort noch eine Scherbe steht, und eine ausgesprochene Vorliebe für Mohren, Papageien und Frauenzimmer. Doch de mortuis —! Wahrhaftig, es sitzt sich noch immer gut in dem alten Ungethüm und welch herrlicher Blick gerade von dieser Stelle aus in den Park! Ich werde Sie oft besuchen. Das ist ja wirklich ganz charmant!

In der That kam er in den folgenden Tagen, wo ein strömender Regen uns in dem Hause festhielt, ein paar mal, seine Cigarre zu rauchen und mit mir zu plaudern; aber als das Wetter sich wieder aufklärte, dachte er nicht mehr daran und ich hütete mich wohl, ihn wieder an mein Museum zu erinnern. Hatte ich es doch nur eingerichtet, um Konstanze näher zu sein

und den Park beobachten zu können, in deſſen verwilderten
Wegen ſie ſo gerne umherſchweifte. Auch ein Stück von der
Terraſſe, die ſich vor ihrem Fenſter hinzog, konnte ich ſehen,
leider nur den äußerſten Rand, da der Anbau, in welchem ſie
wohnte, faſt um die Breite der Terraſſe hinter dem Haupt=
gebäude zurücklag. Aber es war doch immer etwas: das ſchwache
Licht, das des Abends auf der Baluſtrade lag, kam aus ihrem
Zimmer, und ein oder das anderemal ſah ich die undeutlichen
Umriſſe ihrer Geſtalt, wie ſie auf der Terraſſe hin und wieder
ging, oder, ſich auf das Steingeländer ſtützend, in den Park
hinausſah, über welchen die Nacht ihren dunklen Schleier breitete.
Und wenn ich ſie nicht ſah, hörte ich doch ihr Spiel und ihre
Lieder, unter denen mir keines lieber war als jenes, welches ich
an dem erſten Abende gehört und von dem ich jetzt jedes Wort
kannte:

> Am Tage die Sonne,
> Wohl hat ſie mich gerne,
> Ich aber, ich liebe
> Die nächtigen Sterne.

Ach, ich mußte ſie auch wohl ſehr lieben, die nächtigen Sterne,
denn oft und oft, wenn der matte Schein von der Baluſtrade
längſt verſchwunden und der Geſang, der mich entzückte, längſt
verklungen war, ſaß ich noch immer in dem offenen Fenſter,
blickte zu den Sternen hinauf, die oben im ſtillen Glanze einer
Septembernacht funkelten, und lauſchte auf die feierliche Muſik
des Windes in den uralten Wipfeln des Parks.

Indeſſen, dieſes holde Glück, das mir wohl nur junge
Herzen, oder ſolche, die ſich jung erhalten haben, nachfühlen
können, ſollte, wie geſagt, nur von kurzer Dauer ſein. Der jähe
Wechſel, welcher in Konſtanzens Betragen gegen mich ſtatt=
gefunden hatte, riß mich aus allen meinen Himmeln, und ich
zermarterte mein armes Gehirn, den Grund ausfindig zu machen,
der mir die Ungnade der Herrin zugezogen haben könnte. Aber
wie ich auch ſann und ſann, ich fand ihn nicht, und ſo beſchloß
ich endlich — trotzdem mein Herz mich davor warnte — mich
an „Pahlen“ zu wenden, die, wenn irgend Jemand, im Stande

sein mußte, mir das Räthsel zu lösen, welches so schwer auf meinem thörichten jungen Herzen lastete.

Die häßliche Alte war neuerdings etwas zutraulicher geworden. Ich hatte bald herausgebracht, daß sie unendlich geldgierig war, und es nicht verschmäht, ihr unter diesem und jenem Vorwand einen oder ein paar von den Thalern, die ich gewonnen — natürlich hatte ich auch den Vorsatz, nicht wieder spielen zu wollen, bald genug aufgegeben — in die braunen, runzeligen Hände gleiten zu lassen. Der Silberregen hatte ihr starres Herz erweicht; sie brummte und knurrte nicht mehr, wenn ich mir erlaubte, sie anzureden, und brachte mir ein paarmal sogar selbst den Kaffee auf's Zimmer. Als ich meinte, daß die Zähmung hinreichend vorgeschritten war, wagte ich, worauf es mir allein ankam, sie nach ihrer jungen Herrin zu fragen. Sie warf mir einen ihrer argwöhnischen Blicke zu und verzog endlich, nachdem ich schüchtern die Frage wiederholt, ihr altes häßliches Gesicht zu einem widerwärtigen Grinsen, über dessen Meinung ich vollständig im Dunkeln geblieben sein würde, wenn sie nicht die Zuvorkommenheit gehabt hätte, es mir alsbald in Worte zu übersetzen. Mit Speck fängt man Mäuse, junger Herr, aber das lassen Sie sich nur vergehen, die alte Pahlen ist Ihnen zu schlau.

Was sollte ich mir vergehen lassen?

Ich fragte, da ich nicht im Stande war, eine zutreffende Antwort zu finden, die Alte am nächsten Tage.

Thuen Sie doch nur nicht, als ob Sie es nicht wüßten, erwiderte Sie mit einer Art von Respect, welchen ihr meine unschuldige Miene, in der sie natürlich einen Triumph der Verstellungskunst sah, eingeflößt hatte; für die paar Thaler verrathe ich mein gnädiges Fräulein nicht. Es hat mir schon leid genug gethan, daß ich Ihnen diese Stube habe einräumen helfen, und sie hat sich bitter genug darüber beklagt.

Aber; mein Gott, rief ich, ich will ja gern wieder in mein früheres Zimmer ziehen, wenn es das Fräulein wünscht. Freilich, ich hätte es nicht gedacht, daß es ihr so unangenehm sein würde, wenn ich sie so doch ein oder das andere mal mehr zu sehen bekomme. Ich hätte es nicht gedacht.

Und weiter hätten Sie nichts gewollt? sagte die Alte.

Ich antwortete nicht; in meiner Verzweiflung, das angebetete Mädchen, Gott weiß wie sehr gegen meinen Willen! gekränkt zu haben, und doch auch wieder froh, endlich zu wissen, wodurch ich sie gekränkt hatte, lief ich wie ein junger Thor, der ich war, in dem großen Zimmer auf und ab und rief:

Ich will heute noch aus diesem Zimmer fort; ich will hier keine Nacht mehr schlafen; sagen Sie Ihrem Fräulein das, und sagen Sie ihr, ich würde in dieser Stunde ganz von hier gehen, nur daß ich nicht weiß, was ich Herrn von Zehren sagen soll.

Und ich warf mich, auf die Gefahr, mit dem wurmstichigen Möbel zusammenzubrechen, in den großen Lehnstuhl und starrte verzweiflungsvoll vor mich hin.

Der Ton meiner Stimme, der Ausdruck meiner Miene, meine Worte selbst mochten die Alte von meiner Aufrichtigkeit überzeugt haben.

Ja, ja, sagte sie, was wollten Sie ihm auch sagen? Er würde Sie gewiß nicht fortlassen, obgleich ich nicht weiß, was er eigentlich mit Ihnen vorhat. Bleiben Sie nur hier; ich werde mit meinem gnädigen Fräulein sprechen.

Thun Sie das, liebste, beste Frau Pahlen, rief ich aufspringend und die Alte bei einer ihrer knöchernen Hände ergreifend. Sprechen Sie mit ihr, sagen Sie ihr — ich wurde roth, ich stammelte ich weiß nicht welche Albernheiten, und beschwor die Alte, nur noch einmal mit ihrer jungen Herrin zu sprechen.

Die Alte, die mich immerfort mit einem sonderbaren, stechenden Blick beobachtet hatte, blieb ein paar Momente nachdenklich, dann sagte sie kurz, sie wolle sehen, was sich thun lasse, und ging.

Ich blieb in der größten Verwirrung. Die Gewißheit, daß die abscheuliche Alte mein Geheimniß durchschaut habe, war mir sehr peinlich; dann aber tröstete ich mich mit dem Gedanken, daß, wenn sie wirklich, woran ich nicht zweifeln konnte, die Ver-

traute Konstanzens war, ich mich gewiß nicht schämen dürfe, sie
auch zu meiner Vertrauten gemacht zu haben; und schließlich,
geschehen war nun einmal geschehen, und wenn Konstanze erst
erfahren haben würde — ja, was erfahren haben würde? daß
ich sie liebe, daß ich bereit sei, Alles für sie zu thun und zu
leiden, so würde sie mir gewiß verzeihen, was ich gethan? Ja,
mein Gott, was hatte ich denn gethan? Wie mochte sie, die
mir in den ersten Tagen so freundlich entgegengekommen war,
die mich im Scherz, der ganz wie Ernst aussah, zu ihrem Dienste
erkoren, — wie mochte sie durch etwas beleidigt sein, worin sie
doch im schlimmsten Falle nur ein Zeichen meiner Liebe, meiner
Bewunderung erblicken konnte? ·

So verschlangen sich unter meinen ungeübten Händen die
Fäden meiner Herzensangelegenheit immer mehr zu einem un=
entwirrbaren Knäuel, und mit dem heftigsten Herzklopfen betrat
ich eine Stunde später das Speisezimmer, wo heute außer un=
sern gewöhnlichen Gästen noch drei oder vier andere sich ein=
gefunden hatten. Man wartete nur auf das Erscheinen des
Fräuleins, um sich zu Tische zu setzen. Nach Tische sollte noch
eine kleine Jagd gemacht werden.

Konstanze stellte wie gewöhnlich die Ungeduld ihres Vaters
auf eine harte Probe. Endlich erschien sie.

Ich weiß nicht, durch welchen Zufall ich, der ich sonst stets,
wenn Gäste da waren, meinen Platz an dem untersten Ende des
Tisches hatte, diesmal neben ihr zu sitzen kam. Gewiß hatte ich
das nicht beabsichtigt; ich würde mich in der Stimmung, in
welcher ich war, lieber jeder Gefahr ausgesetzt haben, als daß
ich mich freiwillig in die unmittelbare Nähe meiner schönen
Feindin begeben hätte. Auch wagte ich kaum die Augen aufzu=
schlagen, während mir das Herz in der Brust hämmerte und
ich in grenzenloser Verwirrung meinen Teller mit Speisen füllte,
trotzdem ich an jedem Bissen zu ersticken fürchtete. Wie freudig
war ich deshalb erschrocken, als Konstanze, nachdem sie ein paar
Minuten in gewohnter Weise still da gesessen, mich plötzlich mit
leiser freundlicher Stimme fragte, ob ich wohl Zeit hätte, auch
ihr ein Glas Wein einzuschänken. — Warum haben Sie es mir

nicht gesagt, meine Gnädigste? rief Herr von Granow, der an
ihrer andern Seite saß. — Ich bin gern auf meine eigene
Weise bedient, erwiderte Konstanze, indem sie dem kleinen Herrn
beinahe den Rücken wandte und mit mir zu sprechen fortfuhr.
Ich antwortete, so gut ich vermochte, und weil sie fortwährend
leise sprach, that ich es auch und beugte mich zu ihr, um besser
hören zu können; und weil ich ihr dabei in die dunkeln Augen
sehen mußte, vergaß ich, was sie gefragt hatte, oder antwortete
verkehrt, und darüber lachte sie, und weil ich sie lachen sah,
lachte ich auch, und das Alles zusammen gab die reizendste kleine
vertrauliche Conversation, obgleich wir über die gleichgiltigsten
Dinge von der Welt sprachen. Alles Andere und alle Andern
waren für mich verschwunden. Nur einmal sah ich, daß Hans
von Trantow, der uns gegenüber saß, mich mit weit aufgerissenen
Augen anstarrte, aber ich achtete nicht darauf; des guten Hans
Augen pflegten diesen Ausdruck zu haben.

Dann hob — viel zu bald für mich — Herr von Zehren
die Tafel auf. Vor dem Hause harrten barfüßige, barhäuptige
Jungen mit Kiepen auf den Rücken; die Hunde bellten und
sprangen an den Jägern empor, die an ihrem Jagdzeug nestelten
und die Gewehre luden; Konstanze war, was sie nie zuvor gethan, mit herausgetreten und rief mir zu, als wir im Begriffe
waren, fortzugehen: Ich darf Ihnen nicht Glück wünschen und
Unglück mag ich Ihnen nicht wünschen. Dann winkte sie mir
freundlich mit der Hand, nachdem sie ein Compliment gemacht,
in welches sich die Andern theilen mochten, und trat in das Haus.

Wohin gehen wir heute? fragte ich Herrn von Zehren,
indem ich an seine Seite kam.

Es ist über Tisch lange genug darüber geredet worden;
Sie scheinen sehr zerstreut gewesen zu sein.

Es war das erste Mal, daß er in einem unfreundlichen Ton
zu mir gesprochen hatte; meine Miene mochte wohl die Bestürzung, die ich darüber empfand, ausdrücken, denn er sagte alsbald: Nun, es war nicht so bös gemeint, und Sie können ja
auch im Grunde nichts dafür.

Wir waren an ein Stoppelfeld gekommen und die Jagd

nahm ihren Anfang. Herr von Zehren hatte mich auf den
linken Flügel postirt, während er selbst auf den rechten ging;
so war ich von ihm getrennt und kam auch während der Dauer
der Jagd nicht wieder an seine Seite. Auch das war noch nie
geschehen; er hatte mich sonst immer bei sich behalten und seine
Freude daran gehabt, wenn wir Beide mehr schossen, als manch=
mal die Uebrigen zusammen. Heute schoß ich schlecht genug;
die Glückseligkeit, welche Konstanze mir durch ihre unerwartete
Güte bereitet hatte, war mir durch Herrn von Zehren's Un=
freundlichkeit bitter vergällt worden. Ich grübelte, während die
Hühner, die mein Caro aufstieß — Herr von Zehren hatte mir
einen seiner besten Hunde geschenkt — von mir unbeschädigt
davon schwirrten, über das unselige Verhältniß zwischen Vater
und Tochter, und daß ich meine Liebe zu jener nicht zeigen konnte,
ohne diesen zu erzürnen, und umgekehrt, und was dabei aus
meinem Lieblingsvorsatz, Vater und Tochter miteinander zu ver=
söhnen, werden solle.

In diese traurigen Betrachtungen war ich ganz versunken,
als sich Herr von Granow zu mir gesellte. Es dämmerte bereits,
die eigentliche Jagd war vorüber; nur dann und wann ertönte
noch auf der weiten, hier und da mit Büschen besetzten Haide
der durch die Entfernung gedämpfte Knall eines Gewehres;
man hielt keine Ordnung mehr, und es dauerte nicht lange, als
ich mit dem kleinen Manne, nachdem wir eine Hügelwelle über=
stiegen, mich allein befand.

Was haben Sie mit dem Alten gehabt, fragte Herr von
Granow, indem er sein Gewehr über die Schulter hing und ganz
nahe an meine Seite kam.

Was sollte ich gehabt haben? fragte ich zurück.

Nun, sagte der Kleine, es war mir so, und nicht blos mir.
Die Andern haben es auch bemerkt. Ich kann Sie versichern,
daß er über Tisch ein paar mal ein Gesicht machte, als wollte
er Sie fressen.

Ich habe ihm nichts zu Leide gethan, sagte ich.

Glaub's wohl, fuhr der Kleine fort; und heute Nachmittag
hat er ja wohl kaum ein Wort mit Ihnen gesprochen.

Ich schwieg, da ich nicht wußte, was ich sagen sollte.

Ja, ja, sagte der Andere — aber laufen Sie doch nicht so, da kann ja kein Mensch mitkommen, und wir haben nichts zu versäumen. Sie sind da in einer schlimmen Lage!

Weshalb? sagte ich.

Wissen Sie es wirklich nicht?

Nein.

Herr von Granow war von seiner Klugheit so fest überzeugt, daß es ihm gar nicht einfiel, meine Unwissenheit könne möglicherweise nur vorgeschützt sein, um ihn zum Reden zu vermögen.

Ja, ja; sagte er, Sie sind noch jung, da hört und sieht man Manches nicht, was unser Einer, der die Welt kennt, schon beim ersten Blick weg hat. Der Alte und das gnädige Fräulein leben wie Hund und Katze; nun wahrhaftig, wenn man es so recht bedenkt, hat Keines große Ursache, das Andere zu lieben. Sie führt ein jämmerliches Leben durch seine Schuld; er möchte sie gern los sein, aber wer soll sie ihm abnehmen? Ich habe mir die Sache nach allen Seiten überlegt, aber es geht nicht, es geht wirklich nicht.

Ich wußte, als ich meinen Begleiter so sprechen hörte, nicht, ob ich ihn zur Strafe für seine Unverschämtheit zu Boden schlagen oder ob ich laut auflachen sollte. Ich blickte ihn von der Seite an; der kleine Mann mit seinen stampfenden Beinchen, das alberne, von der Anstrengung der Jagd hoch geröthete Gesicht mit dem halb offenstehenden Munde — ich mußte lachen, und ich lachte, lachte aus voller Kehle.

Ich weiß nicht, worüber Sie lachen, sagte er mehr verwundert als ärgerlich. Es kann Ihnen unmöglich die kleine Scene, die sie heute Mittag Ihnen und uns Allen gespielt hat, so zu sagen, zu Kopf gestiegen sein? Und gerade das war es, worüber ich Sie gern aufklären möchte.

Was meinen Sie? fragte ich.

Meine Lustigkeit war vorbei: ich war plötzlich wieder ganz ernsthaft geworden. Eine Scene, die sie mir gespielt hatte? — Was meinen Sie? fragte ich noch einmal, dringender als zuvor.

Herr von Granow, der sich ein paar Schritte von mir
entfernt hatte, stampfte wieder heran und sagte in vertrau=
lichem Ton:

Im Grunde kann ich es Ihnen nicht übel nehmen. Lieber
Gott, Sie sind noch so jung, und ich weiß manchmal selbst nicht,
woran ich mit dem Mädchen bin. Aber soviel ist mir klar: aus
purem schieren Trotz gegen ihren Vater — und vielleicht auch
ein Bischen aus Berechnung, um sich kostbar zu machen, viel=
leicht auch, weil sie denkt: es hilft ja doch nichts — aber doch
hauptsächlich aus schierem Trotz und Eigensinn, hat sie diese
Prinzessinnenmiene angenommen und thut, als ob ich und die
Andern für sie nicht auf der Welt seien. Wenn sie nun plötzlich
mit Ihnen zu kokettiren anfängt — in meiner, ich wollte sagen —
in unser Aller Gegenwart, so hat das freilich nicht viel auf sich
— denn das ist ja nur so ein kleiner Scherz, den sie sich mit
Ihnen erlaubt, und der weiter keine Consequenzen hat — aber
ärgern muß es den Alten doch, und hat ihn geärgert. Sie
haben es, wie gesagt, nicht bemerkt, aber ich kann Sie versichern:
er hat sich auf die Unterlippe gebissen und sich den Bart ge=
strichen, wie er immer nur thut, wenn ihm etwas contre coeur
geht.

Der kleine Mann hatte keine Ahnung, welchen Sturm er
in meiner Brust erregt hatte; er hielt mein Schweigen für Zu=
stimmung und Anerkennung seiner höheren Weisheit und fuhr,
glücklich, über so interessante Dinge sprechen zu können und einen
aufmerksamen Zuhörer zu haben, fort:

Lieber Himmel, ich glaube, daß ihm das ganze Benehmen
des Fräuleins ein Strich durch die Rechnung ist. Wissen Sie,
wie viel ich während der sechs Monate, die ich hier bin, schon
an ihn verloren habe? Ueber achthundert Thaler? Und Tran=
tow beinahe das Doppelte, und die Andern klagen auch ihr bit=
teres Leid. Er hat einen fabelhaften Treffer gehabt; freilich:
es geht nicht immer so, aber, wenn er ja einmal verliert, muß
man ihm seinen Wein und seinen Cognac abnehmen, und welche
Preise er da berechnet, können Sie sich denken. Nun, und etwas
will man doch auch für sein gutes Geld haben; einem so schönen

Mädchen zu Liebe läßt man schon ein paar hundert springen und sieht dem Alten nicht so genau auf die Finger. Und früher ist das auch Alles anders gewesen. Früher hat sie mitgespielt und mit den Herren Cigarren geraucht, und ist mit auf die Jagd gegangen und spazieren geritten — die wildesten Pferde am liebsten. Es soll ein Heidenleben gewesen sein, sagt Sylow, und der muß es wissen. Aber seit diesem Sommer, seit der Geschichte mit dem Fürsten . . .

Was ist das für eine Geschichte? fragte ich. Meine ganze Seele war in dem brennenden Verlangen, Alles zu hören, was Herr von Granow zu sagen wußte. Ich hatte keine Empfindung mehr für die Schmähungen, mit denen dieser Mensch meinen gütigen Wirth, das angebetete Mädchen überhäufte, oder, wenn ich sie hatte, so sagte ich mir, daß die Abrechnung erst später er= folgen könne, daß ich vorderhand erst einmal Alles, Alles hören müsse.

Das wissen Sie auch nicht? sagte er eifrig; aber allerdings, wer sollte es Ihnen erzählt haben! Trantow ist so stumm wie ein Fisch, und die Andern wissen nicht, woran sie mit Ihnen sind. Ich halte Sie für einen ehrlichen Kerl und glaube nicht, daß Sie ein Spion sind oder mit dem Alten unter einer Decke stecken, — sein Gesicht heute Mittag war zu wunderlich. Nicht wahr, Sie erzählen ihm nicht wieder, was ich hier mit Ihnen spreche?

Nein, nein, sagte ich.

Nun also, die Geschichte ist die. In diesem Sommer war der Alte mit ihr in D . . . . In einem Bade nimmt man es nicht so genau; man konnte vor aller Welt mit ihm verkehren, wenn man den Muth dazu hatte. Der junge Fürst Prora war auch da; er hatte seinen Aerzten weiß gemacht, er sei krank und müsse Seebäder nehmen, so hatten sie ihn mit seinem Erzieher dahin geschickt. Der alte Fürst war in der Residenz, gerade wie jetzt wieder, und der junge machte sich die Freiheit gut zu nutze. Ich hatte mich eben hier angekauft und mir alsbald einen schänd= lichen Rheumatismus auf diesen abscheulichen Mooren geholt, und so war ich auch auf eine Woche oder so dort und habe etwas davon zu sehen bekommen, das Meiste habe ich mir allerdings erzählen lassen müssen. Es wurde natürlich scharf gespielt, am schärfsten in Privatgesellschaften; denn im Spielsaal ist nur ein mäßiger Satz erlaubt. Der Fürst war beständig in des Alten Gesellschaft, die Einen sagten, um zu spielen, die Andern, um dem Fräulein den Hof zu machen; es werden wohl beide Theile recht gehabt haben. Ich habe sie wenigstens oft genug des Abends im Parkgarten zusammen sitzen und spazieren gehen sehen, und daß sie es an Aufmunterung nicht hat fehlen lassen, kann ich auch bezeugen. Nun hatte der Alte viel Unglück und soll an den Fürsten zwanzigtausend Thaler verloren haben, die er in zwei Tagen zu zahlen hatte. Wo sollte er das Geld her=nehmen? Da, sagen sie, habe er dem Fürsten seine Tochter dafür angeboten, Andere sagen, er habe fünfzigtausend, noch Andere, er habe hunderttausend gefordert. Nun, für Jemand, der das Geld hatte, war es vielleicht nicht zu viel; leider aber hatte der junge Fürst das Geld nicht. Es fehlen noch zwei Jahre, bis er majorenn ist, und dann bekommt er, wenn der alte Fürst noch lebt, auch erst das Vermögen seiner verstorbenen Frau Mutter in die Hände, von welchem dann schwerlich noch viel vorhanden sein wird. Kurz: der Handel zog sich in die Länge und eines schönen Tages kam der alte Fürst, dem die Sache hinterbracht war, spornstreichs aus der Residenz, wusch dem Jungen den Kopf und bot Zehren eine namhafte Summe, wenn er, bis der junge Fürst verheirathet sei, mit Konstanze in's Ausland ging. Nun möchte das Alles sich noch arrangirt haben, — denn im Grunde kam es Zehren doch nur darauf an, einen guten Coup zu machen —, wenn der Fürst und Zehren persönlich aus dem Spiele geblieben wären. Aber Zehren, der, wenn es ihm gerade einfällt, hochmüthig sein kann, wie der Satan, hat darauf be=standen, mit dem Fürsten selbst verhandeln zu wollen, und nun war natürlich der Scandal fertig. Es soll eine entsetzliche Scene gegeben haben und man hat den Fürsten für todt in sein Hotel getragen. Was geschehen ist, weiß Niemand. So viel ist aber gewiß: die verstorbene Frau Fürstin, die eine geborene Gräfin Sylow war — ich habe die Geschichte von dem jungen Sylow,

der ja mit der gräflichen Linie verwandt ist —, hat Herrn von
Zehren, als er ein junger Mann und mit dem Fürsten zusammen
in der Residenz war und die Hofbälle besuchte, geliebt und den
Fürsten nur geheirathet, weil sie mußte. Der Fürst hat es schon
damals gewußt oder es nachher erfahren, und sie sollen ja auch
schrecklich unglücklich miteinander gelebt haben. Auf diese alten
Geschichten werden sie bei jener Unterredung zu sprechen ge=
kommen sein; ein Wort hat das andere gegeben, wie denn das
so zu gehen pflegt, Zehren ist wie rasend, wenn er in Zorn ge=
räth, der Fürst wird auch kein Blatt vor den Mund genommen
haben — kurz; die Sache war aus, rund aus. Zehren reiste
ab, der Fürst ebenfalls ein paar Tage später, mit ein paar blauen
Flecken am Halse, die von Zehren's Fingern herrühren sollten.

Und der junge Fürst?

Was fragt der danach? Dem sind alle hübschen Mädchen
gleich; er versteht es, sich das Leben angenehm zu machen; das
weiß Gott. Mich soll nur wundern, ob er diesmal fest hält.
Er ist nun schon über drei Wochen auf Rossow. Uebrigens
würde mir der Aufenthalt in dieser Gegend ein bißchen unheim=
lich sein nach Allem, was vorgefallen. Ich möchte für mein
Leben nicht mit Herrn von Zehren zusammentreffen, wenn ich
wüßte, daß ihn mein Vater tödtlich beleidigt hat.

Wie sieht er aus?

O, er ist ein hübscher Bursch, sehr schlank und elegant und
liebenswürdig; ich kann mir schon denken, daß Fräulein von
Zehren es ihrem Vater keinen Dank weiß, sie um diese Partie
gebracht zu haben; denn ich will zu ihrer Ehre annehmen, daß
sie nicht recht weiß, wie es bei dem ganzen Trödel zugegangen
ist. Andere sagen freilich, sie wisse es sehr gut und sei mit dem
bewußten Arrangement vollkommen einverstanden gewesen.

Ich hatte dieser Erzählung meines Begleiters mit einer
Spannung zugehört, als ob von dem Ausgang mein Leben ab=
hänge. Also der war es! der junge Fürst von Prora, „an den
sie die Seele, die arme, verloren!" Jetzt erinnerte ich mich, wie
sie erröthet war, als an jenem ersten Abend Herr von Granow
des Fürsten Erwähnung that, und zugleich kam mir die dunkle

Gestalt wieder in Erinnerung, welche damals vor mir aus dem Park geflohen war. Hätte ich ihn doch nur in meine Hände bekommen!

Ich stöhnte laut vor Zorn und Schmerz.

Sie sind müde, sagte der kleine Herr, und dazu haben wir uns, wie ich sehe, gründlich verlaufen. Wir müßten uns jetzt rechts halten, aber da ist eine gar böse Stelle im Moor, und bei der Dämmerung, fürchte ich, finden wir uns nicht durch. Lassen Sie uns lieber einen Umweg machen. Weiß der Himmel, wie wenig ihr großen Leute aushalten könnt; da war ein Herr von Westen-Taschen in meinem Regiment, ein Kerl, beinahe noch größer als Sie, nur vielleicht ein bischen schmaler in den Schul=tern. Westen, sagte ich zu ihm einmal, ich parire mit ihnen, ich laufe .... Aber, mein Gott, was ist das?

Es war ein Mann, der plötzlich aus einer Einsenkung des Terrains, in welcher wir ihn bei der tiefen Dämmerung, die über der Haide lag, nicht bemerkt hatten, vielleicht auch nicht hatten bemerken können, ungefähr zwanzig Schritte von uns auftauchte und alsbald wieder verschwand.

Lassen Sie uns näher gehen, sagte ich.

Um Gottes willen nicht, flüsterte der kleine Herr, indem er mich an der Jagdtasche festhielt.

Dem Manne ist vielleicht ein Unglück passirt, sagte ich.

Gott bewahre! sagte der Kleine, aber uns könnte eines passiren, wenn wir ihm nicht aus dem Wege bleiben. Ich bitte Sie, kommen Sie!

Herr von Granow war so dringend und zog mich so eifrig von der Stelle, daß ich ihm den Willen that; aber ich konnte mich nicht enthalten, nach einer kurzen Zeit stehen zu bleiben und mich umzusehen, als hinter uns ein leiser Pfiff ertönte. Der Mann schritt über die Haide davon; gleich darauf tauchte an derselben Stelle ein zweiter auf, der dem ersten folgte, dann ein dritter und vierter — ich zählte acht. Sie hatten sämmtlich große Packen auf dem Rücken, gingen aber nichtsdestoweniger sehr schnell und genau Distance haltend. In wenigen Minuten waren ihre dunkeln Gestalten verschwunden, als hätte sie der schwarze Moorboden, über den sie schritten, verschlungen.

Herr von Granow athmete tief auf. — Sehen Sie, sagte er, daß ich recht hatte! Verdammte Kerle, das läuft wie Ratten über Stellen, wo jeder andere ehrliche Christenmensch versinkt. Ich wette, es waren welche von Zehren's Leuten.

Wie meinen Sie? fragte ich.

Nun, mein Gott, fuhr er fort; ein wenig paschen wir hier herum ja Alle, oder ziehen wenigstens unsern Vortheil davon. Ich habe mich selbst in der kurzen Zeit schon überzeugt, daß es nicht anders geht, und daß einem die Kerle das Haus über dem Kopf und den Hof an allen vier Ecken anzünden würden, wollte man nicht durch die Finger sehen oder ihnen nicht auf alle Weise Vorschub leisten. Erst vorgestern, als ich an meiner Gartenmauer stehe, kommt ein Kerl über die Wiese her und sagt, ich müsse ihn verstecken; ein Gensdarm sei hinter ihm her. Nun, auf Ehre, ich habe ihn in den Backofen kriechen lassen, weil kein anderer Versteck in der Nähe war, und habe selbst eine Schütte Stroh vor die Thür geworfen, und als fünf Minuten später der Gensdarm kam, gesagt, ich hätte den Kerl nach dem Walde laufen sehen. Auf Ehre, ich habe mich geschämt, aber was soll man thun? Und so wollte ich auch nichts gegen Ihren Alten sagen, wenn er es nur nicht zu toll machte. Er treibt es zu arg, sage ich Ihnen, er treibt es zu arg; es muß ein schlechtes Ende nehmen; darüber herrscht nur Eine Stimme.

Aber, sagte ich, und gab mir die größte Mühe, so ruhig zu sprechen als möglich, ich bin doch nun beinahe schon drei Wochen hier, und auf Ehre — ich hatte diese Redensart jetzt zu oft gehört, um sie nicht gelegentlich anwenden zu können — es soll noch immer das Geringste geschehen, was den Ruf, in welchem, wie ich zu meinem Schrecken höre, Herr von Zehren selbst bei seinen Freunden steht, irgend bestätigt. Ja, ich will es Ihnen gestehen: mir selbst sind in den ersten Tagen, ich weiß nicht mehr warum, ähnliche Gedanken gekommen; aber ich habe ihm längst in meinem Herzen einen so schändlichen Verdacht abgebeten.

Verdacht, sagte der Kleine, immer eifriger sprechend und

dabei immer kleinere und raschere Schritte machend, wer spricht
von Verdacht? Die Sache ist so gewiß wie Amen in der Kirche.
Wenn Sie nichts gemerkt haben — was mich übrigens Wunder
nimmt, aber Ihr Wort in Ehren! — so kommt das, weil das
Wetter noch zu gut war. Uebrigens, so ganz stockt der Handel
auch nicht, wie Sie eben selbst gesehen haben. Weiß Gott, es
kann Einem ganz wunderlich dabei werden, wenn man bedenkt,
daß man so mitten drin sitzt. Und ich habe ihm erst am Don=
nerstag eine Partie Rothwein und Cognac abnehmen müssen,
und Trantow ein paar Tage vorher ebenso viel, und Sylow,
der es aber, glaube ich, mit Einem theilt, noch mehr.

Und weshalb sollte Herr von Zehren nicht von seinen Vor=
räthen an gute Freunde abgeben? sagte ich hartnäckig.

Von seinen Vorräthen? rief Herr von Granow. Ja, ja, es
soll vom vorigen Herbst viel übrig geblieben sein; er soll noch
so viel in seinen Kellern haben, um die halbe Insel damit ver=
sorgen zu können. Das liegt ihm schwer auf der Tasche; denn
er muß den Schmugglercapitänen baar zahlen, und der Absatz
nach Uselin ist, wie ich höre, sehr schlecht gewesen. Man soll
dort in jüngster Zeit verteufelt scheu geworden sein. Seitdem so
Viele in das Handwerk pfuschen, traut Keiner mehr recht dem
Andern. Früher sind es nur, höre ich, ein paar respectable
Firmen gewesen. Aber das müssen Sie ja Alles viel besser wissen
als ich. Ihr Vater ist ja wohl selbst Steuerbeamter?

Ja, sagte ich, und um so mehr müßte ich mich wundern,
daß ich Herrn von Zehren's Namen unter so manchen andern
niemals habe nennen hören, im Falle Ihr Verdacht wirklich be=
gründet wäre.

Aber so sprechen Sie doch nicht immer von Verdacht, schrie
der Kleine ganz ärgerlich. Es ist da wie überall: man hängt
die kleinen Diebe und läßt die großen laufen. Die Herren vom
Amt wissen auch, was sie thun; ein paar Thaler oder Louisd'or
zur rechten Zeit halten schon eine Zeit lang vor, und wenn einer
gar, wie der Alte, einen Steuerrath zum Bruder hat, wird der
Herr Steueraufseher nicht so unhöflich sein, des Herrn Steuer=
raths Bruder abzufassen.

Das ist eine Beleidigung, Herr von Granow, rief ich
wüthend; ich habe Ihnen schon gesagt, daß mein eigener Vater
Steuerbeamter ist.

Nun, nun, sagte Herr von Granow, ich denke, Sie leben
mit Ihrem Vater auch nicht auf dem besten Fuß. Und wenn
Ihr Vater Sie weggejagt hat, so —

So geht das Niemand etwas an, rief ich, als Herrn von
Zehren, der mich in sein Haus genommen hat und gut und
freundlich zu mir gewesen ist die ganze Zeit. Hat mein Vater
mich fortgeschickt oder meinetwegen: fortgejagt, so habe ich ihm
Ursache genug dazu gegeben, aber das hat mit seiner Ehrenhaftigkeit nichts zu thun, und den schlage ich todt wie einen Hund,
der meinem Vater die Ehre abschneiden will.

Da Herr von Granow nicht wußte und nicht wissen konnte,
wie tausendfältig er durch Alles, was er gesagt, mein Herz zerrissen hatte, mußte ihm meine Wuth, die nur nach einer Gelegenheit gesucht hatte, um loszubrechen, unbegreiflich und
erschrecklich sein. Ein junger, ihm wahrscheinlich immer und
jetzt doppelt verdächtiger Mensch, von dessen Körperkraft er mehr
als eine erstaunliche Probe gesehen hatte, und der mit dieser
Stimme von Todtschlagen sprach — dazu die öde Haide, auf
der jetzt fast vollkommene Nacht lag, — der kleine Mann murmelte unverständliche Worte, indem er sich möglichst weit von
mir entfernte und dann, vermuthlich aus Furcht vor meiner ge-
ladenen Flinte, wieder herankam und ganz demüthig erklärte,
daß er keineswegs die Absicht gehabt habe, mich zu beleidigen,
daß es ja auch ganz undenkbar sei, ein ehrenwerther Steuerbeamter, wie mein Vater, habe seinen Sohn wissentlich zu einem
notorischen Schmuggler gethan; daß auf der andern Seite der
Verdacht, ich sei ein Spion im Dienste der Behörden, mit meinem
ehrlichen Gesicht und meinem sonstigen loyalen Wesen gänzlich
unvereinbar und vollkommen lächerlich sei; daß er übrigens ja
auch herzlich gern zugebe, Alles, was man gegen Herrn von
Zehren vorbringe, sei vollkommen aus der Luft gegriffen — die
Leute schwatzten ja so vieles, nur, um zu schwatzen; und er, der
sich erst so kurze Zeit in der Gegend aufhalte, könne am wenigsten

wiſſen, was daran ſei; und daß er es ſich ſchließlich als eine Ehre anrechnen werde und ſich herzlich freue, mich als Gaſt auf ſeinem Hofe, deſſen Lichter eben vor uns aufblitzten, und wo die Andern mittlerweile längſt angekommen ſein müßten, zu begrüßen und eine Flaſche Wein mit mir zu trinken.

Ich vernahm kaum, was der Mann ſagte; in meiner Seele ſtürmte es zu gewaltig. Ich erwiderte nur kurz, es ſei gut, und ich glaube nicht, daß er es böſe gemeint habe. Dann bat ich ihn, mich bei Herrn von Zehren zu entſchuldigen, und ſchritt über die Haide davon, in der Richtung des nun nahen, mir wohlbekannten Weges, der von Melchow, dem Granow'ſchen Gut, nach Zehren= dorf führte.

Elftes Capitel.

Der nächste Morgen war so glorreich, daß er auch wohl ein noch schwerer verdüstertes Herz als das meinige hätte aufhellen können. Ueberdies war ich, müde wie ich war, so schnell entschlummert, nachdem ich kaum mein junges, sorgenvolles Haupt auf's Kissen gelegt, und hatte so fest geschlafen, ich mußte mich ordentlich erst darauf besinnen, was mich denn gestern Abend nur so außer mir gebracht hatte. Nach und nach fiel es mir freilich wieder ein, und da wurde mir die Stirn heiß, das weite Zimmer zu eng, es litt mich nicht mehr zwischen den Wänden, ich hatte, wie immer in meinen Nöthen, das Gefühl, daß draußen unter dem blauen Himmel Alles besser werden müsse, und ich eilte die steile Hintertreppe hinab in den Park.

Nun irrte ich unter den im Morgenwinde leise wehenden Zweigen der hohen Bäume, zwischen den sonnebeglänzten Büschen auf den wildverwachsenen Wegen, bald zum Himmel schauend, bald mit verschränkten Armen düster auf den Boden starrend, zwischendurch einem Vogel lauschend, der unaufhörlich sein monotones kleines Herbstlied zirpte, oder eine Raupe beobachtend, die an einem klafterlangen Faden von einem Zweige herabhängend hin und her schaukelte, und versuchte, jene für einen jungen Menschen so überaus schwierige Aufgabe zu lösen, versuchte, mir meine Situation klar zu machen.

Ich hatte gestern Herrn von Granow die Wahrheit gesagt: es hatte sich, seitdem ich auf dem Gute war, nichts ereignet, was jenen Verdacht bestätigt hätte? Ich war ja kaum von seiner Seite gekommen während dieser ganzen Zeit! Keine fremden Leute waren auf dem Hofe erschienen, keine verdächtigen Zu=

sammenkünfte hatten stattgefunden; es waren keine Waaren ein=
geliefert und außer jenen paar Fässern Wein an die Nachbarn
meines Wissens auch keine ausgeliefert worden. Die Leute, die
zum Gute gehörten, sahen allerdings aus, als ob sie zu jedem
andern Geschäft mehr aufgelegt seien, als zu einer ehrlichen
Hantierung, und besonders mein langer geprügelter Freund
Jochen hatte unmöglich ein reines Gewissen; aber die Kathen=
leute rings herum auf den andern Gütern, in der Nähe des
Strandes, waren sämmtlich zum Theil verkommenes, zum Theil
verwegenes, seeräubermäßig aussehendes Gesindel, wie denn auch
gar viele Fischer und Schiffer gewesen und gelegentlich noch waren.
Daß aber die Bande, der wir gestern begegnet, nicht aus unsern
Leuten bestanden hatte, davon glaubte ich mich überzeugt zu
haben, als ich bei den Tagelöhnerwohnungen vorüber kam und
Jochen nebst ein paar Andern wie gewöhnlich vor den Thüren
sitzen sah.

Und dann! zugegeben: Herr von Zehren war in Wirklich=
keit, wozu ihn der böse Leumund machte; nun, so trieb er es
am Ende nicht schlimmer, als die Andern auch. Ein wenig
paschten sie Alle — das hatte ich aus Granow's Munde; und
wenn alle diese adeligen Herren sich nicht genirten, ihre Keller
mit Wein zu füllen, von dem sie wußten, daß er geschmuggelt
war, — der Hehler war so gut wie der Stehler, und Herr von
Zehren nur vielleicht hier, wie überall und immer, der kühnere
Mann, der den Muth hatte, zu thun, was die Andern gern ge=
than hätten.

Und endlich! ich war ihm zum tiefsten Dank verpflichtet!
Sollte ich auf einen Verdacht hin, auf die Klatschereien eines
Schwätzers hin, ihn verlassen, der immer so gütig, so freundlich
zu mir gewesen? der mir seinen besten Hund und seine beste
Flinte, nein! — seinen zweitbesten Hund und seine zweitbeste
Flinte geschenkt, dessen Börse, dessen Cigarrenkiste (ach! und
welche köstlichen Cigarren führte er — ich hatte nie geglaubt,
daß es solche Cigarren gebe!) mir alle Zeit offen gestanden!
Nein, und abermals nein! Und wenn er wirklich ein Schmuggler,

ein Schmuggler von Profession wäre! — aber wie konnte ich erfahren, daß er einer war!

Doch am einfachsten, wenn ich mich an ihn selbst wandte; ich hatte ein Recht dazu. Man zweifelte in der Gesellschaft an meiner Ehrenhaftigkeit; man wußte nicht, was man aus mir machen sollte: das konnte ich mir nicht gefallen lassen. Herr von Zehren konnte nicht verlangen, daß ich mich seinetwegen dem schmählichen Verdachte aussetzte, entweder ein Spion oder sein Helfershelfer zu sein. Aber wenn er dann sagte: so gehen Sie! ich halte Sie nicht!

Ich setzte mich an dem Rande des Parkwaldes auf die steinerne Bank, welche dort unter einem breitastigen Ahorn angebracht war, und starrte, den Ellnbogen auf den halb umgesunkenen Tisch stemmend und meine Stirn in die Hand legend, nach dem Schlosse, das seinen Schatten weit hinein über die in der Morgensonne goldig schimmernde Wiese warf.

Wie hatte ich das alte verfallene Haus doch so lieb gewonnen! Wie gut kannte ich jeden der hohen Schornsteine! jeden Grasbüschel, der aus dem altersgrauen, moosüberwucherten Ziegeldache wuchs! die drei Balkone, — zwei kleinere freischwebende rechts und links und in der Mitte den großen, zu welchem aus dem obern Saal die Glasthüren führten, und der auf den plumpen Säulen mit den seltsam verschnörkelten Capitälen ruhte! Wie kannte ich jedes der zahlreichen Fenster mit den verwitterten, verwaschenen Holzjalousien, die nie geschlossen wurden, von denen die meisten auch nicht mehr geschlossen werden konnten! Einige hingen nur noch in einer Angel, und die am dritten Fenster von rechts klappte in der Nacht immer, wenn der Wind von Westen kam — ich hatte sie schon oft befestigen wollen und es immer wieder vergessen. Dort die zwei Fenster an der Ecke links waren mein Zimmer, mein poetisches Zimmer mit den köstlichen alten Meubeln, die mir noch immer so sehr imponirten, daß ich mir zwischen ihnen wie ein junger Königssohn vorkam. Welche glücklichen Stunden hatte ich in der kurzen Zeit schon in dem Zimmer verlebt! Des Morgens in der Frühe, wenn ich mich, froh der in Aussicht stehenden Jagd, trällernd ankleidete und meine Patronen in Ordnung brachte, des Abends spät, wenn ich mit meinem Freunde nach Hause gekommen war, er- hitzt vom Spiel und Wein und lustigem Geschwätz, und mich dann hinauslehnte, eine Cigarre dampfend und zwischendurch die kühle Nachtluft mit vollen Zügen einsaugend, während der Gedanken gar viele durch meine Seele gingen, närrische und sentimentale Gedanken, die sich schließlich alle auf das schöne Mädchen bezogen, das da unter mir in dem Zimmer hinter der Terrasse nun wohl schon seit mancher Stunde schlummerte.

Was hatte der abscheuliche Mensch gestern von ihr gesagt? Ich wagte die Lästerungen kaum in Gedanken zu wiederholen; ich begriff nicht, wie ich es nur hatte anhören können, oder wie ich ihn mit heiler Haut hatte davon kommen lassen, nachdem ich es gehört, nachdem er mein Heiligenbild so entweiht! Der elende, erbärmliche Mensch! der dünkelhafte, aufgeblasene, neidische kleine Molch! Freilich! es war ein großes Verbrechen, daß sie von einem solchen Liebhaber nichts wissen wollte! daß sie von den andern Krautjunkern nichts wissen wollte! Und dafür schmähten sie sie nun; behaupteten, sie habe sich verkaufen lassen wollen, sie, die Edle, Reine, Schöne, für die ein Königsthron noch zu niedrig gewesen wäre. Oder gab es einen Kopf, würdiger eines Diadems? Gab es eine Gestalt, die mehr verdiente, von einem Purpurmantel umwallt zu werden! Mein Gott! ich verlangte ja nichts für mich! ich war es ja zufrieden, wenn ich an den Saum ihres Kleides rühren durfte! Aber die Andern sollten sie ebenso ehren wie ich; Keiner, und wenn er ein Fürst, und wenn er ein König wäre, sollte wagen, sich, ohne daß sie es er- laubt, ihr zu nahen. Wenn sie mich doch nur, wie sie es an jenem Abend scherzend gesagt, Wache halten lassen wollte auf ihrer Schwelle!

So demüthigte ich mein volles, junges Herz, das vor Sehn- sucht und Verlangen schier zersprungen wäre. Und ich that es aus innigster Ueberzeugung, in felsenfestem Glauben an die Hoheit und Reinheit der so heiß Geliebten. Ich darf es sagen: es war kein Blutstropfen in mir, der nicht ihr gehörte; ich würde mein Leben geopfert haben, ihr zu dienen, hätte sie es von mir

9 *

verlangt, hätte sie mich für die treue Seele genommen, die ich war; hätte sie offen mit mir gesprochen. War es das Vorgefühl der kurzen Spanne Zeit, die ich mich noch in diesem treuen, ungebrochenen Glauben an ein unverletzlich Heiliges in der Menschenbrust wiegen sollte, was mich jetzt den Kopf tiefer auf die Hände beugen und so heiße Thränen vergießen ließ?

Ich richtete mich schnell empor; denn ich glaubte dicht hinter mir ein Rauschen gehört zu haben, und ich hatte mich nicht ge-täuscht. Aus den Büschen hervor, zwischen denen der Weg weiter in den Buchwald führte, trat Konstanze. Hatte sie mich hier sitzen sehen? Ich sprang in großer Verwirrung von meiner Bank auf und stand vor ihr, ohne daß ich Zeit gehabt hätte, die Spur der Thränen von meinen brennenden Wangen zu verwischen.

Guter Georg, sagte sie, indem sie mir die Hand mit mildem Lächeln entgegenstreckte, nicht wahr, Sie meinen es gut mit mir?

Ich murmelte etwas, das als Antwort gelten sollte.

Lassen Sie mich ein wenig hier bei Ihnen Platz nehmen, sagte sie, ich fühle mich etwas ermüdet; ich bin schon so lange auf. Wissen Sie, wo ich gewesen bin? Im Walde bei dem Weiher und hernach oben auf der Ruine. Wissen Sie, daß wir nicht wieder zusammen dort gewesen sind? Ich habe heute Morgen daran gedacht, und wie schade es ist. Es ist so schön auf der Uferhöhe, und es wandert sich mit Ihnen so gut. Warum kommen Sie nie, mich abzuholen? Wissen Sie noch, was Sie mir versprachen: Sie wollten mein treuer Georg sein und alle Drachen auf meinem Wege tödten. Wie viel haben Sie schon todt?

Sie blickte unter den langen Wimpern hervor mich mit den braunen Augen an, deren Tiefe für mich unergründlich war, in meine Augen, die ich in Verwirrung senkte. Warum antworten Sie nicht? sagte sie. Hat es Ihnen mein Vater verboten?

Nein, erwiderte ich, aber ich weiß nicht, ob Sie meiner spotten. Sie sind die ganze letzte Zeit so wenig gütig zu mir gewesen; ich habe mir zuletzt nicht mehr getraut, Sie anzureden, kaum Sie anzusehen.

Und Sie ahnen nicht, weshalb ich in letzter Zeit weniger freundlich gegen Sie gewesen bin?

Nein, sagte ich, und setzte dann kleinlaut hinzu: es müßte denn sein, weil ich so viel von Ihrem Vater halte; aber wie kann ich das anders? ʻ

Eine Wolke zog über ihre Stirn. Und wenn es deshalb wäre, sagte sie, könnten Sie es mir verdenken? Mein Vater liebt mich nicht; er hat mir schon zu viele Beweise davon gegeben. Wie kann mich Jemand lieben, der so viel von meinem Vater hält — sie sprach die letzteren Worte in bitterm Ton — der ihm vielleicht jede Sylbe wieder erzählt, die ich sage, und so zu den Geschichtenträgern und Geberdespähern, mit denen ich bereits umgeben bin, einen neuen zugesellt, einen um so gefährlicheren, als ich von ihm alles Andere eher erwartet hätte, als verrathen zu werden.

Verrathen, und verrathen von mir! rief ich erschrocken.

Verrathen, ja, sagte sie, leiser, schneller, leidenschaftlicher sprechend. Ich weiß, daß der alte Christian, der Tag und Nacht herumstreicht, mich wie eine Gefangene bewacht; ich bin keineswegs sicher, ob Pahlen, die mir Ergebenheit zeigt, mich nicht für eine Hand voll Thaler verkauft. Ja, verrathen bin ich, verrathen von allen Seiten, ob von Ihnen — ich will um Ihrer guten blauen Augen willen annehmen, daß ich mich geirrt habe, obgleich ich wahrlich triftigen Grund hätte, Sie zu beargwöhnen.

Ich war außer mir, Konstanze so sprechen zu hören; ich bat sie, ich beschwor sie, mir zu sagen, was sie gegen mich habe, welcher abscheuliche Schein gegen mich spräche; denn daß es nur ein Schein sei, wolle ich ihr beweisen. Sie solle mir Alles sagen, sie müsse mir Alles sagen.

Nun denn, sagte sie, ist es Schein oder Wahrheit, daß Sie gleich an dem ersten Abend Ihres Hierseins auf Befehl meines Vaters, der Sie jedenfalls zu dem Zweck mitgebracht hat, Wache gestanden haben unter meinem Fenster, während Sie mir weismachen wollten, mein Spiel habe Sie herbeigelockt?

Ich erschrak heftig über diese letzten Worte, die sie mit einem finstern, lauernden Blick begleitet hatte, der noch deutlicher sprach

als die Worte. Also war jene dunkle Gestalt doch um ihret=
willen dagewesen und war seitdem wieder dagewesen; denn wie
hätte sie sonst von der Begegnung unterrichtet sein können?

Sie brauchen es nicht mehr einzugestehen, sagte Konstanze
in bitterm Ton, Sie haben noch nicht ausreichend gelernt, sich
zu verstellen. Und ich gutmüthige Thörin glaubte, Sie wären
mein treuer Georg!

Ich war nahe daran, vor Zorn und Schmerz zu weinen.

Um Gottes willen, rief ich, verdammen Sie mich nicht, ohne
mich gehört zu haben. Ich bin in den Park gegangen ohne eine
bestimmte Absicht, ohne eine Ahnung, daß ich — ihm, daß ich
Jemand begegnen würde. Hätte ich gewußt, daß der Mann,
den ich von dieser Stelle dort aus dem Bosket auftauchen sah,
nicht ohne Ihre Erlaubniß kam, ich würde ihm nicht in den Weg
getreten sein, würde ihn ruhig dahin haben gehen lassen, wo
man ihn, wie es scheint, erwartete.

Wer sagt Ihnen, daß er nicht ohne meine Erlaubniß kam,
daß er erwartet wurde? fragte Konstanze nicht ohne Heftigkeit.

Sie selbst; erwiderte ich schnell, der Umstand, daß Sie um
etwas wissen, was doch nur er und ich wissen könnten.

Konstanze blickte mich an und lächelte flüchtig. — Ei, sagte
sie, wie geschickt wir zu combiniren verstehen; wer hätte uns das
zugetraut! Aber Sie irren sich. Ich weiß es von ihm, gewiß;
und doch hatte ich ihn nicht erwartet und doch hatte ich ihm
keine Erlaubniß gegeben. Ja, noch mehr, ich schwöre Ihnen:
ich hatte keine Ahnung, daß er mir so nahe war. Und jetzt?
fragt mich Ihr Blick. Jetzt ist er mir so fern wie je. Er hat
mir auf einem Wege, der nichts zur Sache thut, geschrieben,
daß er in der That an jenem Abend versucht habe, mich zu
sehen, mir eine Mittheilung zu machen, von der er nicht wünschte,
daß ich sie durch einen Andern erführe; ich habe ihm auf dem=
selben Wege geantwortet, daß ich es nun doch bereits durch einen
Andern erfahren habe und daß ich ihn um seiner und um meiner
Ruhe willen bitte, keinen Versuch zu machen, sich mir zu nähern.
Dies ist Alles und wird für immer Alles sein. Ich habe nicht
die Gewohnheit, von denen, welche mich lieben, zu verlangen,

daß sie mir ihre Zukunft, ihre Existenz zum Opfer bringen. Und das wäre hier der Fall. Jener Mann kann ohne Einwilligung seines Vaters keine Verbindung eingehen, und mein Vater hat dafür gesorgt, daß diese Einwilligung nie erfolgt. Er ist erst frei nach seines Vaters Tode. Darüber können Jahre vergehen. Er soll mir nicht einmal diese Jahre zum Opfer bringen.

Und er nimmt das Alles an, rief ich empört; er entsagt nicht lieber seinem Titel und seinem Erbe, als daß er auf Sie verzichtet? Er läßt sich nicht eher in Stücke zerreißen, als daß er Ihnen entsagte? Und dieser Mensch besitzt Millionen und nennt sich ein Fürst!

So wissen Sie, wer er war? sagte Konstanze, indem sie, wie es schien, heftig erschrak; und dann setzte sie mit Bitterkeit hinzu: Aber freilich, wie sollten Sie nicht! Sie sind ja der Vertraute meines Vaters, dem Sie jedenfalls das Abenteuer sogleich pflichtschuldigst berichtet haben.

Ich habe gegen Niemand jenes Vorfalls Erwähnung gethan, rief ich, ebenso wenig, wie Herr von Zehren jemals den Namen des Fürsten in meinem Beisein über die Lippen gebracht hat.

Bedarf es denn des Namens? sagte Konstanze. Man kann ja wohl auch, ohne Namen zu nennen, sehr deutlich sein. Aber, was er Ihnen auch gesagt haben mag, das hat er Ihnen gewiß nicht gesagt, daß Carlo und ich uns verlobt hatten, daß die Verbindung einzig und allein durch seine Schuld nicht zu Stande gekommen ist, daß er mein Glück rücksichtslos geopfert hat, um einer hochmüthigen Laune willen, um sich an dem Vater meines Verlobten auf unsere Kosten rächen zu können; und daß er, weit entfernt, mir für die glänzende Zukunft, um die er mich betrog, eine auch nur erträgliche Gegenwart zu bieten, das Leben mir täglich und stündlich zu einer Qual macht. Er hat meine Mutter getödtet, er wird mich auch tödten.

Um Gottes willen, sprechen Sie nicht so! rief ich.

Dies Leben ist kein Leben, ist schon Tod, schlimmer als der Tod; murmelte sie, indem sie den Kopf auf die Platte des Tisches sinken ließ.

So lieben Sie ihn immer noch, der Sie verrathen hat? sagte ich.

Nein, erwiderte sie, indem sie sich aufrichtete, nein! ich sagte Ihnen schon: so ist es und so muß es für immer bleiben. Ich habe frei und ganz verzichtet. Ich bin zu stolz, mein Herz — das ist Alles, was ich habe — hinzugeben, wo man mir nicht sein Alles giebt. Und, Georg, kann man mehr geben, als sein Herz?

Ich wollte erwidern: Dann haben Sie mein Alles, Konstanze; aber ich konnte keinen Laut über die zuckenden Lippen bringen, konnte sie nur ansehen mit einem Blicke, in welchem gewiß mein ganzes Herz lag — das volle, thörichte, von guter, närrischer, treuer Liebe überfließende Herz eines Neunzehnjährigen.

So drückte sie denn meine Hand und sagte: Guter Georg, ja, ja, ich will, ich muß es glauben, daß Sie es gut meinen. Und nun, da wir uns ausgesprochen haben und wieder gute Freunde sind, lassen Sie uns nach dem Hause gehen, wo meine alte Pahlen mich mit dem Frühstück erwartet.

Sie war auf einmal wieder in den Ton gefallen, mit welchem sie die Unterredung begonnen hatte, und in demselben Tone fuhr sie fort: Gehen Sie heute auf die Jagd? Gehen Sie gern auf die Jagd? Ich bin früher auch wohl einmal mit gewesen, aber das ist lange, undenklich lange her. Ich soll früher eine gute Reiterin gewesen sein und glaube, ich könnte nicht mehr im Sattel sitzen. Ich habe Alles verlernt, besonders, wie man es anfängt, lustig zu sein. Sind Sie immer lustig, Georg? Ich höre Sie manchmal des Morgens so prächtige, muntere Lieder singen; Sie haben eine schöne Stimme. Sie sollten mich Ihre Lieder lehren; ich weiß nur traurige Lieder.

Wie reizend ich dies Geplauder fand! Aber wie mich in der letzten Zeit ihre Ungnade stumm und scheu gemacht hatte, so übte jetzt die unerwartete Güte, mit der sie mich überschüttete, dieselbe Wirkung aus. Ich ging mit einem halb verlegenen, halb glücklichen Lächeln neben ihr her um den großen Wiesenplatz herum nach dem Hause zu, wo wir uns, an ihrer Terrasse

angelangt, trennten, nachdem sie mir nochmals die Hand ge=
drückt hatte.

Mit drei Sätzen sprang ich die steile Treppe hinauf, öffnete
mit Ungestüm die Thür zu meinem Zimmer und blieb einiger=
maßen erschrocken auf der Schwelle stehen, als ich Herrn von
Zehren in dem großen Lehnstuhl am Fenster sitzend fand.

Er wandte den Kopf halb um und sagte: Sie haben mich
lange warten lassen; ich sitze hier schon eine gute Stunde.

Das war nicht eben beruhigend für mich; von dem Lehn=
stuhl aus sah man über die Parkwiese weg gerade auf die Bank
unter dem Ahornbaum: wenn Herr von Zehren schon eine Stunde
hier saß, so hatte er mit seinen scharfen Augen jedenfalls viel
mehr gesehen, als mir irgend lieb war. Ich erwiderte daher
seinen Gruß in großer Verlegenheit, die wahrlich nicht geringer
wurde, als er, mit einer Geste nach der Bank hin, sagte: Maria
Stuart, Georg? wie? grausamer Kerkermeister Sir Paulet mit
dem großen Schlüsselbund? schwärmerischer Mortimer: das Leben
ist ein Moment, der Tod ist auch nur einer? he? treuloser Lord
Lester, der die bequeme Gewohnheit hat, zu Schiff nach Frank=
reich zu sein, sobald es um Kopf und Kragen geht!

Er schnellte die Asche von seiner Cigarre und fing dann auf
einmal, mich anblickend, mit einem jener blitzschnellen Uebergänge
seiner Laune, die ich an ihm nun schon gewohnt war, laut zu
lachen an und sagte:

Nein, lieber Georg, Sie müssen mir kein so grimmiges Ge=
sicht machen. Ich meine es wahrlich gut mit Ihnen, und, wie
ich Ihnen schon gestern sagte, Sie können nichts dafür, und ich
bitte Sie aufrichtig um Verzeihung, daß ich Sie auch nur einen
Augenblick habe entgelten lassen, woran Sie doch wahrlich un=
schuldig genug sind. Sie muß Komödie spielen, sie hat es von
Kindesbeinen an gethan, sie kann es nicht lassen. Ich habe
wirklich manchmal schon gefürchtet, daß sie es von ihrer unglück=
lichen Mutter hat. Es hat schon Mancher darunter gelitten, ich
nicht zum wenigsten; aber Ihnen möchte ich es gern ersparen;
ich habe Sie oft genug indirect gewarnt und thue es jetzt direct.
Was wollen Sie?

Ich war bei den letzten Worten des Herrn von Zehren in dem Zimmer umhergelaufen und ergriff jetzt meinen Hut, der an der Thür hing. — Was wollen Sie? rief er noch einmal, indem er aufsprang und mich beim Arm ergriff.

Fort! stammelte ich, während sich meine Augen mit Thränen füllten, die ich vergebens zurückzuhalten suchte, fort von hier! Ich kann es nicht ertragen, so von Fräulein Konstanze sprechen zu hören.

Und dann wäre das eine so günstige Gelegenheit, auch von mir fortzukommen? sagte Herr von Zehren, indem er seine großen dunklen Augen mit einem durchdringenden Blick auf mich heftete; nicht?

Ja, sagte ich, indem ich all meinen Muth zusammennahm, auch von Ihnen.

So gehen Sie! sagte er.

Ich schwankte nach der Thür und tastete — denn meine Augen waren von Thränen geblendet — nach dem Drücker.

Georg, rief der Wilde, Georg!

Der Ton schnitt mir in's Herz; ich kehrte um; ich ergriff und drückte seine beiden Hände und rief: Nein, ich kann nicht! Sie sind so gut gegen mich gewesen; ich kann nicht freiwillig von Ihnen gehen.

Herr von Zehren führte mich sanft zu dem großen Stuhl und schritt, während ich meine Stirn in die Hände drückte, mehrmals in dem Zimmer auf und ab. Dann blieb er vor mir stehen.

Was hat Ihnen gestern Granow gesagt? Hat er mich bei Ihnen verklatscht, wie er Sie bei mir verklatscht hat? Sie vor mir gewarnt, wie mich vor Ihnen? Nein, antworten Sie mir nicht; ich mag es nicht wissen; es ist so gut, als wäre ich zugegen gewesen und hätte Alles gehört. Man weiß ja, wie doppelzüngige alte Weiber schwatzen!

So ist es nicht wahr? rief ich aufspringend. Ach, gewiß, gewiß, es ist nicht wahr; ich habe es nie geglaubt, ich habe es auch dem Elenden gestern nicht geglaubt — nicht einen Augenblick.

Und nur noch eben erst! sagte Herr von Zehren, indem er wieder seinen durchdringenden Blick auf mich wandte. Aber ich schlug diesmal nicht die Augen nieder, ich erwiderte seinen Blick und sagte leise und fest:

Ich werde es nicht glauben, bis ich es aus Ihrem eigenen Munde höre.

Und wenn ich nun Ja sage? Was dann?

Dann will ich Sie bitten, so viel ich nur vermag: thun Sie es nicht, thun Sie es nicht mehr! Es kann nicht gut enden, und es ist mir gräßlich, zu denken, daß es schlecht enden könnte.

Sie meinen, sagte der Wilde, indem ein finsteres Lächeln über sein Gesicht zuckte, es würde sich nicht hübsch ausnehmen, wenn in den Zeitungen zu lesen wäre: Heute wurde Malte von Zehren auf Zehrendorf zu zwanzig Jahren Zuchthaus verurtheilt und zur Verbüßung seiner Strafe nach der Anstalt in Dingsda abgeführt, deren Director bekanntlich der Bruder des Verurtheilten ist? Nun, es wäre nicht das erste Mal, daß ein Zehren im Thurm säße!

Er lachte laut auf und fuhr dann mit Heftigkeit zu sprechen fort, indem er bald im Zimmer auf= und abging, bald vor mir stehen blieb:

Ja, ja, nicht das erste Mal. In meiner Jugendzeit — es mag jetzt dreißig Jahre oder drüber her sein — da stand in Ihrem verfluchten Nest auf einem wüsten Platz zwischen der Stadtmauer und dem Wall ein alter halbverfaulter Galgen und an den Galgen waren ein paar verrostete Eisenschilde genagelt, auf denen halbverwischte Namen standen, und einer dieser Namen hieß: Malte von Zehren, und das Schild trug die Jahreszahl 1536, und an der Zahl habe ich es erkannt und in einer Nacht mit meinem Jugendfreunde Hans von Trantow, unsers Hans' Vater, abgebrochen und dann den Galgen um= gehauen und ihn über den Wall in den Stadtgraben geworfen. Wissen Sie, wie der Name meines Ahns dahin gekommen? Er hatte in Fehde gelegen mit den Pfeffersäcken, und sie hatten geschworen, ihn an den Galgen zu henken, wenn sie ihn fingen. Und, obschon er es wußte, und daß sie ihm keinen Pardon geben würden, hat er sich zur Faschingszeit verkleidet in die Stadt ge= schlichen, einem hübschen Bürgermädchen zu Liebe, die dem Ritter hold war, wie er ihr. Sie sehen, lieber Georg, die Weiber — sie sind an allem Unglück schuld. Und haben ihn auch richtig gefangen des Morgens in der Frühe, als er vom Liebchen schlich, und haben ihn in den Thurm geworfen, und am folgenden Tage hat er sollen gehenkt werden zum Gaudium der guten Spieß= bürger. Aber ein Page, der ihn begleitete und der entwischte, hat's Hans von Trantow hinterbracht, und der Hans hat zwanzig Knechte satteln lassen und hat sie über die ganze Insel geschickt, zu allen Vettern und Sippen, und ist selbst herumgeritten, und in der Nacht=sind sie auf zwanzig Kähnen übergesetzt und in die Stadt gebrochen, ihrer zweihundert, und haben meinen Ahn herausgehauen aus dem Thurm, die guten Gesellen, und das Nest an vier Ecken angezündet, daß es gebrannt hat lichterloh, und dafür haben sie denn, weil sie den Malte von Zehren selbst nicht mehr hatten, wenigstens seinen Namen an den Galgen ge= schlagen.

Was aber war die Ursach' der Fehde gewesen? Der Zoll auf dem Sund, den die Herren von Zehren jahrhundertelang erhoben hatten und den die Pfeffersäcke für sich beanspruchten. Mit welchem Recht? Ich frage Sie, mit welchem Recht? Als das Krämernest noch aus Hütten bestand, in denen armselige Fischer wohnten, haben die Zehren oben auf der Höhe schon ge= wohnt als Herren und Gebieter, erst in wallumgebenem Block= haus, wie man es in der ältesten Zeit hatte, dann in einem Schloß von Stein mit Thürmen und Zinnen; und so weit der Blick von oben über die Wälder und Buchten in die Insel reicht, hat kein Heerd in Haus oder Hütte geraucht, an dem sich nicht Vasallen und Hörige des Schlosses gewärmt hätten, und so weit der Blick von oben in's Meer reicht, hat kein Segel sich gebläht und kein Wimpel geflattert, das dem Schlosse nicht Tribut ent= richtet hätte. Glauben Sie, junger Mann, so etwas vergißt sich? Glauben Sie, ich könnte je lernen, mich unter einem Gesetz mit dem Gesindel zu fühlen, das vor meinen Ahnherren im Staube kroch? oder einen Herrn über mir anzuerkennen? Von Gottes Gnaden? Was da! was waren diese von Gottes Gnaden vor vier=, fünfhundert Jahren? Ich könnte sitzen, wo sie sitzen, mit

demselben Fug und Recht, und mein Wappenschild prangte anstatt des ihren auf jedem Thore, auf jeder Wache, und in meinem
Namen erhöbe man Zoll und Steuer. Und jetzt! Tod und Teufel!
jetzt sitze ich hier als Herr von Habenichts in diesem Stein-
kasten, der mir nächstens über dem Kopf zusammenfallen wird,
und kein Fuß breit Boden, auf den ich trete, ja nicht so viel,
als an meinen Stiefeln hangen bleibt, gehört noch mir. Da —
er trat an das offene Fenster und deutete mit vor Erregung zitternder Hand hinaus — Sie haben mich gefragt, weshalb ich
das nicht zu Gelde mache, es müßten doch Tausende und Tausende
in dem Walde stecken. Ich habe gesagt, ich könnte es nicht über's
Herz bringen, die alten Bäume umhauen zu lassen — nun, das
ist wahr, ich könnte es nicht, und daß sie nicht umgehauen werden,
so lange ich lebe, das ist auch noch das einzige Recht, das ich an
ihnen habe. Kein Baum gehört mir mehr und kein Bäumchen,
nicht so viel, um mir einen Sarg daraus zimmern zu lassen, —
jeder Zoll davon gehört dem Pickelhäring, Euerm Krösus, der
sich Commerzienrath nennen läßt und nicht umsonst Streber
heißt. Ich sehe den Stockfisch noch, wie er sein schiefes Maul
verzog, als er mir das Sündengeld auf den Tisch gezählt hatte
und den Contract in die Tasche schob. Er dachte: es wird
nicht lange vorhalten und hernach schießt er sich eine Kugel vor
den Kopf. Nun, vorgehalten hat es nicht, und zu dem Andern
kann ja auch noch Rath werden. Aber ich weiß nicht, welcher
Plauderteufel heute Morgen in mich gefahren ist; ich glaube,
der Umgang mit dem Waschweib, dem Granow, wirkt ansteckend;
oder ist es, weil ich nachholen muß, was ich gestern Abend versäumt habe? Wahrhaftig, Georg, ich habe Sie sehr vermißt.
Trantow, der gute Kerl, hat mich nach Haus gefahren aus
purem Mitleid, weil er mir ansah, wie schwer es mir wurde,
meine letzte Cigarre allein zu rauchen. Und dann hat es mich
ein Heidengeld gekostet, daß Sie nicht an meiner Seite waren.
Es ist mir gestern schlecht ergangen, Georg, verzweifelt schlecht;
sie haben mich alten Habicht gerupft, daß die Federn nur so
flogen; aber heute Abend wollen wir es ihnen heimzahlen; wir
sind bei Trantow, da habe ich noch immer Glück gehabt; aber

Sie dürfen nicht von meiner Seite. Und nun trinken Sie Ihren
Kaffee und kommen Sie in einer halben Stunde herunter; ich
habe ein paar Briefe zu schreiben; der Herr Steuerrath wollen
mal wieder aus einer seiner tausend und einen Verlegenheit ge=
rissen sein; ich kann ihm aber diesmal nicht helfen, wenigstens
heute nicht; er muß schon noch warten. Also in einer halben
Stunde; hernach wollen wir an den Strand. Ich fühle mich
heute etwas fieberhaft, die Seeluft wird mir gut thun.

Er ging und ließ mich in der seltsamsten Stimmung zurück.
Ich hatte die Empfindung, daß er mir Alles gesagt, und wenn
ich es recht bedachte, waren es doch nur dieselben Reden gewesen,
wie er sie ähnlich schon oft gegen mich geführt; ich hatte das
Gefühl, als habe ich mich ihm mit Leib und Seele verschrieben,
und doch hatte er mir kein Versprechen abgenommen. Gerade
aber das war es wohl, weshalb ich mich mehr als je zu dem
seltsamen Manne hingezogen fühlte. Wenn er großmüthig genug
war, mich nicht auf sein Schiff nehmen zu wollen, das er dem
Untergange entgegentreiben sah, durfte ich ruhig am sichern Ufer
stehen bleiben und ihn mit den Wellen kämpfen und von den
Wellen verschlingen sehen?

Meine jugendliche Phantasie erfaßte mit Begierde die ro=
mantische Geschichte von jenem Ritter, der mit meiner Vaterstadt
in Fehde gelegen. Ich wünschte, ich wäre dabei gewesen; ich
träumte mich in die Rolle des Pagen, der sich mit Gefahr seines
Lebens durchgeschlagen, dem geliebten Herrn Hülfe und Rettung
zu bringen. Sollte ich geringer denken, weniger kühn handeln
als jener Knabe? Und waren wir nicht in derselben Lage fast?
War mein Ritter nicht bis auf's Aeußerste gebracht? Hatten
ihm die Pfeffersäcke nicht sein Alles genommen? Ihm nichts
gelassen von dem Erbe seiner Väter, ihm, dem königlichen Mann?
Wie sie dastanden, die schlanke, edle Gestalt mit den blitzenden
Augen und dem Herzeleid in dem bleichen, tiefgefurchten Antlitz,
das der volle Bart umwogte! Der sollte seine Tochter haben
verkaufen wollen? Der! Und ein Mensch, wie der Commerzien=
rath, sollte einst hier Herr sein an des Ritters Statt? Der
Mensch mit dem glattrasirten Fuchsgesicht, den zwinkernden

Diebesaugen und den plumpen gierigen Fingern! Er, der mir selber schon den Galgen prophezeit hatte? Ja, sie hatten mir nicht besser mitgespielt als meinem Ritter. Sie hatten mich aus der Stadt getrieben, und Gott sei Dank, daß sie's gethan, daß ich sie hassen konnte, die ich immer verachtet hatte!

So erhitzte sich mein thörichter Kopf mehr und mehr. Die Lust an Abenteuern, das innige Behagen an dem zügellosen Leben, das ich Freiheit nannte, eine ungeheure Verwirrung der Begriffe von Recht und Pflicht, Dankbarkeit, Jugendübermuth, eine erste leidenschaftliche Liebe — Alles, Alles bannte mich in diesen Kreis, der mir eine Welt war, die mich ganz erfüllte, — meine Welt; zog mich mit unwiderstehlicher Gewalt zu diesem Manne, der mir als das vollkommene Ideal eines Ritters und Helden erschien, zu dem schönen Mädchen, in dem ich meine kühnsten Phantasien so weit übertroffen sah. Und daß sie, die ich doch mit gleicher Liebe umfaßte, sich feindlich gegenüberstanden, trug nur dazu bei, in mir das Gefühl einer geträumten Unentbehrlichkeit zu verstärken. Sie waren noch eben, jedes in seiner Weise, gleich gütig zu mir gewesen, hatten mir dasselbe Vertrauen gezeigt — die Erfüllung meines glühendsten Wunsches, sie beide versöhnt zu sehen, war mir noch nie so nahe erschienen, als an diesem Morgen, wo ich in meinem Zimmer umherirrte und am Fenster zu dem blauen Himmel hinaufstarrte, an dem große weiße Wolken unbeweglich standen, und hinab auf den Park, dessen majestätische Baumgruppen und breiten Wiesengründe vom herrlichsten Sonnenlicht zauberisch überstrahlt waren.

Wie hätte ich ahnen können, daß jene weißen Wolken sich so bald zu einem finstern Trauermantel auseinander rollen und die Sonne verhüllen würden! daß ich mein Paradies in diesem Zauberglanz zum letzten Male erschaut hatte!

Zwölftes Capitel.

Die Zuversicht, mit welcher Herr von Zehren dem Abend entgegengesehen, der den schweren Verlust des vorigen Tages mindestens wieder gut machen sollte, hatte ihn doch betrogen. Vielleicht daß ein Vorfall, der sich unmittelbar vorher ereignete, ihm die Kaltblütigkeit geraubt hatte, welcher er an diesem Abend mehr als je bedurfte. Als wir uns nämlich von dem Strande herauf, wo wir zwischen den Dünen ein paar wilde Kaninchen geschossen hatten, über die Haide schreitend, Trantowitz näherten, war plötzlich auf der Landstraße, in die wir eben einbogen, eine Cavalcade, aus mehreren Herren und Damen bestehend, denen ein paar Livreebediente folgten, an uns vorübergesprengt. Ich weiß nicht, wie es kam, aber ich hatte von Allen deutlich nur einen jungen schlanken Mann bemerkt, der ein wundervolles englisches Pferd ritt, und der sein blasses, mit den Erstlingen eines Schnurrbartes verziertes Gesicht in dem Augenblick, als er an mir vorbeikam, lachend zu einer jungen Dame hinbog, die ihr Pferd mit einem Hieb zu raschern Laufe antrieb. Ich hatte der Schaar noch ein paar Momente nachgeblickt, und als ich mich mit der Frage: Wer war das? an Herrn von Zehren wenden wollte, erschrak ich über seinen Anblick. Wir hatten nur noch eben heiter miteinander geplaudert; jetzt lag in seinen Mienen ein finsterer Zorn, und als wollte er den Enteilenden einen Schuß nachsenden, hatte er das Gewehr von der Schulter gerissen und halb im Anschlage. Dann warf er es wieder über die Schulter und ging ein paar Schritte schweigend an meiner Seite, bis er plötz= lich in wüthendste Schmähungen ausbrach, wie ich sie von ihm, der doch gelegentlich heftig genug werden konnte, noch nie gehört.

Der Hund, rief er, er wagt es, bis hierher zu kommen, auf meines Freundes Trantow Grund und Boden! Und ich stehe ruhig da und jage ihm nicht eine Ladung Schrot in seinen verdammten Leib! Wissen Sie, Georg, wer das war! Der Bube, der einst Herr sein wird auf hundert Gütern, die alle von Rechts wegen mir gehören, dessen Vorfahren die Vasallen meiner Ahnen gewesen sind, und dessen schurkischer Vater zu mir gekommen ist, mir auf meinem eigenen Zimmer zu sagen: er wünsche seinen Sohn standesgemäß zu vermählen und er hoffe, wir würden uns abfinden lassen. Ich habe ihm die verdammte Kehle zugeschnürt und hätte ihn erwürgt, wären sie nicht dazu gekommen. Sehen Sie, Georg, die Geschichte hat in mir gewühlt, unaufhörlich, seitdem ich wußte, daß der Bube sich wieder hier in der Nähe herumtrieb. Und nun wissen Sie auch, weshalb wir, Konstanze und ich, auf einem so schlechten Fuß miteinander stehen. Gott weiß, in welchen Phantasien sie sich wieder einmal wiegt, und mich macht es rasend, zu sehen, daß sie ihre Gedanken noch immer an den Sohn des Schurken hängt, der mich so schmählig beleidigt hat, wie nur ein Mann einen Mann beleidigen kann; der mein Wappenschild beschimpft hat und der mit mir auf Tod und Leben kämpfen müßte, wenn —

Er unterbrach sich und ging, mit den Zähnen an der Unterlippe nagend, schweigend neben mir her. Dabei strauchelte er, des schlechten, ungleichmäßigen Weges nicht achtend, ein paar Mal; das gab ihm, zusammen mit dem Ausdruck seines Gesichtes, dessen Runzeln, sobald er in Leidenschaft gerieth, tief einsanken, den Anschein eines alten, gebrochenen Mannes, der sich in ohnmächtigem Zorn verzehrt. Nie vorher war er mir so bemitleidenswerth, so hülfsbedürftig erschienen, und nie vorher hatte ich ihn so bemitleidet, hätte ich ihm so gern geholfen. Zugleich sagte ich mir, daß eine so günstige Gelegenheit, das Mißverständniß aufzuklären, welches offenbar in Beziehung auf ihr beiderseitiges Verhältniß zum Fürsten zwischen Vater und Tochter obwaltete, nicht so leicht wiederkehren würde. So faßte ich mir denn ein Herz und fragte:

Weiß Fräulein Konstanze, wie sehr man Sie beleidigt hat?

Wie so? Was meinen Sie? fragte Herr von Zehren zurück.

Ich erzählte ihm, was ich am Morgen mit Konstanze ge=
sprochen, wie sie keine Ahnung davon zu haben scheine, welchen
Frevel man an ihr begangen, wie sie mir im Gegentheil aus=
drücklich gesagt habe, daß sie mit dem Fürsten verlobt gewesen,
daß die bereits beschlossene Verbindung durch Herrn von Zehren's
Schuld nicht zu Stande gekommen sei, daß sie aber nichtsdesto=
weniger frei und ganz auf jeden Gedanken der Möglichkeit einer
Verbindung zwischen ihr und dem Fürsten verzichtet habe. Nur
die Frechheit, mit der er es gewagt, sich ihr wieder nähern zu
wollen, die Correspondenz, welche zwischen ihnen stattgefunden,
verschwieg ich, weil ich fühlte, daß dieser Umstand den Zorn des
Herrn von Zehren wieder wach rufen und ihn gegen alle Ver=
nunftgründe taub machen würde.

Und auch so schon hatte ich vergebens gesprochen. Er hatte
mir mit allen Zeichen der Ungeduld zugehört und rief jetzt, als
ich, vor Eifer athemlos, schwieg: Sagt sie das? Was sie nicht
Alles sagt! Und das noch jetzt, nachdem ich ihr nicht einmal,
nachdem ich ihr hundertmal erzählt habe, was man von mir
gewollt hat, wie man meine Ehre, meinen Namen in den Koth
getreten hat! Wird sie nicht nächstens behaupten, der Kaiser von
China habe um sie geworben und ich sei Schuld, daß sie nicht
Kaiserin von China sei! Warum nicht? Turandot ist eine so
schöne Rolle, wie Maria Stuart. Machen Sie sich darauf ge=
faßt, sie nächstens in chinesischem Costüm zu sehen!

Es war leicht genug, zu hören, wie wenig scherzhaft dem
Manne bei diesen Worten zu Muthe war, und ich wagte nicht,
ein so peinliches Thema länger festzuhalten. Ueberdies kamen
wir in wenigen Minuten auf Trantowitz an, wo uns Hans auf
der Schwelle mit seinem gutmüthigen Lächeln begrüßte und in
sein Wohnzimmer (neben seinem Schlafzimmer das einzige be=
wohnbare Gemach des ganzen großen Hauses) führte, in welchem
die übrigen Gäste schon versammelt waren.

Der Abend verlief wie schon so viele. Vor der Mahlzeit
wurde gespielt und nach der Mahlzeit, bei der man der Flasche
überaus eifrig zusprach, wurde das Spiel fortgesetzt. Ich hatte

mir vorgenommen, nicht zu spielen, und konnte diesen Vorsatz um so leichter durchführen, als Alle, mit Ausnahme unseres Wirthes vielleicht, den nichts aus seiner Ruhe bringen konnte, von dem ungewöhnlich hohen Spiel gänzlich in Anspruch genommen waren und Niemand Zeit hatte, sich um mich zu bekümmern.

So saß ich denn, etwas von dem Tische entfernt, in der Vertiefung des Fensters und beobachtete die Gesellschaft, deren Treiben mir heute, als ich nicht selbst daran Theil nahm, unheimlich genug erschien. Die stieren Augen in den erhitzten Gesichtern; die nur von den monotonen, immer wiederkehrenden Phrasen des Bankiers, oder von einem kurzen heiseren Lachen, oder zwischen den Zähnen gemurmelten Fluch der Spieler unterbrochene Stille; die Gier, mit der man den Wein flaschenweise hinuntergoß; das ganze Bild eingehüllt in eine graue Tabakswolke, die mit jeder Minute dichter wurde — es war kein erfreulicher Anblick und allerlei seltsame wirre, peinliche Gedanken wälzten sich durch meinen ermüdeten Kopf, während ich so dasaß und mechanisch die Chancen des Spiels verfolgte und zwischendurch auf das Sausen und Brausen des Nachtwindes hörte, der die alten Pappeln vor dem Hause schüttelte und einzelne Regentropfen an die Fenster trieb. Dann fuhr ich aus meinem Halbschlummer jäh empor von einem wilden Lärmen, der plötzlich das Gemach durchtobte. Die Spieler waren von ihren Sitzen aufgesprungen und schrieen mit wilden Mienen und drohenden Geberden aufeinander ein; aber so schnell, wie er entstanden, legte sich der Tumult; sie saßen wieder stumm über ihre Karten gebeugt und ich horchte abermals auf das Rauschen des Windes in den Pappeln und das Klatschen des Regens gegen die Scheiben, bis ich vollends einschlief.

Eine Hand, die sich auf meine Schulter legte, erweckte mich. Es war Herr von Zehren. Der erste Blick in sein bleiches Gesicht, aus dem unheimlich die großen Augen glänzten, sagte mir, daß er abermals verloren habe, und er bestätigte es, als wir durch die dunkle, sausende Nacht den kurzen Weg nach Zehrendorf zurückschritten. Es ist vorbei mit mir, sagte er, mein altes

Glück verläßt mich); ich sollte mir je eher je lieber eine Kugel vor den Kopf schießen. Acht Tage freilich habe ich noch; Sylow, der ein guter Kerl ist, hat mir so lange Frist gegeben; in acht Tagen läßt es sich vielleicht arrangiren; nur daß übermorgen der Wechsel fällig ist und mein Herr Bruder natürlich nicht zahlen kann. Indessen man muß sehen, man muß sehen.

Er hatte mehr mit sich selbst als mit mir gesprochen. Ein paar Mal blieb er stehen, blickte zu den tief herabhangenden Wolken empor, durch welche jetzt von Zeit zu Zeit ein schwacher Schimmer des eben aufgegangenen Mondes fiel, schritt dann wieder weiter und murmelte durch die Zähne: Aber ich wußte es, wußte es, als ich den Schurken sah; es mußte mir Unglück bringen; sein verfluchtes Geschlecht hat mir noch immer Unglück gebracht. Und nun sehen müssen, wie sie den Schaum schlürfen von dem Becher des Lebens, während uns die bittere Hefe bleibt! Und sich nicht rächen können! ihnen nicht an's Leben können!

Wir waren, schon nahe beim Hofe, zu einem Gehölz gelangt, das eigentlich nur eine weit vorspringende Ecke des großen Waldes war, aber bereits zu dem Park gerechnet wurde. Der Weg theilte sich hier; ein breiterer führte an dem Rande hin, ein schmalerer, der eigentlich nur ein Fußpfad war, quer durch den Camp. Der letztere war der kürzere, aber auch unbequemere und dunklere, und Herr von Zehren, der in der schlechten Stimmung, in welcher er sich befand, schon ein paar mal über die Dunkelheit und den bösen Weg gemurrt hatte, schlug vor, nicht, wie wir gewöhnlich thaten, durch den Wald zu gehen.

Ich wüßte gern, ob der Platz-Hirsch, den wir vorgestern gespürt haben, wieder im Süderholz schreit, sagte ich; man kann es von hier nicht hören, aber drinnen muß man es hören können.

So gehen Sie durch, sagte er, aber halten Sie sich nicht zu lange auf.

Ich hoffe, noch vor Ihnen auf der andern Seite zu sein.

Es war nicht so finster im Walde, als ich gefürchtet hatte; manchmal schien der Mond sogar ziemlich hell durch die jagenden Wolken. Ich machte mir Vorwürfe, daß ich Herrn von Zehren in einer solchen Stunde allein gelassen hatte, und wollte um=

kehren; dennoch schritt ich, von meiner Jagdleidenschaft getrieben, langsam und vorsichtig weiter, blieb auch manchmal stehen, mit verhaltenem Athem in den Wald hineinlauschend, ob ich den Hirsch nicht hören würde! Einmal glaubte ich; das dumpfe Gebrüll vernommen zu haben; aber ich war meiner Sache nicht gewiß und auf jeden Fall mußte es sehr fern sein und auf einer andern Stelle, als wir den Hirsch um diese Stunde vermutheten. Vielleicht war es ein anderer. Ich hätte es gern herausgebracht und stand wieder still und lauschte. Plötzlich ließ sich hinter mir auf dem Wege, den ich gekommen, ein Geräusch vernehmen, wie von Pferdehufen. Mein Herz stand still und begann dann heftig zu schlagen. Wer konnte der nächtliche Reiter sein, auf einem Wege, der ganz abseits von der großen zu dem Gutshofe führenden Straße lag?

Der im Anfang dumpfe Hufschlag war lauter geworden und hatte dann plötzlich aufgehört. Statt dessen vernahm ich jetzt ganz deutlich den Schritt eines Menschen, der durch den Wald daher kam, auf die Stelle zu, wo ich, etwas abseits vom Wege und in dem tiefen Schatten von ein paar hohen Bäumen, stand. Es konnte Niemand anders sein, als er; mein Herz, das mir in der Brust hämmerte, als wollte es alle Bande sprengen, schrie mir zu, daß es Niemand anders sein könne; ich riß das Gewehr von der Schulter, wie heute Abend Herr von Zehren nach dem Gewehr gegriffen beim Anblick des Verhaßten. Dann aber warf ich es, wie er es gethan, wieder über die Schulter, so daß ich beide Arme frei hatte. Was brauchte ich dem Bürschchen gegenüber, als meine beiden Arme!

Und da sah ich ihn vor mir, ganz deutlich, denn der Mond trat eben über den Rand einer schwarzen Wolke und goß durch die Wipfel ein helles Licht gerade auf die Stelle, über die er schritt: dieselbe schlanke Gestalt, sogar noch in demselben Reitanzug: niedriger Hut, enganliegender pelzbesetzter Rock und hohe bis zur Hälfte der Schenkel reichende Stiefel von geschmeidigem Leder — ein Sprung, ein Griff, und er war in meinen Händen.

Der Schrecken mußte ihn für den Augenblick betäubt haben, denn er hatte weder einen Schrei ausgestoßen, noch kaum eine

Bewegung gemacht. Aber es war eben auch nur für einen Augenblick gewesen; dann versuchte er mit einer urplötzlichen Anstrengung, die weit über das Maß der Kraft, die ich ihm zugetraut hatte, hinausging, sich von mir loszureißen. So mag ein Leopard in dem Netz, in das ihn der Jäger verstrickt hat, sich herumwerfen, sich emporschnellen, mit den Pranken schlagen, sich zusammenziehen und wieder emporschnellen. Der Kampf dauerte wohl eine Minute, während dessen von beiden Seiten kein Wort gesprochen, kein Laut hörbar wurde, als nur ein gelegentliches Stöhnen und ein zischender Athemzug. Zuletzt wurden seine Anstrengungen matter und matter, sein Athem ging schneller und schneller, und endlich keuchte er, in sich zusammensinkend: Lassen Sie mich los!

So bald nicht!

In meiner Brusttasche steckt ein Portefeuille mit ein paar hundert Thalern; Sie sollen sie haben, aber lassen Sie mich los!

Nicht für eine Million, sagte ich, indem ich ihn, dessen Kraft vollkommen erschöpft war, in die Kniee drückte.

Was wollen Sie? wollen Sie mich morden? keuchte er.

Ich will Ihnen nur eine Lection geben, sagte ich, und griff nach der Reitpeitsche, die ihm, während wir rangen, entfallen war und deren silbernen Griff ich eben jetzt neben mir blinken sah.

Um Gotteswillen, thun Sie mir das nicht an, flehte er, die Hand, in welcher ich die Reitpeitsche gefaßt hatte, krampfhaft festhaltend; tödten Sie mich auf der Stelle; ich will mich nicht rühren; ich will nicht einen Laut von mir geben; aber schlagen Sie mich nicht!

Ein solches Verlangen in diesem Ton konnte nicht verfehlen, auf ein Herz wie das meine einen tiefen Eindruck zu machen. Ich sah in meinem Gegner nicht mehr den Erbfeind des wilden Zehren, den Liebhaber seiner Tochter — ich sah nur noch einen Knaben in ihm, der in meiner Gewalt war und der lieber sterben wollte, als eine schimpfliche Behandlung dulden. Unwillkürlich ließ meine Faust, die ihn an der Brust gepackt hielt, los, ja, ich glaube, ich half ihm wieder auf die Füße.

Er fühlte sich kaum frei, als er schnell ein paar Schritte

von mir wegtrat und in einem Ton, dessen Leichtigkeit seltsam mit der furchtbaren Angst contrastirte, die er nur noch eben empfunden hatte, sagte:

Wenn Sie ein Edelmann wären, müßten Sie mir Satisfaction geben, da Sie keiner sind, sage ich Ihnen: nehmen Sie sich in Acht, ich möchte nicht immer wie heute ohne Waffen sein.

Er berührte den Rand seines Hutes, drehte sich auf den Hacken um und schritt den Weg zurück.

Ich stand wie angewurzelt und blickte der schlanken Gestalt nach, die eben im Schatten der Nacht und des Waldes verschwand. Ich wußte, daß ich ihn mit ein paar Sätzen wieder einholen konnte, aber ich spürte nicht die mindeste Regung, es zu thun. Der junge Fürst hatte den jungen Plebejer richtig taxirt. Ich hätte mir eben so gern die Hand abgehackt, als sie wiederum nach dem ausgestreckt, den ich nun einmal in meiner Weise begnadigt hatte. Und dann dachte ich an Granow's Wort, daß er nicht, wenn er der Fürst wäre, Herrn von Zehren begegnen möchte, und wie um ein Haar diese Begegnung nun doch stattgefunden hätte, in einem Augenblick, wo es offenbar dem Wilden eine Lust gewesen wäre, das Blut seines Feindes zu vergießen und das seinige dazu. Und jetzt hörte ich ein leises Wiehern und dann Hufschlag.

Gott sei Dank, sagte ich tiefaufathmend, es ist besser so! — und eine Lehre wird's ihm doch wohl sein.

Ich dachte jetzt nicht mehr an den Hirsch; ich hörte kaum hin, als er gar nicht weit von mir, links im Walde, zu brüllen begann; ich eilte im Trab weiter, die verlorene Zeit einzubringen, in schwerer Sorge, ob Herr von Zehren den Reiter ebenfalls gehört, denn von dem, was sonst im Walde geschehen, konnte er nichts vernommen haben.

Aber ich hatte unnöthiger Weise gesorgt. Der Wilde war zu tief in seine Unglücksgedanken versunken, als daß seine Sinne so scharf hätten sein können, wie sonst wohl. Er fragte mich nicht einmal nach dem Hirsch; und ich war froh, daß ich nicht zu sprechen brauchte. So gingen wir schweigend neben einander hin, bis wir den Hof erreichten.

Auf dem Hausflur empfing uns der alte Christian, der nie Schlafende. Es seien Briefe angekommen mit einem Expreß, er habe sie dem Herrn auf den Schreibtisch gelegt.

Kommen Sie mit herein, sagte Herr von Zehren, während ich sehe, was es giebt.

Wir traten ein. Der ist für Sie, und auch der; sagte Herr von Zehren, indem er mir von den Briefen, die auf dem Tische lagen, zwei reichte.

Der erste Brief war von meinem Freunde Arthur und lautete:

„Du hast mir das Geld nicht geschickt, um das ich Dich neu= lich bat; aber freilich, wenn wir nur selbst was haben, mögen die Freunde zusehen, wie sie fertig werden. Heute schreibe ich Dir übrigens nur, um den Onkel durch Dich zu bitten, daß er dem Papa doch helfe. Es muß wohl sehr schlecht mit uns stehen, denn als heute der Kaufmann G. — Du weißt schon — dem ich fünfundzwanzig abgeborgt, sich beim Papa meldete, habe ich gar keine Schelte bekommen. Dafür heult die Mama den ganzen Tag, ich wollte, ich wäre, wo der Pfeffer wächst.

P. S. So eben kommt der Papa vom Onkel Commerzien= rath zurück mit einem sehr langen Gesicht. Es ist klar, daß der Philister nichts herausrücken will; ich sage Dir', Onkel Malte muß helfen; es geht sonst schlimm.“

Der zweite Brief war von meinem Vater.

„Mein Sohn! Du hast mich, indem Du mir den kindlichen Gehorsam aufkündigtest, gezwungen, meine Hand von Dir zu ziehen. Ich habe mir geschworen, sie Dir nicht eher wieder zu reichen, als bis Du, Dein Unrecht eingestehend, mich selbst darum bittest, und ich werde diesen Schwur halten. Ich habe Dir auch in der Wahl, die Du für Dich getroffen, keinerlei Hindernisse in den Weg gelegt, habe Dir die volle Freiheit gelassen, die Du von jeher beansprucht hast, und bin entschlossen, es auch ferner= hin zu thun. Nun aber kann mich das nicht abhalten, von Herzen zu wünschen, es möge Dir auf dem selbstgewählten Wege gut gehen, wie sehr ich auch daran zweifle; und kann mich auch nicht abhalten, Dich zu warnen, wo Warnung nöthig scheint. Dies

aber ist jetzt der Fall. Es sind mir über Herrn von Zehren
Dinge zu Ohren gekommen, von denen ich zu Gott hoffe, daß
sie auf einem Irrthum beruhen, die aber derart sind, daß ich
nur mit Schrecken meinen Sohn, wenn er sich auch von mir
losgesagt hat, in dem Hause eines Mannes weiß, den ein solcher
Verdacht, und wäre er auch fälschlich, trifft. Um was es sich
handelt, bin ich Dir zu sagen nicht im Stande, da mir die betreffenden Mittheilungen auf amtlichem Wege zugegangen sind.
Ich weiß wohl, daß Du, trotz Deines Ungehorsams, eine schlechte
Handlung niemals thun würdest, und daß Du also, sollten auch
jene Muthmaßungen, was Gott verhüte, auf Wahrheit beruhen,
so weit sicher bist; dennoch bitte ich Dich, so Dir an meiner Ruhe
noch etwas liegt, das Haus des Herrn von Zehren sofort zu
verlassen, indem ich, was kaum nöthig ist, hinzufüge, daß ich für
den gehorsamen Sohn sein werde, was ich ihm immer war, sein
strenger aber gerechter Vater."

Ich hatte diesen Brief zweimal durchgelesen und saß, unfähig, einen bestimmten Gedanken zu fassen, noch immer auf
das Blatt starrend, da, als mich Herrn von Zehren's: Nun,
Georg, was haben Sie denn da? aufschreckte. Ich reichte ihm
die beiden Briefe. Er las sie und legte sie auf den Tisch, ging
im Zimmer auf und ab, blieb dann vor mir stehen und sagte:
Was wollen Sie thun?

Die Gelegenheit ist günstig, fuhr er fort, als ich mit der
Antwort zögerte. Ich habe einen Brief von dem Steuerrath,
der mich noch in dieser Stunde nach der Stadt zu reisen zwingt.
Ich nehme Sie mit; jetzt ist es zwölf Uhr, in drei Stunden sind
wir drüben; Sie klingeln den alten Herrn heraus, können dann
noch ein paar Stunden in der Dachkammer, von der Sie mir
so oft erzählt haben, schlafen, werden morgen früh Gott danken,
daß Sie den Wilden los sind, und — wieder in die Schule
gehen.

Er hatte die letzten Worte mit einem leichten Hohne gesagt,
der die empfindlichste Seite im Herzen eines jungen Menschen,
den falschen Stolz, jäh berührte.

Ich will mit Ihnen gehen, wohin es sei! rief ich, indem ich

aufsprang. Ich habe es Ihnen schon heute morgen gesagt und ich wiederhole es jetzt. Sagen Sie mir, was ich thun soll.

Herr von Zehren schritt in dem Zimmer auf und nieder, dann blieb er vor mir stehen und sagte mit bewegter Stimme:

Bleiben Sie hier! meinetwegen nur noch ein paar Tage, bis ich wieder zurück bin. Sie leisten mir einen Dienst damit.

Ich sah ihn fragend an.

Wenn Sie jetzt zurückkehren, heute zurückkehren, fuhr er fort, so würde das nur dazu beitragen, die Gerüchte zu bestätigen, von denen Ihr Vater schreibt. Die Ratten verlassen das Haus, würden die Leute sagen, und mit Recht. Und gerade jetzt liegt mir daran, daß die Leute nichts sagen, daß möglichst wenig über mich gesprochen wird. Verstehen Sie, Georg?

Nein, sagte ich; warum gerade jetzt?

Ich sah ihn starr an, er versuchte, den Blick auszuhalten, und es dauerte einige Zeit, bis er, leise und langsam sprechend, antwortete:

Fragen Sie nicht weiter, Georg, vielleicht würde ich es Ihnen sagen, wenn Sie mir helfen könnten; vielleicht, vielleicht auch nicht. Es geht die Rede, ich nutze die Menschen aus und werfe sie weg, wenn ich mit ihnen fertig bin. Mag sein, ich wüßte auch nicht, daß die Meisten besser behandelt zu werden verdienen. Mit Ihnen möchte ich es nicht so machen; denn ich habe Sie lieb. — Und so, gehen Sie zu Bette und lassen Sie den Wilden weiter spielen. Vielleicht sprengt er diesmal die Bank, und dann, verspreche ich Ihnen, soll es das letzte mal gewesen sein.

In diesem Augenblicke fuhr der Wagen vor; ich hatte, während ich den Brief meines Vaters las, nicht gehört, daß der alte Christian den Befehl erhalten hatte, das Anspannen zu bestellen. Herr von Zehren kramte in seinen Papieren, steckte einige zu sich und schloß andere in den Schrank. Dann ließ er sich von Christian seinen Jagdpelz anhelfen, setzte die Mütze auf, trat auf mich zu und bot mir die Hand.

Ich hatte in halber Erstarrung allem mechanisch zugesehen.

Und ich kann nichts für Sie thun? sagte ich jetzt.

Nein, erwiderte er; oder doch nur dadurch, daß Sie ruhig

hier bleiben, bis ich zurück bin. Ihre Hand ist eiskalt; gehen Sie zu Bett!

Ich begleitete ihn hinaus. Vor der Thür hielt der Jagdwagen; auf dem ersten Sitz saß außer dem Knecht, der das Amt des Kutschers zu versehen pflegte, der lange Jochen.

Der Wagen wird mich nur bis zur Fähre bringen und dann wieder zurückkehren, sagte Herr von Zehren.

Und Jochen? flüsterte ich.

Begleitet mich.

Nehmen Sie mich statt seiner, sagte ich dringend.

Es geht nicht, erwiderte er, schon mit einem Fuße auf dem Tritt.

Ich beschwöre Sie, sagte ich, indem ich ihn an der Hand festhielt.

Es geht nicht, erwiderte er, wir haben keine Minute zu verlieren. Gute Nacht! fort!

Der Wagen rollte davon; die Hunde bellten und heulten; dann wurde es wieder still. Der alte Christian humpelte mit seiner Laterne über den Hof und verschwand in einem der Nebengebäude; ich stand allein vor dem Hause unter den sausenden Bäumen. Ein heftiger Regenguß entlud sich; ich schauderte zusammen und trat in das Haus zurück, dessen Thür ich sorgfältig verschloß.

In Herrn von Zehren's Zimmer war das Licht brennen geblieben; ich ging, es mir zu holen und zugleich meine Briefe, die dort noch auf dem Tische lagen. Indem ich sie zu mir nahm, erblickte ich auf dem Boden ein Papier. Ich hob es auf, zu sehen, was es sei. Auf dem Blatte standen nur wenige Worte, die ich durchlesen hatte, ehe ich wußte, was ich that, oder was ich las. Die Worte lauteten ungefähr so: Ich bin verloren, wenn Du mich nicht rettest. G. will die Wechsel nicht prolongiren, St. ist unerbittlich; Wechselarrest und Cassation sind unvermeidlich. Ich gebe mich in Deine Hand, Du hast mich zu lange über Wasser gehalten, um mich jetzt ertrinken zu lassen. Auch ist der Augenblick möglichst günstig für die bewußte Partie. Ich kann und werde dafür sorgen, daß uns Keiner in die Karten sieht. Aber was geschehen soll, muß auf der Stelle geschehen. Ich habe das Spiel nicht immer in meiner Hand. Komm' sofort, ich beschwöre Dich bei dem, was Dir das Heiligste ist: Bei unserm alten Namen! Verbrenne dies sofort!

Das Blatt war nicht unterschrieben, aber ich kannte die Handschrift wohl; ich hatte sie oft genug in den Acten auf meines Vaters Arbeitstisch gesehen; ja ich hätte die Unterschrift unter diesen Brief setzen können, hatte ich sie doch oft genug mit sammt dem prahlerischen Schnörkel nachzuahmen versucht!

Der Brief mußte Herrn von Zehren vorhin entglitten sein, als er ihn mit den andern in die Tasche stecken wollte.

Ich hatte eben noch einmal hineingeblickt und noch einmal den wunderlichen Inhalt zu enträthseln versucht, als das Licht, das schon tief im Sockel gebrannt hatte, zu verlöschen drohte. — Verbrenne dies sofort!

Als ob mir eine Stimme von außen, der ich gehorchen mußte, diese letzten Worte des Briefes zugerufen hätte, hielt ich das Blatt in die erlöschende Flamme. Das leichte Blatt loderte auf, in demselben Augenblicke verlosch auch das Licht — noch ein paar eilende Feuerpünktchen zu meinen Füßen — dann war greifbare Finsterniß um mich her.

Ich tastete aus dem Zimmer heraus durch das Speisezimmer auf den Flur, die schmale Treppe hinauf in mein Gemach und warf mich, nachdem ich vergeblich nach den Zündhölzchen getastet, angekleidet auf mein Bett.

Aber vergebens, daß ich, mich auf meinem Lager wälzend, den Schlaf suchte. Jeden Augenblick schreckte ich voll Entsetzen empor, weil meine aufgeregten Sinne eine Menschenstimme, die um Hülfe rief, einen Schritt, der sich eilends nahte, zu vernehmen glaubten. Dann zermarterte ich wieder mein Gehirn, wie ich sie retten könnte, die geliebten Beiden, von dem Verderben, das meine Ahnung mir als nahe bevorstehend zeigte, das die Elemente schon als gegenwärtig mir in's Ohr zu donnern schienen, und fluchte meiner Unentschlossenheit, meiner Rathlosigkeit.

Es war eine grauenhafte Nacht.

Ein fürchterliches Unwetter hatte sich aufgemacht, der Sturm raste um den alten Bau, daß er in seinen Grundfesten erbebte. Die Ziegel polterten vom Dache, die verrosteten Windfahnen kreischten, die Jalousien klapperten und die dritte von rechts machte wahnsinnige Versuche, heute von der letzten Angel, an der sie schon seit Jahren hing, endlich auch loszukommen; die Käuzchen in den Mauerlöchern schrieen jämmerlich und die Hunde winselten, während Guß auf Guß gegen die Fenster klatschte.

Es war, als ob das alte Herrenhaus von Zehrendorf wüßte, was seinen Bewohnern bevorstand, was ihm selbst bevorstand.

———————

Dreizehntes Capitel.

Meine erste Empfindung, als ich spät erwachte, war ein Dankgefühl, daß es Tag war, meine zweite, daß ich mich des Grauens schämte, mit welchem mich die Schrecken der Nacht erfüllt hatten. Schon als kleiner Knabe hatte ich einem Gegner das Aergste zu sagen geglaubt, wenn ich ihn einen Feigling nannte, und heute Morgen war ich in der Lage, mir dieses Aergste selbst nachsagen zu müssen. Aber das kommt davon, sprach ich bei mir selbst, während ich mich umkleidete, wenn man den Dingen nicht in's Gesicht sieht und den Menschen nicht die Wahrheit sagt. Weshalb habe ich Herrn von Zehren nicht ganz einfach gesagt: ich weiß, was du vorhast; so hätte er mich mitgenommen und ich brauchte hier nicht still zu sitzen wie ein Kind, das man im Zimmer läßt, wenn's regnet.

Ich öffnete ein Fenster und schaute mit düstern Blicken hinaus. Es war kein lieblicher Anblick. Der Wind, der von Westen kam, wälzte sprühende graue Dunstmassen durch die gewaltigen Bäume, die ihre Wipfel wie in wahnsinnigem Schmerz hinüber- und herüberbogen, und über die weite Wiese, an deren langen wogenden Gräsern ich mich so oft entzückt hatte, und die heute wie ein fauler Sumpf aussah. Eine Schaar Krähen spazierte darauf herum und schwang sich krächzend in die stürmische Luft, von der sie dann hin- und hergeschleudert wurden. In dem Augenblick schlug der Wind den einen Flügel der Jalousie so heftig zu, daß die morschen Sparren mir um den Kopf flogen. Ich riß zornig, was noch übrig geblieben war, aus den Angeln und warf es hinab.

Vor dir wenigstens werde ich heute Nacht Ruhe haben, sagte ich, indem ich das Fenster wieder schloß, und nun sollen die andern auch daran. Ich verließ mein Zimmer und machte die Runde durch das obere Stockwerk. In der Bibliothek, wo die Bücherhaufen auf der Diele lagen, sprangen ein Dutzend Ratten, als ich die Thür öffnete, eilig von den Fensterbrettern herunter und huschten in ihre Schlupfwinkel. Durch ein paar vom Wind zerbrochene Scheiben hatte es hereingeregnet, und die schwarzen Gesellen hatten sich die willkommene, langentbehrte Labung zu Nutze gemacht. Nun, ihr habt ja das Haus noch nicht verlassen, murmelte ich, mich der Worte des Herrn von Zehren erinnernd; soll ich feiger sein als ihr, feiges Gesindel?

Ich stieg über die Bücherhaufen bis zur nächsten Thür und irrte weiter durch die öden Räume, hier die Jalousien schließend, wo es sich noch bewerkstelligen ließ, dort allzu schadhafte aus den Angeln nehmend und hinabwerfend. Die vor dem dritten Fenster, auf welche ich es besonders abgesehen, hatte ihrem qualvollen Dasein schon in der Nacht selbst ein Ende gemacht.

Auf dem Rückwege durch die unheimlichen Räume gelangte ich in das große Treppenhaus, in welchem es heute bei dem lichtlosen Licht, das durch die sonneverbrannten, auswendig vom Regen überflossenen, inwendig mit Spinnweben und Staub bedeckten Fenster fiel, gespenstiger als je aussah. Die verrostete Ritterrüstung, welche in einiger Höhe an der Wand befestigt war, hätte man ohne großen Aufwand von Phantasie für einen Erhängten nehmen können. Ich fragte mich, ob das wohl die Rüstung jenes Malte von Zehren sei, dessen Name die ehrsamen Bürger meiner Vaterstadt, da sie ihn selbst nicht hatten, an den Galgen geschlagen?

Ich weiß nicht mehr, was mich veranlaßte, die Treppe hinabzusteigen und in den schmalen Corridoren des untern Stockwerks weiter umher zu irren. Mein Schritt hallte schauerlich dumpf in den öden Gängen, und die kahlen Wände hauchten einen feuchtkalten Grabesathem aus, der meiner von der

furchtbaren Nacht fieberheißen Haut doppelt fühlbar war.
Vielleicht wollte ich mich abstrafen für die Angst der Nacht und
mir beweisen, daß ich ein Kind gewesen. Dennoch blieb ich,
nicht ohne eine Regung von Schauder, stehen, als sich plötzlich
dicht neben mir an einer Stelle, die ich früher wiederholt passirt
war, ohne eine Thür bemerkt zu haben, eine Oeffnung in der
Mauer zeigte, durch die man in eine gähnende Tiefe blickte,
aus der ein schwaches Licht heraufdämmerte. Als ich genauer
hinsah, bemerkte ich auch, in dem Halbdunkel des Corridors
eben noch erkennbar, die paar ersten Stufen einer wie es schien
sehr schmalen und steilen Treppe. Ich begann, auf die Gefahr
hin, mir den Hals zu brechen, ohne mich nur einen Augenblick
zu besinnen, langsam hinabzusteigen, indem ich rechts und links
an der Mauer vorsichtig weiter tastete, und ich kehrte selbst
dann nicht um, als der schwache Lichtschein unter mir plötzlich
erlosch. Doch tauchte derselbe wieder auf, als ich nach ein paar
Stufen auf dem Boden des Kellers anlangte. Es war nicht
mehr der unbestimmte Schein, sondern ein wirkliches Licht, das
sich in einiger Entfernung vor mir hinbewegte und in einer
Laterne zu brennen schien, mit der ein Mann in dem Keller
herumleuchtete. Da ich schneller ging als der Mann, dessen
schlürfende Schritte die meinen vermuthlich übertönten, hatte
ich ihn bald erreicht, und legte jetzt dem alten Christian —
denn er war es — die Hand auf die Schulter. Er blieb mit
einem dumpfen Schrei stehen, glücklicherweise ohne die Laterne
fallen zu lassen, und blickte mit seinem blassen verschrumpften
Gesicht entsetzt zu mir auf.

Was thun Sie hier, Christian? fragte ich.

Er starrte mich noch immer sprachlos an. — Sie brauchen
sich vor mir nicht zu fürchten, fuhr ich fort. Sie wissen, daß
ich Ihr Freund bin.

Es ist nicht nur mich, erwiederte der Alte endlich. Ich
darf hier Niemanden mit hinabnehmen; er würde mich tod
schlagen.

Sie haben mich nicht mit hinabgenommen, sagte ich.

Christian, dem der Schreck in seine schwachen Glieder

gefahren war, setzte sich auf eine Kiste, die in der Nähe stand und stellte die Laterne neben sich. Ich konnte nicht unterlassen, mich, während der alte Mann wieder zu sich zu kommen suchte, in dem Keller umzusehen. Es war ein weiter, niedriger Raum, dessen gewölbte Decke hier und da von starken Pfeilern getragen wurde, und dessen äußerste Enden im Dunkel verdämmerten. An einem solchen Pfeiler nicht weit von uns unter einer großen Laterne war ein Pult angebracht und ein großes dickes Buch lag auf dem Pult, wie die Strazze in einem kaufmännischen Geschäft. Dicht daneben waren Theekisten mit chinesischen Malereien — offenbar Originalkisten — zu einem Berge auf= gethürmt; und wohin ich auch blickte standen und lagen große Kisten und Fässer, mit einer gewissen Ordnung aufgebaut; es mußte manches Jahr gewährt haben, bis alle diese Fässer ge= leert, alle diese Kisten ausgeräumt waren; mancher Thaler mußte dabei gewonnen und verloren, und — manches Men= schenleben dabei auf's Spiel gesetzt und vielleicht auch verloren worden sein. Verging doch damals kein Jahr, ohne daß der Schmuggel in dieser Gegend zu Wasser und zu Lande mehr als ein Menschenleben kostete! und wie manches noch, dessen Verlust nie bekannt wurde, weil die Verwandten von Peter, auf den die Zollwacht im Walde geschossen hatte und der sich, tödt= lich verwundet, noch bis zu seiner Hütte schleppte, oder von Claß, der auf der eiligen Flucht im Moore versunken war — weil sage ich, die Verwandten und Freunde der Unglücklichen es rathsamer fanden, von diesen Verlusten möglichst wenig Wesens zu machen.

Dies und anderes derart hatte ich oft von meinem Vater und den Collegen meines Vaters gehört; und daran mußte ich denken, als ich mich jetzt umsah und der matte Schein aus der Laterne des alten Mannes dem Keller das Ansehen eines weiten Grabgewölbes gab, in welchem morsche Särge, die ihre Dienste gethan, übereinander gethürmt waren, und weiter hin= ten, wo zwischen den Pfeilern undurchdringliches Dunkel lag, vielleicht frische Gräber den Modergeruch ausathmeten, der den Raum erfüllte.

Das also war das Fundament des Hauses derer von Zehren! Ueber diesem Grabgewölbe hauste die hochadelige Familie! Von diesem Moder lebte sie! Da mochten freilich die Felder brach liegen und die Scheunen zerfallen! Hier war die Saat und die Ernte — eine böse Saat, Alles in Allem, die wohl kaum etwas Anderes als eine böse Ernte bringen konnte!

Ich will nicht behaupten, daß genau diese Gedanken, genau in dieser Ordnung durch meine Seele gingen, während ich neben dem alten Manne stand und meine Blicke durch den Keller schweiften; ich weiß nur noch, daß jenes Gefühl des Abscheus vor dem Gewerbe, in dessen geheime Werkstätte ich nun gedrungen war, wieder in seiner ganzen Kraft über mich kam, diesmal aber mit der ganz bestimmten Empfindung, daß ich dazu gehöre, daß ich ein Wissender, und daß es sehr thöricht und gewissermaßen beleidigend von dem alten Mann sei, vor mir ein Geheimniß aus Dingen und Verhältnissen machen zu wollen, die ich so gut kannte und durchschaute.

Nun, Christian, sagte ich, indem ich mich zum Beweis meiner vollkommenen Seelenruhe dem Alten gegenüber setzte und an seiner Laterne meine Cigarre anzündete, was werden wir diesmal bekommen?

Thee oder Seide, brummte der Alte; wär's Wein oder Cognac oder Salz, hätte er die Wagen bestellt.

Ja wohl, dann hätte er die Wagen bestellt, wiederholte ich, als etwas, das sich von selbst verstand. — Und wann erwarten Sie ihn zurück? Er sagte mir heute Nacht, er könne es nicht genau bestimmen.

Wird wohl bis morgen währen; ich will aber immer die große Thür aufmachen; man kann nicht wissen.

Freilich, man kann nicht wissen, sagte ich. Der Alte war aufgestanden und hatte die Laterne zur Hand genommen. Ich erhob mich ebenfalls.

Wir gingen weiter und kamen in einen andern Raum, der von Weindunst erfüllt war, und wo Fässer über Fässern lagen, an denen der Alte in die Höhe leuchtete.

Das liegt noch Alles seit dem vorigen Jahre, sagte er.

Ja, sagte ich, die Worte Granow's wiederholend; der Handel geht jetzt schlecht; die Leute in Uselin sind scheu geworden, seitdem sich so Viele hineinmischen.

Der Alte, der die Schweigsamkeit selbst war, antwortete nicht; aber es schien, daß ich meine Absicht, ihn vertraulich zu machen, erreicht hatte. Er nickte und brummte, um seine Zustimmung auszudrücken, während er langsamen Schrittes weiter schlürfte.

Der Keller schien kein Ende nehmen zu wollen. Ich sollte Respect vor der Ausdehnung des tages- und lichtscheuen Geschäftes bekommen, das hier seine modrige Wohnung aufgeschlagen! Endlich setzte der Alte die Laterne auf den Boden; vor uns lag eine breite Treppe, über welcher eine Vorrichtung von starken Bohlen, wie man sich derselben zum Herablassen von Fässern und schweren Kisten bedient, angebracht war. Die Treppe war oben mit einer breiten, starken, mit Eisen beschlagenen Thür, die mit kolossalen Riegeln versehen war, geschlossen. Der Alte schob die Riegel zurück; ich half ihm dabei.

So, sagte er, nun können sie kommen, wann sie wollen.
Wann sie wollen, wiederholte ich.

Wir schritten den Weg, den wir gekommen, schweigend zurück und erstiegen die steile Treppe des Eingangs. Auf den Druck einer Feder, die der Alte in Bewegung setzte, schob sich eine Thür über die Maueröffnung, die sich so künstlich einfügte und mit der Wand von so gleicher schmutziggrauer Farbe war, daß sie nur von dem Eingeweihten entdeckt oder gar geöffnet werden konnte.

Der Alte löschte die Laterne und ging vor mir her den langen, schmalen Corridor zu Ende, wo wir uns in dem verfallenen Nebenhofe trennten. Er trat durch eine kleine Pforte auf den Haupthof; ich ließ ihn sich entfernen und blickte mich scheu und aufmerksam um, ob Niemand mich beobachte. Es beobachtete mich Niemand, es hätte denn die Krähe sein müssen, welche auf einem der niedrigen Dächer saß, und, den Kopf auf

11*

die Seite neigend, zu mir herabschaute. Der kleine Hof hatte schon im Sonnenschein kümmerlich genug ausgesehen, heute aber im Regen sah er unsäglich elend aus. Die Gebäude drückten sich aneinander, als ob sie sich vor dem Wind und der Nässe, so gut es gehen wollte, zu schützen versuchten und doch jeden Augenblick Gefahr liefen, in vollständiger Erschöpfung zusammenzustürzen. Wer sollte hier den Eingang in den geheimen Keller suchen? Und doch mußte derselbe sich hier befinden. Ich hatte mir die Richtung und Ausdehnung des unterirdischen Raumes genau gemerkt. Ich wollte Alles wissen, nachdem ich einmal so viel wußte; ich wollte nicht länger über das, was um mich her vorging, im Dunkeln sein.

Und meine Vermuthung bestätigte sich. In der alten gräulichen Leuteküche, aus der ein weites Thor auf den eingehegten Platz mit den Küchenabfällen führte, entdeckte ich unter einem, wie ich jetzt sah, künstlich aufgethürmten Haufen von alten Fässern, Brettern und halbverfaulten Stroh die Fallthür, von der der Alte vorhin im Keller die Riegel zurückgeschoben hatte. Hier von außen war dieselbe mit einer gewaltigen Eisenstange und einem Schloß verwahrt, zu welchem Herr von Zehren jedenfalls den Schlüssel bei sich führte. Ich deckte das Gerümpel wieder darüber und schlich davon, scheu wie ein Dieb, denn wohl hat das Sprichwort recht: der Hehler ist so gut wie der Stehler, nicht blos vor dem Gesetze, sondern noch viel mehr vor seinem eigenen Gewissen.

Ich wandte mich in den Park und irrte in den nassen Gängen umher. Es rieselte noch stärker als vorhin; aber der Nebel hatte sich etwas gehoben und wälzte sich in schweren grauen Massen über die Wipfel der Bäume. Ich stand an dem Steintisch unter dem Ahorn, dessen breites Geäst mir einigen Schutz gewährte und starrte immerfort nach dem großen melancholischen Hause, das mir heute, nachdem es mir sein Geheimniß erschlossen, ein ganz anderes zu sein schien. Ob sie wohl wußte, was ich jetzt wußte? Unmöglich! es war ein Gedanke, der nicht auszudenken war, daß sie das wissen sollte. Aber sie mußte es erfahren, so schnell als möglich; nein, nicht

erfahren! Aber fort mußte sie von hier, wo das Verderben
auf sie lauerte. Fort! wohin? zu wem? mit wem? Welch
ein elender, jämmerlicher Mensch war ich, daß ich ihr nichts zu
bieten hatte, als dies Herz, das für sie schlug, als diese Arme,
die stark genug waren, sie wie ein Kind davon zu tragen, und
mit denen ich doch nichts anfangen konnte, als sie in ohnmäch=
tiger Verzweiflung zum Regenhimmel emporstrecken oder rath=
und thatlos über der Brust verschränken! Nein, nein, mochte
mit mir werden, was da wollte! aber sie mußte, mußte gerettet
werden! Mochte ihr Vater mich zum Opfer nehmen, aber sie,
sie sollte frei ausgehen!

Da kam Jemand von der Terrasse her — es war die alte
Pahlen. Sie schien mich zu suchen, denn sie winkte mir schon
von weitem mit den knöchernen Händen, während ihr graues
Haar unter der schmutzigen Haube im Winde flog, daß sie für
jeden Andern anzusehen gewesen wäre, wie die Hexe, die das
Hexenwetter zusammenbraute. Mir aber war sie eine willkom=
mene Erscheinung. Von wem sollte sie kommen, als von ihr! Ich
lief ihr entgegen und ließ sie ihre Botschaft kaum zu Ende
bringen; wenige Augenblicke später trat ich hochklopfenden
Herzens durch die Fensterthür in Konstanzens Gemach.

Es war das erste und es sollte auch das letzte mal sein,
daß ich es betrat, und ich wüßte kaum zu sagen, wie es in dem=
selben aussah. Ich habe nur noch eine sehr dunkle Erinnerung
an große Blattgewächse, einen geöffneten alterthümlichen Flügel,
auf Tischen, Stühlen umhergestreute Musikalien, Bücher, Garde=
robengegenstände, ein paar Portraitbilder an den Wänden, und
daß der Fußboden in seiner ganzen Ausdehnung mit einem
Teppich bedeckt war. Dieser letztere Umstand hat sich mir als
besonders merkwürdig eingeprägt. Teppiche durch das ganze
Zimmer waren zu jener Zeit eine große Seltenheit; besonders
in der guten Stadt Uselin. Ich hatte nur durch Hörensagen
von einem solchen Luxus Kunde, und so wußte ich denn auch
jetzt kaum, wohin ich meine Füße setzen sollte, obgleich der
Teppich, glaube ich, sehr fadenscheinig und hier und da sogar
zerrissen und durchlöchert war.

Doch das sind, wie gesagt, sehr dunkle Erinnerungen, von denen sich hell und unvergeßlich das Bild Konstanzens abhebt. Sie saß auf einem Divan in der Nähe des Fensters und ließ bei meinem Eintritt ein Buch in den Schooß sinken, indem sie mir zugleich mit ihrem eigenthümlich melancholisch anmuthigen Lächeln die Hand entgegenstreckte.

Sie sind nicht bös, daß ich Sie habe rufen lassen, sagte sie, indem sie mir einen Wink gab, an ihrer Seite Platz zu nehmen, und mich dadurch in keine geringe Verlegenheit setzte; denn der Divan war sehr niedrig und meine Stiefel nicht so sauber, wie es für einen jungen Menschen, der zum ersten mal von der angebeteten Dame seines Herzens in einem Teppichgemache empfangen wird, wünschenswerth ist; — ich wollte Sie um etwas bitten; Pahlen, Du kannst gehen, ich habe mit Herrn Georg allein zu sprechen.

Die widerwärtige Alte blickte mich mißtrauisch an, zögerte und entfernte sich erst, nachdem Konstanze ihren Befehl in scharfem Tone wiederholt hatte.

Sehen Sie, das ist es! das ist es, weshalb ich Sie rufen ließ, Georg, sagte Konstanze, mit einer Handbewegung nach der Thür, durch welche die Alte verschwunden war. Ich weiß es ja, wie gut Sie sind und wie treu Sie es mit mir meinen: seit gestern weiß ich es wieder, wenn ich auch wirklich schwach genug war, Sie eine Zeit lang für nicht besser zu halten als die Andern; aber diese Andern! Sie wissen es nicht, können es nicht wissen, und sollen es auch nicht wissen. Solche Schätze muß man geheim halten; sie sind zu kostbar für die schnöde Welt. Meinen Sie nicht auch?

Da ich keine Ahnung hatte, worüber das angebetete Mädchen meine Meinung verlangte, begnügte ich mich, sie mit einem ehrfurchtsvoll fragenden Blicke anzusehen. Sie senkte die Wimpern und fuhr mit einer etwas weniger sichern Stimme fort: Mein Vater ist, wie ich höre, verreist; wissen Sie wohin, und auf wie lange? Aber wenn er es Ihnen auch gesagt hätte, es bliebe sich gleich; mein Vater hat nicht die Gewohnheit, sich an dergleichen zu binden; er will drei Wochen ausbleiben und ist in drei Tagen wieder da; er will in drei Tagen zurück sein, und ich erwarte ihn nach drei Wochen noch vergeblich. Er wird auch diesmal keine Ausnahme von der Regel machen, und wir müssen, mag er nun lange oder kurze Zeit von hier entfernt bleiben, uns darauf einrichten. Es ist keine Freude, in dem öden unwirthlichen Hause allein zu sein, zumal wenn es so stürmt und wüthet wie heute Nacht; es ist so lieb, Jemand in seiner Nähe zu wissen, auf dessen Treue und starken Arm — Sie sollen ja so sehr stark sein, Georg! — man sich alle Zeit verlassen kann; aber es muß eben sein; Sie können mir das nachfühlen, Georg?

Diesmal wußte ich, was ich nachfühlen sollte; ich sollte fort von hier, ich sollte sie allein lassen — sie jetzt allein lassen, in dem Augenblick, wo ich mich vergeblich abgequält, einen Grund ausfindig zu machen, wie ich sie von hier ent= fernen könnte; in dem Augenblick, wo meine, von der bösen Nacht und den Erlebnissen des Morgens noch immer zittern= den Nerven mir sagten, daß ein Unglück über dies Haus und seine Bewohner hereindrohe! Ich wußte nicht, was ich sagen, wie ich es sagen könne, und blickte Konstanze in hülfloser Ver= legenheit an.

Sie denken, es sei sehr unfreundlich, sehr ungastlich von mir, sagte sie nach einer Pause, in welcher sie vergeblich auf eine Antwort gewartet haben mochte; es würde freundlicher und gastlicher gewesen sein, wenn ich selbst so lange fortginge, eine Freundin zu besuchen; und ich gebe Ihnen zu, ein anderes Mädchen würde das thun; aber ich Aermste habe keine Freun= din. Mein Vater hat auch nach der Seite für mich gesorgt. Kam, so lange Sie hier sind, je eine Dame in unser Haus? Hörten Sie mich je von einer Freundin, von einer Bekannten sprechen? Konstanze von Zehren geht nur mit Männern um; ich habe diesen Ruf, ich weiß es; aber Gott weiß, wie sehr ohne meine Schuld! Wollen Sie, mein guter, mein treuer Georg, daß mein Ruf noch schlechter wird, als er schon ist? Oder glauben Sie auch mit den Andern, mein Ruf könne nicht noch schlechter werden? Nein, bleiben Sie sitzen! Warum sollen

Freunde, wie wir, nicht ruhig über solche Dinge sprechen, ruhig überlegen, was in einem solchem Falle zu thun ist! Nun habe ich mir gedacht: Sie haben Freunde. Da ist Herr von Granow, der Ihnen ja förmlich den Hof macht; da ist Herr von Trantow, unser guter Nachbar, der sich so freuen würde, Sie ein paar Tage bei sich zu sehen. Und Sie sind dann ganz in meiner Nähe; ich kann Sie rufen lassen, wann ich will, und Sie wissen ja, daß ich mich, sobald ich eines Freundes bedarf, an Niemand wenden würde, als den einzigen Freund, den ich habe.

Sie reichte mir mit bezauberndem Lächeln die Hand, als wollte sie sagen: nicht wahr, die Sache ist abgemacht?

Ihr Lächeln, die Berührung ihrer lieben Hand, machten die Verwirrung, in die mich jedes ihrer Worte mehr verstrickt hatte, vollkommen; aber ich raffte mich mit einer verzweifelten Anstrengung auf und stotterte:

Sie werden mich für einen Zudringlichen, für ich weiß nicht was halten, daß ich Sie so lange über eine Sache habe sprechen lassen, die ich bei Ihrem ersten Worte hätte verstehen müssen und auch verstanden habe; aber ich kann Ihnen nicht sagen, wie schwer es mir wird, gerade jetzt von hier zu gehen; gerade jetzt Sie zu verlassen. Herr von Zehren hat mich ausdrücklich aufgefordert, bis zu seiner Rückkehr, die übrigens in wenigen Tagen, vielleicht morgen schon, erfolgen wird, hier zu bleiben, ihn hier zu erwarten. Er hat das gewiß, wenn er es auch nicht ausgesprochen hat, in der besten Absicht ge= than, — um Ihrethalben, damit Sie Jemand in Ihrer Nähe hätten, damit Sie nicht allein in dem öden Hause wären, damit —

Ich wußte nicht, wie ich weiter sprechen sollte. Konstan= zens Blick richtete sich mit einem so sonderbaren Ausdruck auf mich, und mein Talent zum Lügen war von jeher erbärmlich gewesen.

Mein Vater hat früher diese zarte Rücksicht nicht beob= achtet, sagte sie. Vielleicht denkt er, daß ich, je älter ich werde, einer Aufsicht um so mehr bedarf. Sie wissen, was ich meine;

oder sollten Sie unser Gespräch von gestern schon vergessen haben?

Ich habe es nicht vergessen, rief ich, indem ich mich in meiner Aufregung schnell von dem Divan erhob: ich will nicht wieder in die Lage kommen, von Ihnen beargwohnt zu werden; ich gehe und gehe für immer, wenn Sie es denn so wollen; aber Andere, die Ihrer gewiß nicht würdiger sind, sollen es nicht besser haben als ich; und wenn sie es dennoch wagen, sich in Ihre Nähe zu drängen, nnd hier herumzuschleichen, wie ein Fuchs um den Taubenschlag, so thun sie es auf ihre eigene Gefahr; ich werde nicht wieder so rücksichtsvoll sein wie heute Nacht.

Was wagen Sie? Von wem sprechen Sie? Wen meinen Sie? rief Konstanze, die bei meinen letzten Worten ebenfalls aufgesprungen war. Ihr Gesicht war bleich geworden, ihre Züge trugen einen ganz andern Ausdruck.

Von wem ich spreche? sagte ich, von dem, der an jenem Abend, wissen Sie, wo ich vor Ihrem Fenster Wache stand, vor mir davonlief wie ein Feigling, und der sich heute Nacht, als ich mit Ihrem Herrn Vater von Trantowitz kam und allein durch das Wäldchen ging, unter die Bäume drückte, und den ich aus Mitleid geschont habe, weil ich wußte, Herr von Zehren würde ihn todtschießen wie einen Hund, wenn ich ihn in seine Hände gegeben hätte, den Elenden, den Erbärmlichen! Er mag sich hüten, daß ich ihm nicht noch einmal in der Nacht begegne, ja und auch am Tage; er würde sehen, wie wenig ich mich an seine Fürstlichkeit kehre!

Konstanze hatte sich abgewandt, während ich so meine Verzweiflung, für immer von dem geliebten Mädchen getrennt zu werden, zornig austobte. Plötzlich zeigte sie mir wieder ihr bleiches Gesicht, aus welchem die unergründlichen Augen sonderbar leuchteten, und rief, indem sie die Hände wie bittend erhob:

Daß ich das von Ihnen hören muß, — von Ihnen! Was kann ich dafür, daß jenen Mann — im Falle Sie sich nicht getäuscht haben, was ja doch auch möglich wäre — sein böses

Gewissen ruhelos umtreibt. Schlimm genug für ihn, wenn es so ist; aber was geht das mich an? Und wie kann mir daraus eine Gefahr erwachsen? Und wenn er jetzt und hier, oder es sei, wann es sei und wo es sei, vor mich hinträte, was könnte ich, was würde ich ihm sagen als: du und ich, wir haben in alle Ewigkeit nichts mehr miteinander zu schaffen! Ich dachte, Georg, Sie müßten das Alles, ohne daß ich es Ihnen sagte; wie kann ich mich wundern, von den Andern verkannt zu werden, wenn auch Sie mich so falsch, so grausam falsch beurtheilen.

Sie setzte sich auf den Divan und drückte ihr Gesicht in beide Hände. Ich war ganz außer mir; ich schlug mich vor die Stirn wie ein Verzweifelter, ich lief im Zimmer auf und ab, und stürzte endlich, als ich sie noch immer so sitzen und ihren schönen Busen sich krampfhaft heben und senken sah, zu ihren Füßen.

Guter, lieber Georg, sagte sie, indem sie mir beide Hände auf die Schultern legte, ich weiß es ja, daß Sie mich lieben, und ich habe Sie ja auch so lieb!

Ich schluchzte laut auf; ich verbarg mein Gesicht in ihrem Schooß: ich küßte ihre Kleider, ihre Hände.

Stehen Sie auf, Georg, flüsterte sie, ich höre Pahlen kommen.

Ich sprang empor. Wirklich öffnete sich langsam die Thür — die, wie ich glaube, nie ganz geschlossen gewesen war —, und die häßliche Alte schaute herein und fragte, ob man sie gerufen habe.

Man hatte sie gerufen, man hatte gemeint, daß Herr Georg vielleicht noch Wünsche habe, der alsbald auf ein paar Tage zu Herrn von Trantow auf Besuch wolle. — Leben Sie wohl, sagte sie, indem sie sich zu mir wandte, auf ein paar Tage also, leben Sie wohl! Und dann ihr Gesicht dem meinigen nähernd und mir mit ihren Lippen einen Kuß schickend, heimlich und leise: leb wohl, Geliebter!

Ich stand draußen; der Regen, der wieder zu fallen begonnen hatte, schlug mir in's glühende Gesicht; ich fühlte es nicht; Regen und Sturm, jagende Wolken und sausende Bäume, wie war das Alles so herrlich! War es möglich, daß die Welt so schön war! War es möglich, daß man so glücklich sein konnte! War es möglich, daß sie mich liebte!

Auf meinem Zimmer angelangt, ließ ich mein wahnsinniges Entzücken in tausend tollen Streichen aus. Ich tanzte, ich sprang, ich warf mich in den Lehnstuhl und küßte inbrünstiglich den Handschuh, den ich einst am Weiher gefunden und wie ein Heiligthum bewahrt hatte; und weinte und sprang wieder auf und lachte und tanzte wieder, und besann mich endlich, daß ich die Jagdtasche bereits mit Allem, was ich für ein paar Tage brauchte, vollgepackt hatte, und daß sie erwarten durfte, ich werde jetzt ihrem Befehle pünktlich Folge leisten. Ja, jetzt mußte ich fort; jetzt wollte ich fort! fort, fort!

Und ich warf mein Gewehr über die Schulter, rief meinem Caro, der schnarchend unter dem Tisch lag, und verließ das Zimmer und das Schloß.

Vierzehntes Capitel.

Auf dem Wege nach Trantowitz unter den zischelnden Weiden hinschreitend, war ich, in meiner Aufregung kaum sehend,
wo ich ging, mehr als einmal in Gefahr, von dem schlüpferigen
Pfade in den tiefen Graben zu gleiten, in welchem heute das
Regenwasser gurgelte. Mehr als einmal blieb ich stehen, nach
dem Hofe zurückzusehen, wo sie weilte. Caro, der verdrossen
hinter mir hertrottete, blieb dann auch stehen und sah mich an.
Ich erzählte ihm, daß sie mich liebe, daß wir glücklich werden
würden, daß Alles gut werden würde, daß er, wenn ich erst ein
großer Herr sei, auch ein herrliches Leben führen werde, daß
ich ihn bis an sein Ende treulich pflegen wolle. Caro gab
durch leises Schweifwedeln zu erkennen, wie er von meinen
guten Absichten vollkommen überzeugt und bis zu einem gewissen Grade gerührt sei; aber seine braunen Augen blickten
sehr melancholisch, als könne er sich an einem so trüben Tage
keine rechte Vorstellung von einer heitern Zukunft machen. —
Du bist ein dummes Thier, Caro, sagte ich, ein gutes dummes
Thier, und weißt den Kukuk, was mir begegnet ist. Caro machte
eine verzweifelte Anstrengung, die Sache von ihrer heitersten
Seite zu nehmen, indem er heftiger als zuvor mit dem Schweife
wedelte und seine weißen Zähne zeigte, sprang dann aber plötzlich — zum Beweise, daß sein sonst so wohl dressirtes, nur auf
die Jagd gerichtetes Gemüth heute vollständig haltlos war —
mit wüthendem Gebell auf einen Mann zu, der eben um eine
Weidenpflanzung, die sich links am Wege hinzog, auf mich
zukam.

Es war ein Mann, der halb wie ein Schiffer und halb

wie ein städtischer Handwerker gekleidet war, und dessen harm=
loses breites Gesicht, als er mich erblickte, so freundlich lachte,
daß Caro das Unpassende seines Benehmens sofort einsah und
mit hängenden Ohren beschämt zu mir zurückkam, während ich,
da ich den Mann mittlerweile auch erkannt hatte, mit ausge=
streckter Hand auf ihn zuschritt.

Wie, zum Teufel, Klaus, kommst Du hierher?

Ja, das sagen Sie wohl, erwiderte Klaus, indem er mit
seiner breiten harten Hand kräftig einschlug und dabei, wie
vorhin Caro, zwei Reihen Zähne zeigte, die an Weiße mit denen
des Hundes wetteiferten.

Und Du wolltest zu mir? fragte ich weiter.

Ja, natürlich wollte ich zu Ihnen, sagte Klaus, ich bin vor
einer Stunde auf dem Kutter gekommen; Christel ist auch mit.
Die alte Großmutter ist ja todt — wir haben sie gestern Mor=
gen begraben. Gott hab' sie selig; sie war eine gute alte Frau,
wenn sie auch zuletzt ein bischen stumpf geworden war und der
armen Christel viel Mühe gemacht hat. Na, das ist nun auch
vorbei und — ja, was ich sagen wollte — da ist denn der
Vater so gut gewesen, mich heute selbst herzufahren, und Christel
ist auch mit, mir in Zanowitz Abschied nehmen zu helfen von
Tante Julchen, wissen Sie, Vaters Schwester. Mein Vater ist
ja auch aus Zanowitz.

Ja, ja, sagte ich.

Sie sind schon ein paar mal dagewesen, fuhr Klaus fort,
Tante Julchen hat Sie immer gesehen, aber Sie haben nie
hingeblickt; nun, Sie werden ja sich auch der Frau nicht mehr
erinnern; sie war früher wohl manchmal drüben bei dem Va=
ter. Und dann sind Sie ja nun auch ein so großer Herr
geworden! Und Klaus ließ bewundernde Blicke über mein
Jagdzeug, über meine hohen Stiefeln und über Caro schwei=
fen, der sich den Anschein gab, auf dieses Gespräch nicht zu
hören und mit gehobenen Ohren in den Graben starrte, als
habe er sein Lebtag nie eine Wassermaus in ihr Loch schlüpfen
sehen.

Lassen wir das gut sein, Klaus, sagte ich, den Riemen

meines Gewehrs höher auf die Schulter rückend: und Du willst
Abschied nehmen? Wo willst Du denn hin?

Ich habe einen Platz als Schlosser in der Maschinenbau=
anstalt des Herrn Commerzienraths in Berlin erhalten, sagte
Klaus. Herr Schulz, der Maschinenmeister auf dem Pinguin,
wissen Sie, hat mich sehr empfohlen; ich hoffe, seiner Empfeh=
lung keine Schande zu machen.

Das wirst Du gewiß nicht, sagte ich in freundlich aufmun=
terndem Beschützerton, indem ich nicht ohne einige Verlegenheit
überlegte, was ich nun mit Klaus eigentlich anfangen sollte,
der mich zu besuchen gekommen war, und mit dem ich doch
nicht hier auf der offenen Landstraße unter der regentriefenden
Weide stehen bleiben konnte. Was würde der gute Junge für
Augen gemacht haben, wenn ich ihn in mein poetisches Zimmer
hätte führen können! Aber das war nun nicht möglich. Die
Situation fing an, mir peinlich zu werden, und es fiel mir
ordentlich wie ein Stein vom Herzen, als Klaus, meine Hände
ergreifend, sagte: Na, und nun leben Sie denn auch recht wohl;
ich muß wieder nach Zanowitz; Karl Peters, der Korn für den
Herrn Commerzienrath geladen hat, segelt in einer halben
Stunde und will mich mitnehmen. Ich wäre gern noch ein
wenig länger mit ihnen zusammen gewesen, aber Sie haben
gewiß etwas anderes vor, und so will ich Sie denn nicht länger
aufhalten.

Ich habe gar nichts vor, Klaus, sagte ich, und wenn es
Dir recht ist, begleite ich Dich nach Zanowitz und sage bei der
Gelegenheit Christel guten Tag. Wann ist denn die Hochzeit,
Klaus?

Klaus schüttelte den Kopf, als wir jetzt nebeneinander
weiter schritten. Das sieht schlimm aus, sagte er; wir wären
noch zu jung, meint der Alte, obgleich das Sprüchwort
sagt: jung gefreit hat Niemand gereut. Meinen Sie nicht
auch?

Allerdings meine ich das, rief ich mit einem Eifer, der
Klaus höchlichst erfreute, ich bin, so viel ich weiß, zwei Jahre
jünger als Du, aber das kann ich Dir sagen: auf der Stelle

würde ich heirathen, auf der Stelle; aber es kommt auf die Verhältnisse an, Klaus, auf die Verhältnisse!

Ja, freilich, seufzte Klaus, ich könnte sie ja wohl jetzt ernähren, denn ich werde in Accord arbeiten, und da kann man schon was vor sich bringen, wenn man sich dazu hält, und Christel würde die Hände auch nicht in den Schooß legen; aber was hilft das Alles, wenn der Alte nicht will! Er ist nun doch einmal Vormund von der Christel und sie verdankt ihm ja auch eigentlich Alles, selbst das Leben, denn sie würde am Strande elend umgekommen sein, das arme Wurm, hätte der Vater die Mutter nicht an den Strand geschickt, das Treibholz zu sammeln, und da hat die Mutter sie ja gefunden, wissen Sie, und mitgenommen. So was will denn doch bedacht sein, und wenn er auch nicht gar gut gegen sie ist, und ich nicht weiß, warum er mich alle diese Jahre so schlecht behandelt hat, so steht doch geschrieben: Du sollst Vater und Mutter ehren. Nun habe ich schon lange keine Mutter mehr, so muß ich den Vater doppelt ehren. Meinen Sie nicht auch?

Ich blieb diesmal die Antwort schuldig. In der Tasche meines Rockes stak der Brief meines Vaters, in welchem er mir befahl, Herrn von Zehren sofort zu verlassen und zu ihm zurückzukehren. Ich hatte dem Befehl nicht Folge geleistet; ich durfte nicht fort, bis Herr von Zehren zurückkam, und konnte ich jetzt fort, jetzt! Ich warf einen Blick nach dem Schloß zurück, das noch immer aus seinen düstern Baumgruppen düster zu uns über die Haide, durch die wir jetzt wanderten, herüberschaute, und seufzte tief.

Klaus kam von der andern Seite des vom Regen durchweichten Sandwegs an meine Seite und sagte, trotzdem, so weit das Auge reichte, kein Mensch außer uns auf der Haide zu sehen war, in geheimnißvoll leisem Ton:

Ich bitte um Entschuldigung; ich habe Ihnen gewiß nicht weh thun wollen.

Das glaube ich Dir, Klaus, sagte ich.

Denn sehen Sie, sagte Klaus, ich weiß ja wohl, daß Sie mit Ihrem Vater auch nicht gut stehen; aber der Herr Rendant ist ja ein so braver Mann, der gewiß keinem Menschen übel will, am wenigsten seinem eignen Sohn; und was die Leute von Ihnen sagen, daß Sie hier so wild leben und — und — das glaube ich auch nicht. Ich kenne Sie besser.

Sagen das die Leute von mir? fragte ich höhnisch; wer denn zum Beispiel?

Klaus nahm die Mütze ab und kraute sich in dem schlich= ten Haar.

Das ist schwer zu sagen, erwiderte er verlegen. Wenn ich es ehrlich sagen soll: eigentlich Alle, mit Ausnahme natürlich von meiner Christel, die treu zu Ihnen hält; aber sonst lassen sie ja wohl kein gutes Haar an Ihnen.

Nur heraus damit, rief ich, ich mache mir den Teufel daraus; also heraus damit.

Ich kann es nicht sagen, erwiderte Klaus.

Es dauerte lange, bis ich den treuen Jungen zum Sprechen brachte. Es war ihm schrecklich, eingestehen zu müssen, daß man mich in meiner Vaterstadt, wo Jeder Jeden kannte und Jeder an Jedes Schicksal den größten, wenn auch nicht immer liebevollsten Antheil nahm, ganz allgemein für einen verlorenen Menschen halte. Die Heizer auf dem Pinguin sprachen davon, und die pensionirten Schiffskapitäne, wenn sie auf dem Hafen= damm, über die Brüstung gelehnt, nachdenklich den Tabaksaft in's Wasser spritzten, sprachen auch davon. Wohin Klaus, den man als meinen guten Freund kannte, gekommen war, überall hatte man ihn gefragt, ob er nicht wisse, was aus dem schlechten Menschen, dem Georg Hartwig, geworden sei, der sich ja wohl in der verrufensten Gegend der Insel auf adeligen Gütern um= hertreibe als Spaßmacher für betrunkene Edelleute, mit denen er das wüsteste Leben führe? der an einem Abend mehr Geld verspiele, als sein armer Vater das ganze Jahr hindurch ein= nehme, und Gott möge wissen, wie er zu dem Gelde komme! Das Schlimmste aber war Eines, was Klaus nur mit dem nochmaligen ausdrücklichen Vorbehalt erwähnte, daß er kein Wort davon glaube. Klaus war gestern Abend, um sich zu verabschieden, bei dem Justizrath Heckepfennig gewesen, der

Christel's Pathe war und in dessen Haus Klaus von jeher manchmal kam. Die Familie hatte eben beim Thee gesessen; Elise Kohl, Emiliens Busenfreundin, war auch dagewesen, und man hatte Klaus der Ehre gewürdigt, ihm eine Tasse Thee anzubieten, nachdem er gesagt, daß er am nächsten Tage nach Zanowitz komme und mich aufzusuchen gedenke. Der Justizrath hatte ihm dringend gerathen, dies ja nicht zu thun, da seine längst feststehende Meinung: ich werde in den Schuhen sterben, neuerdings eine Bestätigung erhalten habe, über die er sich nicht auslassen könne. Dann hätten die Mädchen sich über mich zu Gericht gesetzt und gemeint, sie könnten alles Andere verzeihen; aber daß ich der Liebhaber von Fräulein von Zehren geworden sei, würden sie mir nicht vergeben. Sie hätten es von Arthur gehört, der es doch wissen müsse, und Arthur habe solche Dinge von seiner Cousine erzählt, daß ein ordentliches Mädchen sie kaum hätte mit anhören können, und die wieder zu erzählen ganz unmöglich sei.

Klaus war erschrocken über die Wirkung, welche dieser Bericht auf mich machte. Vergebens, daß er wieder und immer wieder erklärte, er glaube ja kein Wort von alledem, und er habe das auch den Mädchen gleich gesagt. Ich schwur, daß ich mich für nun und immer von dem treulosen, verrätherischen Arthur lossage und daß ich mich früher oder später auf das grausamste an ihm rächen würde. Ich stieß die schrecklichsten Drohungen und Verwünschungen aus. Nie würde ich freiwillig wieder einen Fuß in meine Vaterstadt setzen, ja vom Erdboden würde ich sie vertilgen, wenn es in meiner Macht stünde! Ich hätte mir bis jetzt noch immer Gewissensbisse gemacht, ob ich nicht doch vielleicht übereilt gehandelt habe, als ich um einer so geringfügigen Veranlassung willen meinen Vater verließ; aber jetzt könne mein Vater mir hundertmal befehlen, ich solle zurück= kehren, ich würde es nicht thun. Und was Herrn von Zehren und Fräulein von Zehren betreffe, so sei mir ein Haar auf ihrem Haupte mehr werth als ganz Uselin, und ich sei bereit, für Beide auf der Stelle in diesen meinen Wasserstiefeln hier zu sterben, und die Stiefel möge der Teufel dem Justizrath Heckepfennig hinterher um den struppigen Kopf schlagen.

Der gute Klaus wurde ganz still und betreten, als er mich so lästerlich fluchen hörte. Es mochte ihm wohl der Gedanke kommen, daß es mit dem Heil meiner Seele denn doch schlechter stehe, als er angenommen. Er sprach das zwar nicht aus, aber er sagte in seiner einfachen Weise, daß ihm der Ungehorsam gegen meinen Vater sehr bedenklich sei; ich wisse ja, wie viel er selbst immer von mir gehalten habe, trotz der Reden der Leute, und wie er stets geneigt gewesen und noch geneigt sei, mir in Allem recht zu geben; hier aber wäre ich doch gewiß im Unrecht, und wenn mein Vater mir wirklich befohlen habe, zu ihm zurückzukehren, so könne er gar nicht absehen, wie ich diesem Befehle nicht Folge leisten sollte; und er wolle mir nur gestehen, daß ihm mein Ungehorsam gegen meinen Vater immer im Kopfe herumgegangen, und daß er jetzt ruhiger abreisen werde, nachdem er mir das gesagt habe.

Ich antwortete nicht, und Klaus wagte nicht, ein Gespräch, das mir so unangenehm schien, fortzusetzen. Er ging still neben mir her, von Zeit zu Zeit einen traurigen Blick auf mich werfend, ähnlich wie Caro, der an meiner andern Seite trottete und die Ohren hängen ließ; denn der Regen fiel wieder stärker, und Caro konnte immer weniger begreifen, was das zwecklose Umherlaufen auf dem nassen Dünensande eigentlich zu bedeuten habe.

So kamen wir nach Zanowitz, dessen elende Lehmhütten, die einen hier, die andern da, zwischen den auf- und absteigenden Sanddünen zerstreut lagen, als spielten sie mit einander Versteckens. Zwischen den Dünen hindurch schaute das offene Meer herein. Das war mir immer ein lieber Anblick gewesen, wenn die Sonne hell herab schien auf den weißen Sand und die blauen Wasser, und die weißen Möven sich lustig über den blauen Wassern schwangen. Aber heute sah der Sand grau aus und grau der Himmel, und grau das Meer, das in schweren Wogen herangerollt kam. Ja selbst die Möven, die kreischend über der Brandung flatterten, sahen grau aus. Es war ein trübseliges Bild, ganz in der Farbe der Stimmung, in welche mich das Gespräch mit Klaus versetzt hatte.

Ich sehe, Peters macht schon klar, sagte Klaus, auf eins der größern Fahrzeuge deutend, die etwas vom Strande entfernt vor ihren Ankern auf den Wellen tanzten; ich denke, wir gehen gleich hinunter; sie werden unten auf mich warten.

So gingen wir denn zum Strande hinab, wo man eben im Begriffe war, eins von den vielen kleinern Booten, die man auf den Sand gezogen hatte, wieder in's Wasser zu schieben. Ein Haufen von Menschen stand dabei, unter ihnen der alte Pinnow, Christel und Klaus' Tante Julchen, eine wohlbehäbige Fischerwittwe, deren ich mich von früher her wohl noch erinnerte.

Dem armen Klaus wurde kaum eine Minute zum Abschiednehmen vergönnt. Schiffer Peters, der das Korn, das er für Rechnung des Commerzienrathes geladen hatte, noch heute in Uselin abliefern mußte, fluchte über die verdammte Trödelei; Pinnow brummte: der Faselhans werde nicht gescheidt werden, Christel verwandte die rothgeweinten Augen nicht von ihrem Klaus, den sie nun in so langer Zeit nicht wiedersehen sollte; Tante Julchen wischte sich die Thränen und die Regentropfen mit ihrer Schürze von dem guten dicken Gesicht, und der taubstumme Lehrjunge Jakob, der auch dabei stand, starrte fortwährend seinen Meister an, als erblickte er dessen rothe Nase und blaue Brille heute zum ersten mal. Klaus sah sehr verwirrt und sehr unglücklich aus; aber er sagte kein Wort, während er, ein Bündel, das ihm Christel gegeben hatte, in der Linken haltend, die Rechte Allen der Reihe nach reichte, und dann in das Boot sprang und einen von den beiden Riemen ergriff. Ein paar Fischer stiegen in's Wasser und schoben; das Boot wurde flott; die Riemen wurden eingesetzt und die Nußschale tanzte auf den Wellen hin nach der Jacht, auf der man schon das Hauptsegel halbmasthoch aufgezogen hatte.

Als ich mich wieder umwandte, verschwand Christel eben mit der dicken Tante zwischen den ersten Häusern. Das arme

Ding wollte gewiß die so mühsam zurückgehaltenen Thränen in der Stille ausweinen, und ich glaubte ihr einen Gefallen zu thun, wenn ich wenigstens ihren Vater noch eine Weile am Strande aufhielt. Aber Herr Pinnow hatte gar keine Eile fortzukommen. Die blaue Brille über den Augen, die, wie ich wußte, so scharf sehen konnten, blickte er in die schäumenden Wellen und tauschte mit den Schiffern und Fischern von Zanowitz jene Bemerkungen aus, welche am Strand zurück= bleibende Seeratten einem absegelnden Fahrzeuge nachzuschicken pflegen.

Es waren keine vertrauenerweckende Gesichter, die stark= knochigen, magern, wettergefurchten, sonnegebräunten Gesichter der Männer von Zanowitz mit den hellblauen zwinkernden Augen; aber ich sagte mir doch, während ich so dabei stand und sie mir der Reihe nach betrachtete, daß meines alten Freundes Gesicht das am wenigsten vertrauenerweckende von allen war. Der böse grausame Zug um seinen breiten Mund mit den dicken, festgeschlossenen und selbst, wenn er sprach, sich kaum bewegenden Lippen, war mir früher noch nie so aufge= fallen; vielleicht sah ich ihn heute mit andern Augen an als sonst. In der That hatte sich seit gestern Abend der Verdacht, der mir schon wiederholt gekommen war: der alte Pinnow sei in die gefährlichen Unternehmungen Herrn von Zehren's tief verwickelt, auf's neue geregt; ja ich hatte fast mit Bestimmtheit angenommen, er werde auch an der Expedition, die jetzt im Werke war, thätigen Antheil nehmen, und war deshalb sehr erstaunt gewesen, als ich von Klaus hörte, daß sein Vater selbst ihn und Christel hierher gefahren habe. Indessen, wie auch immerhin sein Verhältniß zu Herrn von Zehren war — dies= mal war er nicht betheiligt, und das gewährte mir ordentlich eine Erleichterung.

Uebrigens schien der Schmied unsern Streit an jenem Abend nicht vergessen zu haben. Er that beständig, als ob er mich nicht sähe, oder kehrte mir gar den breiten Rücken zu, während er den Andern erzählte, was er heute Morgen für eine rasche Fahrt gemacht, und daß er sich für sein Theil nicht

hinaus gewagt haben würde bei dem Wetter — und seinen
schwachen Augen, die mit jedem Tage schwächer würden, —
hätte der Klaus nicht so gar große Eile gehabt. Aber die
Christel wolle er, wenn es heute Abend noch eben so stark
wehen sollte, doch lieber nicht wieder mitnehmen: sie könne ja
bei seiner Schwester bleiben: dafür wolle er einen oder den
andern tüchtigen Burschen von hier an Bord nehmen zur Aus=
hülfe, denn auf den Jakob, den dummen Bengel, könne er sich
doch nicht recht verlassen.

Die tabakkauenden Männer von Zanowitz hörten zu, und
sagten Ja, oder sagten auch nichts, und dachten sich ihr Theil.

Der Aufenthalt auf dem Strande, wo uns der Regen und
die Gischt fortwährend in's Gesicht trieb, war unbehaglich genug.
So wandte ich mich denn von der Gruppe weg und ging das
Ufer hinauf. Ich wußte, wo das Häuschen von Tante Julchen
lag: ich wollte dort vorübergehen und versuchen, ob ich Christel
nicht wenigstens ein paar freundliche Worte sagen könne.
Aber, als ob er meine Absicht ahne und zu verhindern gedenke,
kam Pinnow in Begleitung von ein paar andern Galgen=
physiognomien hinter mir her; so gab ich denn meinen Vorsatz
für heute auf und schritt quer durch das Dorf die Dünen hin=
auf, in der Absicht, von dort über die Haide nach Trantowitz
zu gehen.

Ich hatte eben die höchste Düne, die man ihres besonders
glänzenden Sandes wegen die weiße nannte, und von der aus
man weit hinauf und hinab den Strand überblicken konnte,
erstiegen, als ich plötzlich meinen Namen rufen hörte. Ich
wandte mich um und sah eine weibliche Gestalt, die dicht unter
dem scharfen Rande der Düne, aber auf der dem Dorfe und
Meere abgewandten Seite, in einer Vertiefung kauerte und mir
lebhaft winkte. Zu meinem nicht geringen Erstaunen erkannte
ich Christel. Schnell ging ich die Schritte, die ich schon abwärts
gethan hatte, zurück. Sie zog mich, als ich vor ihr stehen blieb,
in die Vertiefung hinein, indem sie mir mehr mit Geberden als
mit Worten bedeutete, daß ich ganz still sitzen und auch den
Hund festhalten solle.

Was hast Du, Christel? fragte ich.

Es ist keine Zeit zu verlieren, erwiederte sie, ich muß es in zwei Minuten gesagt haben. Heute Nacht um drei Uhr ist Herr von Zehren zu ihm gekommen; sie dachten, ich schlief, aber ich schlief nicht, weil ich um die Großmutter weinte, und habe Alles gehört. Diesen Abend wird eine mecklenburgische Jacht hier kreuzen, die Seide geladen hat; Herr von Zehren ist mit Extra= post nach R. gefahren, um dem Kapitain, der dort liegt und blos darauf wartet, zu sagen, daß er absegelt; er selbst kommt auf der Jacht mit. Dann überlegten sie, wie sie die Waare von der Jacht abbringen könnten, und er hat sich erboten, weil die Luft rein sei, es selbst mit seinem Boote zu thun, während die Waaren sonst immer hier in Zanowitz geborgen worden sind und er die für Uselin bestimmten dann erst später und gelegent= lich von Zehrendorf abgeholt hat. Als Herr von Zehren meinte, es werde auffallen, wenn er ohne besondere Gründe, noch dazu bei so schlechtem Wetter, aussegle, sagte er, Klaus habe ge= wünscht, ehe er fortginge, die Tante noch zu sehen; da wolle er ihn herüberfahren, und damit gar Niemand Verdacht schöpfen könne, wolle er mich mitnehmen. Dann haben sie den Jochen Swart hereingerufen, der unterdessen in der Werkstatt gewesen ist, und Herr von Zehren hat ihm befohlen, sogleich über die Fähre nach hier zurückzukehren und für den Abend zwölf der sichersten Leute von Zehrendorf und Zanowitz bereit zu halten, die mit an Bord gehen sollen — als Träger, wissen Sie. Der Jochen ist gegangen, und nach einer Viertelstunde ist Herr von Zehren auch gegangen, und nach einer Viertelstunde ist der Jochen wieder gekommen. Das hat mich schon gewundert; denn Herr von Zehren hatte ihm ausdrücklich und wiederholt gesagt, keine Minute zu verlieren, sondern sogleich aufzubrechen; aber er mußte ihm schon vorher ein Zeichen gemacht oder sich sonst mit ihm verständigt haben. Nun haben sie die Köpfe zusammen= gesteckt und so leise gesprochen, daß ich es nicht verstehen konnte; aber es mußte was Schlimmes sein, denn er ist ein paar Mal leise aufgestanden und hat an meiner Thür gehorcht, ob ich mich nicht rühre. Dann ist er weggegangen und Jochen ist sitzen geblieben. Das hat wohl eine Stunde gedauert, und es fing schon an zu dämmern, als ich ihn wiederkommen hörte mit einem Dritten und der war der Steuerrevisor Blanck. Er hatte keine Uniform an, aber ich habe ihn deutlich erkannt, auch an der Stimme. Nun haben die drei miteinander geflüstert, sind aber bald zusammen fortgegangen. Gegen sechs ist er allein wiedergekommen und hat an meine Thür gepocht; denn ich hatte nicht gewagt, hervorzukommen, und hat gesagt, ob ich denn heute gar nicht aufstehen wolle? Der Klaus werde gleich da sein und wir wollten zusammen hierher fahren und ich solle ein bischen Zeug mitnehmen; denn vielleicht lasse er mich hier bei der Tante.

Während Christel so erzählte, und dabei jedes „er", das „ihn" bezeichnete, so scharf hervorhob, daß ich trotz der Schnelligkeit, mit welcher sie sprach, Alles nur zu wohl begriff, hatte sie ein paar mal vorsichtig den Kopf über den Dünenrand gehoben, zu sehen, ob Jemand komme.

Ich wußte nicht, was ich thun sollte, fuhr sie fort; dem Klaus konnte ich es nicht sagen; denn er ist wie ein Kind und weiß von nichts und soll nichts wissen, und ich danke Gott, daß er nun fort ist. Ich habe ihm zugeredet, Sie aufzusuchen, denn ich dachte, Sie kämen vielleicht mit und das ist ja nun auch geschehen, und ich wollte es Ihnen, wenn es möglich war, sagen, ob Sie vielleicht Rath wüßten. Herr von Zehren ist immer so gut zu mir gewesen und hat noch das letzte mal gesagt, er wolle für den Klaus und mich sorgen, und vor ihm solle ich mich nur nicht fürchten; denn er wisse recht gut und er habe es ihm auch gesagt, wenn er mir etwas zu Leide thäte, würde er ihn todt= schießen. Und seitdem hat er mich auch zufrieden gelassen, aber auf den Herrn von Zehren hat er so gräulich geflucht und daß er es ihm schon einträuken wolle, und nun will er ihn an den Galgen bringen.

Christel wollte anfangen zu weinen, aber sie wischte die Thränen resolut mit dem Rücken der Hand ab und sagte: Ich kann nicht mehr thun; sehen Sie zu, ob Sie weiter helfen können, und ängstigen Sie sich nicht um mich, wenn er auch erfährt, daß ich es gewesen bin.

Ein tiefe Röthe flammte in ihrem Gesichte auf, aber das muthige Mädchen war entschlossen, Alles zu sagen, und so sagte sie:

Ich habe schon mit der Tante gesprochen, die Tante will mich bei sich behalten, und sie hat einen großen Anhang hier, daß er nicht wagen wird, gegen sie aufzutreten. Und nun muß ich zurück; laufen Sie schnell die Düne hinab, da unten kann man Sie nicht mehr sehen, und adjüs!

Ich drückte Christel die Hand und sprang die Düne hinab, an die sich andere niedrigere, wild durcheinander geworfene, zum Theil mit Strandgras und Ginster überlaufene, anreihten, zwischen denen ich vor dem Auge eines Spähers ziemlich sicher war. Dennoch schlich ich gebückt weiter und richtete mich nicht eher wieder auf, als bis ich nach ein paar hundert Schritten auf der Haide war, wo ich mich doch nicht länger verbergen konnte. Als ich nach der weißen Düne zurückblickte, sah ich Christel nicht mehr; sie hatte offenbar einen günstigen Augenblick benutzt, um sich ungesehen in das Dorf zurückzuschleichen.

Fünfzehntes Capitel.

Caro hatte, während ich den schmalen Pfad über die Haide nach Trantowitz lief, keine Veranlassung, mit dem Benehmen seines Herrn zufriedener zu sein als zuvor. Ich sprach nicht mit ihm, wie sonst; ich hatte kein Auge für die paar unglück= lichen Hasen, die er, um sich die tödtliche Langeweile zu ver= treiben, aus ihrem nassen Lager aufstieß, oder für die Möven= schwärme, die sich vor dem Unwetter auf dem Meere hierher zurückgezogen hatten, wo es freilich auch noch Wasser genug gab. Ich lief in einer Eile, als hänge Tod und Leben davon ab, ob ich Trantowitz fünf Minuten früher oder später erreichte, und doch war es nur zu gewiß, daß Hans, wenn ich ihn in's Ver= trauen zog, ebenso rathlos sein würde, wie ich. Aber Hans von Trantow war ein guter Mensch und Herrn von Zehren, das wußte ich, von Herzen ergeben. Und er liebte ja auch Konstanze; um Konstanzens willen, selbst wenn er sonst keinen Grund ge= habt hätte, mußte er mir helfen, Konstanzens Vater zu retten, wenn Rettung noch möglich war!

So stürmte ich dahin. Unter meinen Tritten spritzte das Wasser aus dem nassen Boden, in dem ich manchmal bis über die Knöchel versank, der Regen schlug mir in's Gesicht und die Möven kreischten, während sie, die spitzen Schnäbel nach unten gekehrt, über mir flatterten.

Von Zanowitz nach Trantowitz war es eine halbe Stunde, die mir wie eine Ewigkeit vorkam. Endlich erreichte ich den Hof, der selbst im Sonnenschein kahl und öde und heute im Regen= wetter abscheulich aussah. Vor dem einstöckigen Wohnhause mit den acht himmelhohen Pappeln, deren schlanke Wipfel der

Regensturm zerzauste, hielt Granow's Jagdwagen bespannt. Der widerwärtige Mensch war also da; aber gleichviel; ich mußte Hans allein sprechen, und sollte ich Herrn von Granow vorher zur Thür hinauswerfen.

Die Herren saßen, als ich eintrat, beim Frühstück; ein paar leere Flaschen, die auf dem Tisch standen, bewiesen, daß sie bereits einige Zeit dabei gesessen hatten. Granow verfärbte sich bei meinem Anblick. Ich mochte mit meinem erhitzten, aufgeregten Gesicht, meinen vom Regen durchnäßten Kleidern und den bis oben hinauf von Dünensand und Moorschlamm bedeckten Jagdstiefeln bedenklich genug aussehen, und der kleine Mann hatte mir gegenüber nicht das beste Gewissen. Trantow langte, ohne sich zu erheben, bei meinem Eintritt nach einem Stuhl, der in der Nähe stand, rückte denselben an den Tisch, und nickte, indem er mir die Hand reichte, nach den Flaschen und Schüsseln. Sein gutes Gesicht war bereits sehr roth und seine großen blauen Augen ein wenig gläsern; offenbar kamen die leeren Flaschen zum größten Theil auf seine Rechnung.

Sie sind doch nicht auf der Jagd gewesen bei dem gräulichen Wetter? fragte Herr von Granow, der plötzlich sehr freundlich geworden war und mir verbindlich Brod, Butter und Schinken zuschob, welchem Allen ich, trotz meiner Sorgen, eifrig zusprach; denn ich war vollkommen ausgehungert. Wir sitzen hier schon seit zwei Stunden und überlegen, wie wir den Tag hinbringen sollen. Ich habe ein kleines Jeu vorgeschlagen, aber Hans will nicht spielen; er sagt, er wolle überhaupt nicht wieder spielen. Er sagt: das Spiel sei ein Laster.

Das ist es auch; brummte Hans.

Nämlich nur, wenn er gewinnt, sagte Granow und lachte über seinen Witz. Er findet es lasterhaft, andern Leuten das Geld abzunehmen, das sie vielleicht nothwendig brauchen; er selbst braucht kein Geld, nicht wahr, Hans?

Wüßte nicht wozu; sagte Hans.

Da hören Sie es selbst; er weiß nicht wozu. Er muß heirathen, das ist die Sache; dann wird er wissen, wozu er das Geld braucht. Wir haben noch eben darüber gesprochen.

Das Roth auf des guten Hans Gesicht dunkelte noch ein wenig nach und er warf einen scheuen Blick auf mich; es schien mir, daß ich in dem Gespräche der Herren eine Rolle gespielt hatte.

Es wird ihm nicht so leicht wie Ihnen, der Sie nur anzuklopfen brauchen, sagte ich.

Sie meinen? fragte der kleine Herr mit einiger Unruhe.

Ich meine, Sie hätten das vorgestern Abend mir selbst gesagt, erwiderte ich. Sie nannten ja auch wohl Namen; aber es geht nicht, es geht wirklich nicht, obgleich Herr von Granow sich die Sache nach allen Seiten überlegt hat.

Ich hatte die letzten Worte, indem ich mich zu Hans wandte, in ironischem Tone gesprochen. Hans konnte an diesem dunkeln Tage kein Licht in meine Rede bringen, aber Herr von Granow hatte mich nur zu gut verstanden.

Man sollte einen Scherz nicht ernster nehmen, als er gemeint ist, sagte er, indem er sich mit zitternder Hand ein Glas Wein einschenkte.

Oder vielmehr, man sollte mit gewissen Dingen überhaupt keinen Scherz treiben, erwiderte ich, indem ich seinem Beispiel folgte.

Ich bin alt genug, um ohne Ihre Belehrungen fertig werden zu können, sagte der Kleine mit einem kläglichen Versuch, mich einzuschüchtern.

Und haben doch nicht gelernt, Ihre Zunge im Zaume zu halten, erwiderte ich, ihm starr in's Gesicht sehend.

Es scheint, Sie wollen mich beleidigen, junger Mensch, schrie er, indem er das Glas, an dem er genippt, heftig auf den Tisch stieß.

Soll ich Ihnen das vielleicht dadurch noch deutlicher machen, daß ich Ihnen dies Glas an den Kopf werfe?

Aber Ihr Herren! sagte Hans.

Genug, rief der Kleine, indem er seinen Stuhl zurückstieß und aufsprang; — ich will nicht länger in dieser Weise beleidigt sein; ich will Satisfaction haben, wenn dieser Herr satisfactionsfähig ist.

Mein Vater ist ein ehrenwerther Steuerbeamter, sagte ich, mein Großvater war Prediger, mein Urgroßvater ebenfalls — der Ihrige ist ja wohl Schäfer gewesen?

Wir sprechen uns wieder; kreischte der Kleine, indem er zum Zimmer hinausstürmte und die Thür hinter sich zuschlug. Einen Moment später hörten wir seinen Wagen eilig über das Pflaster des Hofes davon rollen.

Nun aber, was bedeutet dies? fragte Hans, der sich während der ganzen Scene nicht in seinem Stuhle geregt hatte.

Ich brach in ein wildes Gelächter aus.

Das bedeutet, rief ich, daß Herr von Granow ein Lump ist, der die Frechheit gehabt hat, über eine Dame, die wir Beide verehren, in einer Weise zu lästern, für die er noch ganz etwas Anderes verdient hätte, und außerdem habe ich ihn weg haben wollen; ich muß Sie sprechen; Sie müssen mir helfen; Sie müssen ihm helfen —

Ich wußte nicht, wie ich beginnen sollte, und lief, durch die eben gehabte Scene doppelt aufgeregt, wie ein Wahnsinniger, in dem Zimmer auf und ab.

Trinken Sie eine halbe Flasche auf einmal, sagte Hans nachdenklich, das ist ein Universalmittel, das macht einen klaren Kopf.

Aber ich kam auch ohne des guten Hans Universalmittel wieder so weit zur Ruhe, um ihm mittheilen zu können, was mir schier das Herz abdrückte. Ich erzählte ihm Alles von Anfang an: meinen ursprünglichen Verdacht gegen Herrn von Zehren, der vollkommen eingeschlafen sei, bis ihn Granow's Schwaßhaftigkeit wieder geweckt habe; dann Herrn von Zehren's halbes Zugeständniß gestern Abend und die Umstände seiner Abreise, wobei ich nur den Brief des Steuerraths, der doch eigentlich nicht mein Geheimniß war, verschwieg; sodann die Keller-Expedition von heute morgen, endlich Christel's Mittheilung. Ich sagte zuletzt: Herr von Trantow, ich weiß nicht, wie Sie über seine Handlungsweise denken, aber ich weiß, daß Sie ihn lieb haben, und daß Sie, fügte ich erröthend hinzu, Konstanze, Fräulein von Zehren, verehren. Helfen Sie mir, wenn Sie können; ich bin entschlossen, Alles daran zu setzen, ihn nicht in die Schlinge fallen zu lassen, die man ihm offenbar gelegt hat.

Hans von Trantow war während meiner Erzählung die Cigarre ausgegangen, ohne daß er einen Versuch gemacht hatte, dieselbe wieder in Brand zu setzen. Jetzt, als ich zu Ende, reichte er mir über den Tisch herüber seine große Hand und wollte etwas sagen, bemerkte aber, daß unsere Gläser leer waren; so schenkte er dieselben wieder voll, zündete sich dann die Cigarre an, lehnte sich in seinen Stuhl zurück und hüllte sich in eine graue Wolke.

Ich kann es nicht ausdenken, fuhr ich, durch Hans schweigende Theilnahme angefeuert, fort, daß sie ihn fangen; denn ich bin überzeugt: er wird sich nicht gutwillig ergeben, er wird sich zur Wehr setzen.

Hans nickte, um anzudeuten, daß er darüber nicht den geringsten Zweifel habe.

Und dann zu denken, daß sie ihm den Proceß machen, daß sie ihn in's Gefängniß werfen! Herr von Trantow, sollen wir das zulassen, wenn wir es hindern können? Er hat mir noch gestern eine Geschichte erzählt, wie einer seiner Ahnen, der auch Malte hieß, von einem der Ihren, der sich Hans nannte, wie Sie, herausgeholt und herausgehauen ist, als sie ihn in Uselin gefangen hatten, auf eine Botschaft hin, die dem Hans von Trantow ein treuer Junge von einem Knappen brachte. Nun, das stimmt Alles heute, wie damals. Ich bin der treue Knappe, und Sie und ich, wir wollen ihn heraushauen, daß es nur so eine Art hat.

Ja, das wollen wir! rief Hans, indem er mit seiner schweren Faust auf den Tisch schlug, daß die Flaschen und Gläser tanzten. Wir wollen den Thurm in die Luft sprengen, wenn sie ihn einsperren.

So weit dürfen wir es nicht kommen lassen, sagte ich, trotz meiner Sorgen unwillkürlich über Hans' gutmüthig-blinden Eifer lächelnd. Wir müssen ihn vorher benachrichtigen; wir müssen vorher an ihn kommen; wir müssen den ganzen Plan, den man auf Pinnow's und Jochen's schurkische Verrätherei gesetzt hat, zerstören. Aber wie? nur wie?

Ja, wie? sagte Hans, indem er sich nachdenklich die Stirn rieb.

Wir — oder vielmehr ich, denn Hans begnügte sich, den eifrigen Zuhörer zu machen und mir fortwährend einzuschenken, vermuthlich, um meiner Erfindungskraft zu Hülfe zu kommen — entwarfen hundert Pläne, von denen der eine immer weniger ausführbar war, als der andere, bis ich zuletzt auf den folgenden verfiel, der sich denn, wie übrigens die andern auch, der vollsten Zustimmung des guten Hans erfreute.

Wenn man die Absicht hatte, Herrn von Zehren auf frischer That zu ergreifen — und wie konnte ich nach Christel's Mittheilung daran zweifeln? — so war die größte Wahrscheinlichkeit, daß man ihm, wie das in diesen Affairen immer die Praxis war, einen Hinterhalt gelegt hatte. Dieser Hinterhalt konnte nur auf einem Wege liegen, in den man ihn geflissentlich lockte, oder den er nothwendig kommen mußte. Ueber den erstern Fall war selbstverständlich nichts vorher auszumachen; für den letztern Fall war mit ziemlicher Bestimmtheit anzunehmen, daß der Hinterhalt in unmittelbarer Nähe des Hofes lag. In jedem Falle mußte man suchen, so früh wie möglich zu ihm zu gelangen. Hier aber gab es nur ein Mittel. Man mußte mit Pinnow zugleich aussegeln, das heißt, man mußte sich, da der Alte so bedenkliche Passagiere gutwillig gewiß nicht mitnehmen würde, die Mitfahrt erzwingen. Wie das in's Werk zu richten sei, konnte nur dem Zufall überlassen bleiben; die Hauptsache war, daß wir zur rechten Zeit in Zanowitz waren. Vor Einbruch der Dunkelheit segelte Pinnow jedenfalls nicht, denn die Schmuggler-Jacht würde ohne Zweifel erst unter dem Schutze der Dunkelheit, und zwar dann so nahe als möglich, herankommen. Waren wir erst einmal an Bord, mußte sich das Weitere finden.

Dann wurde eine zweite Frage erörtert. Daß es so oder so ohne Gewalt nicht abgehen würde, daran zweifelte weder Hans noch ich. Mit Gewehren war im Dunkeln nichts zu machen, noch weniger mit Hirschfängern oder Jagdmessern gegenüber Pinnow und seinen Gesellen, die alle Messer führten und

Messer jedenfalls besser zu gebrauchen wußten als wir. Es mußten also Pistolen sein.

Hans hatte ein Paar; ein Paar reichte nicht; in Herrn von Zehrens Zimmer hing ein anderes. Sie mußten herbeigeschafft werden. Ueber Konstanzens Verbot, das Haus vor der Rückkehr des Vaters nicht wieder zu betreten, setzte ich mich leicht weg; hier standen höhere Interessen auf dem Spiel; hier handelte es sich um Tod und Leben. Ja, es fragte sich, ob es nicht wohlgerathen wäre, Fräulein von Zehren wenigstens einen Wink zu geben; doch nahmen wir davon Abstand, weil sie schließlich uns nicht helfen konnte und sich also nutzlos ängstigen würde. Dagegen schien es rathsam, den alten Christian, auf den man sich wohl jedenfalls verlassen durfte, in's Vertrauen zu ziehen. Wir konnten mit ihm ein Zeichen verabreden: ein Licht in einem der Giebelfenster, oder etwas derart, wodurch er uns, im Falle wir unangefochten bis nach Zehrendorf gelangten, schon von weitem benachrichtigen konnte, ob auf dem Hofe oder um den Hof herum die Luft rein sei oder nicht.

Es war zwei Uhr geworden, als wir in unsern Berathungen so weit gekommen waren; bis zur Dämmerung hatten wir mindestens noch drei Stunden, während derer wir uns in Geduld fassen mußten, — eine schwere Aufgabe für mich, in dessen Adern das Fieber der Ungeduld brannte. Hans machte den liebenswürdigsten Wirth. Er holte seine besten Cigarren und seinen besten Wein; er war gesprächig, wie ich ihn noch nie gesehen; die Aussicht auf ein Abenteuer so ernster Natur, wie es uns bevorstand, schien ihn wohlthätig aus seiner gewöhnlichen Lethargie aufgerüttelt zu haben. Er erzählte die unendlich einfache Geschichte seines Lebens: wie er seine Eltern früh verloren, wie man ihn in die Provinzial-Hauptstadt in Pension gegeben, damit er das Gymnasium besuchen könne, auf welchem er es im siebzehnten Jahre glücklich bis zur Unterquarta brachte. Dann war er Oekonom geworden, hatte, als er mündig wurde, sein Erbgut übernommen, und da lebte er nun sechs Jahre — er stand jetzt in seinem dreißigsten — still und harmlos, sein Geschoß nur auf des Waldes (und des Feldes) Thiere richtend, sein Korn bauend, seine Schafe scheerend, seine Cigarre rauchend, seinen Wein trinkend und sein Spiel spielend. Es gab nur e i n e Romantik in diesem prosaischen Leben, das war seine Liebe für Konstanze. Konstanze sehen, sie lieben und immer weiter lieben, trotzdem er sich über die Hoffnungslosigkeit seiner Leiden= schaft längst vollkommen klar war, und diese hoffnungslose Leiden= schaft, so gut es gehen wollte, im Wein ertränken — das war des armen Jungen Schicksal. Er nahm es mit vollkommener Seelenruhe hin, überzeugt, wie er war, daß er nicht der Mann sei, sich sein Schicksal selbst zu machen, so wenig, wie er seine Schularbeiten jemals hatte selbst machen können. Weshalb oder für wen sollte er sich in mühseliger Arbeit quälen? Für sich selbst? Er hatte für den Augenblick, was er brauchte, und eine Zukunft gab es für ihn nicht. Er war der Letzte seines Stam= mes, nicht einmal Verwandte hatte er. Wenn er starb, fiel sein Gut als erledigtes Lehen an die Krone. Mochte die Krone zu= sehen, was sie mit den verwitterten Scheunen und Viehställen, mit dem zusammenbrechenden Herrenhause anfing! Er ließ verwittern, was verwittern, zusammenbrechen, was zusammen= brechen wollte. Er brauchte nur ein Zimmer, und in diesem einen Zimmer saßen wir jetzt, während Hans in seiner eintönigen Weise so erzählte und der Regen die melancholische Begleitung zu dem traurigen Text an die niedrigen Fenster schlug.

Für mich hatte eine Unterhaltung, durch welche Konstanzens Name, auch wenn er nicht genannt wurde, fortwährend hindurch= klang, einen sonderbar peinlichen Reiz. Obgleich Hans das schöne Mädchen nicht mit einer Sylbe anklagte, ging doch aus Allem hervor, daß sie seine schüchternen Bewerbungen anfänglich begünstigt hatte und erst nach der Begegnung mit dem Fürsten Prora diesen Sommer im Bade eine Veränderung in ihrem Benehmen eingetreten war. Und Hans war offenbar nicht der Einzige gewesen, der sich ohne Unbescheidenheit Hoffnung auf ihre Hand hatte machen dürfen. Karl von Sylow, Fritz von Zarrentin, mit einem Worte, fast jeder aus der Schaar der jungen Edelleute, die den Umgang Herrn von Zehren's bildeten, hatte sich früher oder später, mit größerem oder geringerem

Recht, für den Begünstigten halten können. Selbst Granow, obgleich er von Anfang an das Stichblatt der Witze seiner Genossen gewesen war, durfte sich rühmen, in den ersten Monaten seines Aufenthaltes von dem schönen Mädchen ausgezeichnet worden zu sein; ja Hans schien noch jetzt Granow's Fall für keineswegs verzweifelt zu halten; denn der kleine Mann sei sehr reich, und sie wird nur einen sehr Reichen heirathen, sagte Hans und schenkte sich mit einem tiefen Athemzuge sein Glas wieder voll.

Ich war bei Hans' letzten Worten aufgesprungen und hatte das Fenster aufgerissen. Mir war, als ob ich ersticken müsse, als ob die niedrige Zimmerdecke mit den tiefeingebogenen, freiliegenden Balken jeden Augenblick über mir zusammenbrechen müsse.

Regnet es noch? fragte Hans.

Es regnete im Augenblicke nicht, dafür kam aber vom Meere her einer jener Nebel, deren schon im Laufe des Tages mehrere vorübergezogen waren.

Richtiges Schmugglerwetter, sagte Hans, der Alte sollte sich schämen, an einem solchen Tage seine Freunde herauszujagen. Aber das hilft nun nicht. Wollen wir nicht noch eine Flasche trinken? Es wird heute Nacht verdammt kalt werden.

Ich meinte, wir hätten schon überreichlich getrunken, und daß es wohl Zeit sei, aufzubrechen.

Dann will ich mich zurecht machen, sagte Hans, stand auf und ging in seine Schlafstube, wo ich ihn eine Zeit lang zwischen seinen Wasserstiefeln poltern hörte.

Ich hatte immer geglaubt, daß ich einer Gefahr gegenüber hinreichend kaltblütig sei; aber in Hans hatte ich doch meinen Meister gefunden. Während er drinnen rumorte, hörte ich ihn durch die halb offene Thür: „Steh' ich in finsterer Mitternacht" so behaglich pfeifen, als ob es zur Hasenjagd ginge, als ob wir nicht im Begriff wären, unser Leben auf's Spiel zu setzen. Freilich, sagte ich zu mir, er liebt hoffnungslos und Herr von Zehren ist ihm eben nur ein Freund und Nächbar und Standesgenosse, dem gegen die verhaßte Polizei beizustehen er für seine Schuldigkeit hält. — Daß Hans, indem er sich für eine Sache

schlagen wollte, die ihn im Grunde nichts anging, viel mehr
that, als ich, zum wenigsten viel uneigennütziger handelte, bedachte ich nicht.

Und da trat er nun aus seiner Kammer, wenn nicht wie
der wildeste der wilden Krieger, so doch anzuschauen wie Einer,
den man sich gern zum Gefährten bei einem Abenteuer wählt,
das einen starken und muthigen Mann erfordert. Seine langen
Beine staken in mächtigen Stiefeln; über sein knapp anliegendes
seidenes Wamms hatte er einen etwas längeren wollenen Ueberwurf gezogen, den er auf Winterjagden tragen mochte und den
man mit einem Gürtel um die Hüften zusammennehmen oder
auch frei herunterfallen lassen konnte. Er hatte jetzt das letztere
gethan und dafür den Gürtel um das Wamms geschnallt, um so
die Pistolen, die er in den Gürtel gesteckt hatte, zu verbergen.
Mit gutmüthigem Lachen zeigte er mir seine Ausrüstung und
fragte, ob ich nicht auch so einen Ueberwurf wolle, es hänge noch
einer nebenan. Ich hüllte mich in das praktische Kleidungsstück.
— Wir sehen aus wie zwei Brüder, sagte Hans, und in der
That, da wir von derselben Körperlänge und Breite der Schultern und jetzt nun auch fast gleich angezogen waren, hätte man
uns wohl für zwei Brüder halten können. — Wenn's nicht zu
viel sind, wollen wir schon mit ihnen fertig werden, meinte Hans.

So ein halbes Dutzend auf Jeden, sagte ich und lachte;
aber es war mir nichts weniger als lächerlich zu Muthe, als
wir die Thür hinter uns schlossen, und Caro, den wir zurückgelassen hatten, in ein klägliches Winseln und Heulen ausbrach.
Armer Caro! er hatte heute Morgen nur zu recht gehabt, wenn
er mich mit seiner trübseligen Miene erinnerte, daß man den
Tag nicht vor dem Abend loben solle!

Sechszehntes Capitel.

Es war vier Uhr, als wir aufbrachen, trotzdem aber lag es schon wie Dämmerung auf den Stoppelfeldern, über die wir jetzt, einem Fußsteig folgend, nach Zehrendorf schritten. Von Himmel und Wolken konnte man heute nicht sprechen, da die ganze Atmosphäre mit trübem Wasserdunst angefüllt war, durch welchen jeder Gegenstand ein sonderbar fremdes, unheimliches Ansehen erhielt. Wir schritten rasch neben= und manchmal hintereinander her, denn der Fußpfad war sehr schmal und in Folge des unendlichen Regens sehr schlüpfrig. Eben sprachen wir darüber, was wir Konstanze sagen wollten, im Falle wir ihr doch gegen unsern Wunsch begegnen sollten, als wir auf der mit Weiden besetzten Landstraße, welche sich in der Entfernung von vielleicht hundert Schritten neben uns hinzog, eine vom Schlosse kommende, mit zwei Pferden bespannte Kutsche in so großer Eile dahinjagen sahen, daß sie in weniger als einer halben Minute im Nebel verschwunden war, und wir nur noch den dumpfen Hufschlag der flüchtigen Pferde und das Rollen des Wagens auf dem höckerigen Fahrdamm hörten. Hans und ich sahen uns erstaunt an.

Wer kann das sein? fragte Hans.

Es ist der Steuerrath, sagte ich.

Wie soll der hierher kommen? fragte Hans.

Ich antwortete nicht; ich konnte doch Hans nicht von dem Briefe erzählen, welcher die directe oder indirecte Mitschuld des Steuerraths bewies, und wie wahrscheinlich es sei, daß der Mann versucht haben werde, den Bruder zu warnen, nachdem, so oder so, die Sache zu Tage gekommen. Welche Nachricht aber hatte

13 *

er gebracht? Konnte sie noch dem unglücklichen Mann, auf welchen der Verrath lauerte, zugute kommen?

Lassen Sie uns eilen, was wir können, rief ich, indem ich, ohne Hans' Antwort abzuwarten, voranstürmte, und Hans, der ein trefflicher Läufer war, mir auf dem Fuße folgte.

In wenigen Minuten hatten wir das Thor erreicht, das von dieser Seite auf den Hof führte. Vor dem Thore war eine steinerne Bank angebracht, für Leute, die auf das Aufschließen des Thores warten mußten, und auf dieser Bank saß oder viel= mehr lag der alte Christian, dem aus einer frischen Wunde auf der Stirn das Blut über das bleiche, runzelige Gesicht floß. Eben, als wir herankamen, wachte er aus einer halben Ohn= macht auf und starrte uns mit verwirrten Blicken an. Wir rich= teten ihn in die Höhe; Hans schöpfte aus einer Regenlache in der Nähe Wasser in die hohle Hand und goß es dem Alten über das Gesicht. Die Wunde war nicht tief und schien von einem Schlage mit einem stumpfen Werkzeug herzurühren.

Was ist geschehen, Christian? hatte ich schon ein halbes Dutzend mal gefragt, ehe der arme alte Mensch so weit wieder zu sich kam, um mit schwacher Stimme antworten zu können:

Was soll geschehen sein? Weg ist sie! und er hat mich mit dem Peitschenstiel über's Gesicht geschlagen, als ich ihm das Thor zusperren wollte.

Ich hatte genug gehört. Wie ein Raubthier, dem sein Junges gestohlen ist, sprang ich fort nach dem Hause. Die Thüren standen auf: die Hausthür, die zum Speisezimmer, die zu Herrn von Zehren's Zimmer. Ich stürzte hinein, da ich drinnen hämmern und rumoren hörte. Vor dem Secretär Herrn von Zehren's kniete die alte Pahlen und arbeitete, während sie dabei wüthend schalt, mit einem Küchenbeil und Stemmeisen an dem Schlosse. Sie hatte mein Kommen nicht gehört; ich riß sie mit einem Griff in die Höhe, sie fuhr zurück und stierte mich mit Blicken an, die von ohnmächtiger Wuth funkelten. Das graue Haar hing ihr in Zotteln unter der schmutzigen Haube hervor, in der Rechten hielt sie noch das Beil. Das scheußliche Weib, dessen grundböse Natur jetzt offen hervortrat, gewährte einen entſetzlichen Anblick, aber ich war nicht in der Stimmung, mich durch einen Anblick, und wäre er noch entſetzlicher geweſen, ein= ſchüchtern zu laſſen.

Wo iſt ſie hin? donnerte ich ſie an. Sie müſſen es wiſſen, denn Sie haben ihr weggeholfen!

Ja, das hab' ich, ſchrie die Hexe, das hab' ich, und Gott ſoll mich verdammen, daß ich es that! Das undankbare, nichts= würdige Geſchöpf hat mir verſprochen, mich mitzunehmen, und läßt mich mit Schimpf und Schanden hier in der Räuberhöhle, aber ſie wird's ja noch an ſich erleben, wenn er ſie auf die Straße wirft, die —

Weib, noch ein Wort und ich ſchlage Dich zu Boden! rief ich, indem ich drohend die Fauſt erhob.

Die Alte brach in ein kreiſchendes Gelächter aus. Nun fängt der auch noch an, rief ſie, dem haben ſie eine ſchöne Naſe ge= dreht! der dumme Junge! glaubt, er ſei der Hahn im Korbe, während der Andere Nacht für Nacht bei ihr geweſen iſt! Läßt ſich auch noch wegſchicken, damit der Andere in der Kutſche kommen und die ſaubere Mamſell holen kann! Und wieder kreiſchte die Alte in wahnſinnigem Gelächter auf.

Dem ſei nun wie ihm wolle, ſagte ich, indem ich mich, dem gräulichen Weibe gegenüber, zwang, den raſenden Jammer, der mein Herz ſchwellen machte, niederzukämpfen. Ihnen iſt auf jeden Fall recht geſchehen, und wenn ich Sie nicht als eine Diebin, die Sie ſind, vom Hofe herunter hetzen ſoll, ſo machen Sie im Augenblick, daß Sie fortkommen.

Ei, ſieh doch, kreiſchte das Weib, die Arme in die Seite ſtemmend, wie der hier das große Wort führt? Eine Diebin? ſo! ich will blos mein Geld; ich habe ſeit einem halben Jahre keinen Lohn bekommen von der Bettlerbagage, von der Schmugg= lerbande!

Sie hatte von mir in den zwei Monaten meines Aufent= halts auf Zehrendorf mehr bekommen, als ganz gewiß ihr Jahreslohn betrug, und ich hatte ſelbſt geſehen, wie Herr von Zehren ihr noch vor wenigen Tagen ihren Lohn ausgezahlt und ein großes Trinkgeld dazu gegeben hatte.

Hinaus, rief ich, hinaus und herunter vom Hof, im Augen=
blick!

Die Alte faßte nach dem Beil, aber sie wußte recht gut, daß
ich nicht so leicht in Furcht zu setzen war. So wich sie denn vor
mir zurück, zu dem Zimmer und zu dem Hause hinaus, indem
sie dabei fortwährend in den höchsten Tönen die entsetzlichsten
Schimpfreden und wildesten Drohungen gegen Herrn von Zehren,
gegen Konstanze und mich ausstieß. Ich machte selbst das große
Hofthor hinter ihr zu und wandte mich dann zu Hans, der eben
aus dem Leutehause heraus kam, wohin er den alten Christian
gebracht hatte.

Hans war ganz blaß und sah mich nicht an, als er an mich
herantrat. Er hatte von Christian genug erfahren, daß er mich
nicht um die näheren Details von Konstanzens Entführung zu
befragen brauchte; und er mochte mich nicht sehen lassen, wie
hart ihn der Schlag getroffen, der ihm sein Götterbild in den
Koth schleuderte, der ihm seine einzige Illusion, den letzten
Schimmer von Poesie in seinem armen Leben so grausam zer=
störte. Ich ergriff und drückte seine Hand.

Was nun? fragte ich.

Wenn ich ihm nachjagte und ihm den Schädel einschlüge,
sagte Hans.

Vortrefflich, erwiderte ich, mit einem Gelächter, das mir
nicht von Herzen kam, falls er sie gewaltsam entführt hätte;
aber da sie sich sehr gutwillig hat entführen lassen ... Kommen
Sie! die Sache ist wahrlich nicht werth, daß wir auch nur einen
Augenblick weiter daran denken.

Sie haben sie nicht sechs Jahre lang geliebt, sagte der arme
Hans.

Dann satteln Sie sich Herrn von Zehren's Braunen und
reiten Sie ihm nach, sagte ich; aber entscheiden müssen wir uns.

Hans stand unschlüssig da: Ich hätte Ihnen bei Gott gerne
geholfen, sagte er.

Reiten Sie ihm nach und züchtigen Sie den Buben, wenn
Ihnen so zu Muthe ist! rief ich, mir soll es recht sein. Nur muß
gleich geschehen, was geschehen soll.

Dann will ich's thun, sagte Hans und ging mit langen Schritten nach dem Pferdestall, wo, wie er mußte, Herrn von Zehren's Reitpferd stand, ein starkknochiges Jagdpferd, das seine besten Jahre hinter sich hatte und in jüngster Zeit, wo Herr von Zehren wenig mehr ritt, sehr vernachlässigt war.

Es war auf dem Hofe ein junger halbwüchsiger Bursche, der allerlei Arbeit verrichtete und von den Anderen arg gehudelt wurde. Der kam jetzt zu mir heran und sagte, der Jochen sei vor einer Stunde dagewesen und habe sich den Karl, der in dem Futterraume Häckel geschnitten, und den Hanne, der in der Leutestube gesessen, geholt; so habe er Karl's Arbeit übernehmen müssen. Von dem, was unterdessen vorgefallen, hatte er hinten in seinem dunkeln Futterraume nichts gesehen und gehört.

Dem sehr einfältigen, halb blödsinnigen Menschen eine Rolle zu ertheilen, wie sie Christian hatte übernehmen sollen, wäre Thorheit gewesen; aber da er ein guter Junge war, konnte ich ihm immerhin die Sorge für den Alten und die Bewachung des Hofes anvertrauen. Er sollte von Zeit zu Zeit mit dem Hunde, den ich von der Kette ließ, die Runde machen und unter keiner Bedingung die alte Hexe, die ich soeben vom Hofe gejagt und von der ich mir das Schlimmste versah, wieder hereinlassen. Fritz versprach, meinen Befehlen genau Folge zu leisten. Dann lief ich in das Haus und steckte Herrn von Zehren's Pistolen, die geladen an der Wand hingen, zu mir.

Als ich wieder auf den Hof kam, sah ich eben noch Hans aus dem Thor galoppiren. Eine tolle Eifersucht erfaßte mich. Weshalb durfte ich nicht an seiner Stelle sein? Die gefaßte Ruhe, die Gleichgiltigkeit, die ich eben zur Schau getragen — es war Alles nur Heuchelei gewesen — ich hatte nur das eine Verlangen: mich rächen zu können an ihm, an ihr; aber ich mußte es dem Hans überlassen; er hatte sie sechs Jahre geliebt!

So tobte es in mir, während ich im schnellsten Schritt durch die Felder, über die Wiese, zuletzt über die Haide nach Zanowitz eilte. Wie sehr ich mich auch bemühte, meine Gedanken auf das zu richten, was mir zunächst oblag, immer wieder schweiften sie zu dem zurück, was eben geschehen war, obgleich ganz vergeblich.

Es lag wie ein schwerer Alp auf mir. Ich erinnere mich, daß ich einmal stillstand und laut aufschrie zu dem grauen Nebel- himmel. Erst als ich die Dünen erreichte, kam mir mit der Nothwendigkeit, jetzt einen bestimmten Plan zu fassen, die Be- sinnung wieder.

Das Wetter hatte sich unterdessen etwas aufgeklärt, der Wind war umgesprungen; es regnete nicht mehr und der Nebel hatte sich gehoben; es war jetzt, obgleich die Sonne bereits unter- gegangen sein mußte, heller, als eine Stunde zuvor. Von der Höhe der Dünen auf Zanowitz hinabblickend, sah ich den hellen Himmel in scharfer Linie von dem dunkeln Meere sich abheben, das noch immer, obgleich nicht mehr mit der Heftigkeit von heute Morgen, seine Wogen heranwälzte. Die größeren Fahrzeuge auf der Rhede konnte ich nur noch mit Mühe erkennen, aber die Reihe der auf den Strand gezogenen Boote sah ich deutlich, ebenso wie die Jolle, die eben herangerudert kam auf eine kleine Gruppe von Männern zu, die dort stand. Wenn dies die Letzten von Pinnow's Gesellschaft waren, so hätte ich keine Minute später kommen dürfen. Möglich war es freilich auch, daß die dunkeln Gestalten bereits Zollbeamte waren; doch sagte ich mir, daß die Wahrscheinlichkeit nicht groß sei. Zanowitz steckte voll von Schmugglern; eine offenbare Verrätherei durfte Pinnow kaum wagen. Nicht daß man versucht haben würde, eine von ihm geleitete Expedition der Steuerbeamten gewaltsam zu ver- hindern; aber er wäre von Stund' an, sobald er offen handelnd auftrat, der Rache der Schmuggler verfallen und seines Lebens keinen Augenblick mehr sicher gewesen. Wie also auch der Ver- rath gesponnen sein mochte, die Verräther hatten jedenfalls dafür gesorgt, daß ihr Spiel für alle Andern vollständig verdeckt war.

Das zu überlegen hatte ich freilich keine Zeit. Ich überlegte eben gar nicht, sondern sprang die Dünen hinab. Als ich mich der Gruppe näherte, löste sich ein Mann von derselben ab und kam auf mich zu. Er hatte sich den Kragen seiner Jacke so weit als möglich in die Höhe und den breiten Rand seines Süd- westers so tief als möglich in die Stirn gezogen; dennoch er- kannte ich ihn sofort.

Guten Abend, Pinnow, sagte ich.

Er antwortete nicht.

Es ist gut, daß ich Sie treffe, fuhr ich fort, ich hörte heute Morgen von Ihnen, Sie würden möglicherweise noch heute Abend nach Uselin segeln; ich wollte Sie bitten, mich mitzunehmen.

Pinnow antwortete nicht.

Sie werden mich schon mitnehmen müssen, sagte ich weiter, ich habe mich schon vollständig auf die Fahrt vorbereitet. Sehen Sie, und ich schlug meinen Ueberwurf zurück und zog eine der Pistolen halb aus dem Gürtel, sie sind scharf geladen.

Pinnow antwortete nicht.

Wollen Sie vielleicht gleich einmal an sich selbst probiren, ob sie geladen sind? fragte ich weiter, indem ich die Pistole ganz hervorzog und den Hahn spannte.

Kommen Sie, sagte Pinnow.

Ich setzte den Hahn in Ruh, steckte die Pistole wieder in den Gürtel und hielt mich einen Schritt rechts ein wenig hinter Pinnow. Ich sagte zu ihm:

Glauben Sie nicht, daß Sie bei den Leuten da Schutz finden; ich bleibe an Ihrer Seite, und beim ersten Worte, mit welchem Sie dieselben gegen mich aufhetzen, sind Sie ein todter Mann. Wie viel haben Sie schon an Bord?

Zehn Mann, brummte Pinnow. Uebrigens weiß ich nicht, was Sie von mir wollen; machen Sie die Sache mit oder machen Sie sie nicht mit; mir ist den Teufel daran gelegen.

Das werden wir sehen, sagte ich.

Wir traten jetzt zu der Gruppe, die aus meinem langen Freunde Jochen, Karl und Hanne, unsern Knechten und aus dem taubstummen Jakob bestand, der die Jolle herüber gerudert hatte.

Er will mit, sagte Pinnow lakonisch, indem er selbst Hand anlegte, die Jolle tiefer in's Wasser zu schieben.

Dem Jochen glaubte ich die Bestürzung über meine Dazwischenkunft auf dem brutalen Gesichte lesen zu können. Er suchte in den Augen seines Spießgesellen eine Erklärung des

Räthjels, aber Pinnow war nur mit der Jolle beschäftigt. Die beiden Andern standen bei Seite. Sie wußten offenbar nicht, was dies Alles zu bedeuten hatte.

Es werden nur vier fest, sagte Pinnow.

Und das reicht auch vollkommen aus, sagte ich. Ihr, Karl und Hanne, geht nach Hause und haltet Euch da ganz ruhig, hört Ihr?

Ich kann auch nach Hause gehen, sagte Jochen trotzig.

Einen Schritt von der Stelle, schrie ich, ihm die Pistole vor das Gesicht haltend, und Du hast zum letzten Male auf Deinen Beinen gestanden. Marsch hinein!

Jochen Swart gehorchte.

Jetzt Sie, Pinnow!

Pinnow that, wie ihm geheißen. Ich folgte.

Wir hatten wohl zwanzig Minuten zu rudern, bis wir an dem Kutter ankamen, denn die Brandung war stark, und der Kutter hatte wegen seines Tiefgangs ziemlich weit draußen vor Anker gehen müssen. Dieser Umstand vereitelte einen Plan, den ich noch in der letzten Minute gefaßt, nämlich: die ganze Bande wieder an's Land zu setzen und mit Pinnow und Jochen allein zur Jacht zu fahren. Ich sah, daß über dem Hin- und Herrudern im besten Falle eine Stunde vergehen würde, und mir lag Alles daran, so früh als möglich mit Herrn von Zehren zusammenzukommen. Was konnte nicht Alles in einer Stunde geschehen?

Wir langten am Kutter an, der auf den Wellen vor seiner Ankerkette tanzte, wie ein Pferd, das ungeduldig ist, fortzukommen, im Geschirr steigt. Wir gingen längsseit, ich sprang an Bord, mitten zwischen die schwarzen Gestalten hinein.

Guten Abend, Leute! sagte ich. Ich will auch dabei sein. Die Meisten von Euch werden mich kennen. Sie wissen, daß ich ein guter Freund von Herrn von Zehren bin; übrigens bürgen Pinnow und Jochen Swart für mich.

Ich glaube, es hätte dieser Bürgschaft, die übrigens von den Genannten durch ihr Schweigen gegeben wurde, nicht einmal bedurft. Ich war wiederholt mit Herrn von Zehren (auch den

Tag vorher) in Zanowitz gewesen und hatte wohl mit jedem der Leute einmal gesprochen. Mein intimes Verhältniß zu Herrn von Zehren war ihnen wohlbekannt; so schienen sie denn auch nichts Besonderes darin zu finden, daß ich an einer Expedition theilnehmen wollte, die für Rechnung ihres und gewissermaßen meines Patrons ausgeführt wurde. Es antwortete mir Keiner — wie denn diese Leute nie ein Wort verlieren — aber sie machten mir willig Platz. Meine Annahme, daß Pinnow und Jochen Swart die einzigen Verräther seien, war bestätigt. Vorläufig waren sie also in jeder Beziehung in meiner Hand. Wenn ich den Leuten mittheilte, was ich wußte, so flogen vermuthlich die sauberen Spießgesellen über Bord. Die Leute von Zanowitz verstanden in diesen Dingen keinen Spaß.

Ich sagte das zu Pinnow, indem ich mich zu ihm an's Steuer stellte.

Thun Sie, was Sie wollen, brummte er, während er ein Stück Kautabak in den breiten Mund steckte.

Obgleich Christel's Angaben so bestimmt gewesen waren, machte die unverwüstliche Ruhe des Mannes jetzt, wo er wußte, daß sein Leben jeden Augenblick auf dem Spiele stand, mich doch stutzig. Hatte Christel sich in ihrer Aufregung getäuscht, verhört? War ich ohne Noth in die Gesellschaft dieser unheimlichen Gesellen gerathen, die bei Nacht und Nebel ihr gefahrvolles Gewerbe trieben?

Unterdessen stampfte der Kutter, der ein ausgezeichnetes Fahrzeug war, in die Wellen. Der Himmel hatte sich mehr und mehr aufgeklärt; es war immer noch so viel Licht, daß man auf zwei-, dreihundert Schritte mit einiger Deutlichkeit vor sich sehen konnte. Doch war es bitter kalt, und das Spülwasser, das oft in ganzen Massen auf den Kutter stürzte, trug gerade nicht dazu bei, die Situation angenehmer zu machen. Das immerhin doch kleine Fahrzeug war von den vierzehn Menschen, die es an Bord hatte, dicht besetzt. Wohin man blickte, lag oder kauerte eine dunkle Gestalt. Pinnow saß am Steuer. Indem ich mich fortwährend in seiner unmittelbaren Nähe hielt und ihn also ganz genau beobachten konnte, wurde ich mit jeder Minute zweifel=

hafter, ob nicht Alles auf ein Mißverständniß hinauslaufe. Da saß der breitschulterige Mann und keine Muskel in seinem Gesicht regte sich, nur daß er von Zeit zu Zeit mit einer langsamen Bewegung der unteren Kinnlade den Tabak aus einer Backe in die andere schob, während er die scharfen Augen bald über die Segel, bald über das Meer schweifen ließ. Wenn er, was, da wir kreuzen mußten, alle Augenblicke geschah, Re! commandirte und wir uns bückten, den Segelbaum über uns weglaufen zu lassen, klang seine Stimme so gleichmäßig fest, einmal wie das andere. War es möglich, daß ein Verräther eine so sichere Hand, ein so scharfes Auge hatte und so ruhig Tabak kaute?

Wie lange, glauben Sie, werden wir noch zu fahren haben, bis wir auf die Jacht treffen? fragte ich.

Es kann jeden Augenblick sein, brummte Pinnow; vielleicht auch treffen wir sie gar nicht.

Das heißt?

Das heißt, wenn sich ein Steuerboot hat blicken lassen, werden sie gemacht haben, daß sie in See kommen.

Und wie lange werden Sie sie suchen?

Eine Stunde; so ist es verabredet.

Zwischen Ihnen und Herrn von Zehren oder zwischen Ihnen und dem Steuer-Revisor Blanck?

Pinnow spritzte den Tabaksaft über Bord und brummte: Zum letzten mal sag' ich Ihnen, daß ich nicht weiß, was Sie wollen. Wenn Ihnen, wie es scheint, die dumme Dirne, die Christel, aufgebunden hat, daß ich den Angeber gemacht habe, so könnte sie es wohl eher selbst gethan haben. Es sollte mir leid thun, wenn sie ihren alten Pflegevater an's Messer geliefert hätte, um ihn los zu sein; aber wozu ist eine so dumme Dirne nicht im Stande?

Diese Worte, die der Schmied in seiner groben Weise vor sich hingebrummt hatte, trafen mich seltsam. Hatte ich doch nur noch vor einer Stunde eine Probe davon gehabt, wozu ein verliebtes Mädchen, das seinen Willen durchsetzen will, im Stande ist. Und Pinnow war nur Christel's Pflegevater! Sollte sie sich ein glaubhaftes Märchen ausgedacht haben, Herrn von

Zehren und mich auf den Alten zu hetzen? Sollte sie den Ver=
rath, den sie dem Alten zuschob, selbst begangen, selbst die De=
nunciation bei der Steuerbehörde gemacht haben, um ihn, den
sie — aus guten Gründen — los sein wollte, auf diese Weise
los zu werden? Und hatte ihr nur in der letzten Stunde das
Gewissen geschlagen, indem sie bedachte, daß sie auch Herrn von
Zehren, dem sie Dank schuldig war, mit in's Verderben stürzen
würde? War ihre Beichte nur ein Versuch gewesen, Herrn von
Zehren durch mich zu retten?

Ich gebe zu, daß eine Minute ruhigen Nachdenkens hin=
gereicht hätte, mich von der vollkommenen Unwahrscheinlichkeit
dieser Annahme zu überzeugen; aber wie hätte mir in der Si=
tuation und in der Stimmung, in der ich mich befand, eine
solche Minute werden können!

Sehen Sie, sagte Pinnow, indem er mir die Schulter be=
rührte und in demselben Augenblick in einem eigenthümlich lang=
gezogenen, vorsichtig gedämpften Tone Re! commandirte.

Ein mittelgroßes, schmuck getakeltes Boot segelte ein paar
hundert Schritte vor uns. Ich erkannte beinahe auf den ersten
Blick eines der Steuerboote, der „Blitz“ genannt. Ich war zu
oft selbst darauf gefahren; ich hatte es zu oft in allen möglichen
Segelstellungen gezeichnet, als daß ich mich hätte täuschen können.

Der „Blitz“ hatte in demselben Momente fast, in welchem
der Kutter umlegte, ebenfalls seinen Curs verändert und kam
hinter uns her.

Boot ohoi! schallte es jetzt durch ein Sprachrohr über die
Wellen.

Mein Blut stockte, meine Hand lag am Pistolenkolben.
Drehte Pinnow jetzt bei, so war sein Verrath bewiesen.

Boot ohoi! schallte es wieder herüber.

Holt den Fock an! commandirte Pinnow.

Ich athmete auf.

Boot ohoi! erschallte es zum dritten Mal, und fast in dem=
selben Moment blitzte es auf dem Steuerboot auf und ein durch
die Entfernung und das Rauschen der Wellen gedämpfter Knall
schlug an mein Ohr.

Klüverreff aus! commandirte Pinnow.

Meine Hand ließ die Pistole los. Es war kein Zweifel mehr, daß Pinnow Alles daran setzte, dem verfolgenden Boote zu entrinnen. In meinem tiefsten Herzen frohlockte es; der Mann an meiner Seite, den ich früher so gern gehabt hatte, obgleich er es nicht um mich verdiente, war kein Verräther! Was würde ich gethan haben, hätte ich gewußt, daß dies Alles ein sorgfältig abgekartetes Spiel war; daß der kaltblütige alte Schurke sich durch meine plumpe Einmischung in der Ausfüh-rung des einmal festgestellten Planes nicht im mindesten stören ließ; daß dies Zusammentreffen mit dem Zollboot verabredet war, um dasselbe auf die Spur zu bringen? daß Verfolgung und Flucht nur fingirt waren, um vor den anderen Schmugg-lern den Verrath zu maskiren? daß die drei oder vier blinden Schüsse, die jetzt auf dem Zollboot abgefeuert wurden, denselben Zweck hatten? Was würde ich gethan haben, hätte ich es ge-wußt! Wohl mir, daß ich es nicht wußte, so klebt doch wenig-stens nicht das Blut eines Menschen an meiner Hand!

Der Kutter schoß jetzt unter der Last seiner Segel, die den Leebord auf das Niveau des Wassers drückte, prachtvoll dahin; der „Blitz" blieb zurück, er wußte warum; es dauerte nicht lange, so war er unsern Blicken entschwunden.

In die bis dahin stumme, fast regungslose Mannschaft des Kutters war etwas von Leben gekommen. Sie hoben die Köpfe, und Einer theilte dem Andern seine Ansicht über den Zwischen-fall mit, der übrigens nicht zu den ungewöhnlichen gehörte. Jeder von diesen Leuten war irgend einmal in allzu genaue Be-rührung mit den Zollwächtern gekommen. Die Freiheit, vielleicht das Leben eines Jeden hatte irgend einmal an einem Faden gehangen. So war die Aufregung nicht gerade groß, scheinbar bei Niemand geringer als bei Schmied Pinnow. Er saß am Steuer gerade so wie vorher, nach den Segeln oder scharf in die Dämmerung hineinblickend, tabakkauend und sonst keine Miene verziehend. Er sprach kein Wort mit mir, als verlohne es sich für einen alten Praktiker nicht der Mühe, mit einem so jungen Menschen über Dinge zu sprechen, die er doch nicht verstand.

In meiner Kehle entstand eine Trockenheit, die mich ein paar Mal zu husten zwang; zugleich knöpfte ich den Ueberwurf fester über meine Pistolen.

Da tauchte wieder eine dunkle Masse aus dem Abenddunst, und diesmal war es die lange gesuchte Jacht, ein mittelgroßes Fahrzeug mit nur einem Segel, aber einem Volldeck. In wenigen Minuten waren wir längsseit, und alsbald wurden auch schon die bereitgehaltenen Waarenballen von dem Deck der Jacht herabgelangt und von der Mannschaft unseres Kutters, die jetzt schnell genug sein konnte, in Empfang genommen. Es ging Alles wunderbar still zu, kaum daß dann und wann einmal ein unterdrückter Ruf oder ein halblaut mit rauher Stimme gegebener Befehl des Kapitäns hörbar wurde.

Ich war einer der Ersten an Bord der Jacht gewesen; aber vergeblich hatte ich mich nach Herrn von Zehren umgeschaut. Schon glaubte ich mich von der Angst, ihn hier zu sehen, erlöst, als er plötzlich aus der Luke, die in den Kajütenraum führte, auftauchte. Sein erster Blick fiel auf mich; er kam auf mich zu, taumelnd, ich glaubte, infolge des Schwankens des Schiffes.

Nun, zum Teufel, wo kommen Sie hierher? rief er mit heiserer Stimme; aber ich hatte keine Zeit, ihm eine ausführliche Antwort zu geben. Der Kutter hatte seine Fracht eingenommen, der Kapitän der Jacht trat heran und sagte: Machen Sie, daß Sie fortkommen! Er hatte eben erfahren, daß ein Zollboot unterwegs sei, und keine Lust, sein Schiff und die übrige Ladung zu riskiren. Machen Sie, daß Sie fortkommen, wiederholte er noch einmal in grobem Ton.

Also morgen Abend um dieselbe Zeit, sagte Herr von Zehren.

Ja, das wollen wir sehen, sagte der Kapitän und sprang nach dem Steuer, denn die Jacht, die schon vom Anker frei war und das Hauptsegel bereits aufgezogen hatte, begann sich in den Wind zu drehen.

Eine Scene der Verwirrung folgte. Das ohne alle Rücksicht auf den nebenher schwimmenden Kutter ausgeführte Manöver des größeren Fahrzeuges hatte das kleinere fast zum Kentern gebracht. Laute Flüche hinüber und herüber, — ein

Knirschen, Knacken, — ein Sprung vom Deck der Jacht in den Kutter, und wir trieben ab, während die Jacht bereits im Wind lag und im nächsten Moment mit vollen Segeln davonschoß.

Das Alles war so schnell vor sich gegangen, dazu das Gewirr der vielen Menschen auf dem kleinen Fahrzeuge, während die Segel wieder gestellt und die Waaren in dem verdeckten Vorderraum sicher beigestaut wurden, so groß, daß es einige Zeit dauerte, bis ich nur an Herrn von Zehren's Seite kam.

Er fluchte noch immer auf den Schuft von einem Kapitän, auf den Feigling, der vor einem lumpigen Zollboot, das er in Grund und Boden segeln könne, ausreiße. Dazwischen fragte er wieder: Wo kommen Sie her?

Ich war in Verlegenheit, wie ich diese Frage beantworten sollte. Mein Verdacht gegen Pinnow war beinahe gänzlich verschwunden, und Pinnow saß dicht neben uns am Steuer und hatte die laut gesprochene Frage gehört. Ich begnügte mich daher, zu sagen:

Ich fürchtete, es könne Ihnen ein Unglück zustoßen, und da wollte ich dabei sein.

Unglück? schrie er; Dummheit, Feigheit, das ist das Unglück! Der Teufel soll die dummen, feigen Gesellen holen!

Er setzte sich zu Pinnow und sprach leise mit ihm. Dann wandte er sich wieder zu mir; Sie haben zwei von den Leuten nach Hause geschickt, das hätten Sie auch bleiben lassen können. Ich brauchte die Leute nothwendig; jeder Buckel ist in diesem Augenblick seine tausend Thaler werth; oder wollten Sie selbst einen Packen tragen?

Er hatte das in einem Tone gesagt, der mein Blut kochen machte. Wenn ich unüberlegt gehandelt hatte, so hatte ich es gut gemeint; für meine Treue noch ausgescholten zu werden, in Gegenwart Pinnow's — das war zu viel! Ich hatte eine heftige Antwort auf der Zunge, aber ich schluckte meinen Zorn hinunter und ging nach vorn.

Er rief mich nicht zurück, er kam nicht zu mir, mir ein freundlich Wort zu sagen, wie er es noch immer gethan, so oft er mich in seiner Heftigkeit gekränkt hatte. Dafür schalt er jetzt

in einem kreischenden Tone ein paar Leute aus, ich konnte nicht
verstehen, weshalb; aber dieser kreischende Ton, den ich nie an
ihm gehört, sagte mir, was ich gleich, als ich ihn zuerst sah, ge=
fürchtet: er war betrunken.

Ein abscheuliches Gefühl des Ekels und des Grams über=
kam mich. Um dieses Mannes willen, der dort wie ein Rasender
sich geberdete, hatte ich gethan, was ich gethan hatte; um seinet=
willen war ich hier in dieser wüsten Bande als Theilnehmer an
einem Verbrechen, das schon dem Knaben als das abscheulichste
erschienen war; um seinetwillen wäre ich beinahe zum Mörder
geworden. Und hier in der Tasche hatte ich noch den Brief
meines Vaters, in welchem mich der alte Mann gewarnt, in
welchem er mir befohlen hatte, wenn mir noch etwas an seiner
Ruhe läge, alsbald zu ihm zurückzukehren.

Ich faßte nach dem Brief und berührte die Pistolen, die ich
im Gürtel trug. Ich fühlte ein sonderbares Verlangen, mich
hier auf der Stelle, inmitten dieser Schmugglerbande, vor den
Augen ihres betrunkenen Kapitäns, zu erschießen. Und dann
dachte ich wieder an den braven Hans, der für eine Sache, die
um kein Haar besser war, seine Haut zu Markte trug. Und
doch, murmelte ich, kann er Gott danken, daß er dies nicht mit
zu machen braucht!

Boot ohoi! schallte es wieder, wie vorhin, und wieder schoß
der „Blitz“, plötzlich aus der Dämmerung auftauchend, an uns
vorüber, und ein paar Schüsse krachten.

Dies war das Signal zu einer Jagd, die wohl eine Stunde
währte, und während welcher der Kutter, indem er dem Ver=
folger in unzähligen kühnen Wendungen entfliehen zu wollen
schien, sich nur immer mehr der Stelle der Küste näherte, über
welche sich Pinnow und die Steuerbeamten geeinigt hatten, un=
gefähr eine halbe Meile oberhalb Zanowitz, wo die Tiefe des
Wassers erlaubte, bis beinahe unmittelbar an den Strand heran=
zukommen. Man gelangte von dort nach Zehrendorf entweder
auf einem Wege an dem Strand entlang über Zanowitz und
von dort über die Haide, oder unmittelbar über die Haide, wo
man aber, von dieser Seite kommend, zu Anfang ein großes

und berüchtigtes Moor auf Schleichwegen, die nur den Schmugg-
lern bekannt waren, zu passiren hatte. Es war zehn gegen eins
zu wetten, daß, wenn Herr von Zehren an der Stelle, zu welcher
man den Kutter scheinbar getrieben hatte, landete, er den Weg
über das Moor und nicht den am Strande wählen würde.

Ich hatte, während das Zollboot auf den Kutter Jagd
machte, mich nicht von der Stelle gerührt, fest entschlossen,
komme, was da wolle, keinen activen Theil mehr an der Affaire
zu nehmen. Herr von Zehren hatte mir diese passive Rolle leicht
gemacht; er hatte, so oft er auch in meine unmittelbarste Nähe
gekommen war, mich nicht beachtet. Sein Rausch schien in der
letzten Stunde der Aufregung noch zugenommen zu haben; ja
er kam mir wie rasend vor. Er verlangte, Pinnow solle das
Zollboot in den Grund segeln; er erwiderte das Feuer der
Steuerofficianten aus einer von Pinnows alten Flinten, die er
in der Kajüte entdeckt hatte, obgleich der „Blitz" sich wohl-
weislich in einer Entfernung hielt, wo selbst eine weittragende
Büchse unwirksam geworden wäre; und als der Kutter, nachdem
er eine weite Strecke in die See gefahren war, den Verfolger
hinter sich ließ, um dann, zurücksegelnd, den Strand unbelästigt
zu erreichen, sprang er sofort über Bord in das seichte Wasser,
und die Leute mußten seinem Beispiel folgen, indem jedem von
den Zurückbleibenden einer der schweren Packen, die schon zu
dem Zweck vorbereitet waren, auf die Schulter gelegt wurde.
Es waren ihrer elf Träger, da Pinnow den Bootsknecht, welchen
er von Zanowitz mitgenommen, auch noch hergegeben hatte, er-
klärend, daß er mit dem taubstummen Jakob jetzt allein zurecht-
kommen könne; so war der eine der zwei Männer, die ich von
Zanowitz nach Hause geschickt hatte, ersetzt. Aber da war noch
ein zwölfter Packen, der auf dem Decke liegen blieb, und, da
Keiner außer mir ihn zu tragen da war, liegen geblieben sein
würde, wenn ich ihn mir nicht auf die Schulter gehoben hätte,
nachdem ich ihn zuvor an den Rand des Schiffes geschoben und
dann in die Brandung gesprungen war, die mir bis über's Knie
reichte. Herr von Zehren sollte, wenn ich ihn heute Nacht verließ, nicht sagen können, daß ich ihn um den zwölften Theil

seines mit so viel Mühe, so viel Sorge, mit dem Preise der Freiheit und des Lebens so vieler Menschen, mit dem Preise endlich seiner eigenen Ehre erkauften Gewinnstes gebracht habe.

Ein rohes Lachen schallte hinter mir her, als ich den Kutter verließ. Das Lachen kam von Pinnow; er wußte, weshalb er lachte. Der Kutter war, nachdem er seine Last abgesetzt, von selbst wieder flott geworden. Als ich den Strand erreichte und mich umwandte, trieb er langsam vom Lande ab. Er hatte seinen schändlichen Dienst gethan.

Sonderbar! in dem Augenblicke zuckte es durch meine Seele: und er ist doch ein Verräther! Ich weiß nicht, ob das rohe Lachen meinen Argwohn wieder wachgerufen hatte, oder wie es kam, aber ich sagte zu mir selbst, während ich mich, als der Letzte der Reihe, die von Jochen Swart und Herrn von Zehren geführt wurde, anschloß: jetzt muß es sich entscheiden!

Siebzehntes Capitel.

Wir hatten die Dünen hinter uns und schritten auf der andern Seite über sandig=öde Strecken dahin, der Eine immer in den Fußtapfen des Andern. Kein Wort wurde gesprochen; es hatte Jeder mit sich selbst genug zu thun, Jeder an seinem Packen schwer genug zu tragen, ich vielleicht am schwersten, trotzdem mir an Körperkraft von all' den Männern höchstens Jochen Swart gleichkam; aber in diesen Dingen ist die Ge= wohnheit beinahe Alles. Und dann trug ich außer meiner Last, die leicht einen Centner wiegen mochte, noch eine ganz andere, welche die Andern nicht trugen, und die viel schwerer drückte; die Last der Schmach, daß meines Vaters Sohn diesen Ballen Seide schleppte, um den man das Zollamt betrog, schleppen mußte, wenn er den Mann, dessen Brod er seit zwei Monaten gegessen, nicht um „das Seine" bringen wollte. Und dann dachte ich, daß ich heute Morgen, selig wie ein Gott, von Zeh= rendorf ausgegangen war, und daß ich jetzt zurückkehren würde, betrogen von der Tochter, beschimpft von dem Vater, besudelt von dem Schmutz des schnöden Gewerbes, zu dem ich mich her= gegeben, und daß dies das Ende von der erträumten Herrlich= keit, von der angebeteten Freiheit war! Es sollte noch nicht das Ende sein!

Und rastlos weiter ging es; der nasse Sand knirschte unter den Füßen der Eilenden, und jetzt kam ein Wort von der Spitze des Zuges, das halblaut weiter und weiter gegeben wurde, bis es zu mir kam, der ich es nicht weiter geben konnte: „Halt!"

Wir waren an dem Rande des Moores angelangt. Es war

an dieser Seite nur eine schmale Stelle, die überhaupt passir=
bar war; dann kam trocknes Terrain, eine Art von Insel,
indem sich die Sümpfe von beiden Seiten herumzogen, um auf
der entgegengesetzten, vielleicht zweitausend Schritte entfernten
Seite wieder zusammenzustoßen, wo es dann abermals nur
eine schmale Furt gab, die ein mit einer Centnerlast beladener
Mann, ohne einzusinken, überschreiten konnte; dann folgte die
Haide, die sich zwischen den Feldern von Trantowitz und Zeh=
rendorf auf der einen und den Dünen von Zanowitz auf der
andern Seite erstreckte, und über die ich heute schon dreimal
geschritten war.

Die Stelle, wo wir Halt machten, war genau dieselbe, an
welcher ich drei Abende vorher mit Herrn von Granow gestan=
den. Ich erkannte sie an den zwei verkrüppelten Weiden, die
an der Vertiefung wuchsen, aus der damals die Schleichhänd=
ler aufgetaucht waren. Diese Vertiefung blieb uns etwas links
liegen, vielleicht fünfzig Schritte entfernt; ich würde bei der
großen Dunkelheit, die jetzt herrschte, die Bäume nicht haben
erkennen können, wenn mir die eigenthümliche Kraft meiner
Augen, selbst im Dunkeln noch immer bis zu einem gewissen
Grade deutlich zu sehen, nicht zu Hülfe gekommen wäre. Um
der Dunkelheit willen mußten die Leute, damit sie nicht von
dem schmalen Pfade abkämen, nahe aufschließen, und das war
der Grund, weshalb man für einen Moment Halt gemacht
hatte.

Aber auch nur für einen Moment, dann ging es weiter
in das Moor hinein auf der schmalen Furt; rechts und links
blinkte hier und da zwischen den Binsen, die im Nachtwinde
nickten, ein schwacher Schimmer von dem Sumpfwasser auf,
das in großen Lachen zu Tage stand, und selbst der Boden,
auf den wir traten, gerieth in eine sonderbar schwankende Be=
wegung, als wir im Trabe darüber hin eilten.

Die Furt war passirt; die Leute gingen wieder langsamer;
plötzlich schlug ein Ton an mein Ohr, wie von dem Knacken
eines Hahnes am Gewehr. Der Ton war hinter mir gewesen,
das hatte ich deutlich gehört; ich wußte auch, daß Niemand

von unserer Schaar ein Gewehr führte. Ich stand unwillkür=
lich still und horchte, und abermals hörte ich denselben Ton,
und zugleich sah ich genau an der Stelle, die wir eben passirt,
zwischen den Binsen eine Gestalt auftauchen, der gleich darauf
eine zweite und dritte folgte. Ohne daran zu denken, die Cent=
nerlast auf meinem Rücken abzuwerfen, ja ohne sie auch nur
zu fühlen, lief ich mit Blitzesschnelle die Reihe vor mir entlang
und berührte Herrn von Zehren, der mit Jochen voraufschritt,
an der Schulter.

Wir werden verfolgt!

Albernes Zeug!

Halt! steht! schrie jetzt eine kräftige Stimme hinter uns.

Vorwärts! rief Herr von Zehren.

Halt! halt, steht! und mindestens ein halbes Dutzend Ge=
wehre knatterten auf einmal los, und die Kugeln pfiffen uns
über die Köpfe.

Im Nu war unsere ganze Schaar auseinandergestoben,
•wie es die Weise der Pascher ist, sobald sie ernstlich verfolgt
werden, und sie, wie diesmal, Widerstand zu leisten nicht vor=
bereitet oder gewillt sind. Nach allen Seiten, nur nicht nach
der, von welcher die Verfolger kamen, sah ich die schlauen Ge=
sellen, die wohl sämmtlich ihre Packen weggeworfen hatten,
davonhuschen; Einer oder der Andere mochte wohl auf allen
Vieren kriechend zu entkommen suchen; in der nächsten Secunde
waren Herr von Zehren und ich allein.

Hinter uns klapperten die eisernen Ladestöcke in den Läufen.
Man lud die abgeschossenen Gewehre. Das gab einen kleinen
Aufenthalt.

Herr von Zehren und ich waren stehen geblieben. Wie viel
sind es? fragte er leise.

Ich kann es nicht unterscheiden, antwortete ich ebenso, mir
scheint, es kommen immer mehr herüber; es mögen jetzt leicht
ein Dutzend sein.

Sie werden sich nicht weiter wagen bei der Dunkelheit,
sagte er.

Sie kommen schon, sagte ich dringend.

Halt, wer da! erscholl es von unsern Verfolgern, von denen wir wohl kaum hundert Schritte entfernt waren (doch ließ sich die Distanz schwer taxiren), und wieder pfiffen ein paar Kugeln über unsere Köpfe.

Ich bitte Sie! sagte ich, indem ich Herrn von Zehren am Arme ergriff.

Er ließ sich ein paar Schritte förmlich weiterschleppen. Mit einem Mal, wie wenn er aus einem Traume erwachte, ganz mit seiner alten Stimme und in seiner alten Weise sagte er:

Wie zum Teufel kommen denn Sie dazu? Fort damit! und er stieß mir gewaltsam den Packen von dem Rücken.

Ich habe ihn den ganzen Weg getragen, murmelte ich.

Schändlich! murmelte er, schändlich, aber das kommt da= von! Armer Junge, armer Junge!

Der Rausch, den er sich getrunken, das Gefühl seiner Schmach so weit als möglich zu betäuben, war verflogen; ich merkte es wohl. Er war wieder, der er in seinen guten Stunden sein konnte, und sogleich kehrte auch bei mir die alte Liebe zurück.

Lassen Sie uns eilen! sagte ich, seine kalte Hand ergreifend, es ist bei Gott die höchste Zeit!

Sie werden sich nicht weiter hinaufwagen, erwiderte er, wenn sie auch einen Führer bei sich haben; es kann Einer nicht Alle führen. Aber Verrath ist im Spiel. Sagten Sie mir nicht vorhin schon davon?

Ja, und Pinnow und Jochen Swart sind die Verräther.

Jochen hat gerade zu diesem Wege gerathen.

Um so mehr.

Und der Hallunke hat sich zuerst davon gemacht!

Er hatte Eile, zu seinen Freunden zu kommen.

So sprachen wir in kurzen, abgerissenen Worten, während wir über den ebenen Plan eilten, auf dem das Dunkel, welches jetzt wieder besonders dicht war, den einzigen, freilich auch aus= reichenden Schutz vor den Verfolgern gewährte. Es begann leise zu regnen; man konnte im eigentlichsten Sinne kaum noch die Hand vor den Augen unterscheiden. Von denen hinter uns war nichts mehr zu sehen und zu hören.

Die dummen Teufel sind zu spät gekommen, sagte Herr von Zehren; sie haben uns offenbar vor der Furt abfassen wollen. Hätten unsere Hallunken nicht gleich Reißaus genommen, würden wir jetzt in aller Gemächlichkeit weiter ziehen.

Nach Zehrendorf können wir doch nicht zurück, sagte ich.

Weshalb nicht?

Wenn Jochen Swart, wie ich beschwören möchte, uns verrathen hat, würde man sicher Haussuchung auf Zehrendorf halten.

Das sollten sie nur thun, rief der Wilde; ich wollte sie mit blutigen Köpfen heimschicken! Nein, nein, das wagen sie nicht, oder sie hätten es schon gewagt! Auf Zehrendorf sind wir so sicher wie in Abrahams Schooß.

Gerade als er diese Worte sprach, zuckte es plötzlich in der Richtung vor uns auf, wie ein schwacher Blitz. Aber ich hatte noch nicht Zeit gehabt, mir von dem, was ich gesehen, eine klare Vorstellung zu machen, als es wieder aufblitzte, stärker diesmal und nicht wieder verschwindend — eine Helligkeit, die mit jedem Augenblicke an Stärke zunahm und mit jedem Augenblicke, einen rothen Streifen über den andern legend, an dem schwarzen Nachthimmel emporstieg.

Trantowitz brennt, rief Herr von Zehren.

Es war nicht Trantowitz; es konnte nicht Trantowitz sein, das weiter links und tiefer lag. Dort gab es auch die mächtigen Bäume nicht, deren Kuppen ich jetzt in dem Scheine, der bald gelb, bald röthlich, aber immer heller und immer heller aufleuchtete, deutlich unterschied.

Zum Henker, es ist mein Hof! rief Herr von Zehren, indem er unwillkürlich vorwärts stürzte. Aber nur ein paar Schritte, dann blieb er stehen und lachte. Er lachte laut, es war ein gräßliches Gelächter.

Das ist lustig, rief er, nun brennt auch noch das Gerümpel ab! das heißt denn doch den alten Bau gründlich ausräuchern!

Es klang fast, als glaube er, daß auch dies von seinen
Verfolgern ausgegangen sei. Mir aber fielen die Drohungen
schwer auf die Seele, welche die alte Pahlen ausgestoßen hatte,
als ich sie vom Hofe trieb. Ich erinnerte mich, daß etwas vom
„rothen Hahn auf's Dach setzen" dabei gewesen war.

Aber wie auch das Feuer entstanden sein mochte, welches
da drüben vom alten Herrenhause aufloderte, es konnte für
den Herrn des Hauses in keinem verhängnißvollern Moment
ausgebrochen sein. Obgleich wir noch eine Viertelmeile entfernt waren, leuchteten die Flammen, die jetzt hoch über die
Riesenbäume des Parkes emporschlugen, bereits bis zu uns,
und indem die ungeheure Helligkeit von den schwarzen Wolken, die jetzt in Purpur zu glühen begannen, aufgefangen und
zurückgeworfen wurde, verbreitete sich bald eine unheimliche
Dämmerung über die ganze Gegend. Ich konnte Herrn von
Zehren's Gesicht deutlich erkennen; es war oder erschien mir
todtenbleich.

Um Gottes willen, lassen Sie uns eilen, daß wir von hier
fortkommen, rief ich.

Die Jagd wird gleich beginnen, sagte er.

Und die Jagd hatte bereits begonnen. Der Trupp, der
die Eingangsfurt besetzt und wohl ursprünglich keinen andern
Auftrag gehabt hatte, als uns den Rückweg abzuschneiden,
machte von der Möglichkeit, weiter vorzudringen, die ihm der
sonderbarste Zufall bot, den besten Gebrauch. Indem sie sich
zu einer Art von Tirailleurkette ausbreiteten, ohne sich indeß
den Sümpfen rechts und links allzusehr zu nähern, und rasch
vorwärts gingen, trieben sie die Pascher, die über die weite
Fläche nach der Ausgangsfurt geschlichen waren, zum Theil
auch wohl an den Boden gedrückt oder in irgend einer Vertiefung kauernd, abgewartet haben mochten, ob sie weiter verfolgt werden würden, vor sich her, aus ihrem Lager empor.
Bald zuckte es hier und da in der rothen Dämmerung auf;
Schüsse knatterten und überall sah ich die Gestalten der Fliehen-
den und der Verfolger durch die Dämmerung huschen; wilde

Rufe: „Halt, Kerl! steh!" und ein lautes Halloh und Lachen, wenn sie wieder einen gefangen hatten.

Mir stockte das Blut in den Adern, und dann strömte es mir wild zum Herzen. So niedergehetzt zu werden, niedergeschossen zu werden, wie Hasen auf einer Klapperjagd!

Und keine Waffe! knirschte Herr von Zehren.

Hier! rief ich, die Pistolen aus dem Gürtel reißend, und ihm eine in die Hand drückend.

Geladen?

Ja!

Nun denn, en avant!

Wir waren im schnellen Lauf fast bis zur Ausgangsfurt gelangt, die durch eine verdorrte Eiche und ein paar Haselbüsche dem Kundigen kenntlich war, als ich über die Büsche herüber Flintenläufe blinken sah. Was ich gefürchtet, war eingetroffen; auch die Ausgangsfurt war besetzt.

Ich kenne noch eine andere Stelle, raunte mir Herr von Zehren zu; vielleicht trägt sie uns, wo nicht —

Ich ließ ihn nicht ausreden. Weiter, weiter! rief ich.

Wir wendeten uns rechts an den Binsen hin, die den Rand des Sumpfes bezeichneten. Aber bereits hatte man uns erkannt. Man rief: „Halt!" und schoß nach uns, es kamen auch Einige hinter uns hergelaufen.

Hier muß es sein! sagte Herr von Zehren, indem er, die hohen Binsen auseinanderbiegend, zwischen denselben verschwand; ich folgte ihm auf dem Fuße.

Wir drückten uns langsam, vorsichtig weiter mit gekrümmten Rücken. Es war ein verzweifeltes Stück. Mehr als einmal sank ich knietief in den schwarzen Moorgrund; ich war entschlossen, wenn ich stecken bleiben sollte, mir im letzten Augenblicke das Gehirn zu zerschmettern.

Es geht, sagte Herr von Zehren leise über die Schulter zu mir; daß Schlimmste haben wir hinter uns; ich kenne es genau; ich war noch im Frühjahr hier auf dem Schnepfenstrich; Jochen, der Schurke, war dabei. So, nun sind wir durch.

Er hob sich aus den Binsen heraus und in demselben Momente sprangen drei Männer auf uns ein, die sich in dem Augenblicke, als wir auf die Zollwache stießen, von den Uebrigen abgesondert und seit wenigen Minuten vielleicht zwölf Schritte von der Furt auf der Lauer gelegen haben mußten.

Der erste war der lange Jochen Swart.

Hund, knirschte Herr von Zehren. Er hob die Pistole, und der lange Jochen fiel vornüber.

Ich hatte fast in demselben Momente Feuer gegeben. Einer der zwei andern Männer wankte und sank schreiend in die Kniee. Der dritte schoß sein Gewehr ab und lief, was er konnte, an den Rand des Sumpfes zurück, von wo er hergekommen war. Der Verwundete richtete sich auf und hinkte, immer noch schreiend, aber mit verhältnißmäßig großer Geschwindigkeit davon.

Herr von Zehren war an Jochen Swart herangetreten. Ich sprang hinzu; ich faßte den Mann an beiden Schultern in der Absicht, ihn, der mit dem Gesicht auf dem Boden lag, aufzurichten. Als ich ihn ein wenig hob, fiel der Kopf schwer vornüber. Es durchrieselte mich kalt. Großer Gott! rief ich.

Er hat es nicht anders gewollt, sagte Herr von Zehren.

Der Leib des todten Mannes entglitt meinen Händen; ich richtete mich, an allen Gliedern zitternd, auf; mein Kopf war wie wirbelig; was war denn geschehen? Da stand ein Mensch, die abgeschossene Pistole in der schlaff herunterhängenden Rechten haltend; da lag ein anderer Mensch auf dem Boden, wie ein Baumstamm, und ein röthliches Licht, wie aus dem Thor einer Hölle, streifte über den Menschen, der regungslos aufrecht stand, und über den andern, der regungslos auf dem Boden lag; in der Luft schwebte Pulverdampf und in den Binsen des Sumpfes zischelte es wie von tausend Schlangen.

Aber wie fest sich auch das Grauenbild und die schaudervolle Empfindung, mit der ich es betrachtete, meiner Erinnerung eingeprägt haben mögen — der Zustand starren Entsetzens kann doch nur einen Moment gedauert haben. Dann, weiß ich, versank Alles in dem einen Gedanken: Rette ihn; er

darf nicht in ihre Hände fallen! Ich glaube, ich wäre im
Stande gewesen, den Unglücklichen, hätte er sich gesträubt, auf
meinen Armen davonzutragen, wie eine Löwin ihr Junges,
wenn die Jäger hinter ihr her sind, im Rachen davon trägt;
aber er sträubte sich nicht. Ich weiß jetzt, daß er nicht floh,
sein Leben zu retten; ich weiß jetzt, er wäre keinen Schritt von
der Stelle gewichen, hätte er gewußt, daß ich den Lederbeutel
mit der Munition zu den Pistolen in meiner Tasche trug; aber
so mußte er nicht anders, als daß er ohne Waffen sei, und
lebend wollte er den Häschern nicht in die Hände fallen.

———

Achtzehntes Capitel.

An den äußeren Rand des Sumpfes, wo wir uns jetzt befanden, lehnte sich ein Bruch, aus welchem zwischen mehr oder weniger versumpften, mit langem Riedgras überwucherten tiefern Stellen dichte Gruppen von Erlen, Haseln und Weiden inselgleich hervorragten. Für einen Andern, der nicht wie Herr von Zehren jeden Fuß breit dieses schwierigen Terrains kannte, wäre es unmöglich gewesen, sich hier einen Weg zu suchen; aber der alte Jäger, der jetzt zum Fuchs geworden war, welchem die Hunde auf der Fährte folgten, irrte auch nicht einen Augenblick, weder über die einzuschlagende Rich=tung, noch über den pfadlosen Pfad, der uns durch diese Wild=niß führte. Ich habe nachmals nie begreifen können, wie ein Mann in seinen Jahren, abgehetzt, wie er bereits war, und dazu verwundet — wie er mir später sagte — im Stande ge=wesen ist, so ungeheure Schwierigkeiten zu überwinden, an denen fast meine Jugendkraft erlahmte; nnd so oft ich später ein altes Rassepferd gesehen habe, das, zu Schanden geritten und gefahren, dennoch, sobald ihm das edle Blut erregt ist, durch sein Feuer, seine Kraft und Ausdauer die jugendlichen Concurrenten beschämt, habe ich immer an den wilden Zehren in dieser Schreckensnacht denken müssen. Er brach durch fast undurchdringliches Gestrüpp, als wären es Kornähren gewesen; er setzte wie ein Hirsch über die breitesten Gräben und hielt nicht eher inne in dem tollen Lauf, als bis wir aus dem Bruch heraus in die Dünen kamen.

Hier verschnauften wir und hielten kurzen Rath, wohin wir uns jetzt wenden sollten. Rechts von uns lag Zanowitz.

Hätten wir es ungehindert erreichen können, so würde uns ge=
wiß einer oder der andere unserer Freunde über das Meer zu
retten versucht haben, im schlimmsten Falle war ich Seemann
genug, ein Segelboot allein regiren zu können; aber es war
nur zu wahrscheinlich, daß das Stranddorf und seine Um=
gebung mittlerweile bereits von den Soldaten besetzt war, um
die dorthin Entrinnenden aufzufangen. Zu versuchen, über die
Haide zwischen Zehrendorf und Trantowitz in das platte Land
zu einem der Freunde des Herrn von Zehren zu gelangen, wäre
jetzt, wo von dem immer noch zunehmenden Brande der ganze
Himmel geröthet war und zumal die Haide in Tagesklarheit
getaucht sein mußte, offenbarer Wahnsinn gewesen. So blieb
uns nur die Eine Möglichkeit: uns am Strande links zu hal=
ten, bis zum Vorgebirge, dort, in der Gegend der Ruine, das
Kreidenfer zu erklettern, um von hier aus in den Buchenwald
des Parkes zu gelangen, der nur der letzte Ausläufer eines
fast zwei Meilen langen, sich an der Küste hinziehenden For=
stes war.

Wenn ich nur bis dahin komme, sagte Herr von Zehren;
mein Arm fängt an, mich sehr zu schmerzen.

Jetzt erst erfuhr ich, daß er am Oberarme verwundet
war. Er hatte es selbst im Anfang nicht gewußt, dann ge=
glaubt, er habe sich an einen spitzigen Ast gestoßen, bis jetzt
die zunehmenden Schmerzen unter dem stockenden Blut uns
eines Andern belehrten. Ich bat ihn, mich nachsehen zu
lassen; er sagte, wir hätten zu dergleichen keine Zeit, und ich
mußte mich damit begnügen, ihm sein Taschentuch so fest ich
konnte um den Arm zu binden, womit freilich nicht viel gehol=
fen war.

Hier zwischen den Dünen war es auch, wo mir zum ersten
mal einfiel, daß ich noch Munition in der Tasche habe, und
wo ich auf Herrn von Zehren's Geheiß die Pistolen wieder lud.
Mich durchzuckte es seltsam, als er mir die seinige reichte und
ich das naßkalte Eisen berührte. Aber es war kein Blut, ob=
gleich es in dem rothen Dämmerlicht so schien; es war nur
die Feuchtigkeit aus der regenschweren Luft.

Wir traten aus den Dünen heraus auf den Strand, um auf dem harten Sande schneller fortkommen zu können. Die Helligkeit war jetzt, wo vermuthlich der ganze Hof brannte, so groß, daß selbst über das Meer von dem Wiederschein der rothangestrahlten Wolken ein mattes Purpurlicht ausgegossen war. Ja, auch die hohen, steilen Kreideufer, unter denen wir etwas später dahin schritten, blickten in geisterhaft hellem Schein auf uns herab. Es lag etwas sonderbar Unheimliches darin, trotz der bedeutenden Entfernung, in welcher wir uns von der Brandstätte befanden, trotzdem Berg und Wald dazwischen lag, trotzdem wir unmittelbar unter dem Schutze der mehr als hundert Fuß hohen steilen Uferwand dahinschritten, immer noch von dem Lichte getroffen zu werden, als hätte, was geschehen, die Erde dem Himmel und der Himmel dem Meere gesagt, und Erde, Himmel und Meer riefen uns zu: Für Euch gibt es kein Entrinnen!

Den unglücklichen Mann an meiner Seite mußte dieselbe Empfindung beherrschen; er sagte ein paar mal, als wir die Schlucht hinaufkletterten, in welcher vom Strande nach der Uferhöhe zwischen dichtem Gebüsch ein steiler Pfad emporführte: „Gott sei Dank, hier wenigstens ist es dunkel."

Er hatte während des Aufklimmens wieder über seinen Arm geklagt, der ihm heftige Schmerzen verursache, und zuletzt kaum noch weiter gekonnt, trotzdem ich ihn stützte, so viel ich vermochte. Ich hoffte, daß, wenn wir nur erst oben angelangt wären und er sich ein wenig erholt hätte, seine Kraft, von der er noch eben so ungeheuere Proben gegeben, wiederkehren würde; aber in dem Augenblicke, als wir die Höhe des Plateau erreichten, brach er in meinen Armen zusammen. Zwar raffte er sich sofort wieder auf und erklärte, es sei nur eine momentane Schwäche gewesen und der Anfall vorüber; dennoch konnte er sich kaum auf den Füßen halten, und ich war froh, als ich ihn endlich bis zur Ruine geführt hatte, wo eine halb verschüttete kellerartige Vertiefung zwischen dem Mauerwerk wenigstens einen Schutz vor dem Ostwinde gewährte, der scharf und kalt über den ebenen Rücken des Vorgebirges strich.

Hier bat ich ihn, sich niederzusetzen, bis ich im Stande gewesen sein würde, aus der Schlucht, wo in der Hälfte der Höhe ein ziemlich reichlicher Quell zum Meere floß und wo wir bereits beim Heraufsteigen einen kurzen Halt gemacht hatten, abermals Wasser zu holen, nach welchem er ein brennendes Verlangen äußerte. Glücklicher Weise hatte ich am Morgen, um mich gegen den Regen zu schützen, den wachsüberzogenen Schifferhut, mit dem ich nach Zehrendorf gekommen war, und den ich seitdem, da er Konstanze so entschieden mißfiel, nicht wieder getragen hatte, aufgesetzt. Der Hut mußte mir jetzt als Wassereimer dienen, und ich war glücklich, als es mir, obwohl nicht ohne einige Mühe, gelang, ihn bis an den Rand zu füllen. So schnell ich, ohne die kostbare Beute zu verschütten, konnte, eilte ich zurück, das Herz schwer von Sorge um' den Mann, zu welchem in dem Maße, als das Unglück über ihn mit so fürchterlichen Schlägen hereinbrach, mich mein Herz gewaltiger als je zuvor zog. Was sollte aus ihm werden, wenn er nicht bald wieder im Stande war, die Flucht fortzusetzen? Nach dem, was am Sumpfesrande geschehen, würde man sicher alles aufbieten, unser habhaft zu werden, und daß man über eine hinreichende Anzahl von Leuten verfügen konnte, war nur zu gewiß. Die zweite Furt war mit Militär besetzt gewesen; ich hatte es deutlich gesehen. Wie lange konnte es dauern, bis sie auch bis hierher kamen? Wollten wir entrinnen, mußten wir, bevor der Morgen kam, mindestens ein paar Meilen von hier entfernt sein, und ich dachte mit Schaudern an sein zweimaliges Zusammenbrechen in meinen Armen und an die wirren Worte, in denen er mich um Wasser gebeten hatte: „das nicht brennen dürfe, das ja nicht brennen dürfe." Vielleicht erholte er sich, nachdem er getrunken; ich hatte einen so festen Glauben an die Unverwüstlichkeit seiner Kraft!

So suchte ich mir selbst Muth einzusprechen, als ich mich vorsichtig-eilig mit dem Wasser im Hute der Ruine nahete und, aus Furcht zu straucheln, kaum einen Blick nach der Richtung zu werfen wagte, von der die Flammen über den Buchenwald zu uns heraufleuchteten. Schon aus einiger Entfernung glaubte ich Herrn von Zehren's Stimme zu hören, die meinen Namen rief, dann ertönte ein gelles Lachen, und wie ich voller Ent= setzen herzusprang, sah ich den Unglücklichen in dem Eingange der Mauerhöhle stehen, das Gesicht dem Feuer zugewendet, indem er heftig mit dem gesunden Arme gesticulirte und bald Verwünschungen ausstieß, bald gell auflachte, oder nach Wasser rief, das nicht „brennen dürfe". Ich schleppte ihn wieder tiefer zwischen das Mauerwerk, und es gelang mir, ihm aus dem Haidekraut, das dort oben reichlich wuchs, und über das ich dann meinen Rock deckte, eine Art Lager zurecht zu machen; endlich trank er auch, als er aus einer kurzen Ohnmacht, in die er gefallen, zu sich kam, reichlich von dem Wasser. Er dankte mir mit einer Stimme, deren weicher Ton wunderlich gegen das gelle Kreischen von vorhin abstach und mich sehr rührte.

Es war mir, sagte er, als hättest Du mich auch verlassen und ich müßte hier elend verenden, wie ein waidwunder Hirsch. Es ist doch seltsam, daß der letzte Zehren, der den Namen zu tragen verdient, hier von der uralten Burg seiner Väter, die in Trümmern liegt, sehen muß, wie das Haus, das spätere Geschlechter gebaut haben, in Flammen aufgeht. Wie mag das Feuer nur ausgekommen sein? Was denken Sie? Ich habe Dich überhaupt so viel zu fragen (er nannte mich Sie und Du durcheinander); aber mir ist so wunderlich zu Muthe, es gehen mir so seltsame Dinge durch den Kopf, so war mir noch nie, und dabei schmerzt mich der Arm mehr als billig. Ich glaube, es ist aus mit dem wilden Zehren, ganz aus, ganz aus! Laß mich hier liegen, Georg, und ruhig verenden. Wie lange wird es dauern, dann frißt das Feuer sich in dem unterirdischen Gang bis hierher durch und die alte Zehrenburg fliegt in den Mond!

So spielte in seinem überreizten Gehirn Vernunft mit dem Wahnsinne ein schauerliches Spiel. Bald sprach er zusammen= hängend und klar über das, was wir zu thun haben würden, sobald er sich nur erst einigermaßen erholt hätte; dann sah er plötzlich Jochen Swart vor sich auf dem Boden liegen, und dann war es wieder nicht Jochen, sondern Alfonso, der Bruder seiner entführten Geliebten, dem er das Schwert durch's Herz gestoßen. Aber — ich habe später, wenn ich über den Charakter des seltsamen Mannes nachsann, oft genug daran gedacht — diese grausigen Erinnerungen des Fieberkranken waren keineswegs von Worten begleitet, die irgendwie die Reue des Mannes über seine Thaten auch nur angedeutet hätten. Im Gegentheil, es war ihnen recht geschehen und Jedem sollte es so geschehen, der gegen ihn aufzutreten wagte. Wenn sie ihm das Haus angezündet hatten, so sollten auf Meilen in der Runde alle Schlösser und Dörfer brennen! Er wolle doch sehen, ob er seine Vasallen nicht abstrafen könne, wie es ihm recht dünke, wenn sie sich so freventlich gegen ihn vergangen! Züchtigen wolle er sie, bis sie um Gnade heulten! — Diese und ähnliche Aeußerungen eines Selbstgefühls, welches die Gluth des Fiebers, das in seinen Adern brannte, bis zum Wahnsinn gesteigert hatte, stachen schmerzlich ab von dem grenzenlosen Elend unserer Lage. Während er durch Dörfer, die sein Zorn in Flammen auflodern ließ, zu jagen glaubte, wurden seine Glieder von Fieberfrost geschüttelt und seine Zähne klappten hörbar auf einander. Auch mich hatte die Kälte, welche jetzt, wo es auf den Morgen ging, immer empfindlicher wurde, bis in's Mark getroffen, und dabei, so oft der Unglückliche, dessen Kopf auf meinem Schooß ruhte, nur einen Augenblick zu rasen aufhörte, sank mein eigener Kopf vornüber oder seitwärts gegen das kalte Mauerwerk, an dem ich lehnte, und mit immer qualvollerer Anstrengung kämpfte ich gegen die Müdigkeit, die mit bleierner Schwere auf mir lag. Was sollte aus uns werden, wenn mich die Kraft verließ? Ja, was sollte auch jetzt nur aus uns werden? Denn so konnte es nicht bleiben; ich mußte fürchten, daß er mir unter den Händen starb, wenn ich keine Hülfe herbeischaffte. Und doch, wie sollte ich Hülfe schaffen, ohne ihn preiszugeben, ohne ihn unsern Verfolgern auszuliefern? Und wie konnte ich ihn überhaupt verlassen, der sich jetzt das Haupt an der Mauer zerschellen, jetzt das Meer austrinken wollte, den Durst zu löschen, der ihn verzehrte!

Ich hatte während der Nacht den Weg zur Quelle noch mehrmals gemacht; Herr von Zehren war mir, wenn ich zurück= kam, immer sehr dankbar gewesen, wie er denn überhaupt, je näher die Nacht dem Morgen kam, ruhiger geworden war, so daß ich mich schon der Hoffnung hingab, wir würden trotz alle= dem bald aufbrechen können. Endlich mußte ich doch, von der ungeheuren Ermattung überwältigt, eingeschlafen sein und län= gere Zeit geschlafen haben, denn als ich vor der Berührung einer Hand, die sich auf meine Schulter legte, emporfuhr, dämmerte bereits das Zwielicht in die Mauerhöhle. Herr von Zehren stand vor mir;~ich blickte ihn mit Entsetzen an. Jetzt erst sah ich, was er in der Schreckensnacht gelitten hatte. Sein sonst so frisches, braunes Gesicht erdfahl, die großen glänzen= den Augen tief in die Höhlen gesunken und wie gebrochen, der volle Bart zerzaust, die Lippen bleich, die Kleider zerrissen und mit Schmutz und Blut besudelt — es war nicht mehr der Mann, den ich gekannt, es war das Gespenst dieses Mannes, ein schauerliches Gespenst.

Und jetzt zuckte um seine bleichen Lippen ein seltsames Lächeln, in dem doch noch eine Spur der alten Liebenswürdig= keit war, wie ein Etwas von der einstigen Heiterkeit in dem Klange der Stimme, mit der er sagte: Es thut mir leid, armer Junge, daß ich Dich wecken mußte, aber es ist die höchste Zeit.

Ich sprang auf die Füße und zog mir den Rock an, den er mir sorgsam über die Schulter gedeckt hatte.

Das heißt, es ist Zeit für Dich, sagte er.

Wie das? fragte ich erschrocken.

Ich würde nicht weit kommen, fuhr er mit ·düsterm Lächeln fort: ich habe eben eine kleine Probe gemacht; aber es ist un= möglich.

Und er setzte sich auf einen Mauervorsprung und stützte den Kopf in seine rechte Hand.

So bleibe ich auch, sagte ich.

Man wird uns bald genug hier oben aufgefunden haben. Um so mehr werde ich bleiben.

Er hob den Kopf.

Du bist ein großmüthiger Narr, sagte er mit melancholischem Lächeln, einer von denen, die ihr Leben lang Amboß bleiben. Was in aller Welt hätte ich davon, daß sie Dich mit mir fingen? und weshalb wolltest Du Dich fangen lassen? weshalb wolltest Du die Partie verloren geben? Bist Du auf nichts reducirt, auf weniger als nichts? Bist Du ein alter angeschossener Fuchs, den man zum Bau hinausgebrannt hat und dem die Hunde auf der Fährte sind? Mach', daß Du fortkommst, und laß mich nicht so lange bitten, denn das Sprechen wird mir schwer. Leb' wohl!

Er reichte mir eine eiskalte Hand, die ich festhielt, indem ich mit Thränen in den Augen rief:

Wie können Sie das von mir verlangen? Ich wäre der erbärmlichste Schuft, wenn ich Sie so verlassen könnte; mag geschehen was will, ich bleibe.

Ich will, daß Du gehst — ich befehle es Dir!

Das können Sie nicht; Sie müssen selbst fühlen, daß Sie das nicht können. Sie können mir nicht befehlen, mich mit Schande zu bedecken.

Nun denn, sagte er, so will ich Dir gestehen: es ist ein Zufall, daß ich nicht fort kann; aber wenn ich auch im Stande wäre, zu fliehen, ich wollte es nicht und will es nicht. Ich will nicht, daß man Steckbriefe hinter mir her schreibt wie hinter einem Vagabunden, daß man mich durch's Land hetzt wie einen gemeinen Verbrecher. Ich will sie hier erwarten, hier, wo meine Vorfahren so manchen Angriff der Krämer zurückgeschlagen haben; ich will mich wehren bis auf's Aeußerste; sie sollen mich nicht lebendig von diesem Platze bringen. Ich weiß nicht, was ich thäte, wenn ich ganz allein stünde. Wahrscheinlich wäre dann dies Alles nicht geschehen. Ich habe die Dummheit, meinem Bruder aus der Noth helfen zu wollen, theuer bezahlt. Und dann habe ich eine Tochter; ich liebe sie nicht, so wenig, wie sie mich; aber gerade deshalb soll sie mir nicht nachsagen können, ihr Vater sei ein Feigling gewesen, der nicht zur rechten Zeit zu sterben wußte.

Denken Sie nicht an Ihre Tochter! rief ich außer mir. Sie hat das Band zerrissen, durch das Sie sich noch mit ihr verbunden wähnen. Und ich erzählte ihm in kurzen, fliegenden Worten Konstanzens' Flucht.

Es war meine Absicht gewesen, koste es, was es wolle, ihm jeden Vorwand zu entreißen, den er anführen konnte, um nicht das zu thun, was er für eines Zehren's unwürdig hielt. Es war gewiß sehr unüberlegt, ihm dies in diesem Augenblicke zu sagen; aber meine Menschenkenntniß, die heute noch nicht eben groß ist, war damals sehr gering; auch war mein Kopf zerrüttet von dem Graus der letzten sechsunddreißig Stunden und der Angst um den unglücklichen Mann, der da vor mir saß.

Und ich schien meine Absicht erreicht zu haben. Er stand auf, als ich meine kurze Erzählung beendigte, und sagte ruhig: Steht es so mit mir? Bin ich ein Landstreicher und ist meine Tochter eine Dirne — eine Dirne, die sich just dem Manne an den Hals geworfen hat, dessen Hand sie nicht berühren kann, ohne mich zu entehren — nun denn, so darf ich ja wohl auch thun, was andere Leute an meiner Stelle thäten! Aber vorher hole mir noch einen Trunk, Georg! Er wird mich erquicken, und ich darf nicht sobald wieder zusammenbrechen. Geh!

Ich ergriff den Hut, froh, daß ich ihn endlich überredet. Als ich schon ein paar Schritte gemacht hatte, rief er mich nochmals zurück.

Sei nicht böse, Georg, sagte er, daß ich Dir so viel Mühe mache — habe Dank für Alles!

Wie mögen Sie nur so reden, sagte ich. Treten Sie aus dem kalten Zugwind; ich bin in fünf Minuten wieder hier.

Ich sprang davon. Es war keine Zeit zu verlieren; schon legte sich im Osten ein heller Streifen über den andern; die Sonne mußte in einer halben Stunde aufgehen. Ich hatte gehofft, um diese Zeit Meilen von hier im tiefsten Walde zu sein.

Die Quelle in der Schlucht war bald erreicht; doch es kostete mir Mühe, den Hut zu füllen; ich hatte in der Nacht das Erdreich zertreten, Steine waren herabgerollt und hatten den Mund der Quelle verstopft. Als ich mich bückte, das Hinderniß wegzuräumen, drang ein dumpfer Knall zu meinem Ohr. Ich stutzte und fühlte unwillkürlich nach der Pistole, die noch in meinem Gürtel stak. Die andere war bei ihm zurückgeblieben! War es möglich? konnte es sein? Er hatte mich weggeschickt!

Ich war nicht im Stande, abzuwarten, bis das Wasser wieder floß: ich mußte zurück. Wie ein gehetzter Hirsch setzte ich die Schlucht hinauf, lief über das Plateau zur Ruine.

Es war geschehen.

Auf derselben Stelle, wo ich ihn zuletzt gesehen, wo ich ihm zuletzt die Hand gedrückt, hatte er sich erschossen. Der Pulverdampf schwebte noch in der Mauerschlucht. Die Pistole lag neben ihm; sein Kopf war seitwärts an die Mauer gesunken. Er athmete nicht mehr — er war todt. Der wilde Zehren wußte, wo ein Schuß treffen muß, wenn er tödtlich sein soll.

Neunzehntes Capitel.

Ich saß noch immer in starrem Schmerz, keines Gedankens mächtig, dem Todten gegenüber, als die ersten Strahlen der Sonne, die, zitternd in ihrem Glanze, sich aus dem Meere erhob, sein bleiches Antlitz streiften. Ein Schauer durchrieselte mich; ich richtete mich schnell auf und stand, an allen Gliedern bebend, da. Dann eilte ich, so schnell mich meine wankenden Füße tragen wollten, den Pfad entlang, der von der Ruine abwärts nach dem Walde führte. Ich könnte heute nicht mehr sagen, was eigentlich meine Absicht war. Wollte ich einfach von dem Orte des Schreckens, aus der Nähe des Todten, der mit seinen verglasten Augen in die aufgehende Sonne blickte, fliehen? wollte ich um Hülfe rufen? wollte ich den Fluchtplan, den ich für uns Beide entworfen hatte, jetzt für mich allein ausführen, mich retten? — ich weiß es nicht mehr.

So gelangte ich in den Parkwald bis zum Weiher, dessen Wasser zwischen den gelben Blättern, die der Sturm des gestrigen Tages von den Riesenbäumen geweht hatte, schwärzlich zu mir heraufblickte. In diesem Wasser hatte sich das Weib des Mannes ertränkt, der sie einst aus ihrer fernen Heimath über die Leiche ihres Bruders hinweg entführt hatte, und der jetzt dort oben todt zwischen den Ruinen seiner Ahnenburg lag. Die Tochter dieser Beiden hatte sich einem Wüstling in die Arme geworfen, nachdem sie ihren Vater verrathen, nachdem sie mit mir ein schändliches Spiel getrieben! Das Alles trat, wie in einem einzigen schaudervollen Bilde, welches sich mir in dem schwärzlichen Spiegel des Wassers gezeigt, vor meine Seele.

Als hätte ein unbarmherziger Gott mir den Schleier von dem Pandämonium fortgezogen, das meinem blöden Auge ein Paradies erschienen, so sah ich mit einem Male die letzten zwei Monate meines Lebens, wie sie wirklich waren. Ich empfand einen namenlosen Schauder, ich glaube weniger über mich selbst, als über die Welt, in der dies Alles geschehen, in der man dies Alles erleben konnte. Wenn' es wahr ist, daß beinahe jeder Mensch ein oder das andere Mal in seinem Leben von schadenfrohen Dämonen an den Rand des Wahnsinns gelockt und gerissen wird, so war jener Moment für mich gekommen. Ich fühlte ein unwiderstehliches Verlangen, mich in das schwarze Wasser, das der Sage nach unergründlich sein sollte, zu stürzen, und ich weiß nicht, was geschehen wäre, hätte ich nicht in diesem Augenblicke Stimmen von Männern gehört, die den Weg herabkamen, der vom Weiher aufwärts in den Park führte. Der Trieb der Selbsterhaltung, der denn doch in einem neunzehnjährigen Jüngling sich nicht so leicht zum Schweigen bringen läßt, regte sich allmächtig. Ich wollte nicht in die Hände derer fallen, vor denen ich seit gestern Abend mit so unerhörten Anstrengungen geflohen war. In wenigen Sätzen war ich den Wall, der den Weiher rings umgab, hinauf, über den Wall hinüber und lag dann still, vergraben in Busch und modernden Blättern, die Kommenden erst an mir vorüber zu lassen, bevor ich meine Flucht fortsetzte. Zwei Minuten später waren sie an der Stelle, die ich soeben verlassen. Sie standen, da sich der Weg nach der Ruine abzweigte, still und rathschlagten. Dieß muß der Weg sein, sagte der Eine. Es ist ja kein anderer da, Dummkopf! sagte ein Zweiter. Vorwärts, vorwärts! sagte eine barsche dritte Stimme, die einem Unteroffizier gehören mochte, der Lieutenant ist sonst vom Strande aus früher oben als wir. Vorwärts!

Die Patrouille stieg den Weg zur Ruine hinauf, ich hob vorsichtig den Kopf und sah sie zwischen den Bäumen verschwinden. Als ich sie weit genug entfernt glaubte, richtete ich mich vollends auf und schlug mich tiefer in den Wald. Die Todesgedanken waren mir vergangen, ich hatte nur das eine Verlangen, mich zu retten; und die fast wunderbare Weise, in welcher ich eben einem Verderben, das unabwendbar schien, entkommen war, hatte mich mit neuer Hoffnung erfüllt, wie einen Spieler, der den ganzen Abend hindurch verloren, der erste glückliche Wurf.

Wenn wir Knaben in dem Tannenwäldchen meiner Vaterstadt „Räuber und Gensdarmen" aufführten, hatte ich es immer einzurichten gewußt, daß ich zur Partei der Räuber kam, und die Räuber hatten mich regelmäßig zum Hauptmanne gemacht. In dieser meiner Räuberhauptmanns-Eigenschaft hatte ich mich stets so bewährt, daß zuletzt Niemand mehr Gensdarm sein wollte. Wessen ich mich damals im lustigen Spiel so oft gerühmt, daß Niemand mich fangen könne, wenn ich mich nicht fangen lassen wolle, ich konnte es jetzt in bitterm, blutigen Ernst bewähren. Unglücklicherweise fehlte. mir heute, wo es meine Freiheit und mein Leben galt, das Beste: die frische, unverwüstliche Kraft, die ich zu meinen knabenhaften Heldenthaten mitgebracht hatte, und die jetzt durch die furchtbaren Gemüthserschütterungen und die ungeheure physische Anstrengung der letzten Tage nahezu gebrochen war. Dazu gesellte sich bald ein nagender Hunger und ein brennender Durst. Mich immerfort im dichtesten Forst haltend, traf ich auf keine Quelle, auf keinen Graben. Der lockere Waldboden hatte den Regen des gestrigen Tages längst wieder eingesogen, und die geringe Feuchtigkeit, die ich von den dürren Blättern leckte, vermehrte nur meine Qual.

Meine Absicht war gewesen, den Forst, der sich fast zwei Meilen weit am Strande hinzog, in seiner ganzen Länge zu durchmessen, um so viel Raum als möglich zwischen mich und meine Verfolger zu bringen, bevor ich den Versuch machte, hier- oder dorthin, wie es der Zufall eben gestatten wollte, von der Insel zu entkommen. Ich hatte die zwei Meilen spätestens bis zum Mittag zurücklegen zu können geglaubt, aber ich mußte mich bald überzeugen, daß in dem Zustande, in welchem ich mich befand, und der sich von Minute zu Minute verschlimmerte, daran nicht zu denken sei. Auch hatte ich mir keine rechte Vorstellung gemacht von den Hindernissen, die ich zu überwinden haben

würde. Ich war oft genug in meinem Leben querwaldein gegangen, aber dann war es nur immer auf kürzere Strecken gewesen, und es war nie darauf angekommen, eine ganz bestimmte
Richtung inne zu halten und dabei jede Möglichkeit, gesehen zu
werden, ängstlich zu vermeiden. Hier aber mußte ich, wollte ich
nicht einen großen Umweg machen, durch Dickichte brechen, die
kaum für einen Hirsch passirbar waren, oder wieder gerade einen
Umweg machen, der mich weit aus der Richtung brachte, um
eine Lichtung zu umgehen, die mir keinen Schutz bot. Dann
hatte ich, in Laub und Strauchwerk vergraben, still zu liegen,
bis ich mich überzeugt hatte, ob das Geräusch, das ich vernommen, wirklich von menschlichen Stimmen herrühre, und zu
warten, bis wieder alles still geworden war; dann kam ich über
mehr als einen der den Forst quer durchschneidenden Wege, wo
doppelte Vorsicht geboten schien, und dabei nahmen meine Kräfte
reißend ab, und ich sah voll Schrecken dem Moment entgegen,
wo ich zusammenbrechen würde, um vielleicht nicht wieder auf-
zustehen. Und dann dort zu liegen, todt, mit starren, verglasten
Augen, wie ich es eben gesehen, — und ihn hatten sie doch
wenigstens jetzt schon gefunden und hinabgetragen, und, so oder
so, mußten sie ihn also auch begraben; aber wie lange konnte
ich hier liegen im tiefsten Forst, bis ich gefunden wurde, es hätte
denn von den Füchsen sein müssen! Es war kein tröstlicher Gedanke, von den Füchsen gefressen zu werden!

Aber weshalb floh ich überhaupt? Was hatte ich gethan,
das man so arg bestrafen durfte? Und konnte man mir Aer-
geres anthun, als die Qualen, die ich jetzt erduldete? Was da!
Hier war ein Weg, der mich in einer halben Stunde aus dem
Walde brachte! Möglich, daß ich dann sofort auf ein paar
Gensdarmen stieß! Um so besser, so war das Stück aus.

Und ich ging wirklich eine Strecke auf dem Waldwege dahin,
aber plötzlich blieb ich wieder stehen. Der Vater, was wird er
sagen, wenn sie dich zwischen sich durch die Stadt führen und
die Gassenjungen hinterher lärmen? Nein, nein, das kannst du
ihm nicht anthun, das nicht, viel lieber sich von den Füchsen
fressen lassen!

Ich wendete mich wieder in den Wald, aber immer qual=
voller wurde der Kampf, den ich mit meiner Erschöpfung zu
kämpfen hatte. Meine Kniee wankten, der kalte Schweiß rieselte
mir von der Stirn; mehr als einmal mußte ich mich an einen
Baum lehnen, weil es mir schwarz vor den Augen wurde und
ich ohnmächtig zu werden fürchtete. So schleppte ich mich wohl
noch eine halbe Stunde weiter — es mußte nach meiner Be=
rechnung gegen zwei Uhr nachmittags sein — da war es vorbei.
An dem Rande einer kleinen Lichtung, zu der ich eben gelangte,
stand eine niedrige, aus Baumzweigen und Strohmatten leicht
zusammengestellte, bereits halb wieder zusammengesunkene Hütte,
fast wie eine Hundehütte anzusehen, die sich Holzfäller oder
Wilddiebe errichtet haben mochten. Ich kroch hinein, nestelte
mich in das Stroh und das Laub, mit welchem der Boden der
Hütte fußhoch bedeckt und das glücklicherweise noch einigermaßen
trocken war, und fiel sofort in einen Schlaf, der seinem Zwil=
lingsbruder Tod so ähnlich wie möglich war.

Als ich erwachte, war es vollkommen dunkel, und es dauerte
lange, bis ich mich besinnen konnte, wo ich mich befand und was
mit mir geschehen war. Endlich kam ich zum Bewußtsein meiner
schauervollen Lage. Ich kroch mit großer Mühe aus der Hütte,
denn meine Glieder waren wie zerschlagen, und die ersten
Schritte verursachten mir die empfindlichsten Schmerzen. In=
dessen gab sich das bald. Der Schlaf hatte mich doch erquickt,
nur der Hunger, der mich erweckt hatte, war jetzt so grimmig,
daß ich beschloß, denselben auf jeden Fall zu stillen, um so mehr,
als ich fühlte, daß, wenn dies nicht geschah, ich nothwendig in
aller Kürze wieder zusammenbrechen müßte. Aber wie sollte ich
es anfangen? Endlich fiel ich auf einen Ausweg, den mir nur
die Verzweiflung eingeben konnte. Ich wollte mich links durch
den Wald schlagen, bis ich auf freies Terrain gelangte, was
nach meiner Berechnung in einer Stunde etwa der Fall sein
mußte. Dann wollte ich in das erste beste Gehöft gehen und
mir mit Güte oder Gewalt verschaffen, wessen ich bedurfte, den
ersten Hunger zu stillen, vielleicht auch Proviant für den nächsten
Tag.

Der Zufall schien die Ausführung dieses Planes begünstigen zu wollen. Nach wenigen Minuten kam ich auf eine Schneise, die ich verfolgte, obgleich sie nicht ganz in der gewünschten Richtung lief. Wie groß aber war mein Erstaunen und mein Schrecken, als ich in viel kürzerer Frist, als ich gehofft, aus dem Walde trat und im Lichte der Sterne eine Gegend sah, über die ich mich wohl nicht täuschen konnte. Das da rechts am Waldessaume waren die Eigenkäthner von Herrn von Granow's Gut Melchow; dort, eingehüllt in stattliche Bäume, lag der Herrenhof, und auf einer kleinen Anhöhe ragte der weiße Kirchthurm der erst kürzlich erbauten Dorfkirche. Weiter links, tiefer in der Ebene, lag Trantowitz, und noch mehr links, wieder höher, hatte Zehrendorf gelegen; ja, als ob ich keinen Augenblick im Zweifel darüber bleiben sollte, daß ich in die alte bekannte Gegend zurückgekehrt, leuchtete eben jetzt von der Stelle, wo der Hof gestanden, aus der ungeheuren Ruinenmasse die Flamme wieder auf, so hell, daß der Kirchthurm von Melchow in rosiges Licht getaucht wurde. Doch mußte das Feuer nicht mehr viel Nahrung finden, oder man hatte sich im Laufe des Tages mit Löschmitteln wohl versehen, denn die Flammen sanken alsbald wieder zusammen, das helle Licht verschwand, es blieb nur so viel, wie von einem Haufen Kartoffelstroh ausgeht, das die Knaben auf freiem Felde angezündet haben.

So hatte ich mich also mit Aufbietung aller meiner Kräfte den ganzen Tag im Kreise herumbewegt und war jetzt beim Einbruch der Nacht ungefähr da, von wo ich heute beim Anbruch des Tages ausgegangen. Das war nicht tröstlich, aber es war lächerlich, und ich lachte, vielleicht nicht sehr laut und sehr behaglich, aber ich lachte doch, und in demselben Augenblicke fiel mir ein, ob es nicht ein guter Genius gewesen, der mich trotz meines Gegenwillens hierher zurückgeführt? Wo hatte ich bessere Freunde als gerade hier, in Trantowitz zum Beispiel, wo mich Jedermann auf dem Hofe und im Dorfe kannte, wo ich an jede Thür anklopfen und sicher sein konnte, Hülfe und Unterstützung zu finden? Ueberdies hatte mich der Umstand, daß ich den ganzen Tag keinem Menschen begegnet war, einigermaßen sicher

gemacht, daß die Verfolgung am Ende nicht so ernstlich betrieben
werde, und schließlich, — ich war am Verhungern und hatte
keine Wahl.

So schritt ich denn, fast ohne Vorsicht, über die Felder nach
Trantowitz, zum ersten Male, seitdem wir uns getrennt, ernst=
lich an den guten Hans denkend und was wohl aus ihm ge=
worden sein möchte? Hatte er die Flüchtlinge eingeholt? Hatte
es eine Scene gegeben, wie in jener Nacht, als der Wilde von
dem Bruder seiner Geliebten verfolgt und eingeholt wurde und
ihre Degen sich kreuzten im trügerischen Licht der spanischen
Sterne? war um die Tochter Blut geflossen, wie um die Mutter?
war Hans einer so schlechten Sache zum Opfer gefallen? war
er Sieger geblieben? und dann? waren die Häscher hinter ihm
her, wie hinter mir? hatte man ihn vielleicht auf frischer That
ergriffen? saß er vielleicht schon hinter Schloß und Riegel?

Mir wurde sehr traurig zu Muthe, als ich daran dachte,
Hans hinter Schloß und Riegel — das war ein melancholisches
Bild; man konnte sich ebenso gut einen Eisbären als Heizer auf
einem Dampfschiffe denken.

Unwillkürlich hatte ich mich dem Hofe mehr genähert, als
ich nöthig hatte, um in's Dorf zu kommen. Vom Felde führte
ein Weg über einen trockenen Graben in die ein paar Morgen
große Wildniß von Kartoffel= und Kohlfeldern, Salatbeeten,
Stachelbeerhecken und verkrüppelten Obstbäumen, welche Hans
in seltsamer Verblendung consequent seinen Garten nannte und
sehr werth hielt, weil er hier im Winter die meisten Hasen aus
dem Fenster seines Schlafzimmers schoß. Auf dies in der ganzen
Gegend berühmte Schlafzimmerfenster richteten sich unwillkür=
lich meine Blicke, und wie groß war mein Erstaunen, als ich aus
demselben einen schwachen Lichtschein kommen sah. Das Fenster
war geöffnet; das Licht brannte, wie ich, näher tretend, bemerkte,
in dem Wohnzimmer, dessen Thür zum Schlafzimmer nur an=
gelehnt war. Ich lauschte und hörte das Klappern von Messer
und Gabel. Sollte Hans wieder zu Hause sein? Ich konnte
der Versuchung nicht widerstehen, stieg durch das Fenster in das
Schlafzimmer, öffnete die nur angelehnte Thür und da saß der

Hans, wie ich ihn gestern hatte sitzen sehen, hinter ein paar Flaschen und einem riesigen Schinken, von dem er jetzt die großen blauen Augen erhob, um den so plötzlich Eintretenden mit mehr verwundertem als erschrockenem Blicke anzustarren.

Guten Abend, Herr von Trantow, sagte ich.

Ich wollte noch mehr sagen, wollte ihm sagen, wie ich hier= her gekommen sei; aber unwillkürlich griff ich mit zitternden Händen zuerst nach der kaum angeschenkten Flasche, die ich, ohne abzusetzen, leerte. Hans nickte, als meinte er: das ist recht, das ist ein Universalmittel. Dann stand er, ohne ein Wort zu sprechen, auf, ging hinaus und schloß die Läden der beiden Fenster; kam wieder herein, verriegelte die Thür, setzte sich mir schweigend gegenüber, zündete sich eine Cigarre an und schien ruhig abwarten zu wollen, bis ich meinen Wolfshunger hin= reichend gestillt haben würde, um reden zu können.

Wenn Sie mir unterdessen erzählten, wie es Ihnen ergangen ist! sagte ich, ohne von meinem Teller aufzublicken.

Hans hatte nicht viel zu erzählen und sagte das Wenige in den möglichst wenigen Worten. Er war eine halbe Meile oder so auf der Landstraße nach Fährdorf — der einzigen, welche die Flüchtlinge möglicherweise hatten einschlagen können — fortgaloppirt, als er merkte, daß das Pferd, welches bis dahin gutwillig genug seinen erzwungenen Dienst geleistet, nicht mehr recht aus der Stelle konnte. Nach einer weiteren Viertelmeile, die er schon langsamer geritten war, hatte er sich von der Un= möglichkeit, weiter zu kommen, überzeugt. Der Weg war sehr schlecht, sagte Hans; ich bin ein schwerer Reiter und das arme Vieh hatte wahrscheinlich seit vierundzwanzig Stunden nicht zu fressen und zu saufen gekriegt. So war er denn abgestiegen, hatte das Pferd am Zügel genommen und es geduldig Schritt für Schritt auf dem directesten Wege nach Trantowitz geführt, wo er bei Einbruch der Nacht wohlbehalten ankam. Bis ich meinen Wodan gesattelt hätte und bis nach Fährdorf gekommen wäre, sagte Hans, waren sie längst über alle Berge, und dann — ich bin es so gewohnt, daß ich nie dazu gelange, zu thun, was andere Leute gewiß an meiner Stelle gethan hätten, und —

Der gute Hans leerte sein Glas, schenkte es sich wieder voll, lehnte sich in seinen Stuhl zurück und hüllte sich in eine blaue Tabakswolke.

Armer Hans! er hatte es ehrlich gemeint — auch mit dem Schädeleinschlagen unsers glücklichen Nebenbuhlers. Was konnte er dafür, daß er bei dieser Gelegenheit wieder einmal, wie schon so oft — wie immer in seinem Leben — auf einen trägen Gaul gerieth? er konnte das Thier doch nicht um einer Sache willen, die es gar nichts anging, zu Schanden reiten!

Dann, gegen acht Uhr, als er hier in seinem Zimmer saß, hatte er den Feuerschein gesehen. Er hatte nun doch den Wodan gesattelt und war hinübergeritten, an der Spitze seiner Wagen. Auch von den andern Gütern waren sie mit Wagen und Spritzen gekommen; aber es war nichts mehr zu retten gewesen; die alte Pahlen, der es gewiß nicht schwer geworden war, die Wachsamkeit des dummen Pferdejungen zu täuschen, hatte ihr Werk zu gut gethan; der Hof hatte an allen Ecken zugleich gebrannt. Ich bin nach Haus geritten, sagte Hans; und habe mich zu Bett gelegt, und heute morgen bin ich wieder aufgewacht; ich weiß nicht warum. Ich wäre lieber nicht wieder aufgewacht.

Armer Hans!

Heute Morgen hatte er erst von seinen Leuten erfahren, was sich ereignet: wie gestern Abend die Steuerleute mit Hülfe einer halben Compagnie Soldaten eine Jagd auf die Schmuggler gemacht, und wie sie vier oder fünf erwischt hätten, die nun alle gehängt werden sollten. Und ein Soldat sei in dem Sumpfe ertrunken, ein Steuerbeamter sei verwundet und der Jochen Smart wäre todtgeschossen. Herrn von Zehren aber hätten sie heute morgens oben auf der Burg auch todt gefunden. Der könne froh sein, daß er es nicht überlebt. Denn gehängt würden sie ihn ja doch haben, wie sie den Georg Hartwig, des Steuer-Rendanten Sohn aus Uselin, der ja wohl der Hauptmann von den Schmugglern gewesen sei, hängen würden, wenn sie ihn nur erst hätten.

Hans schänkte mir mein Glas wieder voll und forderte mich mit seiner ausdruckvollsten Miene auf, es sofort zu leeren, als könnte ich ihm dadurch am sichersten die tröstliche Gewißheit verschaffen, daß sie mich vorläufig noch nicht gehängt hätten.

Nun mußte ich erzählen. Hans hörte schweigsam rauchend zu; aber als ich schilderte, wie der Wilde gestorben und wie ich ihn zuletzt gesehen — todt, das bleiche Antlitz der aufgehenden Sonne zugewandt, deren erster Strahl in seine starren gebrochenen Augen fiel — da seufzte Hans tief auf und bewegte seinen großen Kopf langsam hin und her und that einen tiefen, tiefen Trunk.

Und was rathen Sie mir, was ich thun soll, sagte ich endlich.

Ja, das sagen Sie einmal! erwiderte Hans.

Daß meine Angelegenheit sehr schlimm stand, leuchtete selbst Hans ein. Ich hatte Pinnow mit der Pistole in der Hand gezwungen, mich mitzunehmen; ich hatte den directesten, thätigsten Antheil an dem Zuge genommen; ich hatte auf die Zöllner geschossen; ich hatte endlich Herrn von Zehren auf seiner verzweifelten Flucht begleitet. Dieses Alles waren in den Augen des Gesetzes jedenfalls keine sehr verdienstlichen Handlungen, und je weniger ich hinterher mit dem Gesetze in Berührung kam, um so besser würde es offenbar für mich sein.

Und doch, sagte ich, wäre dies mein geringster Kummer; aber mein Vater würde die Schande, einen Sohn im Zuchthause zu haben, nicht überleben, und deshalb will ich laufen, so weit der Himmel blau ist.

Hans nickte Beifall und schien nur ungewiß darüber, wie weit das wohl ungefähr sein möchte.

Wenn ich nach Amerika ginge?

Hans mußte nothwendig auf einen so glänzenden Einfall, der alle Schwierigkeiten der Situation mit Einem Schlage beseitigte, mit mir anstoßen.

Indessen fand sich, daß die glänzendsten Einfälle, sobald es an die Ausführung geht, auch ihre Schattenseiten haben können. Die Geldfrage glaubte Hans dadurch erledigt, daß er an sein unverschlossenes, vermuthlich auch unverschließbares Pult ging, einen Kasten herauszog und den Inhalt desselben vor uns auf den Tisch ausschüttete. Es waren vier- bis fünfhundert Thaler in Gold, Silber und Tresorscheinen, untermischt mit Einladungen zu Jagden, quittirten und unquittirten Rechnungen, Cottillon=Orden (aus einer frühern Zeit vermuthlich), Wollproben, verstreuten Zündhütchen und einigen Dutzend Rehposten, die auf die Dielen rollten und Caro aufweckten, der unter dem Sopha geschlafen hatte, und jetzt, sich dehnend und streckend, hervorkroch, da er annahm, daß Rehposten so oder so in sein Departement gehörten.

Hans erklärte, daß er, soviel ihm bekannt, augenblicklich nicht mehr im Hause habe, daß er aber, wenn es nicht reiche, in seinen Röcken nachsehen wolle, wo er von Zeit zu Zeit in dem Unterfutter schon ganz bedeutende Summen gefunden habe.

Ich war von Hans' Güte sehr gerührt; aber, angenommen auch, daß ich von derselben Gebrauch machen wollte, wie sollte die Flucht bewerkstelligt werden? Hans hatte sich von seinen Leuten sagen lassen — und es erschien ja nur zu wahrscheinlich — daß man überall nach mir suche. Wie sollte ich, ohne angehalten zu werden, nach Hamburg oder Bremen oder irgend einem andern Ort gelangen, von dem aus ich mich nach Amerika hätte einschiffen können — zumal in den ersten Tagen, wo man voraussichtlich noch ganz besonders wachsam sein würde?

Nach langem Hin= und Herüberlegen verfiel Hans auf folgenden Plan, zu dem er jedenfalls aus seinem braven Herzen die Inspiration erhalten hatte. Ich sollte vor der Hand bei ihm versteckt bleiben, bis sich die erste Hitze der Verfolgung gelegt haben würde. Dann wollten wir zusammen die Reise wagen, ich als sein Kutscher oder Bedienter verkleidet. Nun handelte es sich nur noch um den Paß, ohne den, wie ich wußte, Niemand an Bord eines Schiffes gelassen wurde. Aber auch hier wußte der erfindungsreiche Hans Rath. Ein gewisser Herr Schulz, der bei ihm Inspector gewesen, hatte in diesem Frühjahre auswandern wollen und sich die nöthigen Papiere verschafft, war aber, bevor er sein Vorhaben ausführen konnte, gestorben. Die Papiere hatte Hans an sich genommen, und wir fanden sie nach einigem Suchen. Nun stellte sich zwar heraus, daß der europamüde Inspector nicht neunzehn, sondern vierzig Jahre alt gewesen, auch nicht, wie ich, sechs Fuß ohne die Schuhe, vielmehr nur vier und einen halben gemessen hatte, außerdem durch starke Pockennarben gekennzeichnet war; indessen, meinte Hans, so genau würde man wohl nicht hinsehen und ein Hundertthalerschein die kleinen Abweichungen des Signalements im Passe gewiß verdecken.

Es war zwei Uhr, als wir diesen geistreichen Plan fertig hatten und zu gleicher Zeit Hans die Augen vor Müdigkeit zufielen. Da er durchaus wollte, daß ich in seinem Bette schlafe, so mußte ich ihm wohl das Sopha in der Stube lassen, auf das er sich kaum hingestreckt hatte, als er auch schon zu schnarchen begann. Ich deckte ihn mit seinem Mantel zu und begab mich in die Kammer, wo ich, so müde ich war, erst von den einfachen Waschapparaten, die ich dort vorfand, den entsprechenden und sehr nöthigen Gebrauch machte. Dann legte ich mich, nachdem ich mich wieder angekleidet, auf Hans' Bett.

Ich schlief ruhig ein paar Stunden, und als ich beim ersten Morgengrauen erwachte, stand ein Entschluß, mit dem ich mich schon hingelegt, klar vor meiner Seele. Ich wollte fort; der gute Hans sollte durch mich nicht in ernstere Ungelegenheiten kommen. Je länger ich bei ihm verweilte, um so größer wurde die Wahrscheinlichkeit, daß seine Helfershelferschaft, die jetzt doch aller Wahrscheinlichkeit nach verborgen blieb, an den Tag kam und dann um so schlimmer ausgelegt wurde. · Außerdem setzte ich in der That nur geringes Vertrauen in den Paß des vier und einen halben Fuß hohen verstorbenen Inspectors, und schließlich war ich — als ein junger, nicht ungroßmüthiger Mann — ganz erfüllt von der Ueberzeugung, daß es meine Pflicht sei, die Folgen meiner Handlungen, so weit es in meiner Macht stand, allein auf mich zu nehmen.

So erhob ich mich denn leise von meinem Lager, schrieb einen Zettel an Hans, in welchem ich ihm für alle seine Güte dankte, und daß ich meine Jagdtasche mit den Resten des Abendbrodes angefüllt habe, steckte den Zettel in den Hals einer Weinflasche auf dem Tische, in der gewiß gerechtfertigten Annahme, daß Hans ihn da schwerlich übersehen würde, nickte dem braven Jungen, der noch in derselben Situation auf dem Sopha lag, in welcher er vor ein paar Stunden eingeschlafen war, Lebewohl zu, streichelte Caro, der sich an mich drängte, und bedeutete ihm, daß ich ihn nicht mitnehmen könne, ergriff meine Flinte und stieg zu demselben Fenster hinaus, in welches ich gestern Abend eingestiegen war.

Zwanzigstes Capitel.

Speise und Trank und Schlaf hatten mir die alte Kraft vollauf wiedergegeben, und so konnte ich meine Rolle in dem Räuber= und Gensdarmenspiel mit besserm Erfolge, als am ersten Tage, in den folgenden Tagen fortsetzen.

Diese Tage, es waren ihrer drei oder vier, bilden eine seltsame Episode in der Geschichte meines Lebens, so daß mir manchmal ist, als hätte ich sie gar nicht selbst erlebt, sondern hätte davon gelesen in einem Märchenbuche. Ja, wie ein Märchen ist mir nach so vielen Jahren — dreißig sind es jetzt — die Erinnerung dieser Tage, wie ein Märchen von dem bösen Knaben, der sich im Walde verirrte und dem dort allerlei sehr Schlimmes begegnete, und der doch auch wieder so viel blaue Himmelsluft athmen, und so viel goldenen Sonnenschein trinken, und sich so vogelfrei über die schöne Erde bewegen konnte, daß man, wer weiß wie viele Stationen auf der Pappelchaussee seines rangirten Daseins darum geben würde, könnte man so märchenhaftes Leid und Glück einmal oder einmal wieder an sich selbst erfahren.

Als ob der Himmel selbst es gnädig mit dem bösen Knaben meinte, der, was er immer gefehlt haben mochte, es in seines jugendlichen Sinnes Thorheit gefehlt hatte, und vielleicht, Alles in Allem, so gar bös nicht war, sendete er ihm für seine abenteuerliche Flucht ein paar der allerschönsten Spätherbsttage. Die Regenstürme der letzten Zeit hatten die Luft durchsichtig klar gemacht, daß die fernste Ferne wie nächste Nähe erschien. Dazu strömte ein machtvolles und doch unendlich mildes Sonnenlicht von dem wolkenlosen Himmel und drang in die

tiefsten Tiefen des Waldes, von dessen Riesenbäumen die gelben
Blätter still herabschwebten zu den andern, die hier und da schon
hoch den Boden bedeckten. Kein Laut in der sonnigen Wildniß,
als dann und wann aus dem Gebüsche das melancholische Zir=
pen einer Goldammer oder das heisere weitschallende Krächzen
einer Krähe, welcher das Gewehr, das der junge Mann da
unten trug, verdächtig sein mochte; oder der durch die Entfer=
nung abgedämpfte Schrei von Kranichen, die, unbekümmert
um das irdische Treiben, in unermeßlicher Höhe ihren stolzen
Flug gen Süden zogen.

Dann lag ich wieder im Herzen des Waldes auf einem
nach allen Seiten abfallenden Hügel, der leicht ein Hünengrab
sein mochte, und schaute zu, wie unter mir zwischen den gewal=
tigen Steinen Ehren=Reinecke aus seinem Malepartus kroch
und es sich in der Frühmorgensonne behaglich machte, während
ein paar Schritte weiter die halberwachsenen Jungen in aus=
gelassenster Lustigkeit sich jagten und über einander kollerten;
oder ich sah im Abendsonnenschein ein Rudel Hochwild über
die Lichtung ziehen, den Platzhirsch zuletzt, stolz aufgerichteten
Hauptes, das er nur zuweilen senkte, ein Kraut abzurupfen,
die Kühe ruhig vor ihm her äsend.

Dann wieder stand ich auf jäher Uferhöhe hart am Rande
der trotzigen Kreidefelsen und blickte sehnsüchtig hinaus auf das
blaue Meer, an dessen fernstem Horizont ein Wölkchen die
Stelle zeigte, wo der Dampfer, den ich seit einer Stunde
beobachtet hatte, verschwunden war, während auf mittlerer
Höhe die Segel von ein paar Fischerbooten blinkten. Das
Wölkchen war verschwunden, die weißen Segel wurden kleiner,
und ich wendete mich seufzend in den Wald zurück, kaum
noch hoffend, daß es mir gelingen werde, von der Insel weg=
zukommen.

Schon ein paar Mal hatte ich den Versuch gemacht. Ein=
mal in einem kleinen Fischerdorf, das in einem Einschnitte der
Kreideküste in der Tiefe einer schmalen Bucht lag und das
Bild der Abgeschiedenheit und Vereinsamung war. Aber die
Männer waren mit den seetüchtigen Booten sämmtlich auf dem

Fischfange; nur ein uralter Mann und ein paar halbwüchsige Buben waren außer den Weibern und Kindern da. Wenn der Fang gut war, konnten zwei Tage vergehen, bis die Männer zurückkamen, und daß den Herrn einer so weit fahren würde, glaube er nicht. So sagte mir der alte Mann, und ein paar rothhaarige Kinder standen dabei und glotzten mich mit aufgesperrten Mäulern an und eine alte Frau kam herzu und bestätigte die Aussage des alten Mannes, während die Sonne in's Meer tauchte und ein kühler Wind die Schlucht hinab zum Meere blies, dessen Wasser zu dunkeln begannen.

Es war der zweite Tag meiner Wanderschaft. Die erste Nacht hatte ich in einer verlassenen Schäferhürde zugebracht; ich dachte, ich könne einmal wieder unter Dach schlafen, und die würdige Matrone, der ich mein Anliegen vortrug, räumte mir bereitwillig das Kämmerchen ihres Sohnes ein, der vor drei Jahren ausgesegelt war und noch nichts wieder von sich hatte hören lassen. Ich hätte in diesem von aller Welt abgeschiedenen Winkel vielleicht tagelang, ohne entdeckt zu werden, zubringen können; aber die Nothwendigkeit, erst einmal von der Insel fortzukommen, war zu gebieterisch, und so brach ich in der Frühe des nächsten Morgens wieder auf, mein Heil anderwärts zu versuchen.

Ich that es in einem größern Fischerdorf. Es waren Boote genug da und Leute genug, aber Keiner wollte mich fahren, trotzdem ich für die kurze Fahrt von wenigen Meilen (weiter war es nicht bis zur mecklenburgischen Küste, wo ich mich für verhältnißmäßig sicher halten durfte) zehn Thaler, die Hälfte meiner Baarschaft bot. Ob sie wußten, wer ich war — wie wohl möglich — oder ob ihnen der junge, verwildert aussehende Mensch mit der Flinte auf dem Rücken, der durchaus auf fremdes Gebiet verlangte, verdächtig vorkam; ob sie nur, da ich es doch einmal so eilig hatte und es mir an Geld nicht zu fehlen schien, durch Zaudern und Hinhalten ein höheres Fahrlohn erpressen wollten — ich weiß es nicht. Als aber eine Stunde mit Hin- und Herreden vergangen war und Karl Bollmann sich bereit erklärte, wenn

Johann Peters sein Boot hergeben wollte, der wiederum er=
bötig war, die Fahrt mitzumachen, aber nur auf Karl Boll=
mann's Boot, und Christian Riekmann, der mit den Händen
in den Hosentaschen dabei stand, meinte, er wolle mich schon
mit seinem Jungen fahren, aber nicht unter dreißig Thalern,
und sie dann Alle die Köpfe zusammensteckten und nach und
nach die ganze Einwohnerschaft — Weiber und Kinder ein=
geschlossen — herbeikam, schien es mir gerathener, das Re=
sultat dieser Verhandlungen nicht abzuwarten, sondern wen=
dete mich kurz ab und schlug mich mit langen Schritten in
die Dünen. Ein halbes Dutzend kam hinter mir her — ich
zeigte ihnen von weitem meine Flinte und da blieben sie zurück,
als weise Männer bedenkend, daß weit davon gut vor dem
Schuß ist.

An diesem Tage erhielt ich auch den Beweis dafür, daß
man mich ernstlich verfolgte, woran ich freilich nie gezweifelt
hatte.

Es war nämlich schon gegen Abend, als ich, eine Strecke
freien Landes, die ich zu durchschreiten hatte, vom Saume des
Waldes aus recognoscirend, auf der Landstraße zwei Gensdar=
men zu Pferde sah, die längere Zeit mit einem Schäfer spra=
chen, welcher seine Heerde auf der Haide zwischen der Land=
straße und dem Walde trieb. Ich bemerkte, daß sie wieder=
holt nach dem Walde deuteten, doch mußte ihnen der Schäfer
wohl befriedigende Auskunft gegeben haben, denn sie ritten
nach einiger Zeit in der entgegengesetzten Richtung weiter und
verschwanden bald in einer Senkung des Terrains. Als ich
sie weit genug entfernt glaubte, kam ich aus meinem Verstecke
heraus und gesellte mich zu dem Schäfer, der an einem lan=
gen schwarzen Strümpfe strickte, und dessen einfältiges Gesicht
mir ausreichende Gewähr der Sicherheit bot. Er erzählte
mir auf mein Befragen, daß die Gensdarmen hinter Einem
her wären, der ja wohl Einen todtgeschlagen habe. Es solle
ein großer, junger Mensch sein, und ein sehr schlimmer
Mensch, aber die Gensdarmen hätten gesagt, sie kriegten ihn
doch noch.

Die üppige Phantasie des Strümpfestrickenden hatte ver=
muthlich in der kurzen Zeit zwischen dem Verschwinden der
Gensdarmen und meinem Erscheinen Muße genug gehabt, sich
das Bild des Verfolgten möglichst fürchterlich auszumalen.
Jedenfalls erkannte er mich in Wirklichkeit nicht; er nahm
mich ohne Bedenken, für was ich mich gab: einen Jägers=
mann, der auf einem der benachbarten Güter zu Besuch sei
und, der Gegend unkundig, sich verirrt habe. Er gab mir
über die Wege genaue Auskunft, bedankte sich für das Trink=
geld, das ich ihm in die Hand drückte, und ließ vor Verwun=
derung seinen Strickstrumpf fallen, als ich, anstatt den von
ihm gewiesenen Weg zu gehen, über die Haide in den Wald
zurückkehrte.

Die Nähe der Gensdarmen hatte mich doch stutzig gemacht
und ich hatte beschlossen, diese Nacht im Walde zuzubringen.
Es war eine böse Nacht. So warm es am Tage gewesen, so
kalt wurde es jetzt, nachdem die Sonne untergegangen, und
immer kälter und kälter, je weiter die Nacht vorschritt. Ver=
gebens, daß ich mich fußtief in die feuchtdürren Blätter ver=
grub — vergebens, daß ich durch Hin= und Hergehen mich zu
erwärmen suchte. Die dichten Nebel, die von der Erde auf=
stiegen, durchnäßten meine Kleider und durchkälteten mich bis
in's Mark. Entsetzlich langsam schlich die lange, lange Nacht
dahin; ich glaubte, es würde nie wieder Tag werden. Und
zu diesem physischen, kaum erträglichen Leiden der Kälte, der
ich mich nicht erwehren, des Hungers, den ich nicht stillen, der
Müdigkeit, der ich nicht nachgeben konnte, gesellte sich die
Erinnerung dessen, was ich jüngst durchlebt, je länger die
Nacht dauerte, und je wilder das Fieber in meinen Adern
wüthete, in immer grauenhafteren Bildern. Während ich, halb
todt vor Mattigkeit, auf einer freieren Stelle unter den hohen
Bäumen im Nebelgeriesel auf und ab schwankte; sah ich mich
wieder an Herrn von Zehren's Seite auf dem Moor und Jochen
Swart lag todt zu unsern Füßen, und die Flammen des bren=
nenden Hofes leuchteten grausig über uns hin, aber viel heller
als es in Wirklichkeit der Fall gewesen war, so hell, daß mir

war, als brenne der Wald rings um mich her und als irrte ich in höllischen Feuern, obgleich meine Glieder vor Kälte zitterten und meine Zähne in immer schnellerem Tempo auf= einanderklappten. Dann saß Herr von Zehren vor mir, wie ich ihn zuletzt hatte sitzen sehen, mit gebrochenen Augen, in welche die aufgehende Sonne schien, und dann war es wieder nicht Herr von Zehren, sondern mein Vater, oder der Professor Lederer, oder andere Gestalten; aber alle waren sie todt, und die Sonne schien ihnen in die gebrochenen Augen. Dann wurde ich mir wieder meines Zustandes voll bewußt: daß es finstere Nacht um mich her war, daß mich sehr fror, daß ich fieberte und daß ich auf die Gefahr hin, entdeckt zu werden, mich entschließen müsse, ein wirkliches Feuer zu entfachen, an= statt des gräßlichen, unheimlichen, daß ich fortwährend in mei= nen Fieber=Hallucinationen sah, gerade wie ein auf heißer Land= straße Verdurstender das Rauschen schattiger Bäume und das Plätschern von Quellen zu hören glaubt.

Ich trug für den Fall, der jetzt eintrat, ein großes Stück Zunder, das ich aus einem hohlen Baume gebrochen, in der Jagdtasche. Mit Hülfe desselben gelang es mir, nach einiger Zeit einen Stoß halbwegs trockenen Holzes in Brand zu setzen, und ich kann das Wonnegefühl nicht beschreiben, das mich durchbebte, als endlich die Flamme hoch emporschlug. Vor ihrem ehrlichen Schein huschten die Fiebergeister in die Finster= niß zurück, die sie geboren hatte; vor ihrer köstlichen Wärme floh die Eiskälte aus meinen Adern; ich schleppte neues und neues Material herbei, ich konnte mich des Anblickes der glän= zenden Flammen, des schwälenden Rauches, der davonstieben= den Funken nicht ersättigen. Dann setzte ich mich an meinen Waldesheerd und dachte darüber nach, was ich thun könne, mich aus diese Lage zu bringen, die, wie ich wohl sah, auf die Dauer unerträglich war. Endlich glaubte ich, es gefunden zu haben. Ich mußte den Versuch machen, über einen der Orte, von denen aus eine regelmäßige Verbindung mit dem Festlande statt fand und die ich bis jetzt aus guten Gründen geflissentlich vermieden hatte, zu entkommen, und zwar verkleidet, da man

mich sonst jedenfalls sofort erkannt haben würde. Die Schwierig=
keit war, einen passenden Anzug zu erhalten und auch hier kam
mir ein glücklicher Gedanke. Ich hatte in der Kammer des
Matrosen, in welcher ich die vorige Nacht zugebracht, einen
vollständigen Fischeranzug hangen sehen; vielleicht verkaufte
mir den die freundliche Alte. War ich in dieser Verkleidung
erst einmal von der Insel, so sollte es mir doch, meinte ich, ge=
lingen, in einem nächtlichen Marsch bis zur mecklenburgischen
Grenze zu kommen. Dann mußte der Zufall weiter helfen.

Ich führte diesen Entschluß aus, sobald der Morgen graute,
und traf, obgleich ich mich bereits ein bis zwei Meilen von
dem einsamen Fischerdorfe entfernt hatte, kurz nachdem die
Sonne aufgegangen, dort wieder ein. Die brave Alte wollte
von keinem Kauf wissen: ich brauche die Sachen, und das sei
genug; vielleicht helfe ein anderer Mensch dafür ihrem Sohne,
wenn er noch lebe, im fernen Lande aus einer Gefahr — und
dabei liefen ihr die Thränen über die alten, runzeligen Wangen.
Meine Sachen und die Flinte — die Pistole hatte ich bei
Hans gelassen — wolle sie mir aufheben; ich könne sie jeden
Augenblick haben, wenn ich wieder in die Gegend komme.
Wofür mich die gute Alte genommen haben mag? Ich weiß
es nicht. Ich denke, für einen Menschen, der so aussah, als
ob er in Noth sei, der behauptete, daß ihm nur auf diese
Weise geholfen werden könne, und dem sie deshalb half, wie
er es wünschte. Die brave Seele! Ich bin später glücklicher=
weise im Stande gewesen, ihr ihre Gutthat einigermaßen zu
vergelten, wenn eine Gutthat überhaupt vergolten werden kann.

Ich machte mich alsbald wieder auf den Weg, der dies=
mal unter mancherlei Fährlichkeiten quer durch die Insel führte,
zu einem Punkte, wo ich den Abend erwarten wollte, um mich
nach Fährdorf zu begeben, das ich in einer Stunde erreichen
konnte. Ich hatte nämlich im Vertrauen auf meinen Matrosen=
anzug, der mir so ziemlich paßte, und, wie ich glaubte, mir
ein ganz anderes Aussehen gab, die directeste Ueberfahrt nach
Uselin gewählt. Freilich mußte ich so meine Vaterstadt passiren;
aber vielleicht suchte man mich hier gerade am wenigsten, und

dann — gestehe ich es nur! — es bedurfte zu jener Zeit gar
wenig, um in mir den alten Uebermuth zu entfachen, der mir
in meinem jungen Leben schon so manchen bösen Streich gespielt
hatte. Ich malte es mir mit einem grimmigen Behagen aus,
wie ich nächtens durch die stillen Straßen meiner Vaterstadt
wandern würde, und überlegte schon, ob ich nicht an die Rath=
hausthür den alten Spruch von den Nürnbergern und meinen
Namen dazu schreiben solle. Dennoch wagte ich mich nicht vor
Anbruch der Nacht nach Fährdorf.

Ich hatte das fällige Boot verpaßt; das nächste und letzte
an diesem Tage segelte erst in einer halben Stunde. Da ich
durch das Fenster gesehen hatte, daß das sehr geräumige
Schänkzimmer des hart am Ufer gelegenen Gasthofes so gut
wie leer war und ich mich nothwendig für den Marsch der
Nacht stärken mußte, trat ich ein, setzte mich, mit dem Gesicht
nach der Wand, an den entferntesten Tisch und bestellte bei dem
Schänkmädchen ein Abendbrod.

Das Mädchen ging, die Bestellung auszurichten. Auf
dem Tische neben dem Lichte, das die Kleine angezündet, lag
eine mit Bierflecken arg besudelte Nummer des Uselner Wochen=
blattes vom vorigen Tage — ein anderes, reinlicheres Exemplar
derselben Nummer liegt neben dem Blatte, auf welches ich dies
schreibe. Ich nahm es zur Hand, mein erster Blick fiel auf
folgenden Artikel:

Publicandum.

Der der gewerbsmäßigen Treibung der Contrebande, der
thatsächlichen Widersetzlichkeit gegen Officianten des Staates,
sowie des Mordes dringend verdächtige, zur Zeit flüchtige, ehe=
malige Schüler des Gymnasiums in Useln, Friedrich Wilhelm
Georg Hartwig, hat sich noch immer, trotz aller von Seiten
der Behörden angewandten Mühe, der Verhaftung zu ent=
ziehen gewußt. Da es durchaus im Interesse des Publikums
liegt, daß dieser nach allen Inzichten gefährliche Mensch zur
Haft, resp. Verbüßung der Strafe gebracht werde, ergeht an
dasselbe die Aufforderung, seinerseits zu diesem Endzwecke bei=
zutragen, indem Jeder, der über den Aufenthalt ꝛc. des p. p.

Hartwig eine Aussage zu machen hat, solche unverweilt zur Kenntniß des Unterfertigten bringt. Außerdem ersuchen wir wiederholt und ergebenst sämmtliche Behörden des In= und Auslandes, auf den p. p. Hartwig (Signalement weiter unten) strengstens zu vigiliren, denselben im Betretungsfalle zu arre= tiren und an uns auf unsere Kosten remittiren zu wollen, unter Zusicherung dienstwilligster Reciprocität im gegebenen Falle.

Uselin, 2. November 1833.   Das Bezirksgericht.

(gez. Heckepfennig.)

Das beigefügte Signalement will ich nicht ausschreiben; der Leser würde aus demselben nicht viel mehr erfahren, als daß ich mich zu jener Zeit dunkelblonden — „Brandfuchs" hatten mich die Jungen in der Schule genannt, wenn sie mich ärgern wollten — und gelockten Haares erfreute, sechs Fuß ohne Schuhe maß und, als ein wohlgebildetes Menschenkind keine „besonderen Kennzeichen" hatte, wenigstens nicht in den Augen des Herrn Justizraths Heckepfennig.

Uebrigens habe ich auch in jener für mich verhängnißvollen Stunde die actenmäßige Schilderung meiner Person schwerlich gelesen; ich hatte genug an dem mitgetheilten Publicandum. Als mir gestern Abend der Schäfer sagte: der Mann, den die Gensdarmen verfolgten, solle einen andern erschlagen haben, hatte ich das nicht einen Augenblick für baare Münze genom= men. Der Mensch sah so einfältig aus, und wer weiß, dachte ich, was die Herren Gensdarmen ihm aufgebunden haben mögen, um sich wichtig und ihm bange zu machen! Aber hier stand es mit großen, deutlichen Lettern auf dem Löschpapier des Useliner Wochenblattes, das, da sehr selten andere Zeitungen in meine Hände gekommen waren, für meinen unkritischen Jugendsinn von jeher mit einer gewissen magistralen Autorität, ich möchte sagen, mit dem Stempel der Unfehlbarkeit bekleidet gewesen war. — Des Mordes verdächtig! War es möglich? galt ich als der Mörder von Jochen Swart? ich! der ich Gott gedankt hatte, als ich den Menschen, auf den ich schoß, sehr eilig davonhinken sah! ich, dessen einziger Trost es in all' diesen letzten Leidenstagen gewesen war, daß trotz alledem kein Men=

schenleben auf meinem Gewissen laste! Und hier schrieb man in alle Welt hinaus, daß ich ein Todtschläger, ein Mörder sei

Das Schänkmädchen brachte das bestellte Essen und er= mahnte mich, glaube ich, keine Zeit zu verlieren, da das Fähr= boot bald absegeln werde. Ich hörte kaum das, was sie sagte; ich ließ das Essen unberührt und starrte noch immer in das Blatt, dessen erste Seite ich, als das Mädchen herantrat, schnell umgeschlagen hatte, als könnte mein Name, der da gedruckt war, mich verrathen. Aber da auf der zweiten Seite stand er abermals in einem Artikel, unter der Rubrik: Städtische An= gelegenheiten.

Der Artikel lautete so:

„Gestern Abend hatte sich auf eine bisher noch unaufge= klärte Weise das Gerücht in der Stadt verbreitet, daß Georg Hartwig, dessen Name jetzt in Aller Munde ist, sich in das Haus seines Vaters geflüchtet habe und sich dort verborgen halte. Eine ungeheure Menschenmenge, die leicht aus hundert und mehr Köpfen bestehen mochte, versammelte sich in Folge dessen in der Ufergasse und verlangte stürmisch, daß ihr der jugendliche Verbrecher ausgeliefert werde. Vergebens, daß der unglückliche Vater von der Schwelle seines Hauses versicherte, daß sein Sohn nicht in seinem Hause, und daß er nicht der Mann sei, dem Gesetze Hinderniß in den Weg zu legen. Auch die energischen Bemühungen unserer braven Stadtdiener Luz und Volljahn erwiesen sich als erfolglos; erst der beredten An= sprache unseres würdigen Herrn Bürgermeisters, der auf die erste Nachricht des Tumultes sofort herbeigeeilt war, gelang es, die immer noch anwachsende Menge zu zerstreuen. — Wir können nicht unterlassen, unsere Mitbürger auf das Thörichte und gewissermaßen Frevelhafte eines solchen Beginnens drin= gend aufmerksam zu machen, wie willig wir auch einräumen, daß die in Frage stehende Angelegenheit, welche leider immer bedeutendere Dimensionen anzunehmen scheint, ganz dazu an= gethan ist, die Gemüther aufzuregen. Aber wir wenden uns an die Verständigen, d. h. die weitaus größere Mehrzahl unserer Mitbürger, und fragen sie: dürfen wir nicht in unsere Behörde das vollste Vertrauen setzen? dürfen wir nicht überzeugt sein, daß unser Wohl in ihren Händen besser aufgehoben ist, als in unseren eigenen Händen? Und was den gestrigen Fall anbetrifft, so appelliren wir noch besonders an das Zartgefühl der Gutgesinnten. Mögen sie bedenken, daß der Vater des unglücklichen Georg Hartwig einer der ehrenwerthesten Männer unserer Stadt ist. Er wäre, wie er selbst versichert hat und wie wir unsererseits fest überzeugt sind, der Letzte, welcher den Lauf der Gerechtigkeit aufhalten würde. Mitbürger! Ehren wir dieses Wort! ehren wir den Mann, der es gesprochen! Mitbürger! lasset uns gerecht sein, aber nicht grausam! und vor Allem lasset uns zusehen, daß der Ruf der Ordnung und des gesetzmäßigen Sinnes, dessen sich unsere gute alte Stadt so lange mit Recht erfreut hat, nicht durch unsere Schuld verloren gehe!"

Das mir wohlbekannte Signal, welches die Passagiere zum Fährboot rief, ertönte von der Landungsbrücke her, zugleich trat das Mädchen wieder herein und bedeutete mich, daß ich mich beeilen müsse.

Aber Sie haben ja keinen Bissen gegessen! rief sie und starrte mich verwundert und erschrocken an; ich mochte wohl sehr blaß und verstört aussehen.

Ich murmelte irgend eine Erwiderung, legte einen Thaler auf den Tisch und verließ eilends das Zimmer.

Das Fährboot war trotz der späten Stunde voll von Passagieren; in dem mittleren Raume standen zwei gesattelte Pferde, die nur Gensdarmen gehören konnten, und ich entdeckte auch bald ihre Reiter. Es waren dieselben, die ich gestern gesehen hatte, wie ich aus den Gesprächen hörte, die sie mit ihren Nachbarn, ein paar Bauern, führten. Sie schimpften darüber, daß man sie zurückbeordert, denn sie seien überzeugt, daß sie den Halunken gefangen haben würden, der ganz gewiß noch irgendwo auf der Insel versteckt sei, trotzdem sie dieselbe nebst noch zwei berittenen Kameraden und vier Kameraden zu Fuß nach allen Richtungen durchsucht hätten. Nun würden sich die Andern die Gratification verdienen, während sie helfen sollten, die Ruhe in der Stadt aufrecht zu erhalten, was sie gar nichts angehe, denn dazu seien ja der Volljahn und der Luz da.

Ich saß dicht in ihrer Nähe und konnte Alles mit anhören, und dachte, welche Freude ich den braven Leuten machen könnte, wenn ich plötzlich aufstünde und sagte: hier ist der Halunke.

Aber ich konnte ihnen die Freude nicht machen; was zu thun ich entschlossen war, mußte aus eigenem freiem Antriebe geschehen. So hielt ich mich still, und den weisen Dienern des Gesetzes kam es nicht in den Sinn, daß der junge Matrose, der scheinbar so eifrig zuhörte, der war, den sie suchten.

Der Wind war günstig und die Fahrt schnell, nach einer Stunde legte das Boot an der Fährbrücke in dem Hafen an. Die Pferde stampften, die Gensdarmen fluchten, die Passagiere drängten sich aus dem Fahrzeug und gingen mit ihren Bündeln die Brücke hinauf.

Oben auf dem Quai stand der dicke Peter Hinrich, der Wirth der Matrosenkneipe gleich am Thor, und fragte mich, ob ich nicht bei ihm Quartier nehmen wolle? Ich sagte, es wäre schon anderwärts Quartier für mich bereit.

So schritt ich durch das verfallene Hafenthor, das nie geschlossen wurde, und kam in die Hafengasse. Als ich zu dem kleinen Hause gelangte, blieb ich einen Augenblick stehen. Es war dunkel und still in dem Hause und es war dunkel und still auf der Straße: aber vorgestern war es hier belebt genug gewesen, und dort auf der Schwelle hatte ein Mann gestanden und gesagt, daß man sich sehr in ihm irre, wenn man glaube, er könne oder werde dem Gesetze ein Hinderniß in den Weg legen. Er sollte nicht noch einmal in den Verdacht kommen, daß er seinen Sohn in seinem Hause versteckt halte; er sollte sehen, daß diesem Sohne doch noch etwas an seinem eigenen guten Namen, wenn nicht an dem seines Vaters gelegen sei; daß er den Muth habe, einzustehen für das, was er gethan.

Die Vermahnung des Wochenblattes an das Publikum war nicht vergeblich gewesen; die kleine Stadt war wie ausgestorben; die energischen Männer Luz und Volljahn hätten beim besten Willen nichts zu thun gefunden. Mein Schritt hallte laut in den öden Gassen, die mir heute sonderbar eng und winkelig erschienen; hier und da war noch Licht in den Fenstern; man ging sehr früh zu Bett in Uselin, und der Magistrat konnte deshalb auch die Straßenlaternen frühzeitig auslöschen, besonders wenn, wie jetzt, schon das erste Viertel des Mondes über das Dach der alten Nicolaikirche durch treibende Wolken melancholisch auf den stillen Marktplatz herniederblickte.

Ich stand auf dem Marktplatz vor dem Hause des Herrn Justizraths Heckepfennig. Es war der stattlichsten eines. Wie oft war ich hier, wenn ich des Mittags aus der Schule kam, vorübergegangen, und hatte einen sehnsüchtig-respectvollen Blick nach dem letzten Fenster links in der oberen Etage geworfen, wo Emilie hinter einer Vase mit Goldfischen zu sitzen pflegte, und zufällig immer, wenn ich vorüberging — ein kleiner, halbblinder Fensterspiegel spielte den treuen Vermittler — nach irgend etwas auf dem Markte sehen mußte! Heute blickte ich wieder nach dem Fenster, aber mit sehr anderen Empfindungen. Es war Licht in dem Zimmer — dem Wohnzimmer der Familie. Der Justizrath pflegte dort seine Abendpfeife zu rauchen. Es stand zu vermuthen, daß sie ihm über dem Besuch, der ihm bevorstand, ausgehen werde.

Die Hausthüren in Uselin pflegten, bevor die Bewohner zu Bett gingen, nicht verschlossen zu werden; aber sei es, daß die von den Stadtdienern Luz und Volljahn mit so opferfreudigem Muthe bekämpften Unruhen der letzten Tage eine größere Vorsicht räthlich erscheinen ließen, sei es, daß der Justizrath in seiner doppelten Eigenschaft als reicher Mann und als Mann des Gesetzes auch in diesem Punkte auf strengere Ordnung hielt — sein Haus war verschlossen, und es dauerte einige Zeit, bis auf mein wiederholtes Klingeln eine weibliche Stimme, nicht ohne eine gewisse Zaghaftigkeit im

Ausdruck, durch das Schlüsselloch „Wer ist da?" fragte. Meine Antwort: „Jemand, der den Herrn Justizrath dringend zu sprechen wünscht", schien der weiblichen Thürhüterin, die übrigens niemand anders sein konnte, als das hübsche Hausmädchen Jette, keine vollständige Beruhigung zu gewähren. Es entstand ein Flüstern, aus welchem ich schloß, daß Jette auch noch Male, die Köchin, mitgebracht hatte, dann ein Kichern, und dann der Bescheid, daß man es dem Herrn sagen wolle.

Ich patrouillirte in meiner Ungeduld vor dem Hause auf und ab, als in dem Wohnzimmer oben ein Fenster geöffnet wurde, und der Herr Justizrath in Person, den Kopf ein ganz klein wenig herausstreckend, die Frage seines Hausmädchens wiederholte, und von mir dieselbe Antwort empfing.

In Sachen? fragte der vorsichtige Mann.

Ich komme von der Insel, antwortete ich auf gut Glück.

Aha! sagte er und schloß das Fenster.

Der Justizrath hatte schon seit mehreren Tagen nichts gethan, als Leute verhört, die ihm über die große Angelegenheit Auskunft geben sollten. Ein Schiffer und Fischer, der, von der Insel kommend, ihn des Abends zehn Uhr dringend zu sprechen wünschte, konnte nur in einer Eigenschaft und zu einem Zwecke kommen: eine wichtige Angabe zu machen, die vielleicht ein — in der That sehr nöthiges — Licht in das Dunkel der räthselhaften Affaire warf. Ich für mein Theil glaubte, daß der Herr Justizrath mich an der Stimme erkannt habe und daß sein Ausruf so viel heißen solle, als: bist du endlich da! Ich sollte alsbald erfahren, wie sehr ich mich getäuscht hatte.

Die Hausthür wurde aufgeschlossen; ich trat schnell herein. Kaum aber hatte der Schein des Lichtes, das Jette in der erhobenen Rechten hielt, mein Gesicht gestreift, als sie laut aufschrie, das Licht mit sammt dem Leuchter fallen ließ und eilig davonlief, während die Köchin, wenigstens was das Kreischen und Weglaufen anbetraf, dem Beispiele ihrer Genossin folgte. Die Köchin, welche eine bereits ältere Person war, hätte wohl verständiger sein können; indessen, sie kannte mich eben nur von Ansehen und hatte in letzterer Zeit jedenfalls die schrecklichsten Dinge von mir gehört; so will ich sie nicht weiter tadeln. Das Benehmen der hübschen Jette aber war unverzeihlich. Ich war um ihrer Herrin und vielleicht auch um ihrer selbst willen immer sehr liebenswürdig gegen sie gewesen; sie hatte das stets im vollstem Maße anerkannt, mich, wo und wann ich ihr begegnete, schelmisch angelächelt, und, so oft ich in das Haus gekommen war, jederzeit mit dem aller-freundlichsten Knix begrüßt, und heute — doch ich hatte heute an Anderes zu denken als an die Undankbarkeit eines Stubenmädchens. So schritt ich denn durch den dunkeln Hausflur, erstieg die mir wohlbekannte Treppe und klopfte an die Thür von des Justizraths Arbeitszimmer, welches neben dem Wohnzimmer lag, und wohin sich der Justizrath, um den späten Besuch zu empfangen, mittlerweile gewiß schon begeben hatte.

Herein! sagte der Justizrath.

Ich folgte dem Rufe.

Und da stand der Justizrath, wie ich ihn zu sehen er-wartet hatte: die weitschichtige, große Gestalt in den weiten, großgeblümten Schlafrock gehüllt, die lange Pfeife in der Hand, und blickte, die schmale, niedrige, von kurzem, dichten Haar umstarrte Stirn in gewichtige Falten legend, aus den kleinen, dummen Augen neugierig auf den Eintretenden.

Nun, was bringen Sie mir, mein Lieber? fragte der Justizrath.

Mich selbst, erwiderte ich mit leisem, aber festem Ton, in-dem ich nahe an ihn herantrat.

Meine Befürchtung, daß dem Mann über meinem Be-such die Pfeife ausgehen würde, erfüllte sich insofern, als er dieselbe einfach fallen ließ, und, ohne ein Wort zu erwi-dern, die Schöße des großgeblümten Schlafrocks mit beiden Händen ergreifend, Rettung in dem Familienzimmer nebenan suchte.

Da stand ich nun neben der zerbrochenen Pfeife und trat

die glühende Asche aus, die auf den kleinen Teppich vor dem Arbeitstisch gefallen war, an welchem der Justizrath gestanden hatte. In dieser gewiß nicht verbrecherischen Beschäftigung wurde ich durch einen Ruf aufgeschreckt, der nebenan aus dem geöffneten Fenster auf den Markt nach dem Wächter erschallte. Es war die Stimme des Justizraths, aber dieselbe klang sehr heiser und kläglich, als ob den Rufer Jemand an der Kehle halte.

Ich trat an die Thür zum Familienzimmer und klopfte.

Herr Justizrath!

Keine Antwort.

Frau Justizrath!

Alles still.

Fräulein Emilie!

Eine Pause, und dann ein ängstliches Stimmchen, das ich so oft hatte lachen hören, mit dem ich auf Wasser- und anderen Fahrten so manches Duett gesungen hatte.

Was wollen Sie?

Sagen Sie Ihrem Herrn Vater, Fräulein Emilie, daß, wenn er noch einmal nach dem Wächter ruft, und wenn er sich nicht alsbald hierher in sein Arbeitszimmer bemüht, ich weggehe und nicht wiederkomme.

Ich hatte das in einem höflichen, aber sehr bestimmten Tone gesagt, der denn doch seine Wirkung nicht verfehlen mochte. Ein leises Zwie- oder vielmehr Dreigespräch ließ sich in der Nähe der Thür vernehmen. Die Frauen schienen den Gatten und Vater zu beschwören, daß er sein kostbares Leben nicht in eine so offenbare Gefahr bringe, während der Gatte und Vater die gemeinschaftliche Furcht durch heroische Sentenzen, wie: aber es ist meine Pflicht! oder: es kann mich mein Amt kosten! zu beschwichtigen suchte.

Endlich siegte die durch so wichtige Bedenken unterstützte Tugend. Ich vernahm ein lautes Räuspern, die Thür wurde vorsichtig geöffnet und an dem großgeblümten Schlafrock vorbei hatte ich einen flüchtigen Blick auf die Haube der Frau Justizräthin und auf die Papilloten Fräulein Emiliens, deren

17*

kraufe, blonde Locken ich immer für ein schönes Spiel der Natur gehalten hatte.

Ach! zu den vielen großen Illusionen, die mir die letzten Tage zerstört hatten, mochte diese kleine gern mit in den Kauf gehen!

Der Justizrath hatte zögernd die Thür hinter sich ge= schlossen und kam zögernd ein paar Schritte näher, blieb dann stehen, und versuchte mich fest in's Auge zu fassen, was ihm nach einiger Mühe beinahe gelang.

Junger Mann, sagte er, Sie sind allein?

Wie Sie sehen, Herr Justizrath.

Und ohne Waffen?

Ohne Waffen.

Ohne alle Waffen?

Ohne alle Waffen.

Ich knöpfte meine Matrosenjacke auf, den Inquirenten von der Wahrheit meiner Aussage zu überzeugen. Der Justizrath schöpfte sichtlich Athem.

Und Sie sind gekommen?

Mich dem Gerichte zu stellen.

Warum haben Sie das nicht sogleich gesagt?

Ich wüßte nicht, daß Sie mir dazu Zeit gelassen hätten.

Der Justizrath warf einen verlegenen Blick auf die zer= brochene Pfeife am Boden, räusperte sich und schien nicht recht zu wissen, was er in einem so außerordentlichen Falle zu thun habe.

Es entstand eine Pause.

Die Damen nebenan mußten vermuthen, daß ich diese Pause dazu benutze, dem Gatten und Vater die Kehle abzu= schneiden; wenigstens wurde in diesem Augenblicke die Thür aufgerissen, die Frau Justizräthin im Nachtkamisol und flat= ternder Nachthaube kam hereingestürzt unmittelbar auf den großgeblümten Schlafrock zu, den sie mit allen Merkmalen tödtlicher Angst umklammerte, während Emilie, die dem Nacht= kamisol auf dem Fuße gefolgt war, sich zu mir wandte, und mit theatralischer Geberde beide Hände abwehrend bis zur Höhe ihrer Papilloten erhob.

Heckepfennig, er will Dich umbringen! schluchzte das Nacht=kamisol.

Schonen Sie meinen alten Vater, seufzten die Papilloten.

Und jetzt öffnete sich auch die Thür nach dem Flur. Jette und Male wollten, auf die Gefahr hin, mit ihrer Herrschaft zu sterben, wenigstens sehen, was oben passirte, und erschienen laut jammernd auf der Schwelle. Das Nachtkamisol brach bei ihrem Anblick in ein hysterisches Weinen aus, und die Papillo=ten schwankten nach dem Sopha, in der augenscheinlichen Ab=sicht, dort in Ohnmacht zu fallen.

Hier nun bewies der Justizrath zum andern male, daß große Charaktere in großen Augenblicken groß zu handeln ver=mögen. Er löste mit sanfter Gewalt den großgeblümten Schlaf=rock aus der Umarmung des Kamisols und sagte mit einer Stimme, die den Entschluß verkündete, das Aeußerste zu thun und zu wagen: Jette, hole mir meinen Rock!

Dies war das Signal zu einer Scene unbeschreiblicher Verwirrung, aus der nach fünf Minuten das Opfer seiner Pflichttreue als Sieger mit Rock und Hut und Stock hervor=ging — ein erhabener Anblick, der nur dadurch einigermaßen beeinträchtigt wurde, daß die Füße des Helden noch immer mit gestickten Pantoffeln bekleidet waren, und er selbst dieses Umstandes nicht früher gewahr wurde, als bis es zu spät war, nämlich erst, als wir unten auf dem Pflaster des Marktes standen.

Lassen Sie es gut sein, Herr Justizrath, sagte ich, als er im Begriff war, umzukehren. Sie kommen am Ende nicht wieder, und es sind ja nur ein paar Schritte.

In der That war das kleine alte Rathhaus an der andern Seite des keineswegs weiten Platzes gelegen; und das Pflaster war vollkommen trocken, so daß das Opfer der Pflichttreue nicht einmal einen Schnupfen zu befürchten hatte.

Herr Justizrath, sagte ich, während wir über den Markt=platz schritten; nicht wahr, Sie werden meinem Vater bezeugen, daß ich mich freiwillig, ohne irgend eine Nöthigung gestellt habe; ich will dann auch gegen Niemand ein Wort von der zerbrochenen Pfeife sagen.

Ich habe viel thörichte und unüberlegte Worte in meinem Leben gesprochen, wenige, die unüberlegter und thörichter gewesen wären. Indem ich gerade auf den Punkt losging, der mir, ich möchte sagen, der einzig wichtige in der ganzen Angelegenheit gewesen war, nämlich: meinem Vater, der mich verleugnet hatte, Trotz zu bieten, vergaß ich ganz, daß ich dabei so derb als möglich auf ein Paar gestickte Pantoffeln trat, die mir diese Beleidigung nie vergeben würden und in Wahrheit nie vergeben haben. Wer weiß, welche ganz andere Wendung mein Prozeß genommen, wenn ich, anstatt jener unverzeihlichen Dummheit, ein Lied vom braven Manne angestimmt hätte, der sich zwar vor einem möglichen, ja wahrscheinlichen Ueberfalle zu schützen wisse, dann aber seine Pflicht thue, entstehe daraus, was da wolle.

Was wußte ich, junger, gläubiger Thor, der ich war, von solchen Feinheiten!

Und so gelangten wir in die offene Halle des Rathhauses, wo bei Tage eine alte Kuchenfrau in einem ausgesägten Fasse vor einem Tische saß, dessen nicht immer reines Laken (auf welchem die Kuchen, die Rosinensemmeln und Bonbons lagen) von dem durch die Halle streichendem Wind beständig hin- und hergeweht wurde. Der Tisch war jetzt ohne Decke und gewährte einen sehr trostlosen Anblick — als wenn die alte Mutter Möller und nicht blos sie, sondern alle Kuchen, Rosinensemmeln und Bonbons der Welt für immer und immer gestorben wären. Eine seltsame Wehmuth ergriff mich; zum ersten und letzten mal an diesem Abend regte sich in mir der Gedanke, ob ich nicht doch besser thäte, das Weite zu suchen. Wer sollte mich halten? Der Pantoffelheld an meiner Seite wahrhaftig nicht; der alte Nachtwächter Rüterbusch, der vor dem Wachlocal in der Rathhaushalle im trüben Schein einer an der gewölbten Decke hin- und herschaukelnden Laterne auf- und abschlürfte, eben so wenig. Aber ich dachte an meinen Vater, und

ob ihm nicht doch das Gewissen schlagen würde, wenn er mor=
gen hörte, daß ich im Gefängniß säße — und ich stand ruhig
dabei und hörte, wie der Nachtwächter Rüterbusch dem Herrn
Justizrath Heckepfennig auseinandersetzte, daß sich die Sache
sehr schwer würde „verwerkstelligen" lassen, sintemalen infolge
der in den letzten Tagen vorgenommenen Verhaftungen die
ganze Custodie bis auf den letzten Platz gefüllt sei.

Die Custodie war ein ominöser Anbau des Rathhauses,
der seine Fronte nach einer sehr schmalen Nebengasse hatte, in
welcher die Schritte immer sonderbar hallten. Kein Useliner
ging, wenn er es vermeiden konnte, durch diese hallende Gasse;
denn in jenem ominösen Anbau des Rathhauses gab es keine
Thür, dafür aber eine Reihe kleiner viereckiger, mit Eisenstäben
vergitterter und zum Ueberfluß mit Holzblenden halbverdeckter
Fenster, hinter denen sich hier und da einmal ein bleiches Arme=
sündergesicht zeigte.

Eine Viertelstunde, nachdem die Unterredung zwischen
Herrn Justizrath Heckepfennig und Herrn Nachtwächter Rüter=
busch zu einem befriedigenden Ende gekommen war, saß ich
hinter einem dieser vergitterten Fenster.

Einundzwanzigstes Capitel.

Das Rathhausgäßchen meiner Vaterstadt, in welchem die Tritte der Passanten so dumpf hallten, hatte, selbst in der Erinnerung der ältesten Krähe auf dem benachbarten Thurme der Nicolaikirche, nie der anziehende Zauber des Schauerlichen so sehr unwittert, als in den letzten beiden Monaten dieses und in den ersten zwei des folgenden Jahres. Auch wollte man die Bemerkung gemacht haben, daß in dem Gäßchen der Schnee noch nie so hoch gelegen habe und daß es noch in keinem Jahre so früh dunkel geworden sei. Ja, Mutter Möller, die Kuchenfrau in der Rathhaushalle, die ihren Kram sonst mit dem Glockenschlage fünf zusammenpackte, that es jetzt regelmäßig schon um ein halb fünf, weil sie behauptete, es wehe sie nach Dunkelwerden immer wie eitel Leichengeruch an, und das Laken auf ihrem Tische flattere so hin und her, daß es unmöglich mit rechten Dingen zugehen könne. Dagegen versicherte Vater Rüterbusch, der Nachtwächter: er habe weder auf seinem Stand in der Halle, noch in dem Gäßchen etwas Besonderes bemerkt, nicht einmal zwischen zwölf und ein Uhr, wo es doch von Amts wegen spuken dürfe, geschweige denn zu andern Stunden. Indessen war man mehr geneigt, der alten Kuchenfrau, als dem noch älteren Nachtwächter zu glauben, da die Erstere, wenn sie auch je zuweilen einnicke, doch im Ganzen mehr wache als schlafe, während von dem Letztern die Stammgäste des Rathskellers, welche nächtens an seinem Posten vorüber mußten, einstimmig das Gegentheil aussagten. Die Stammgäste des Rathskellers kränkten durch solche Rede das gute Herz von Vater Rüterbusch tief und bitter, widerlegten ihn aber nicht. Denn sehen Sie, jagte Vater Rüterbusch, zum Exempel schläft ein vereidigter Nachtwächter überhaupt niemalen, sondern stellt sich zum Exempel schlafend, um gewisse Herren nicht in Verlegenheit zu setzen, die sich vor mir altem Manne ob ihres lüderlichen Lebenswandels schämen müßten. Posito bin ich bereit, meine Aussagen auf meinen Diensteid zu nehmen, und das können die Herren nicht. Denn wenn auch manche von ihnen, zum Exempel der Raths=zimmermeister Karl Bobbin, bereits zwanzig Jahre lang all=abendlich, perspective allnächtlich, denselben Weg kommen, per=spective gehen, so ist eine Gewohnheit doch kein Amt: ich zum Exempel habe noch nie gehört, daß die Stammgäste des Raths=kellers vereidigt wären oder würden, und habe doch schon letzte Ostern mein fünfzigjähriges Jubiläum gefeiert und bin mit Karl Bobbin seinem Vater, der zum Exempel auch schon nichts getaugt hat, zusammen in die Schule gegangen.

Dem sei nun wie ihm wolle; darüber herrschte während der Wintermonate von dreiunddreißig auf vierunddreißig in Uselin nur Eine Meinung, daß, wenn es im Rathhausgäßchen nicht geheuer sei, sich, wie die Dinge nun einmal lagen, kein Mensch darüber wundern könne.

Die Dinge aber lagen schlimm und für Niemand schlimmer als für mich, der ich, wie von Jedermann zugegeben wurde, weitaus die Hauptperson in dem großen Contrebande=Prozesse war, zu dem sich — Dank dem inquisitorischen Genie des Unter=suchungsrichters, Justizrath Heckepfennig — eine in meinen Augen so unendlich einfache Sache mittlerweile entwickelt hatte.

Als ob es nur im allermindesten darauf angekommen wäre, wie die Sache in meinen Augen aussah! Als ob es sich irgend der Mühe verlohnt hätte, zu untersuchen, was ich denn eigent=lich gewollt! Aber nein! Ich will dem Justizrath Heckepfennig und dem Conferenten, Justizrath Bostelmann vom Obergericht, nicht unrecht thun! Sie kümmerten sich wohl sehr eifrig darum, nur daß sie leider die Wahrheit nie finden wollten, wo sie lag und wo ich sie dieselbe suchen ließ. Weshalb war ich von meinem Vater fortgegangen? Weil er mir die Thür gewiesen! — Ein schöner Grund! Zornige oder erzürnte Väter weisen ihren Söhnen oft die Thür, ohne daß es den Söhnen einfällt, in die weite Welt zu laufen. Da steckte ohne Zweifel mehr dahinter. Man wollte vielleicht fortgeschickt sein? — Ich gebe das gewissermaßen zu. — Sie geben es vielleicht unbedingt zu? — Ich gebe es unbedingt zu! — Sehr gut! Herr Actuar, notiren Sie gefälligst die Aussage des Inquisiten, der unbedingt zugiebt, er habe von seinem Vater fortgeschickt sein wollen. — Und wo und wann haben Sie die Bekanntschaft des Herrn von Zehren gemacht, die erste Bekanntschaft? — An dem Abend bei Schmied Pinnow. — Hatten Sie ihn nie zuvor gesehen? — Nicht daß ich wüßte. — Auch nicht bei Schmied Pinnow? Derselbe behauptet, Herr von Zehren sei so oft des Abends bei ihm gewesen und Sie ebenfalls, daß es mit einem Wunder zugehen müßte, wenn Sie sich nicht vorher schon einmal getroffen hätten. — Das lügt Pinnow und er weiß sehr gut, daß er lügt. — Sie bleiben also dabei, daß Ihr Zusammentreffen mit Herrn von Zehren ein rein zufälliges war? — Allerdings. — Wie viel Geld hatten Sie bei sich, als Sie Ihren Vater verließen? — Fünfund= zwanzig Silbergroschen, wenn mir recht erinnerlich ist. — Und hatten Sie irgend eine Aussicht, ein dauerndes Unterkommen zu finden? — Nein. — Sie hatten keine derartige Aussicht, hatten fünfundzwanzig Silbergroschen im Besitz, legten es darauf an, daß Ihr Vater Sie fortschickte, und behaupten noch, daß Sie an dem bewußten Abende mit dem Manne, bei dem Sie sofort Aufnahme fanden, bei dem Sie bis zur Katastrophe geblieben sind, zufällig zusammentrafen? Sie sind scharfsinnig genug, einzusehen, wie unwahrscheinlich dies ist, und ich frage Sie des= halb zum letzten male, ob Sie auf die Gefahr hin, Ihre Glaub= würdigkeit schwer zu verdächtigen, obige Behauptung aufrecht zu erhalten versuchen? — Ja.

Justizrath Heckepfennig warf Herrn Actuarius Unterwasser einen Blick zu, als wollte er sagen: Begreifen Sie diese Unver= schämtheit? Herr Actuarius Unterwasser lächelte mitleidig und schüttelte wehmüthig den Kopf und rasselte mit der Feder über das Papier, als sei es für ihn eine moralische Beruhigung, so un= begreifliche Dinge wenigstens Schwarz auf Weiß vor sich zu haben.

So ging es durch, ich weiß nicht wie viele Verhandlungen
und Vernehmungen: durch summarische Vernehmung, durch
Hauptvernehmung, durch articulirte Vernehmung. Sehr häufig
mußte ich gar nicht, um was es sich handelte und wozu alle die
langathmigen Fragen und die Kreuz= und Querfragen, in denen
Justizrath Heckepfennig seine Stärke suchte, dienen sollten. Ich
beschwerte mich darüber bitter bei meinem Vertheidiger, dem
Assessor Perleberg, indem ich hinzufügte, daß ich den Herren
doch Alles gesagt oder, wie sie sich auszudrücken beliebten, ge=
standen habe.

Verehrtester, sagte der Assessor, erstens ist es nicht wahr,
daß Sie Alles gestanden haben — Sie haben zum Beispiel
nicht sagen wollen, wer die Person gewesen ist, mit welcher Sie
der Kathenmann Semlow an dem betreffenden Abend vier Uhr
auf dem Fußwege nach Zehrendorf hat gehen sehen — und
zweitens, was heißt Geständniß? Wir Criminalisten legen auf
das Geständniß nur einen untergeordneten Werth. Wie viele
Verbrecher sind nicht zum Geständniß zu bringen, und wie
manches Geständniß ist falsch oder wird später widerrufen! Der
eigentliche Zielpunkt des Inquirenten ist die Ausmittelung der
Schuld. Bedenken Sie doch, Verehrtester, Ihr ganzes sogenann=
tes Geständniß könnte ja Fiction sein. Das ist Alles schon da=
gewesen; die criminalistischen Annalen —

Es war zum Verzweifeln! Er ist später eine große Fackel
und Leuchte der Jurisprudenz geworden, mein Defensor, und er
war auch gewiß schon damals, obgleich er noch nicht Professor,
Geheimrath und ein weit berühmter Mann, sondern ein obscurer
Assessor am Obergerichte war, ein großer Gelehrter und sehr
scharfsinniger Kopf — eine Welt zu gelehrt und scharfsinnig für
mich armen Teufel! Mit seinem Erstens und Zweitens hätte er
eine Jury von Engeln gegen die Unschuld selbst einnehmen
müssen, geschweige denn ein Collegium von Richtern, die durch
ihn auf den Gedanken kamen, daß ein Mensch, der mit einem
so ungeheuren Aufwand von Scharfsinn und Gelehrsamkeit ver=
theidigt werden mußte, nothwendig ein großer Verbrecher war.
Ich sehe ihn immer noch vor mir sitzen auf der Kante des mit

Bankeisen an der Wand befestigten Tisches in meiner Gefäng=
nißzelle, mit den kurzen dürren Beinen zappeln und mit den
dünnen Aermchen in der Luft umherfahren, wie eine Spinne,
wenn sie eine Masche in ihrem Netze verloren hat. Ach, es mochte
wohl sehr schwer sein — zumal für eine so grundgelehrte
Spinne — eine tölpische Brummfliege, die in ihrer Verblen=
dung in das Netz geflogen war und gar ungeberdig darin um=
hertobte, wissenschaftlich rein herauszulösen! Bekam ich doch jetzt
erst eine Ahnung davon, wie weitschichtig die Maschen dieses
Netzes und wie viele Fliegen außer mir in diese Maschen ver=
wickelt waren!

Sehr leichtsinnige Fliegen, die unter der Maske höchst ehr=
barer Bürger und respectabler Kaufleute meiner Vaterstadt und
einiger Nachbarstädte seit Jahren einen ausgebreiteten Handel
mit eingeschmuggelten Waaren getrieben und das wohllöbliche
Zollamt um Tausende und Abertausende betrogen hatten. Diese
Sorte Fliegen war äußerst widerwärtig und schmutzig. Denn
so wie eine mit einem Fuße das Netz berührt hatte und das
Entkommen schwierig schien, wurde sie sogleich zur Verrätherin
an ihren Mitfliegen und ruhte nicht, bis alle in dem Netze fest=
saßen.

Dann gab es eine andere, viel ehrlichere Sorte, obgleich sie
sich beiweitem nicht so ehrbar zu geberden wußte. Das waren
meine guten Freunde, die wettergeprüften, tabakkauenden, schweig=
samen Männer von Zanowitz und den anderen Fischerdörfern
an der Küste. Sie hatten es in diesen Affairen nicht ganz so
gut gehabt wie die Herren hinter dem Ladentisch und in den
Comptoirs. Sie hatten mit Sturm und Wetter zu kämpfen ge=
habt, hatten wachen und lauern und hungern und frieren und
ihre Haut zu Markte tragen müssen um geringen Lohn, und
Mancher von ihnen gewiß nur, sich selbst und Weib und Kin=
dern das jämmerliche Dasein zu fristen; aber, obgleich man ihrer
Vier in der Schreckensnacht auf dem Moore gefangen, konnte
die Untersuchung nach dieser Seite nicht von der Stelle. Keiner
verrieth seinen Kameraden, Keiner wußte, wer sein Nebenmann
gewesen war. Die Nacht war dunkel, und in der Nacht sind

alle Katzen grau; es hatte Jeder genug mit sich zu thun gehabt. Wenn Pinnow sagt, daß Der und Jener auch dabei gewesen, so wird er es ja auch wohl beschwören können. Umsonst, daß der Herr Justizrath die pfiffigsten Fragen stellte und schmeichelte und drohte — man mußte ein paar Dutzend Leute, die als bringend verdächtig eingezogen waren, entlassen und froh sein, daß man wenigstens die Vier hatte, die man auf frischer That ergriffen.

Ja, es war eine eigene Sorte Fliegen, die sich da neben den andern in dem Gesetzesnetz gefangen hatte, eine zähe, rauhe Sorte, sehr unbequem gewiß für die Hüter der Fleischtöpfe einer geordneten Staatseinrichtung, aber doch ehrlich in ihrer Weise und kein Geschmeiß in moralischem Sinne wie jene ersten.

Diese beiden Sorten nun hatten sich schon seit langer Zeit in die Hände gearbeitet, aber ohne rechtes System und deshalb auch ohne rechten Erfolg, bis vor ungefähr vier Jahren das Geschäft plötzlich einen großartigen Aufschwung nahm. Es war nämlich Jemand, der sich bis dahin, wie alle Gutsbesitzer längs der Küste, seinen Wein, seinen Cognac, sein Salz, seinen Tabak von den Paschern in kleinen Partien hatte liefern lassen, auf den Gedanken gekommen, daß es an einer Mittelsperson zwischen den Lieferanten und ihren Abnehmern fehle — einer Mittels=person, die gleichsam einen Speicher oder Packhof für die Contre=bande errichtete und so den Lieferanten die Möglichkeit gewährte, größere Partien auf einmal abzusetzen, und den Abnehmern, die Waare nach Bedürfniß und zu gelegener Stunde einzuholen.

Diesen sehr gesunden national=ökonomischen Gedanken, den die Noth erzeugt und die Abenteuerlust des Mannes freudig empfangen, hatte er mit der Kühnheit, der Umsicht, der Energie, die ihn in so hohem Grade auszeichneten, in's Werk gesetzt. Die einsame Lage seines Gutes auf dem lang hin sich streckenden Vorgebirge — auf der einen Seite die offene See, auf der an=dern Seite das Binnenwasser — war für seine Zwecke wie ge=macht. Wenn es sich früher um Bootsladungen gehandelt hatte, wurden jetzt ganze Schiffsladungen auf einmal oder an ein paar Abenden hinter einander gelöscht, in den Kellern seines Schlosses

geborgen und nach und nach an die Abnehmer — die Guts=
besitzer der Nachbarschaft, die Kaufleute in den Landstädtchen
der Insel, in den Hafenstädten des Festlandes — weitergegeben.
Und hier war es vor Allem Schmied Pinnow, in dessen Händen
sich der zweite Theil des Geschäftes befand. Schmied Pinnow
war als Schmuggler längst bekannt, mehr als einmal in Unter=
suchung gewesen, wiederholt bestraft worden, als er plötzlich in
Gefahr gerieth, zu erblinden, eine große blaue Brille tragen
mußte und höchstens noch bei sehr schönem Wetter und mit Hilfe
seines taubstummen Lehrburschen die Badegäste von Uselin auf
seinem Kutter eine Stunde oder so spazieren fahren konnte.
Dieses Unglück hatte den braven Mann zur selben Zeit ge=
troffen, als der große Schmuggler=Capitän von der Insel, den
man auf einen so ausgezeichneten Helfershelfer aufmerksam ge=
macht, eines Nachts in seiner Strandhütte erschien und ihn ge=
wissermaßen in Sold und Pflicht nahm. Von da an hatten die
Beiden zusammen gearbeitet und der Schmied im Laufe der vier
Jahre so viel Geld verdient, daß er nun und nimmermehr seinen
Chef verrathen haben würde, wenn die Eifersucht dem alten
Sünder nicht einen dummen Streich gespielt hätte. Wenn Sie
das Mädchen nicht zufrieden lassen, schieße ich Sie über den
Haufen, wie einen Hund, hatte der Wilde gesagt, und Schmied
Pinnow war nicht der Mann, eine solche Drohung, von der er
nur zu gut wußte, wie ernst sie gemeint war, ruhig hinzunehmen.

Und von dieser Stunde an verbreitete sich, man wußte nicht,
woher es kam, das Gerücht in der Stadt, besonders in den Bu=
reaux des Steueramtes, daß der wilde Zehren auf Zehrendorf
die Seele des ganzen Schmuggelhandels sei, der Meilen hinauf
und hinab die Küste entlang so äußerst schwunghaft betrieben
wurde. Man wollte dem Gerücht keinen Glauben schenken.
Freilich war der wilde Zehren ein Mann, mit dem man in
Uselin die Kinder in's Bett jagte; freilich wußte man oder wollte
man von ihm Dinge wissen, die man sich kaum heimlich in's Ohr
zu flüstern wagte: daß er seinen Schwager erstochen, daß er seine
Frau entsetzlich behandelt und dann im See im Walde ertränkt
habe und dergleichen mehr; aber das waren Dinge, wie sie dem

wilden Zehren wohl paſſiren konnten, während der Schmuggel —
nein, es war unmöglich! ein Mann vom älteſten Adel und deſſen
Bruder noch dazu der erſte Steuerbeamte des Regierungsbezirkes
war!

Dies war die allgemeine Meinung. Zwiſchendurch ließen
ſich einzelne Stimmen, allerdings nur ſehr leiſe, vernehmen, die
da meinten: wie verſchieden die beiden Brüder auch ſonſt an Ge=
ſinnung, Lebensſtellung, ja ſelbſt in ihrer äußeren Erſcheinung
ſeien, darin ähnelten ſie einander doch, daß jeder von ihnen mehr
Schulden habe, als er bezahlen könne, und ähnliche Urſachen
könnten ja auch wohl ähnliche Wirkungen hervorbringen. Wenn
die Unternehmungen des Wilden alle die Jahre hindurch von
ſo außerordentlichem Glücke begleitet geweſen ſeien, ſo ſei der
Grund vielleicht der, daß die Steuer=Officianten freilich nicht
wüßten, wo und wann der Wilde ſein Weſen treibe, der Wilde
dagegen deſto beſſer unterrichtet wäre, wo und wann er den
Steuer=Officianten nicht begegnen würde.

Dieſe Für und Wider hätten noch lange in der Stille de=
battirt werden können, wenn ein unglücklicher Zufall dem Ver=
rath Pinnow's nicht in der ſonderbarſten Weiſe zu Hilfe ge=
kommen wäre. In derſelben Nacht nämlich, als Pinnow mit
Hilfe Jochen Smart's, den lediglich ſein ſchlechtes Herz zum
Verräther an ſeinem Herrn werden ließ, bei dem Steuer=Reviſor
Braun die Anzeige machte, war der Provinzial=Steuerdirector
aus der Hauptſtadt der Provinz in Uſelin angekommen. Der
Steuer=Reviſor, welcher zur Partei derer gehörte, die ihrem Chef
mißtrauten, begab ſich nicht zu dieſem, der die Denunciation
jedenfalls unſchädlich gemacht hätte, ſondern ſofort zum Steuer=
director, welcher alsbald mit Umſicht und Energie ſeine Dis=
poſitionen traf, einen großen Schlag gegen die Schmuggler zu
führen, einen Schlag, der nur zu gut traf.

War der Steuerrath ſchuldig? Directe Beweiſe lagen nicht
vor. Der Steuerrath hatte ſtets geſagt, daß er längſt allen
perſönlichen Verkehr mit ſeinem Bruder aufgegeben habe, da
deſſen Thun und Treiben nur zu ſehr dazu angethan ſei, einen
loyalen Beamten, wie ihn, zu compromittiren. In der That

war der Wilde während der letzten Jahre nie bei seinem Bruder,
ja nicht einmal in der Stadt, gesehen worden. Hatte nichtsdesto=
weniger ein persönlicher Verkehr stattgefunden, so waren jeden=
falls die Zusammenkünfte so heimlich wie möglich gewesen.
Etwaige Briefe des Bruders hatte der Steuerrath ohne Zweifel
sofort vernichtet, und wenn der Wilde nicht ebenso vorsichtig ge=
wesen war, so war er jetzt todt, sein Schloß bis auf den Grund
abgebrannt — wer oder was konnte gegen den Steuerrath
zeugen?

Ich war der Einzige, der es gekonnt hätte. Ich erinnerte
mich sehr wohl der Ausdrücke, in welchen Herr von Zehren stets
über den Bruder gesprochen; ich wußte, daß er die letzte Expe=
dition hauptsächlich im Interesse des Bruders unternommen
hatte; ich hatte in jenem Briefe den Beweis seiner Schuld in
Händen gehabt und — vernichtet.

Es schien, als ob man etwas derart vermuthete. Plötzlich
tauchte in den Verhören, die man mit mir anstellte, der Name
des Steuerraths auf; ich wurde auf's schärfste dahin inquirirt,
was ich von dem Verhältnisse des Herrn von Zehren zu seinem
Bruder wisse. Ich sagte und blieb dabei, daß ich nichts wisse.

Verehrtester, sagte der Assessor Perleberg, weßhalb wollen
Sie den Mann schonen? Erstens verdient er nicht, geschont zu
werden, denn er ist ein schlechtes Subject, man mag ihn nehmen
von welcher Seite man will; zweitens verschlimmern Sie Ihre
Lage in irreparabler Weise. Ich sage es Ihnen vorher: Sie
kommen nicht unter fünf Jahren weg; denn erstens —

Um Gotteswillen, lassen Sie mich in Ruhe! schrie ich.

Sie werden von Tag zu Tag weniger traitabel, sagte der
Assessor Perleberg.

Und darin hatte er vollkommen Recht, aber es würde auch
ein Wunder gewesen sein, wenn es anders gewesen wäre.

Ich saß nun schon beinahe ein halbes Jahr in einem eisen=
vergitterten, halbdunklen Gemache, das ich mit fünf Schritten
der Länge und vier Schritten der Breite nach durchmessen konnte.
Das war schlimm für einen jungen Menschen meinesgleichen;
schlimmer, viel schlimmer aber waren die Qualen, die mein Ge=

müth zu erbulden hatte. Das Vertrauen zu den Menschen, das
bisher mein Herz erfüllt — es war dahin. Wenn ich früher
durch sie dahingewandelt wie der Adam des Paradieses auf
alten Bildern durch die Reihen der Geschöpfe, so waren meine
Augen jetzt aufgethan und ich sah, daß es sich mit Tigern,
Schlangen und Krokodilen nicht hausen ließ. Ja, wie Tiger,
Schlangen und Krokodile waren sie gewesen, grausam, falsch
und heuchlerisch! Daß Keiner mich in meinem Gefängniß besuchte, konnte ich freilich nur Herrn Justizrath Heckepfennig auf
Rechnung setzen, der es für unumgänglich nöthig hielt, einem
so hochgefährlichen Verbrecher jede Communication mit der
Außenwelt gänzlich zu verbieten; aber daß Menschen, denen ich
nichts gethan, denen ich höchstens einmal in meiner täppischen
Weise, ohne die mindeste böse Absicht, zu nahe getreten war, es
sich angelegen sein ließen, den Gefallenen noch tiefer in den
Staub zu treten — das konnte ich nicht verzeihen. Zehn Zeugen
waren vorgefordert, mir ein Sittenzeugniß auszustellen, und von
diesen Zehn hatte nur der Eine, den ich unbedingt am meisten
gekränkt und beleidigt — Professor Lederer — ein schüchternes
Wort der Entschuldigung und Fürbitte einfließen lassen. Alle
Anderen — Hausfreunde meines Vaters, Nachbarn, Väter von
Söhnen, die meine Freunde gewesen waren — Alle konnten sie
nicht Worte finden, um zu sagen, welch ein böser Bube ich Zeit
meines Lebens gewesen. Und, großer Gott, was hatte ich ihnen
gethan? Ich hatte dem Einen vielleicht Holzspäne in die Ta-
bakspfeife gestopft, dem Andern vielleicht ein paar Tauben weg-
gefangen, die Söhne des Dritten vielleicht mit blutigen Nasen
nach Hause geschickt! Und deshalb, deshalb!

Ich konnte es nicht begreifen, aber, was ich davon begriff,
erfüllte mich mit unsäglicher Bitterkeit, die sich einmal sogar in
heißen Thränen Luft machte, und dies Einemal war, als ich von
meinem Vertheidiger erfuhr, daß Arthur — mein einst so sehr
geliebter Arthur — über sein Verhältniß zu mir befragt, aus-
gesagt hatte, daß ich schon seit Jahren davon gesprochen,
Schmuggler werden zu wollen, und ihn sogar selbst zum
Schmuggler zu machen versucht habe, daß ich mit Schmied

Pinnow von jeher in dem intimſten Verkehr geſtanden, und daß,
wenn man ihn frage: ob er mich der bezichtigten Verbrechen für
fähig halte, er unbedingt mit Ja antworten müſſe.

Das bricht Ihnen den Hals, ſagte Aſſeſſor Perleberg, Sie
kommen nicht unter ſieben Jahren weg, denn erſtens —

Ich wiſchte mir die Thränen, die mir ſtromweis über die
Wangen gelaufen waren, weg, lachte gell auf, verfiel dann in
eine an Raſerei grenzende Wuth, die ſchließlich in gänzliche
Apathie überging. Ich hatte nur noch eine Art von Intereſſe
für die Sperlinge, die ich daran gewöhnt hatte, jeden Morgen
zu kommen und mein Gefängnißbrod mit mir zu theilen. Alles
Andere war mir gleichgiltig. Ich hörte, ohne etwas Beſonderes
dabei zu empfinden, daß Konſtanze von ihrem fürſtlichen Liebhaber, der den Bitten und Drohungen ſeines Vaters nach-
gegeben, bereits wieder verlaſſen worden; daß Hans von Trantow kürzlich von ſeinem Gute verſchwunden ſei, ohne daß eine
Menſchenſeele wiſſe, wo er geblieben, ſo daß man vermuthen
müſſe, er ſei im Walde oder im Moore verunglückt; ich hörte,
daß der alte Chriſtian ſich über die Flucht ſeines Fräuleins,
über den Tod ſeines Herrn, über die Zerſtörung des alten
Schloſſes nicht habe beruhigen laſſen, und daß man ihn eines
Morgens auf der Brandſtätte, von der man ihn gar nicht habe
wegbringen können, todt gefunden; die Pahlen dagegen aus dem
Kreisgefängniſſe in B., wohin man ſie geführt, ausgebrochen
ſei. Ich hörte dies Alles gleichgültig an, und mit derſelben
gleichgültigen Miene vernahm ich mein Urtheil. Aſſeſſor Perleberg hatte erſtens und zweitens Recht behalten. Ich war zu
ſieben Jahren Gefängniß verurtheilt, abzuſitzen in dem Zuchthauſe zu S.

Sie können ſich gratuliren, ſagte der Aſſeſſor Perleberg;
ich hätte Sie zu zehn Jahren und zum Zuchthauſe verurtheilt;
denn erſtens —

Sicher war es ein Zeichen jugendlichen Leichtſinns, daß ich
für die gelehrte und gewiß auch ſehr belehrende Auseinander-
ſetzung meines Vertheidigers wiederum — und noch dazu zum
letztenmale! — keine Ohren hatte. Aber ich dachte wirklich

an etwas Anderes. Ich dachte: was wohl der wilde Zehren thun würde, wenn er noch lebte und erführe, daß sie seinen treuen Knappen in ein Gefängniß gesperrt und seinen eigenen Bruder über ihn zum Hüter gesetzt hätten?

Zweiundzwanzigstes Capitel.

Es war an einem Abende im Mai, als der von zwei Gens=
darmen zu Pferde begleitete Wagen, in welchem ich transportirt
wurde, sich meinem Bestimmungsorte näherte. Links von der
mit krüppelhaften Obstbäumen besetzten Landstraße sah ich viele
Leute an der neuen Chaussee arbeiten, welche meine Vaterstadt
mit der Hauptstadt des Regierungsbezirkes verbinden sollte;
rechts breitete sich welliges Wiesenland aus bis zur See, von
der ein breiter, dunkelblauer Streifen herübergrüßte. Jenseits
des Wassers stiegen in sanfter Neigung grünende Felder von
dem niedrigen Sandufer aufwärts zu mäßiger, von Wald ge=
krönter Höhe. Es war die Insel, die hier der Küste des Fest=
landes viel näher trat, als bei meiner Vaterstadt, und die ich
jetzt zum erstenmale wiedersah. Vor mir, aber wohl noch eine
halbe Meile entfernt, ragten ein paar Thürme mächtig über
den Hügelrücken, den wir eben langsam hinauffuhren.

Mir war wunderlich zu Muthe. Ich hatte bisher den
ganzen Weg nach nichts durch die Ritzen des kleinen Plan=
wagens ausgeschaut, als nach einer Gelegenheit zur Flucht.
Aber wie entschlossen ich auch war, jede noch so geringe sofort
zu benützen, es hatte sich nicht die geringste geboten. Die zwei
Gensdarmen, von denen der eine schon auf der Insel auf mich
vergeblich Jagd gemacht, waren, ohne kaum ein Wort mit ein=
ander zu sprechen, rechts und links neben dem Wagen herge=
ritten, die schnauzbärtigen Gesichter fortwährend geradeaus über
die Ohren ihrer Pferde auf den Weg oder seitwärts auf den
Wagen gerichtet. Es war gar kein Zweifel, daß die Kolben
ihrer Carabiner bei dem ersten Fluchtversuche des Gefangenen

sofort mit den Schnauzbärten in Berührung gekommen sein würden. Mit zwei wohlbewaffneten, wohlberittenen, zum Aeußersten entschlossenen Männern aber anzubinden, hätte nicht die Freiheit, hätte den Tod suchen heißen.

Und auch sonst war keine von den Möglichkeiten eingetreten, die sich meine Phantasie ausgemalt hatte. Wir waren keine Brücke passirt, über deren Geländer ich dreißig Fuß hinab in einen reißenden Fluß hätte springen, wir waren über keinen von Menschen wimmelnden Marktplatz gekommen, wo ich mich hätte in einen Volkshaufen stürzen und an der Hand eines unbekannten Menschenfreundes entrinnen können. Nichts der Art war geschehen; wir hatten im Schritt oder kurzem Trabe die paar Meilen lange Strecke ohne einen Aufenthalt, ohne einen Zwischenfall irgend einer Art zurückgelegt, und dort vor mir ragten die Thürme, in deren Schatten mein Gefängniß lag!

Dennoch konnte ich in dieser entscheidenden Stunde nicht zornig und ingrimmig sein, wie ich es die ganze Zeit in der Untersuchungshaft gewesen war. Die paar Stunden in freier Luft hatten mir unsäglich wohl gethan. Vorhin hatte es eine zeitlang geregnet; ich hatte meine Hände hinausgestreckt, um die Tropfen zu fühlen; ich hatte den frischen Hauch, der durch den Wagen strich, mit Entzücken eingesogen. Jetzt war die Sonne wieder hervorgekommen und warf, kurz vor dem Untergehen, röthliche Streifen über die grünenden Saaten, über die schimmernden Wiesen. In den Bäumen an der Wegseite zwitscherten und sangen die Vögel; vor uns, gen Osten, auf dunklem Gewölk, stand ein glänzender Regenbogen, mit dem einen Fuße auf dem Festlande, mit dem andern auf der Insel. Es war so gar nichts von Haß und Zorn in dieser ruhigen, sanften Natur —im Gegentheile, ein so lieblicher Friede, eine so milde Schöne— und ich, der ich mich von Kindesbeinen Eines gefühlt mit der Natur, konnte mein Herz der süßen Lockung nicht verschließen. Es sang mit den Vögeln, es schwebte auf den feuchten Schwingen des sanften Windes segnend über die Wiesen, über die Felder; es schimmerte trostverheißend aus dem farbigen Bogen, der sich von der Erde in den Himmel und von dem Himmel wieder zur

Erde spannte. Ich war das Alles: Vogelsang und Windes=
wehen und Regenbogenpracht, und in dem Gefühle, daß ich es
war und dennoch hier im Gefangenen=Wagen als ein Gefan=
gener saß, überkam mich ein seltsam Mitleid mit mir selbst, wie
ich es nie zuvor empfunden. Ich verbarg mein Gesicht in den
Händen und weinte und schluchzte vor Glück und Jammer, vor
Lust und Schmerz.

Die Sonne war untergegangen und das Gewölk im Westen
und Osten glühte in den wunderbarsten Farben, als der Wagen
über die Brücken durch die Thore der Festung rollte, ein paar
ziemlich schmale und sehr schlecht gepflasterte Straßen hinauf=
rumpelte und endlich vor einer Thorfahrt an einer hohen kahlen
Mauer still hielt. Die Thorflügel thaten sich langsam ausein=
ander, der Wagen setzte sich wieder in Bewegung und fuhr quer
über einen weiten, von hohen, kahlen Mauern und großen un=
heimlichen Gebäuden ringsum eingeschlossenen Hof zum Portale
des größten und unheimlichsten und hielt dort still; ich war da
angelangt, wo ich sieben Jahre bleiben sollte, weil ich meinen
Freund und Beschützer vor den Folgen eines Verbrechens hatte
bewahren wollen, das ich selbst verabscheute.

Sieben Jahre! Ich war entschlossen, daß es nicht so lange
dauere. Zwar der Graf von Monte=Christo schlummerte zu
jener Zeit noch in dem erfindungsreichen Haupte seines Ver=
fassers, und ich mußte also noch nichts von den Wunderthaten
des Gefangenen auf Castell If; aber die Aventuren des Baron
von Trenck hatte ich gelesen, und wie man es möglich mache,
ellendicke Mauern zu durchbrechen und riesige Festungswälle zu
unterminiren. Was ihm gelang, konnte mir, mußte mir auch
gelingen.

So war denn mein Erstes, daß ich meine Zelle, als sich
kaum die Thür hinter dem brummigen Aufseher geschlossen, so
genau untersuchte, wie es eben das geringe noch vorhandene
Tageslicht erlauben wollte. Wenn alle Gefangenen so gut unter=
gebracht waren, gab es unter ihnen gewiß manche, die als freie
Leute schlechter gewohnt hatten. Allerdings waren die Wände
des eben nicht großen Gemaches einfach weiß; aber so war auch

meine Dachkammer im väterlichen Hause gewesen. Dann war da eine eiserne Bettstelle mit einem, wie es schien, sehr guten Bette, eine Waschcommode, an dem einzigen Fenster ein großer Tisch mit einem verschließbaren Kasten, ein paar hölzerne Stühle und — was mich Wunder nahm — ein alterthümlicher, mit Leder überzogener, sehr großer, bequemer Lehnstuhl, der mich auf das Lebhafteste an den in meiner Stube auf Schloß Zehrendorf erinnerte.

Nun ja, ich war ja wieder bei einem Zehren zu Gaste, wenn es diesmal auch blos ein Zuchthaus=Director war. Ich sollte die Zehren nun einmal aus meinem Leben nicht los werden. Sie hatten mir wenig Glück gebracht, und der ehrwürdige Glanz, der früher für mich auf dem Namen gelegen, war mittlerweile sehr verblichen. Der Steuerrath, in welchem der Knabe die Verkörperung höchster irdischer Autorität gesehen, was war er in den Augen des Gefangenen anders als ein Gleißner und Lügner, der das schlimme Loos von Leuten, die besser waren als er, zehnfach und hundertfach verdient hatte. Und der hier, welcher, aus solcher Familie entsprossen, sich zu einem solchen Amte hatte hergeben können — er mußte ja noch schlimmer als der Gleißner und Lügner sein. Aber ich wollte ihn meine ganze Verachtung fühlen lassen, sobald ich mit ihm zusammentraf; ich wollte ihm sagen, daß er, wenn er schon einmal Kerkermeister sei, wenigstens nicht den Namen seines edlen Bruders führen sollte, der lieber gestorben war durch eigene Hand, als daß er in die Gewalt derer fiel, die ihn hierher gebracht haben würden, hinter diese dreifach verriegelte Thür, hinter dieses mit zolldicken Eisenstangen vergitterte Fenster.

Das Fenster war bei weitem nicht so hoch angebracht, als die in der Custodie, und ich warf einen neugierig forschenden Blick durch die Eisenstangen. Die Aussicht hätte schlimmer sein können. Zwar hemmte eine hohe und ganz kahle Mauer nach links den Blick vollständig, dafür aber sah man nach rechts auf einen mit Bäumen bepflanzten Hof, auf welchem in nicht großer Entfernung ein zweistöckiges Haus mir seinen mit Weinspalieren bekleideten Giebel zuwendete. Hinter dem Hause schien ein Garten

zu liegen; wenigstens schimmerten blühende Obstbäume herüber.
Das sah sehr friedlich und lieblich aus in dem matten Lichte des
Frühjahrsabends, und das schrille Zirpen der Schwalben, die
vor meinem Fenster schaarenweise hinüber= und herüberschossen,
hätte mich vergessen machen können, daß ich in einem Gefäng=
nisse mich befand, wäre ich durch die scharfe Kante einer der
Eisenstangen des Gitters, an die ich meine Stirn gelegt, nicht
allzu schneidend daran erinnert worden.

Ich faßte mit beiden Händen hinein und rüttelte aus Leibes=
kräften. Die sechs Monate Gefangenschaft hatten die Kraft meiner
Muskeln noch nicht zu brechen vermocht. Ich fühlte es wohl;
mir war, als müßte ich das ganze Gitter mit einem Ruck heraus=
reißen können. Aber vorsichtig! vorsichtig! Es war ja nicht das
Gitter allein, welches mich zum Gefangenen machte. Und wäre
das Fenster unvergittert gewesen — es lag mindestens dreißig
Fuß über dem Steinpflaster des Hofes. Und wenn ich drunten
war, so gab es jedenfalls andere und wieder andere Hindernisse
zu überwinden, und ein mißglückter Fluchtversuch mußte meine
Lage unberechenbar verschlimmern.

Ich hörte ein Geräusch auf dem Gange. Tritte näherten
sich und kamen bis an meine Thür. Ich sprang von dem Fenster
zurück und stand mitten in dem Gemach, als jetzt draußen
Schlüssel klapperten, die Thür sich aufthat und an dem Auf=
seher vorüber die hohe Gestalt eines Mannes hereintrat, hinter
der sich die Thür alsbald wieder schloß. Der, welcher eingetreten,
blieb einen Augenblick an der Schwelle stehen und kam dann
mit einem eigenthümlich leisen Schritte auf mich zu. Von den
Abendwolken fiel noch ein schwaches rosiges Licht in mein Ge=
mach; in diesem rosigen Lichte sehe ich den Mann immer, wenn
ich an ihn denke — und wie oft, wie oft denke ich an ihn! mit
welchem stets gleichen Gefühle innigster Dankbarkeit und Liebe!

Da, über dem Tische, an welchem ich dies schreibe, hängt
sein Porträt, von lieber Hand gemalt. Es ist von sprechender
Aehnlichkeit; es könnte mir jeden Zug, den ich etwa vergessen,
in's Gedächtniß rufen; aber ich habe keinen vergessen. Und wenn
ich die Augen schlösse, so würde er vor mir stehen, wie er an

jenem Abende vor mir stand, umflossen von dem rosigen Licht, und nicht minder deutlich würde ich seine Stimme hören, deren sanften, tiefen Klang ich da zum ersten Male vernahm und deren erstes Wort ein Wort des Mitleids und Erbarmens war:

Armer junger Mann!

Wie tief mußte die Gefängnißluft mein Herz vergiftet haben, daß mich dies Wort und der Ton, in welchem es gesprochen, nicht rührten. Ach! es gehört zu meinen schmerzlichsten Erinnerungen, daß dies möglich war, daß ich die Hand des edelsten Menschen so schnöde zurückstoßen, daß ich das beste Herz geflissentlich verwunden konnte! Aber da ich keinen Roman, sondern die Geschichte meines Lebens schreibe, die keinen Werth hätte, wenn sie nicht ganz treu und ehrlich wäre, darf ich auch dies nicht verschweigen. Und dann habe ich oft gedacht, ob ich ihn wohl so hätte lieben können, wenn ich weniger trotzig gegen ihn gewesen wäre, wenn ich ihm keine solche Gelegenheit gegeben hätte, die Fülle seiner Güte und Liebe über mich auszuschütten. Aber das ist wohl kaum richtig gedacht. Es giebt Steine von einem so hohen Werth, von einem so hellen Glanze, daß sie einer dunklen Folie nicht bedürfen.

Armer junger Mann! sagte er noch einmal und hob die weiße, durchsichtige Hand und ließ sie wieder sinken, als ich, anstatt sie zu ergreifen und ehrfurchtsvoll an meine Lippen zu drücken, wie ich es gethan haben würde, hätte ich ihn damals schon gekannt, meine Arme über der Brust verschränkte und, ich glaube, einen Schritt zurücktrat.

Ja, sagte er, und seine Stimme klang wo möglich noch milder als zuvor, es ist sehr hart, sehr grausam das Loos, welches Sie getroffen hat für ein Verbrechen, das, was es auch immer vor dem Richter ist, der nach dem starren Buchstaben seines Gesetzbuches richten muß, in den Augen Anderer einen so schlimmen Namen gewiß nicht verdient, am wenigsten in den meinen. Ich bin der Bruder des Mannes, dessen Schuld Sie büßen müssen.

Er schien eine Antwort von mir zu erwarten oder wenigstens ein Wort der Erwiderung, das ich ihm nicht gönnte. Ich wollte meinem Kerkermeister nicht den Gefallen thun, ihm bei dem

Versuche zu helfen, sich in einem anderen Lichte zu zeigen, als in welchem ich ihn sah.

Es ist ein eigener Zufall, fuhr er nach einer kleinen Pause immer in derselben stillen, sanften Weise fort, daß der eine Bruder an Ihnen gewissermaßen sühnen soll, was der andere an Ihnen gesündigt hat — ein Zufall, für den ich dankbar bin und den ich im rechten Sinne aufzufassen glaube, wenn ich — doch darüber werden wir uns ein anderes Mal aussprechen. Heute liegt der trübe Schatten des ersten schlimmen Eindrucks, den dieser Ort auf ein Gemüth, wie das Ihre, nothwendig machen muß, zu schwer auf Ihnen; ich würde, und wenn ich mit Engelszungen redete, vergeblich nach einem Eingange zu Ihrem Herzen suchen, das Zorn und Haß verschlossen halten. Ich bin nur gekommen, eine Pflicht zu erfüllen, die mir mein Amt und, ich darf wohl sagen, mein Herz vorschreibt. Und auch dies ist meine Pflicht, und Sie dürfen mir also frei antworten, ohne fürchten zu müssen, daß Sie Ihrem Stolze etwas vergeben; haben Sie Wünsche, die zu erfüllen in meiner Macht steht? .

Nein, sagte ich mit Ironie, denn einen Jagdtag auf den Haiden von Zehrendorf könnten Sie mir doch wohl nicht gestatten.

Ein schwermüthiges Lächeln spielte um die feinen Lippen des Zuchthaus=Directors.

Ich habe gehört, sagte er, daß Sie mit meinem unglücklichen Bruder viel auf der Jagd und selbst ein ausgezeichneter Jäger gewesen sind. Die Jägernatur ist eine eigene Natur. Ich glaube sie zu kennen, denn ich bin auch wohl eine. Aber auf den Höfen des Gefängnisses und selbst in den Gärten giebt es nichts zu jagen. Urlaub habe ich selten und benütze ihn noch seltener; ich habe nach dieser Seite vor meinen Gefangenen wenig voraus und will auch nichts voraus haben. Da wäre ich nun übel daran, wenn zu der alten Leidenschaft die alte Kraft noch reichte; und so ist es denn fast ein Glück für mich, daß sie mich 1813 in der Schlacht bei Leipzig in die Lunge geschossen haben und mir die weitesten und reichsten amerikanischen Jagdgründe nichts mehr helfen könnten. Ich habe seitdem gelernt, auf einem engeren

Felde in meiner Weise thätig zu sein. Meine liebste Erholung
ist an der Drehbank. Es ist eine leichte Arbeit und doch wird
sie dem Invaliden jetzt manchmal schon schwer. Wahrscheinlich
werde ich in kurzer Zeit auch darauf verzichten und mir noch
eine bescheidenere Händtierung wählen müssen. Nur gänzlich
möchte ich nicht zur Unthätigkeit verurtheilt werden. Sie wissen
es jetzt noch nicht, aber Sie werden es noch lernen, ein wie großer
Segen für den Gefangenen eine mechanische Beschäftigung ist,
die seine schweifenden Gedanken auf ein Naheliegendes, leicht
Erreichbares, unter seinen Augen, unter seinen Händen Fertig-
werdendes bannt und seine stockenden Säfte in heilsame Circu-
lation bringt. Und nun will ich Sie verlassen. Ich habe noch
ein paar Besuche und meinen allabendlichen Rundgang durch
die Anstalt zu machen. Und noch Eines: der alte Mann, der
Sie bedienen wird, ist trotz seiner rauhen Manieren ein grund-
guter Mensch, den ich seit vielen Jahren kenne und der mir im
Leben die wichtigsten Dienste geleistet hat. Sie können ihm unbedingt vertrauen. Schlafen Sie wohl und träumen Sie von
der Freiheit, die Ihnen hoffentlich früher werden wird, als Sie
glauben.

Er nickte freundlich mit dem Kopfe und verließ mit dem
leisen, langsamen Schritt, in welchem er hereingekommen war,
das Zimmer. Ich blickte ihm mit starren Augen nach und strich
mit der Hand über die Stirn; es war mir, als ob es plötzlich
dunkel geworden wäre in dem stillen Gemach.

Ich stand noch auf demselben Fleck, unfähig, einen bestimmten Gedanken zu fassen, ja kaum mich zu regen, als die
Thür sich abermals öffnete und der alte Schließer, der mich
vorhin in Empfang genommen, mit einem brennenden Lichte
hereintrat, das er auf den Tisch setzte. Dann wieder bis zur
Thür gehend, nahm er dort einer weiblichen Person, die nur
eben sichtbar wurde, ein Präsentirbrett ab, auf welchem ein treff-
liches Abendbrot bereitet war.

Auch an einer Flasche Wein fehlte es nicht. Er deckte eine
Ecke des großen eichenen Tisches mit einer schneeweißen Ser-
viette, stellte und legte Alles säuberlich und ordentlich zurecht,

trat einen Schritt zurück, warf erst einen wohlgefälligen Blick
auf sein Werk, dann einen, der bös genug aussah, auf mich und
sagte mit einer Stimme, die auffallend dem tiefen Knurren glich,
das aus der breiten Brust einer mächtigen Dogge aufsteigt:
Will man es sich nun schmecken lassen!

Es scheint, daß dies für mich sein soll! sagte ich in gleich=
giltigem Tone.

Wüßte nicht, für wen sonst, knurrte der Alte.

Der Braten auf dem Teller duftete sehr verführerisch; ich
hatte seit einem halben Jahre keinen Tropfen Wein getrunken,
und, was die Hauptsache war, gegen den groben Schließer fühlte
ich nicht die Erbitterung, wie gegen den sanft sprechenden, höf=
lichen Director; aber ich war entschlossen, an diesem Orte und
von diesen Menschen keine Wohlthaten anzunehmen.

Ich verdanke dies der Güte des Herrn Directors? sagte ich,
indem ich vom Tische zurücktrat.

Dies und noch Mehreres, sagte der Alte.

Zum Beispiel? sagte ich.

Zum Beispiel, daß man hier die beste Zelle bekommen hat
mit der Aussicht auf den Wirthschaftshof, anstatt eine nach dem
Gefängnißhofe, in den weder Sonne noch Mond scheint.

Verdanke ich ihm, sagte ich, vielleicht sonst noch etwas?

Und daß man seinen schönen Stadtanzug tragen darf, an=
statt eines Anzuges aus ungebleichtem Drillich, der auch sehr
gut kleidet.

Verdanke ich ihm, sagte ich, sonst noch etwas?

Und daß man den Wachtmeister Süßmilch zum Aufseher
bekommen hat.

Mit dem ich die Ehre habe?

Mit dem man die Ehre hat.

Sehr verbunden.

Viel Ursach'.

Ich blickte auf, mir den Mann genauer anzusehen, dessen
Gegenwart für mich so ehrenvoll und verbindlich sein sollte.
Es war ein Mann in Mittelgröße, mit einem unverhältniß=
mäßig großen Oberkörper, der die Fünfzig wohl schon weit über=

schritten hatte, aber noch auffallend fest auf seinen kurzen und,
wie ich jetzt sah, stark nach außen gebogenen Beinen zu stehen
schien. An den breiten Schultern hingen ein Paar sehr lange
Arme mit großen, braunen, behaarten Händen, die gewiß noch
kräftig genug zufassen konnten. Aus seinem von tausend Falten
und Fältchen durchfurchten Gesicht, das vor Jahren einmal schön
gewesen sein mochte, blickten unter buschigen grauen Brauen ein
paar helle freundliche Augen, die sich vergeblich Mühe gaben,
wild und grausam dreinzuschauen. Ein kurzes, krauses, graues
Haar umstand noch dicht genug die braune Stirn und ein mächtiger, grauschwarzer Schnurrbart hing unter einer großen Adler-
nase bis weit über das energische Kinn herab. Der Wachtmeister
Süßmilch ist mir lange Jahre ein treuer Freund gewesen; er
hat mir in schweren Stunden unschätzbare Dienste geleistet, er
hat meine beiden ältesten Buben noch reiten gelehrt und als wir
ihn vor fünf Jahren zu seiner letzten Ruhe trugen, haben wir
Alle um ihn von Herzen geweint; aber in diesem Augenblicke
überlegte ich, einen wie großen Widerstand er mir wohl in einem
Falle, den ich für wahrscheinlich hielt, würde entgegensetzen
können, und daß es mir leid thun sollte, wenn ich dem alten
Kauz, der so köstlich grob war, an's Leben müßte.

Wenn man den Wachtmeister Süßmilch nun genug angesehen
hat, würde man gut thun, sich an das Abendbrot zu machen,
das durch Stehen nicht besser wird, sagte er.

Für mich kann es noch lange stehen, erwiderte ich. Ich habe
keinen Appetit auf des Herrn Directors Braten und Rothwein.

Das hätte man gleich sagen können, meinte Herr Süßmilch,
indem er anfing, die Sachen wieder auf das Präsentirbrett zu
stellen.

Ich weiß den Kukuk, was hier der Brauch ist, sagte ich trotzig.

Hier ist sonst der Brauch, daß man erst gearbeitet haben
muß, wenn man essen will.

Das ist nicht wahr, sagte ich. Ich bin kein Arbeitshäusler
und kein Zuchthäusler, ich bin zu sieben Jahren Gefängniß verurtheilt und hätte eigentlich auf die Festung kommen müssen,
wohin anständige Leute gehören.

Womit man sich meint, sagte Herr Süßmilch.

Womit man sich meint, sagte ich.

Und doch irrt man sich, erwiderte Herr Süßmilch, der mittlerweile vollständig abgeräumt hatte. Im Gefängniß muß man arbeiten, wenn man keinen Vater oder sonst Jemanden hat, der für den Unterhalt aufkommt. Man hat freilich einen Vater und durch seinen Vater zehn Silbergroschen täglich.

Herr Süßmilch! rief ich, indem ich dicht vor den Alten trat, ich nehme an, daß Sie mir die Wahrheit sagen, nnd da gebe ich Ihnen mein Wort: lieber will ich verhungern wie eine Ratte im Loch, ehe ich von meinem Vater einen Pfennig nehme.

Man wird morgen anderer Meinung sein.

In alle Ewigkeit nicht.

Dann wird man eben arbeiten müssen.

Das wird sich finden.

Jawohl, das wird sich finden.

Süßmilch ging, blieb aber an der Thür stehen und sagte, über den Rücken gewendet:

Man will also die gewöhnliche Kost, die Jeder bei seiner Ankunft hier erhält?

Man will gar nichts, sagte ich, indem ich an das Fenster trat.

Also auch kein Licht, denn das ist ebenfalls extra.

Ich antwortete nicht. Ich hörte wie der Alte an den Tisch ging, das Licht nahm, es auf den Präsentirteller stellte und nach der Thür schritt. Dort blieb er stehen, vermuthlich um abzuwarten, ob ich mich nicht noch eines Anderen besinnen würde. Ich regte mich nicht. Der Alte hustete, ich rührte mich nicht. Im nächsten Augenblick war ich im Dunkeln — allein.

So ist's recht, murmelte ich, geht zum Teufel ihr Alle mit eurer Freundlichkeit und Grobheit; ich brauche den Einen so wenig wie den Andern; ich will Keinem verpflichtet sein, Keinem! Keinem!

Ich lachte laut und dann griff ich wieder in die Eisenstangen des Fenstergitters und rüttelte daran und lief hin und her durch das fast dunkle Gemach wie ein wildes Thier. Mein Blut kochte, meine Pulse schlugen, meine Schläfen hämmerten, ich glaubte, ich müsse wahnsinnig werden. Endlich warf ich mich angekleidet auf das Bett und lag da, den Ellnbogen aufgestemmt, in dumpfer Verzweiflung, brütend über mein Loos, das mir nie so entsetzlich erschienen war; mich in wilden Haß hineinredend gegen die Menschen, die mir dies angethan hatten: gegen meine Richter, gegen meinen Vertheidiger, gegen meinen Vater, gegen alle Welt, mich in dem Entschluß bestärkend, nicht von meinem Trotz zu lassen, Keinem ein bittendes Wort zu gönnen, Keinem dankbar sein zu wollen und vor Allem mir die Freiheit zu verschaffen, es koste was es wolle.

So lag ich da — lange Stunden. Endlich schlief ich ein und träumte von blühenden Wiesen, über welche bunte Schmetterlinge flogen, die ich haschen wollte und nicht haschen konnte, weil, wenn ich sie berührte, sie zu rothen Rosen wurden. Und die rothen Rosen, als ich sie brechen wollte, fingen an zu leuchten und zu klingen und stiegen klingend und leuchtend hinauf in den Himmel, von wo sie als blühende Mädchengesichter auf mich herablächelten. Das war so lieblich und so drollig, daß ich mich in toller Lustigkeit auf der Wiese herumwarf. Aber als ich erwachte, lachte ich nicht. Als ich erwachte, stand Süßmilch vor meinem Bette und sagte: Man wird nun doch arbeiten müssen.

Dreiundzwanzigstes Capitel.

Seit vierzehn Tagen arbeitete ich; die schwerste Arbeit, die es für den Augenblick im Bereiche des Arbeits-, Zucht- und Gefangenhauses gab. Ich hatte das keineswegs nöthig, weder nach dem Buchstaben des Gesetzes, welches nur vorschrieb, daß die Gefangenen ihren Fähigkeiten gemäß zu beschäftigen seien, noch auf Befehl des Directors, der mir im Gegentheil die Art meiner Arbeit vollkommen freigestellt hatte. Ja, noch mehr: er hatte mir angeboten, ob ich gewisse Listen aufstellen und Rechnungen anfertigen wolle, die gerade in dem Bureau der Anstalt verlangt wurden und zu denen ich das Material auf meine Zelle erhalten solle. Zu meiner Erholung würde ich in dem großen Garten der Anstalt, der gerade jetzt erweitert wurde, vollauf Gelegenheit zu angenehmer und gesunder Beschäftigung finden.

Ich hatte erwidert, daß ich — und hier hatte ich allerdings die Wahrheit gesagt — von jeher ein schlechter Rechner gewesen und daß ich von der Gärtnerei nichts verstünde. Ich wünschte, wenn ich doch einmal einen Wunsch äußern dürfe, eine schwere, eine ganz schwere Arbeit. Der Herr Director habe ja selbst schon angedeutet, daß für einen Menschen von meiner Constitution eine derartige Arbeit die passende sei. Ich habe es allerdings im ersten Augenblicke verneint, aber mir die Sache reiflicher überlegt und gefunden, daß der Herr Director vollkommen recht habe. Ja, ich müsse gestehen, daß ich ein unwiderstehliches Verlangen empfinde, Holz zu spalten, Steine zu zerschlagen, große Lasten zu bewältigen.

Auch hier hatte ich nicht gelogen. Mein starker Körper

litt wirklich schwer unter der erzwungenen Unthätigkeit. Aber
es waren noch ganz andere Gründe, die mich bestimmten. Wie,
mir selbst kaum bewußt, die Rücksicht auf meinen Vater für
mein Thun und Lassen bestimmend war, wie ich aus Trotz
gegen ihn von ihm geflohen, wie ich aus Trotz gegen ihn mich
selbst dem Gerichte gestellt hatte, so war es wiederum Trotz,
was mich jetzt die Unterstützung, die er mir zugesagt, zurück=
weisen und mir die gröbste Arbeit wünschenswerth erscheinen ließ.
Er sollte nicht nur nicht sagen können, daß ich, selbst im Ge=
fängnisse, ihm zur Last falle; er sollte erfahren, daß sein Sohn
es nicht besser habe als ein Verbrecher, der ich ja doch in seinen
Augen war!

Und ebensowenig wollte ich, daß der sanft redende Director
sagen könnte: Ich habe bei dem jungen Menschen, der ja doch
guter Leute Kind ist, Gnade für Recht ergehen lassen.

Und schließlich: eine grobe Arbeit, wenn man mir sie gab,
und die doch wohl jedenfalls im Freien vorgenommen wurde,
mußte mir bessere Chancen zur Ausführung des Planes ge=
währen, über dem ich jetzt Tag und Nacht brütete, des Planes,
mit List oder Gewalt, oder mit List und Gewalt mir meine Frei=
heit zu verschaffen.

Nun wäre freilich die mir angebotene Beschäftigung im
Gefängnißgarten vielleicht diesem Zwecke förderlicher gewesen.
Es ließ sich annehmen, daß die Aufsicht dort eine ziemlich
lässige sein würde, besonders für mich, den der Director aus
diesem oder jenem Grunde so augenscheinlich begünstigen zu
wollen schien; aber hier regte sich in mir ein Gefühl, das
für Jemanden in meiner Lage allerdings etwas sonderbar er=
scheinen mag und dessen ich mich vielleicht doch nicht zu
schämen hatte.

Ich wollte ein Vertrauen, welches man in mich setzte, nicht
mißbrauchen. Ich hatte das wissentlich in meinem Leben nicht
gethan, ich wollte es jetzt nicht lernen, auch als Gefangener
nicht, auch um den Preis der so heiß ersehnten Freiheit nicht.
Ließ man mich, wie ich es wünschte, als Zuchthäusler mit den
Zuchthäuslern arbeiten, so würde man mich auch wohl jeden=

falls wie einen Zuchthäusler behandeln, und that man es nicht, nun, um so schlimmer für sie, die mich nicht für das genommen hatten, als für was ich mich gab; um so besser für mich, der ich keine Schonung beansprucht hatte und nun auch Niemand und nichts zu schonen brauchte.

Diese Gedanken gingen durch meinen Kopf, als ich an dem nächsten Tage wieder vor dem Director stand — diesmal unten in seinem amtlichen Arbeitszimmer — und ihm meine Bitte vortrug.

Er blickte mich mit seinen großen milden Augen prüfend an und erwiderte:

Wer immer gezwungen in diese Anstalt kommt, ist ein Unglücklicher, der als solcher von vornherein meines Mitleids gewiß sein kann. Wenn mir Ihr Schicksal noch ganz besonders nahegeht, so ist das so begreiflich, daß es einer Erklärung kaum bedarf. Sie haben die Theilnahme, mit der ich Ihnen entgegengekommen bin, abgelehnt, ohne mich zu beleidigen. Nach dem, was ich von Ihnen weiß, nach der Haltung, die Sie während Ihres Prozesses behauptet haben, mußte ich das fast erwarten. Ob Sie recht daran thun, die Unterstützung, die Ihnen Ihr Herr Vater gewähren will, zurückzuweisen, möchte ich bezweifeln, schon deshalb, weil Sie sich demselben dadurch noch mehr entfremden und weil man in jedem Falle seinem Vater so viel schuldig ist, daß man auch eine Demüthigung von ihm und vor ihm auf sich nehmen darf. Doch muß ich dies Ihrem eigenen Gefühle überlassen. Wollen Sie sich nun durchaus in die Lage eines unbemittelten Gefangenen bringen, der für seinen Unterhalt arbeiten muß, so hatte ich Ihnen, wie Sie wissen, eine andere, Ihren Fähigkeiten, Ihren Kenntnissen passendere Beschäftigung zugedacht. Sie sagen, eine schwere, eine ganz schwere Arbeit sei Ihnen Bedürfniß. Es mag sein. Sie sind ein ganz ungewöhnlich kräftiger Mann — ein Herkules im Vergleich mit mir armen Invaliden — und die eingeschlossene Luft eines Gefängnisses ist Gift für Ihre Constitution. Nicht blos für Ihren Körper, auch für Ihre Seele. Sie sind durch die lange Untersuchungshaft, die über alle Gebühr streng gewesen zu sein scheint, auf's tiefste verbittert. Sie werden, ich bin es überzeugt, wieder der großherzige, gutmüthige, brave Mensch werden, der Sie von Haus aus waren, der Sie in meinen Augen noch sind, wenn Sie erst einmal wieder die breite Brust in freier Luft haben lüften können und die stockenden Säfte bei schwerer Arbeit wieder munter kreisen. Auch brauchen Sie vielleicht für die Leidenschaften, die in Ihnen · wühlen, ein mächtiges Gegengewicht. So bin ich denn, Alles in Allem, gern geneigt, Ihrem Wunsche zu willfahren; Süßmilch soll Ihnen Ihren Posten anweisen. Ich sage Ihnen aber vorher: es ist Sträflingsarbeit und Sie werden in sehr schlechte Gesellschaft kommen; um so eher werden Sie sich darauf besinnen, daß Sie ein guter Mensch sind.

Er winkte mir freundlich mit Hand und Augen und ich war entlassen. Mir waren, ich weiß nicht wie, die Thränen in die Augen gekommen, als ich mich von ihm nach der Thür wendete, aber ich zerdrückte sie zwischen den Wimpern und sagte bei mir: das ist Alles sehr schön, aber ich will nicht gut sein — ich will frei sein.

In der äußersten Ecke der Ringmauer der Anstalt, auf einem etwas erhöhten Platze wurde ein neues Krankenhaus erbaut. Anschlag, Pläne, Zeichnungen, Alles war von dem Director, der ein vollkommener Baumeister war, selbst gefertigt. Die Arbeit, vor Allem die erste grobe, sollte von den Zuchthäuslern gethan werden. Man war dabei, das Fundament auszuheben. Es war eine sehr schwere Arbeit. Auf dem Platze hatte ehemals ein alter Thurm der Stadtmauer gestanden, dessen durch die Jahrhunderte zu Schutt zerriebene und durch die Verwitterung wieder zu einer compacten Masse zusammengewachsene Trümmer mit der Spitzart losgebrochen werden mußten, bis man auf die Grundmauern kam, die man zum Theil noch für das neue Gebäude verwerthen zu können hoffte.

Bei dieser Arbeit waren ungefähr zwanzig Leute beschäftigt. Die Oberaufsicht führte der Wachtmeister Süßmilch, der, da ich zur Zeit der einzige Gefangene der Anstalt und jetzt hier auf dem Platze war, nichts Besonderes zu thun hatte; für die Zuchthäusler waren noch zwei Aufseher vorhanden.

Von diesen, welche meist jüngere, jedenfalls kräftige, zu solcher Arbeit taugliche Männer waren, sahen — in meinen ungeübten Augen wenigstens — die Meisten aus, wie andere Leute auch aussehen würden, wenn man sie in einen Drillichanzug steckte, sie unter der Aufsicht von zwei handfesten Wächtern arbeiten ließe und ihnen verböte, zu rauchen, zu pfeifen, zu singen und leise untereinander zu sprechen. Das letztere fiel mir erst auf, als Süßmilch Einem .oder dem Anderen, der mit seinem Nachbar eine private und vertrauliche Conversation anzuknüpfen versuchte, in sehr bestimmten Tone die Weisung gab: Man hat hier keine Geheimnisse vor einander; man kann hier Alles laut sagen; man kann es auch für sich behalten.

Besonders an einen der Zuchthäusler erging diese Mahnung wiederholt, mit dem Zusatze, daß er alle Ursache habe, sich in Acht zu nehmen.

Es war dies ein Kerl von herkulischem Körperbau, der Einzige, der wirklich das hatte, was man eine Galgen=Physiognomie zu nennen pflegt, und der sein kostbares Leben auch nur dem Umstande verdankte, daß eine Mordthat, deren er bringend verdächtig gewesen, in den Augen seiner gelehrten Richter nicht hinreichend hatte bewiesen werden können. Er hieß Caspar — seinen sonstigen rühmlichen Namen habe ich vergessen — die Gefährten nannten ihn Katzen=Caspar, weil er das Geheimniß verstehen sollte, im Dunkeln zu sehen wie am lichten Tage und trotz seiner gewaltigen Schultern durch Löcher kriechen zu können, durch die sonst nur eine Katze schlüpfen mochte.

An diesem, mit so vortrefflichen Gaben ausgestatteten und in so nützlichen Künsten bewanderten Menschen hatte ich vom ersten Tage an eine Eroberung gemacht. Während die Andern mich mit mißtrauischen Blicken von der Seite ansahen, mich sichtlich mieden und nie ein Wort an mich richteten, suchte der

Katzen-Caspar, so oft es sich irgend machen ließ, in meine Nähe zu kommen, winkte mir verstohlen mit den Augen, sah dann nach den Aufsehern hinüber und gab mir auf alle Weise zu verstehen, daß er mit mir in intimere Beziehungen zu treten, vor Allem natürlich zu sprechen wünsche.

Ich kann nicht' anders sagen, als daß ich ein geheimes Grauen vor dem Kerl empfand, den freilich das tief in die niedrige Stirn gewachsene Haar, ein Paar böse, giftige Augen und ein großer thierischer Mund deutlich genug zeichneten und vor dem sich wohl Jeder gehütet haben würde, auch wenn er nicht gewußt hätte, daß schnöde vergossenes Blut an diesen plumpen Händen klebte. Aber ich überwand das Grauen, denn ich sagte mir, daß dieser Mensch die Entschlossenheit zu einem Wagniß habe, und Verschlagenheit und Kraft genug, das Beschlossene auszuführen. So suchte ich denn auch meinerseits wieder in seine Nähe zu kommen, und das war mir — am vierzehnten Tage, seitdem ich auf dem Platze arbeitete — kaum gelungen, als ich die Entdeckung machte, daß der Katzen-Caspar außer den anderen mir bereits durch Hörensagen bekannten Künsten noch eine besaß, die, wie ich mich überzeugt habe und wie sich Jeder, der den Versuch anstellt, überzeugen kann, auch gelernt sein will. Diese Kunst bestand nämlich darin, daß er, mit zum Munde erhobener Hand, die Miene eines Gähnenden täuschend nachahmend, während er den Mund öffnete und schloß, mit Hülfe von Zunge und Zähnen gehauchte Laute zu bilden verstand, die, wenn man genau hinhörte, sich, man wußte selbst kaum wie, zu Worten formten. So hörte ich zu meiner nicht geringen Ueberraschung aus dem natürlichsten Gähnen von der Welt deutlich heraus: Der große Stein! helft mir!

Was das zu bedeuten hatte, erfuhr ich wenige Minuten später.

Es waren gerade in den letzten Tagen Steine zum Fundament angefahren worden; ein besonders großer war durch die Ungeschicklichkeit der Leute vom Wagen herab in die Fundamentgrube gerollt; es schien unmöglich, den Coloß ohne

besondere Vorrichtungen von dem Platze, auf welchen er keines=
wegs gehörte, hinaufzuschaffen.

Wachtmeister Süßmilch fluchte sehr über die verhenkerte
Dummheit. Das gäbe nun wieder ein paar Stunden ganz
überflüssige, nutzlose Arbeit. Katzen=Caspar, nachdem er mir
die geheimnißvollen Worte hatte zukommen lassen, erhob plötz=
lich sehr laut seine Stimme, die so leise zu sprechen verstand,
und sagte:

Was ist denn das Großes, Herr Süßmilch? den bringe
ich ganz allein wieder herauf.

Wenn es mit dem großen Maule gethan wäre, brummte
Herr Süßmilch.

Die Anderen lachten. Katzen=Caspar sagte, sie wären
Maulaffen, und es sei eine rechte Kunst, über einen ehrlichen
Kerl Witze zu machen und zu lachen, der nicht zeigen dürfe,
was er könne.

Katzen=Caspar kannte seinen Mann. Des ehrlichen Wacht=
meisters Gesicht wurde roth, er strich seinen langen Schnurr=
bart und rief: Erstens raisonnire man nicht, und zweitens
wird man jetzt zeigen, was man kann.

Katzen=Caspar ließ sich die Erlaubniß nicht zum andern
Male geben. Eine mächtige Stange ergreifend, sprang er in
den Graben hinab.

Der Stein lag an dem mit Brettern bedeckten Wege, auf
welchem der unten losgebrochene Schutt heraufgekarrt wurde.
Eine Riese hätte ihn also mittelst eines Hebebaums nach und
nach heraufwuchten können; Katzen=Caspar bewies, daß er
wenigstens mehr als gewöhnliche Kraft besaß.

Die Stange unter den Stein schiebend, brachte er den=
selben so weit in Bewegung, daß nur noch wenig zu einem
einmaligen Umschwung fehlte. Es war wirklich eine so erstaun=
liche Leistung, daß die Leute Hurrah schrieen, und selbst das
Interesse des Wachtmeisters und der beiden anderen Aufseher
höchlichst erregt war. Plötzlich aber schien dem Katzen=Caspar
die Kraft auszugehen; er sah aus, als ob er jeden Augenblick

von dem wieder zurückstrebenden Stein gegen die Erdwand gequetscht werden könnte.

Einer muß noch her, schrie er.

Ich dachte nicht daran, daß das Ganze eine Kriegslist des schlauen Menschen war. Einen zweiten Hebebaum ergreifend, und ohne die Erlaubniß des Wachtmeisters abzuwarten, sprang ich mit Einem Satze hinab, schob den Hebebaum unter den Stein, stämmte die Schulter mit aller Macht dagegen; der Stein schlug nach der andern Seite.

Hurrah! schrieen die Leute.

Langsam, Kamerad! sagte Katzen=Caspar, als ich an seiner Seite mich an dem Stein abmühte, langsam, sonst sind wir zu bald oben.

Er brauchte jetzt nicht zu gähnen, die Aufregung unter den Leuten und Aufsehern war zu groß, als daß die Arbeitsord=nung nicht für die Zeit hätte suspendirt sein sollen; auch be=fanden wir uns mindestens zwölf Fuß tiefer; man sah von oben nur unsere Rücken. Katzen=Caspar wußte diese Gelegen=heit trefflich auszubeuten. Während wir Schulter an Schulter den Stein hinaufwuchteten, wechselte er mit denen oben unfeine Witze und zwischendurch sprach er zu mir schnell in abgerissenen Sätzen: Wollt Ihr mithalten, Kamerad? so gut kommt es uns nicht wieder — es gehören aber mindestens zwei Kerle dazu, so wie Ihr und ich — es sind noch ihrer zehn — aber zwei müssen anfangen — Keiner hat außer mir den Muth — und nun hoffentlich Ihr — morgen ist der letzte Tag — durch die Pforte über die Brücke, über den Wall an den Außenhafen, an den Strand — folgt mir nur — will Euch schon durch=bringen — wer uns in den Weg tritt, den schlagen wir todt — den schuftigen Süßmilch zu allererst. — Wenn Ihr uns ver=rathet —

Man arbeite und schwatze nicht! rief der Wachtmeister.

Ich kann nicht mehr! sagte der Katzen=Caspar, den Hebe=baum zur Erde werfend.

Er hatte seinen Zweck erreicht; es lag ihm nichts daran, seine Kraft zu vergeuden.

Man komme herauf! commandirte der Wachtmeister, sehr
zufrieden, daß er schließlich doch Recht und doppelt Recht be=
halten hatte, da die zwei stärksten Männer der Brigade nicht
hatten vollbringen können, was der Katzen=Caspar sich allein
vermessen.

Die Ordnung war wieder hergestellt, die Arbeit nahm
ihren geregelten Fortgang. Ich arbeitete für zwei, die Auf=
regung zu verbergen, in welche mich die Mittheilung des Raub=
mörders versetzt hatte. Sein Plan war mir von vornherein
ziemlich einleuchtend gewesen und wurde mir vollends klar, als
ich eine Gelegenheit benutzte, mich auf dem höchsten Punkte des
Bauplatzes, von wo man über die Mauer sehen konnte, umzu=
blicken. Unmittelbar an dem Bauplatze war ein Thor in der
Mauer, das während des Baues wiederholt benutzt worden
war, und zu welchem der Wachtmeister den Schlüssel in der
Tasche trug. Von dem Thore führte eine kurze Brücke, die
wiederum auf der Mitte eine mit spanischen Reitern verwahrte
Pforte trug, über einen breiten Graben, der ehemals der Wall=
graben der Stadt gewesen war, wie unsere Gefängnißmauer
an dieser Stelle nur ein Theil der alten Stadtmauer. Jenseit
des Grabens war eine hohe Bastion, an deren Fuße sich die
mit Wallnußbäumen besetzte Wallpromenade hinzog und auf der
oben ein paar Kanonen standen, ohne daß ich jemals eine
Schildwache dort bemerkt hätte. Rechts von der Bastion lag
ein bedeutend niedrigerer Wall, über den man von meinem
Standpunkte aus bequem wegsehen konnte. Jenseit des Walles
sah ich die Wimpel von Schiffen, es mußte dies der Außen=
hafen sein, von welchem der Katzen=Caspar gesprochen. Zwischen
den Wimpeln schimmerte ein Stück blaues Meer; ja ich hatte
einen flüchtigen Blick auf die Insel, deren niedrige Kreide=Ufer
in der Abendsonne erglänzten.

Ich hatte genug gesehen und beeilte mich, herabzusteigen,
um keinen Verdacht zu erregen. Gleich darauf ertönte die
Abendglocke. Die Arbeit war zu Ende; ich trat in Begleitung
des Wachtmeisters den mir nun wohlbekannten Weg an den
Gärten entlang über den Wirthschaftshof nach meiner Zelle an.

Diese Nacht kam kein Schlaf in meine Augen. Ich über=
legte fortwährend in meiner Seele die Möglichkeiten der Flucht.
Daß des Katzen=Caspar's Plan Hand und Fuß habe, davon
war ich jetzt überzeugt, und nicht weniger, daß ein so schlauer,
kühner Geselle ganz der geeignete Mann sei, das Beschlossene
durchzuführen. Das Local konnte nicht günstiger sein: ein hoher
Wall, ein Außenhafen mit Booten, Fahrzeugen aller Art, ein
weiter menschenleerer Strand, und drüben die Insel, die ich
schlimmstenfalls schwimmend zu erreichen sicher sein konnte. Und
war ich erst drüben — ich wußte jetzt, wie man von dort wieder
fortkam, wie leicht es war, fortzukommen. Noch waren meine
Kleider bei der alten Frau im Stranddorf und meine Flinte war
da und meine Jagdtasche. Dann lebe wohl Untersuchungshaft und
Gefängniß, lebe wohl preisliches Richter=Collegium und Verthei=
digung, Zuchthaus=Director und Scherge! Ich war ein freier
Mann und konnte eurer spotten; und eurer, ihr guten Bewohner
meiner Vaterstadt, die ihr mir ein so schlechtes Zeugniß ausgestellt!
Und der Vater — nun ja, der Vater mochte sehen, wie er sich
mit seinem Gewissen abfand gegen den Sohn, den er durch
seine Härte von sich gestoßen, den er — und er allein — zum
Verbrecher gemacht hatte.

Ich war es bis jetzt nicht gewesen; ich wußte, ich würde
es jetzt werden; ja ich fühlte mich schon als solcher. Oder
machte die Gemeinschaft, die bloße Berührung eines Menschen,
wie dieser Katzen=Caspar, nicht schon zum Verbrecher? Und
das war ja klar, daß es ohne ein wirkliches, eigentliches Ver=
brechen, daß es ohne Mord und Todtschlag nicht abging. Der
Wachtmeister hatte die Schlüssel zu dem Thore und zu der
Brückenpforte in der Tasche; der Wachtmeister sah wahrlich
nicht aus wie Einer, der gutwillig nachgiebt und hergiebt, noch
dazu in einem solchem Falle. Dann waren noch die beiden
anderen Aufseher da, die ebenfalls keine Hasenherzen zu sein
schienen. Die Drei würden sich widersetzen, so lange sie sich
regen könnten. Sie mußten zu Boden geworfen werden, und
im ersten Anlauf, und womöglich so, daß sie nicht wieder auf=

standen; denn zur Verwirrung mußte sich der Schrecken gesellen, wenn die Flucht gelingen sollte!

Ich richtete mich von meinem Lager auf, das Herz schlug mir wild gegen die Rippen. Auf mich rechnete der Katzen=Caspar in erster Linie; er hatte vollkommen recht: nur wenn Zwei zu gleicher Zeit losbrachen, war eine Möglichkeit des Erfolges; ein Einzelner würde ganz· gewiß keine Nachfolger finden, so mußte also einer der Aufseher, vielleicht der Wacht=meister selbst, durch meine Hand fallen.

Durch meine Hand!

Wie leicht war das gedacht, gesagt; aber würde mir in dem Augenblicke der That der Muth nicht fehlen? Es ist wahr, ich hatte auf den Zollwächter geschossen, aber damals galt es nicht blos meine, es galt vor Allem meines Beschützers, meines Wohlthäters, meines Freundes Freiheit, und wie hatte ich dem Himmel aus der Tiefe meines Herzens gedankt, daß meine Kugel ihr Ziel verfehlt. Jetzt war nicht der bewun=derte, ja ich möchte sagen, angebetete Mann mein Genosse, sondern der Katzen=Caspar; jetzt handelte es sich nicht darum, in einem Momente der Ueberraschung auf eine dunkle Gestalt, die sich plötzlich drohend· in den Weg stellt, eine Pistole ab=zudrücken; es war ein wohlüberlegter Mord auszuführen, es war ein relativ Wehrloser zu erschlagen mit einem· Spaten, einer Spitzart, einem Hebebaum, dem ersten besten gemeinen Werkzeug, das dem Mörder in die Hand kam! Und schließlich, ich hatte mir alle Mühe gegeben, meinen Schließer zu hassen, ich hatte es nicht vermocht. Durch all' seine Grobheit klang so viel echte Güte hindurch, daß mir schon manchmal vorge=kommen war, als habe er sich nur, weil er wußte, wie weich er war, in dieses stachelige Kleid gehüllt. Und wenn ich nicht auf dem besten Fuße mit ihm stand, an wem lag es, als an mir, der ich sein Entgegenkommen so schnöde zurückgewiesen? Er hatte es mich nicht entgelten lassen; er hatte sein rauhes, gewiß ehrlich gemeintes Wohlwollen keinen Augenblick ver=leugnet; er hatte mich, wenn ich von seiner sonderbaren Aus=drucksweise absah, stets behandelt nicht wie ein Wächter seinen

Gefangenen, sondern, ich möchte sagen, wie ein alter treuer Diener, der sich Manches herausnimmt und herausnehmen darf, seinen ihm anvertrauten jungen Herrn, der nicht gut gethan hat und den er auf gute Manier zur Raison bringen soll. Und manchmal während der Arbeit ruhten seine hellen blauen Augen mit einem so sonderbaren Ausdruck auf mir, als sage er immerfort vor sich hin: Armer Junge, armer Junge! und als hätte er am liebsten seinen Zollstock aus der Hand gelegt und statt dessen meine Spitzart ergriffen und für mich die Arbeit gethan. Ja, schon ein paar Mal hatte er, wenn wir zusammen zurückgingen, zu mir gesagt: Nun, hat man es noch nicht bald satt? und dann wieder: Man sollte nicht über Gebühr eigensinnig sein und dem Herrn Rittmeister — der Wachtmeister nannte seinen ehemaligen Offizier nur im äußersten Nothfalle Director — und sich selbst das liebe Leben sauer machen. — Wie so dem Herrn Rittmeister? hatte ich gefragt. — Man will es nicht verstehen, hatte der Alte geantwortet und hatte dabei ganz melancholisch ausgesehen.

Ich wollte es nicht verstehen! das war nur zu richtig. Aber, weil man sich die Mühe gibt, etwas nicht verstehen zu wollen, versteht man es darum weniger?

Welches immer der Grund oder die Gründe sein mochten, aus denen die Theilnahme des Directors an mir und meinem Schicksale hervorgingen — konnte ich mich dagegen verschließen, daß diese Theilnahme vorhanden, daß sie in der herzlichsten, gewinnendsten Weise an den Tag gelegt wurde? Noch klangen seine Worte, noch klang der Ton, in welchem er sie gesprochen, in meinem Ohr, und dieser Ton hatte mich so lebhaft an den Klang der Stimme des Mannes erinnert, der nun einmal mein Held gewesen und noch war. Ja, je öfter ich den Director sah — und ich sah ihn jetzt fast täglich — um so mehr fiel mir die Aehnlichkeit auf, die er mit seinem unglücklichen Bruder hatte. Es war dieselbe hohe Gestalt, nur daß Krankheit und angestrengteste Arbeit, vielleicht Kummer und Sorgen die stolze Kraft gebrochen; es war dasselbe Gesicht, nur viel edler, viel milder; dieselben großen dunklen Augen, nur daß sie so viel ernster, schmerzensreicher blickten. Und diese Augen hatten mich, wenn der Mund auch seitdem geschwiegen, jedesmal so freund= lich gegrüßt — und diese Augen blickten mich an in dieser schrecklichen Nacht, in welcher ich mit dem Versucher rang; sie blickten mich an sanft und traurig und fragten: Das könntest Du thun? das auszudenken hättest Du das Herz? das auszu= führen die Hand?

Aber ich will frei sein, ich muß frei sein, schrie es in mir. Was kümmert mich der Wahnsinn eurer Gesetze! Habt ihr mich zur Verzweiflung gebracht, nun wohl, so könnt ihr von mir auch nur die Thaten eines Verzweifelten erwarten. Aus der Schule hierher — aus einem Gefängnisse in das andere! Ich habe die eine Tyrannei abgeschüttelt, weil sie mir uner= träglich war; soll ich mir diese gefallen lassen, die so viel schwerer auf mir lastet? . Und ich sollte der Gewalt nicht mit Gewalt begegnen dürfen? Was würde der wilde Zehren thun, wenn er noch lebte und seinen Liebling — denn das war ich — im Kerker wüßte? Er würde mich zu befreien suchen, und sollte er das Gefängniß und sollte er die ganze Stadt an allen Ecken anzünden, wie sie einst seinen Ahn aus dem Thurme holten, die guten Gesellen! Was er thun und wagen würde, ich werde es thun und wagen! Es kann mich doch höchstens das Leben kosten, und daß man sein Leben lassen muß, wenn es nicht mehr werth ist, gelebt zu werden — der Wilde hat es mich gelehrt!

So wühlte und tobte es in mir, als wäre eine Hölle in meiner Brust entfesselt. Noch heute, nach so vielen Jahren, heute, wo ich freudigen und, so viel an mir ist, reinen Herzens jeder Sonne danke, die sich über mir erhebt und mir wiederum einen Tag ernster Arbeit und stillen Glückes im Kreise der Meinen verspricht — noch heute bebt mir das Herz und zittert mir die Hand, mit der ich diese Zeilen schreibe, die mir so leb= haft die Schrecken jener Nacht und jener Zeit vergegenwärtigen, da der Jüngling einen Ausweg aus dem Labyrinth suchte, in welchem er trostlos — verzweifelt umherirrte.

Und werfe doch keiner einen Stein auf ihn, daß er so weit

vom rechten Wege abirren konnte! Wohl Dir, wer Du auch immer seist, dessen Stirn sich, indem Du dies liest, in richterliche Falten zieht — wohl Dir, wenn eine glückliche Mischung Deines Blutes Dich vor der blinden Wuth tobender Leidenschaften schützte, wenn eine weise Erziehung Dir frühzeitig einen klaren Blick in das wirre Leben gab, den Weg Deines Lebens freundlich ebnete. Auch dann — und dann gewiß! danke Deinem guten Stern, der Dir dies Alles gnädig gewährte, und außerdem vielleicht selbst die Möglichkeit einer großen Verirrung von Dir fernhielt! Und wo gäbe es eine solche Möglichkeit nicht? Sie ist schließlich immer vorhanden. So bete denn aus frommem Herzen, daß Du nicht in Versuchung geführt werdest, daß Dir keine Nacht komme, wie die, welche ich damals durchlitten; eine Nacht, in welcher es dunkel ist um Dich her und in Dir selbst; eine Nacht, an die Du noch nach dreißig Jahren schaudernd denkst!

Der Morgen, der nach dieser Nacht in meine Zelle graute, fand mich mit brennenden Schläfen, während kalte Fieberschauer mich schüttelten. Ich mochte wohl sehr verstört und bleich aussehen, denn des Wachtmeisters erstes Wort, als er mich erblickte, war: Man ist krank, man muß heute von der Arbeit bleiben.

Ich war krank, ich fühlte es nur zu wohl; so war mir noch nie im Leben gewesen. War dies ein Wink des Schicksals? Wollte es nicht zulassen, was ich beschlossen? Wenn ich heute nicht zur Arbeit ging, kam das Complot nicht zum Ausbruch. Der Katzen-Caspar rechnete auf mich, auf meine Kraft, auf meinen Muth, auf meine Verwegenheit. Mein Beispiel, das Beispiel Eines, der gewissermaßen freiwillig unter ihnen war, von dem sie wußten und fühlten, daß er nicht ihresgleichen sei, mußte überwältigend auf sie wirken, mußte sie in stürmischer Wuth mit fortreißen. Das hatte der Katzen-Caspar vollkommen begriffen; er konnte und er würde ohne mich nichts wagen.

Man bleibe heute von der Arbeit, sagte der Wachtmeister noch einmal. Man sieht ja hundeteufelmäßig jämmerlich aus.

Man hat sich gestern übernommen; man hat nicht sieben Sinne wie ein Bär.

Ich wußte nicht, was der Wachtmeister mit den letzten geheimnißvollen Worten, die er oft anwendete, sagen wollte; aber seine Meinung konnte nur eine freundliche sein, denn seine blauen Augen ruhten derweilen mit einem Ausdruck ernster Sorge auf mir.

Nicht doch, sagte ich, ich hoffe, daß mir draußen besser wird; ich kann nur die Gefängnißluft nicht vertragen.

Verträgt Keiner besonders, brummte der Wachtmeister.

Und ich besonders schlecht, so schlecht, daß ich große Lust habe, nächstens von hier fortzugehen.

Ich blickte dem Alten starr in die Augen; ich wollte, er sollte in meinen Augen lesen, was ich vorhatte. Aber er lächelte nur und meinte:

Würden nicht Viele hierbleiben, wenn Alle fortgingen, die Lust dazu hätten; man würde selbst fortgehen.

Warum thun Sie es nicht?

Man ist mit dem Herrn Rittmeister nun zusammengewesen an die fünfundzwanzig Jahre; man wird bei ihm bleiben, bis man mausetodt stirbt.

Was Einem alle Tage passiren kann.

Und wieder blickte ich dem Alten starr in's Gesicht. Dies= mal fiel ihm der Ausdruck meiner Züge doch auf.

Man sieht ja drein wie ein Bär mit sieben Sinnen; man sieht ja ganz raubmördergalgenmäßig drein, sagte er.

Was man noch nicht ist, kann man ja noch werden, sagte ich. Wenn ich Ihnen zum Beispiel hier die Kehle zuschnürte; ich bin dreimal so stark wie Sie.

, Man mache keine schlechten Witze, rief der Wacht= meister, man ist kein Bär, und ein alter Soldat ist kein Zahn= stocher.

Damit hatte der ehrliche Herr Süßmilch die Sache erle= digt; wir gingen nach dem Bauplatze, da ich durchaus nicht in meiner Zelle bleiben, noch weniger nach dem Gefängniß=Arzt geschickt haben wollte.

Auf dem Wege mußte ich einmal stehen bleiben, denn es wurde mir schwarz vor den Augen und ich glaubte zu sterben. Derselbe Zustand wiederholte sich noch mehrmals während des Tages, der ungewöhnlich heiß war. Im Uebrigen habe ich nur eine wüste, verworrene Erinnerung dieses entsetzlichen Tages. Ein wildes Fieber wüthete in meinen Adern; eine schwere Krankheit kam in fürchterlicher Schnelle heran, ja war schon zum Ausbruch gekommen. Doctor Snellius sagte mir später und hat es mir erst vor einigen Tagen, als er bei mir zu Tische war, über der Flasche wiederholt, daß er es bis heute nicht begreifen könne, wie ein Mensch in dem Zustande, in welchem ich mich nothwendig befunden haben müßte, nicht nur einen ganzen Tag lang sich auf den Füßen halten, sondern eine schwere Arbeit habe leisten können. Er meinte, es sei ihm der merk= würdigste Beweis, wie weit es der bis zum Uebermaß ange= spannte Wille contra naturam, gegen den Lauf der Natur vermöge. Freilich, fügte er mit einem Lächeln hinzu, indem er mir die Schulter berührte, es geht nur bei Schmieden, Schnei= der sterben daran.

Was habe ich aber auch gelitten! Wenn mir ein hämischer Asmodeus einmal einen recht bösen Streich spielen will, führt er mich im Traume an eine tiefe Grube, in welche eine mit= leidslose Sonne brennt, und drückt mir eine Spitzaxt in die Hand, mit der ich wüthende Streiche gegen eine felsenharte Erde führe, nur daß die felsenharte Erde mein eigener Kopf ist und jeder Schlag mir in's Gehirn dringt, und dann füllt er die Grube mit Teufeln in Menschengestalt, die ebenso wie ich mit Spitzäxten oder Spaten und Schaufeln oder einer Karre arbeiten, und diese Teufel haben brutale, stumpfe Gesichter und böse Augen, die sie immerfort auf mich gerichtet halten und mit denen sie mir zuwinken: sie wüßten Bescheid und ich würde das Teufelswerk schon vollbringen. Und unter ihnen taucht von Zeit zu Zeit ein Kopf auf, der bösere Augen hat, als die anderen alle, und der Kopf sperrt den gräßlichen Mund auf, und wie aus einem Höllenrachen gähnt es mich an: Kurz vor

Sonnenuntergang! Frisch Kamerad! ich Rollmann nehmen,
Du Wachtmeister. Schlag' Schädel ein!

Weg du entsetzlicher Traum!

Aber das Entsetzlichste ist noch übrig.

Es ist eine halbe Stunde vor Sonnenuntergang; in einer
halben Stunde wird die Glocke ertönen, die Arbeit eingestellt
werden. Nicht blos für heute; die Ausgrabung ist beendet, die
Fundamentsteine sind herbeigeschafft. Morgen werden ordent=
liche Maurer an die Arbeit gehen, Einzelne von den Zucht=
häuslern werden noch helfen; Andere aber anderswo beschäftigt
werden; es ist der letzte Abend, wo die Elf, deren Zwölfter
ich sein soll, beisammen sind. Jetzt oder nie ist der Augenblick
gekommen und bereits ist das Signal gegeben.

Es besteht darin, daß der Katzen=Caspar mit seinem Nach=
bar einen Streit beginnt, an dem sich nach und nach die An=
deren betheiligen, während die Aufseher, der Wachtmeister an
der Spitze, die scheinbar Wüthenden auseinander zu bringen
suchen und den auf so unerhörte Weise gegen die Ordnung
Frevelnden mit Wasser und Brod und Einzelhaft drohen. Aber
Jene lassen sich nicht bedeuten, kommen im Gegentheil von
Worten zu Thätlichkeiten, indem sie dabei, einander stoßend
und schlagend, in immer dichteren Knäuel zusammendrängen
und die Aufseher in den Knäuel zu verwickeln suchen.

Das Vorspiel hat nur einige Minuten gedauert, und länger
darf es auch nicht dauern, wenn der ungewöhnliche Lärm in
der stillen Anstalt nicht andere Aufseher herbeirufen und so den
ganzen Plan vereiteln soll.

Hat man mich in den wüsten Knäuel hineingezogen? Habe
ich mich selbst hineingestürzt? — ich weiß es selbst nicht; aber
ich bin mitten drin. Helfe ich den Aufsehern die Leute aus=
einanderhalten? suche ich nur die Verwirrung zu vermehren?
— ich weiß es nicht, aber ich tobe lauter als Alle, ich schreie,
jauchze, ergreife ein paar im Nacken und schleudere sie auf
den Boden, als wenn es Puppen wären; ich bin wie wahn=
sinnig; ja, ich bin wahnsinnig, ohne es zu wissen, ohne daß
ein Anderer es weiß, es merkt, auch der Katzen=Caspar nicht,

der sich an mich herandrängt und mir laut zuruft: Jetzt Kamerad!

In diesem verhängnißvollen Augenblicke nähert sich, aus der Pforte des nahen Gartens kommend, eilenden Schrittes die hohe Gestalt eines Mannes dem Orte des Schreckens. Es ist der Director; ein junges Mädchen von vierzehn Jahren, deren schlanken Wuchs ich schon öfter durch das Gitter des Gartens bewundert, faßt ihn an der Hand' und scheint ihn zurückhalten oder auch die äußerste Gefahr mit ihm theilen zu wollen. Ein paar Knaben von zehn, zwölf Jahren zeigen sich in der Gartenpforte; sie rufen Hurrah! Sie haben wohl keine Ahnung von dem Ernste der Situation.

Und da ist der Mann, den Jeder hat kommen sehen, dicht vor uns. Er macht die Linke sanft aus der Hand des jungen Mädchens los und drückt sie gegen die kranke, von der Anstrengung des eiligen Laufes keuchende Brust. Die andere hat er beschwichtigend erhoben, da er noch nicht zu reden vermag. Seine sonst so bleichen Wangen sind von einer fieberhaften Röthe übergossen; seine großen braunen Augen blitzen; sie müssen sprechen, da sein Mund es nicht vermag.

Und die Tobenden, Wüthenden haben diese Sprache verstanden. Sie haben seit länger oder kürzer gelernt, in scheuer Ehrfurcht zu dem bleichen Manne empor zu sehen, der immer ernst und immer freundlich ist, auch wenn er strafen muß, und den noch Keiner ungerecht hat strafen sehen. Sie sind auf Alles gefaßt; darauf nicht, daß ihnen im letzten Augenblicke dieser Mann entgegentreten würde. Sie fühlen, daß ihr Spiel verloren ist, ja sie geben es verloren.

Nur Einer nicht; Einer ist entschlossen, es dennoch zu gewinnen oder doch sein Letztes auf eine blutige Karte zu setzen. Ja, vielleicht steht das Spiel besser als je. Liegt jener Mann zu Boden, wer oder was könnte ihn, könnte die Andern dann noch halten?

Ein Geheul ausstoßend, wie es so gräßlich aus eines wilden Thieres Brust nimmer schallen kann, stürzt er mit hochgeschwungener Spitzaxt auf den wenige Schritte nur Entfernten

zu. Das junge Mädchen wirft sich vor den Vater, den Todes=
streich aufzufangen. Aber ein Anderer, der besser im Stande
ist, den Herrlichen zu schützen, ist schneller noch. Mit Einem
Satze ist er zwischen Jenem und dem Caspar und fällt dem
Rasenden in den Arm. Zwar streift die herabschmetternde Axt
seinen eigenen Kopf; was ist das im Vergleiche zu den Schmer=
zen, die ihm im Kopfe schon seit Stunden wüthen?

Hund, verfluchter! brüllte der Katzen=Caspar, hast Du uns
verrathen!, und abermals holt er mit der Axt aus. Er bringt
sie kaum noch in die Höhe, da liegt er bereits am Boden und
auf seiner Brust kniet Einer, dessen Kraft der Wahnsinn des
Fiebers zum Ungeheuren angespannt hat, dem in diesem Augen=
blicke kein einzelner Mensch zu widerstehen vermöchte.

Aber es ist auch nur ein Augenblick. Was er noch sieht,
ist das gräßlich verzerrte Gesicht des Katzen=Caspar. Dann
versuchen andere Hände seine Hände von dem Halberwürgten
wegzureißen und dann versinkt Alles um ihn her in tiefe,
schwere Nacht.

Vierundzwanzigstes Capitel.

In tiefe, schwere Nacht, die eine lange, lange Fortsetzung des entsetzlichen Traumes ist, bis endlich dann und wann dämmernd Licht in diese Nacht fällt, dämmernd-sanftes Licht, vor welchem die Grauengestalten verbleichen und freundlicheren Platz machen. Die verschweben wieder in tiefe Nacht, aber es ist nicht mehr die alte, fürchterliche; es ist ein süßes Versinken in ein seliges Nichts, und jedesmal, wenn ich wieder daraus hervortauche, sind die milden Gestalten deutlicher, so daß es mir manchmal schon gelingt, sie von einander zu sondern, während sie anfänglich immer unmerklich in einander übergingen. Jetzt weiß ich bereits, daß, wenn der lange, schwarzgraue Schnurrbart vor meinem Gesichte auf und ab nickt, eine treue, gutmüthige Dogge da ist, die immer aus tiefer, breiter Brust knurrt, nur daß ich die Dogge nie zu sehen bekomme und manchmal meine, es sei der lange schwarz-graue Schnurrbart selbst, der so knurre. Wenn der Schnurrbart braun ist, höre ich eine sanfte Stimme, deren Klang mir unendlich wohlthut, daß ich immer lächeln muß, glücklich lächeln, während, wenn ich die Dogge höre, ich laut lachen möchte, nur daß ich nicht lachen kann, weil ich keinen Körper habe, sondern eine Seifenblase bin, die aus der Bodenluke in meinem Vaterhause herausschwebt in die sonnige Luft, bis sich zwei Brillengläser in ihr spiegeln, die keinen Schnurrbart haben. Die Brillengläser machen mir viel zu schaffen, denn, wenn sie auch niemals einen Schnurrbart haben, so sind sie doch manchmal blau, und dann sind sie eine Frau; wenn sie aber weiß sind, sind sie ein Mann und haben eine quäkende Stimme; aber die blauen Gläser haben die sanfteste Stimme, noch sanfter

als der dunkle Schnurrbart. Ich kann es nicht herausbekommen,
wie das zugeht, und räthsle viel darüber, bis ich wieder ein=
schlafe. Und als ich erwache, beugt sich Jemand über mich, der
einen braunen Schnurrbart und braune Augen hat und gerade
so aussieht wie Jemand, den ich kenne, obgleich ich mich nicht
besinnen kann, wo und wann ich ihn gesehen habe. Aber es
wird mir so wohl und wehe bei dem Anblicke des bekannten Un=
bekannten, weil mir ist, als ob ich ihm Unendliches zu danken
hätte, obgleich ich gar nicht weiß was. Und dies Dankgefühl ist
so lebhaft, daß ich seine Hand, die er auf meine Hände gelegt
hat, langsam, leise — denn ich habe wenig oder keine Kraft —
an die Lippen ziehe und die Augen schließe, aus denen selige
Thränen über meine Backen rollen. Ich will auch etwas sagen,
aber ich kann es nicht, und will mich darauf besinnen, und als
ich die Augen wieder öffne, ist die Gestalt nicht mehr da, sondern
das Zimmer ist leer und von einer lichten Dämmerung gefüllt,
und ich schaue mich verwundert in dem Zimmer um.

Es ist ein mäßig großes, zweifenstriges Zimmer; an den
Fenstern sind die weißen Gardinen herabgelassen und auf den
Gardinen schwanken die Schatten von Weinranken auf und nieder.
Ich sehe lange dem reizenden Spiele zu; es ist ein Bild meiner
Gedanken, die ebenso hin= und herwiegen und einen Punkt fest=
zuhalten suchen, es aber nicht vermögen und immer wieder her=
über= und hinüberziehen. Dann blicke ich abermals in das Zimmer
und jetzt finden meine Augen einen Ruhepunkt. Es ist ein Bild,
das an der einfarbigen, lichtgrauen Wand mir gerade gegenüber
hängt: ein schönes junges Weib mit einem Knaben auf dem Arm.
Sanft und mild blicken die Augen der jungen Mutter, still und
fast schwermüthig, als sänne sie einem großen Geheimnisse nach,
während die Augen des Knaben unter der vorgewölbten Stirn
über seine Jahre ernst, fast trotzig und groß, als könnten und
wollten sie die ganze Welt umspannen, geradeaus in die Ferne,
in die Unendlichkeit blicken.

Ich kann die Augen kaum von dem Bilde wenden. Meine
Bewunderung ist sehr rein und unbefangen; ich habe keine Ah=
nung von dem Original und weiß nicht, daß dies eine aus=

gezeichnete Kreidezeichnung nach dem berühmtesten Bilde des Meisters der Meister ist; ich weiß nur, daß ich so etwas Schönes in meinem Leben noch nicht gesehen habe.

Unter dem Bilde hängt eine kleine Etagere mit zwei Reihen sauber gebundener Bücher. Unter der Etagere ist eine Commode, alterthümlich geschweift mit messingenen Griffen. Auf der Com= mode liegen Zeichnen=Materialien und, zwischen zwei kleinen, antiken Vasen aus Terracotta, steht ein Arbeitskörbchen, über dessen Rand ein Faden rother Wolle hängt.

Zwischen Fenster und Commode, offenbar auf die Seite ge= rückt, sehe ich eine Staffelei, auf der Staffelei ein umgekehrtes Reißbrett; auf der anderen Seite der Thür ein Pianino, dessen oberer Theil eine sonderbare leyerförmige Gestalt hat.

Ich weiß nicht, was mich plötzlich an Konstanze von Zehren denken läßt, vielleicht, daß mich das leyerförmige Instrument an ihre Guitarre erinnert hat. Es muß wohl sein, denn sonst erinnert dies Zimmer in nichts an jenes Konstanzens. So wunderlich wüst es dort aussah, so sauber und freundlich ist Alles hier; kein fadenscheiniger, zerrissener Teppich deckt die weißen Dielen, auf welchen sich die sonnebeschienenen Fenster abzeichnen, und abermals, aber schwächer als auf den weißen Gardinen die Schatten der Weinranken spielen. Nein, ich bin nicht auf Schloß Zehren, im ganzen Schlosse war kein Gemach wie dieses, so heiter, so rein; und Schloß Zehren, fällt mir ein, ist ja abgebrannt, bis auf den Grund, haben sie gesagt; ich kann also nicht auf Schloß Zehren sein, aber wo bin ich denn?

Ich blicke das schöne junge Weib auf dem Bilde an, als ob sie mir Antwort geben könnte; aber über dem Anblicke vergesse ich, was ich habe fragen wollen. Ich habe nur das Gefühl, daß es sich ruhig schlafen lasse, wenn solche Augen über Einem wachen, und wundere mich, daß der schöne Knabe den Kopf nicht an die Schulter, an den Busen der Mutter sinken läßt, die großen, trotzigen Augen schließt und süß schläft; ach, so süß!

Der lange, süße Schlaf hat mich wunderbar erquickt. Als ich erwache, richte ich mich ohne weiteres in die Höhe, stütze mich auf den Ellnbogen und starre Herrn Wachtmeister Süßmilch,

der vor meinem Bette sitzt, verwundert in das braune, furchen=
durchzogene Gesicht mit den blauen Augen, der großen Habichts=
nase und dem langen, schwarzgrauen Schnurrbart.

Der Alte blickt mich seinerseits nicht minder verwundert an.
Dann zuckt ein freundliches Lächeln von dem Schnurrbart durch
ein paar der allertiefsten Furchen hinauf in die blauen Augen,
wo es verweilt und gar lustig blinkt und blitzt. Er legt drei
Finger seiner rechten Hand an die Stirn und sagt: Serviteur!

Das kommt so drollig heraus, daß ich lachen muß. Ich
kann jetzt lachen und der Alte lacht ebenfalls und sagt: Gut ge=
schlafen?

Ja, sage ich, köstlich. Ich habe wohl lange geschlafen?

Ein wenig, morgen werden es acht Wochen, erwidert der
Alte freundlich.

Acht Wochen, wiederhole ich mechanisch, das ist sehr lange,
und ich streiche nachdenklich mit der Hand über den Kopf.

Der Kopf ist sonst mit sehr dichten, sehr krausen und trotz=
dem sehr weichen (nebenbei etwas röthlichen) Locken bedeckt; jetzt
fühle ich nur ganz kurze Stacheln, wie bei einer Bürste, die noch
dazu mit der Zeit arge Lücken bekommen hat.

Das ist doch sonderbar, sage ich.

Wird schon wieder wachsen, sagt der Wachtmeister tröstend,
haben mich auch ritze=ratze=kahl geschoren, als ich dies da weg
hatte — er zeigt auf eine tiefe Narbe über der rechten Schläfe,
die in dem dichten, grauen Haar verläuft, und die ich jetzt zum
ersten Male bemerke — ich habe doch wieder einen Schopf be=
kommen wie ein Bär —

Mit sieben Sinnen, füge ich hinzu und muß durchaus über
meinen Witz lachen. Es scheint, daß ich einen Kinderkopf auf
den breiten Schultern habe.

Der Alte lacht auch sehr herzlich, wird aber plötzlich ganz
ernsthaft und sagt:

Nun aber schweige man und schlafe wieder wie —

Er beendet seine Lieblingsphrase nicht, augenscheinlich aus
Besorgniß, mich zu neuer und für meine Verhältnisse schädlicher
Lustigkeit aufzuregen; aber ich lache trotzdem und streife dabei

den Aermel meines Hembes auf, der mir ungewöhnlich weit
vorkommt.

Der Aermel ist nicht weiter als gewöhnlich, aber mein Arm
ist bünner, so bünn, baß ich ihn kaum für den meinen halten
kann.

Wird schon wieder stärker werden, sagt der Wachtmeister.

Ich bin wohl sehr krank gewesen? frage ich.

J nun, meint der Wachtmeister; es war dicht vor dem
Zapfenstreich; aber ich habe immer gesagt: Unkraut vergeht nicht;
und er reibt sich vergnügt die Hände. Aber jetzt hat man genug
geschwatzt, fügt er in befehlendem Tone hinzu. Man hat strenge
Ordre, sich, wenn man aufwachen sollte, auf keinen Disput ein=
zulassen und sogleich Meldung zu machen, was nunmehro ge=
schehen soll.

Der Wachtmeister will sich erheben; ich lege ihm die Hand
auf eine seiner braunen Hände und bitte ihn, noch zu bleiben;
ich fühle mich ganz kräftig, das Sprechen greife mich nicht im
mindesten an, noch weniger das Hören, und ich möchte gern
hören, wie ich in diesen Zustand gekommen, in welchem ich mich
befinde; wer die Leute gewesen seien, die um mich gewesen, und
deren Gestalten ich durch den Nebel meiner Träume habe gleiten
sehen? Ob nicht auch eine gute, große Dogge dagewesen sei,
die mich beschützt und dazu aus tiefer Brust geknurrt habe?

Der Alte sieht mich bedenklich an, als meine er, es sei doch
noch nicht ganz richtig unter dem borstigen, halbkahlen Schädel,
und die höchste Zeit, daß er Rapport abstatte. Er legt meine
Hände auf die Bettdecke und sagt: So, so! glättet das Kopf=
kissen und sagt wieder: So, so! und ich thue ihm den Gefallen
und schließe die Augen und höre, wie er leise aufsteht und sich
auf den Fußspitzen entfernt; aber die Thür hat sich kaum hinter
ihm geschlossen, als ich die Augen wieder öffne und resolut daran
gehe, mir selbst die Fragen, die ich dem Alten vorgelegt habe,
zu beantworten.

Und nach und nach — gerade wie aus einem Nebelmeer,
auf das wir von einem hohen Berge herabblicken, hie und da
einzelne lichte Punkte auftauchen, ein sonnebeschienenes Kornfeld,

eine Hütte, ein Stück Weges, ein kleiner See mit grasigen Ufern und endlich die ganze Landschaft klar vor uns liegt, bis auf wenige Stellen, über welchen noch graue Streifen sich breiten, die langsamer als die andern die Bergschluchten aufwärts ziehen — gerade so löste sich vor meinem inneren Auge die Nacht der Vergessenheit, in welche für mich meine jüngste Vergangenheit während meiner Krankheit versunken gewesen war. Ich erinnerte mich wieder, daß ich, und warum ich im Gefängnisse, daß der alte Mann mit dem langen Schnurrbart nicht mein guter Freund und Krankenwärter, sondern mein Schließer war; daß ich mich mit dem Gedanken getragen hatte, ihn zu erschlagen, wenn es sein mußte, damit ich wieder frei würde; und so an Alles, was geschehen war, bis auf den letzten schrecklichen Tag, an diesen aber nur sehr verworren, sehr dunkel, so verworren, so dunkel, wie diese Erinnerung bis auf heute in meiner Seele geblieben ist. Dunkel und peinlich; aber seltsam — dieses peinliche Gefühl wendete sich ausschließlich gegen mich selbst. Der Haß, die Erbitterung, der Groll, die Verzweiflung, die Raserei der Leidenschaft — alle die Dämonen, die vorher in meiner Seele gehaust, sie waren verscheucht, als hätte sie ein Engel mit flammendem Schwert — der Todesengel vielleicht, der über mir geschwebt — vertrieben. Selbst jener Rest von Pein löste sich auf in Dankbarkeit, daß mir das Entsetzlichste erspart worden, daß ich auf meine abgemagerten Hände blicken konnte, ohne zu schaudern.

Und wie ich, also sinnend, dalag, und mein Blick auf das schöne, junge Weib fiel, die ihren Knaben so sicher im treuen, starken Mutterarme hielt, falteten sich unwillkürlich meine Hände; ich dachte meiner eigenen, so früh, viel zu früh für mich verstorbenen Mutter, und wie wohl Alles anders gekommen wäre, hätte sie immerdar schützend mit ihrem Arm mich umfassen, hätte ich in meinen jungen Leiden und Zweifeln an ihrem Busen Schutz und Rath und Trost suchen und finden können. Und auch meines Vaters dachte ich, der jetzt so einsam war, dessen Hoffnungen ich so bitter getäuscht, dessen Bürgerstolz ich so tief verwundet hatte, und dachte seiner — zum ersten Male — ohne allen Groll, nur mit

dem Gefühle innigsten Mitleids mit dem armen, alten, ver=
lassenen Manne!

Aber er wird ja leben bleiben, sagte ich, und ich bin ja auch
nicht gestorben und werde leben und Alles wieder gut machen.
Nein, nicht Alles, das Verlorene läßt sich nicht wieder gut machen,
nur die Zukunft gehört mir, selbst im Gefängnisse!

Im Gefängnisse! aber war das ein Gefängniß, wo ich mich
befand: dieses freundliche Zimmer, dessen Fenster nur mit nicken=
den Weinranken vergittert war, in welchem Alles auf ein fried=
lich=heiteres Stillleben der Bewohnerin deutete? —

Der Bewohnerin! ich weiß nicht, wie ich abermals auf diesen
Einfall kam; aber ich konnte mich nicht davon losmachen, und
da hingen auch wieder die rothen Wollfäden aus dem Arbeits=
körbchen. Was hat ein Arbeitskörbchen mit rothen Wollfäden
in dem Zimmer eines Mannes zu thun?

Ich sann und sann; ich konnte es nicht ergründen; der Nebel=
streifen rückte nicht von der Stelle, ja schien sich auszubreiten zu
einem dünnen Flor, der allmälig wieder die ganze Landschaft
verdecken wollte. Nun wohl, ich hatte sie einmal gesehen und
wußte, daß ich sie wiedersehen würde, auch daß ich die Stimmen
wieder hören würde, die jetzt aus weiter, weiter Ferne an mein
Ohr schlugen und zwischen denen ich doch noch das dumpfe
Knurren meiner treuen Dogge und die sanfte Stimme unter=
schied, mit der die braunen Augen immer milden Glanzes in
meine Nacht geleuchtet hatten.

Und als ich wiederum erwachte, war es wirklich Nacht oder
doch so spät am Abend, daß das Nachtlicht in dem Afträllämpchen
auf dem Tische bereits angezündet war, und bei dem matten
Scheine des Lämpchens sah ich Jemanden vor meinem Bette
sitzen, den ich nicht erkannte, da er den Kopf in die Hand stützte.
Aber als ich mich regte und er den Kopf hob und mich fragte:
Wie geht es Ihnen? wußte ich, wer es war. Die leise, sanfte
Stimme klang immerfort in meinem Ohr; ich würde sie unter
tausenden erkannt haben. Und jetzt, sonderbarerweise, ohne daß
ich nur einen Augenblick nachzudenken brauchte, als hätte es mir
während meines Schlafes Jemand ausführlich erzählt, wußte

ich auch, daß das Haus, in welchem ich mich seit acht Wochen be=
fand, in welchem man mich seit acht Wochen wie ein Kind des
Hauses gepflegt, das Haus meines Directors, meines Kerker=
meisters war, der heute gewiß nicht zum ersten Male an meinem
Bette saß und wachte und der jetzt zu mir sprach, in so liebevollem
Tone, wie nur ein freundlicher Vater zu seinem Sohne sprechen
kann.

Er hatte, sich zu mir beugend, meine Hand ergriffen, indem
er zu sprechen fortfuhr — Worte, die ich nur halb hörte vor
einer anderen Stimme, die laut und immer lauter mit den Worten
der Schrift in mir rief: Ich bin es nicht werth!

Ich konnte die Stimme nicht zum Schweigen bringen; ich
bin es nicht werth! ich bin es nicht werth! rief es immer wieder,
und endlich rief ich es laut: Ich bin es nicht werth!

Sie sind es, mein Freund, sagte die sanfte Stimme; ich weiß,
daß Sie es sind; auch wenn Sie selbst es nicht wissen sollten.

Nein, nein, ich bin es nicht! sagte ich und das Herz schlug
mir, als ich es sagte. Sie ahnen nicht, wen Sie beschützen, Sie
ahnen nicht, wessen Hand Sie in der Ihren halten.

Und jetzt, jenem unwiderstehlichen Drange folgend, den ein
in seinem Grunde ehrliches Gemüth antreibt, auf alle Fälle eine
Güte abzulehnen, die uns nicht gebührt, beichtete ich meine
schwere Schuld: wie ich entschlossen gewesen, Alles daran zu
setzen, mich aus der Gefangenschaft zu befreien; wie ich die An=
näherung des fürchterlichen Menschen nicht provocirt, aber doch
geduldet; wie ich um das Complot gewußt, um die Stunde, in
welcher es losbrechen sollte, und wie ich nicht wisse, weshalb mich
der Muth zur Ausführung im letzten Augenblicke verlassen, daß
ich meine Hand gegen die wendete, die ich freiwillig zu meinen
Genossen gemacht, und als deren Mitschuldigen ich mich folglich
betrachten müßte.

Der Director hatte mich ruhig sprechen lassen, nur daß er
meine Hand, so oft ich ihm dieselbe im Verlaufe meiner Beichte
entziehen wollte, jedesmal mit sanftem Drucke festhielt. Jetzt, als
ich zu Ende, sagte er — und noch heute, nach so vielen Jahren,
wenn ich in der Nacht erwache, glaube ich seine Stimme zu hören:

Lieber, junger Freund, nicht was uns unser Wähnen, Wollen, Wünschen als möglich, ja nothwendig erscheinen läßt; nicht was wir glauben, thun zu sollen oder zu können, selbst nicht, was wir zu thun beschlossen haben, macht uns zu dem, was wir sind, sondern was wir in dem gegebenen Augenblicke wirklich thun. Der Feigling wähnt ein Held zu sein, bis ihn der Augenblick belehrt, daß er ein Feigling ist; der muthige Mann klügelt sich aus, er wolle sich nicht in Gefahr begeben, und stürzt sich, wenn der Ruf: Zu Hilfe! wirklich an sein Ohr schlägt, kopfüber in die Gefahr. Sie glaubten, Ihre Hand erheben zu können gegen einen Wehrlosen, und als Sie einen Wehrlosen in Mörderhand sahen, standen Sie auf für den Wehrlosen gegen den Mörder. Und sagen Sie nicht, Sie hätten nicht gewußt, was Sie gethan! Oder wenn Sie nicht wußten, was Sie thaten, so folgten Sie eben dem unwiderstehlichen Triebe Ihrer Natur, waren Sie eben in diesem Augenblicke erst recht — Sie selbst. Ich und die Meinen werden in Ihnen nun und immerdar den sehen, der mir das Leben gerettet mit Gefahr des eigenen Lebens.

Sie machen mich besser, unendlich viel besser, als ich in Wirklichkeit bin, murmelte ich.

Und thäte ich das, erwiderte er mit freundlichem Lächeln, giebt es eine höhere Wonne, als einen Menschen besser zu machen, als er ist? Aber Sie meinen, ich nähme Sie für besser, und auch das würde ich mir gefallen lassen. Hat doch selten Jemand so viel Gelegenheit als ich, zu erfahren, daß der sicherste, oft der einzige Weg, einen Menschen besser zu machen, der ist, ihn für besser zu nehmen. Wollte Gott, es würde mir, dies Geheimniß meines Handwerks anzuwenden, in jedem Falle so leicht, wie bei Ihnen! Und kann ich wirklich dazu beitragen, wie ich freudig hoffe, das edle Metall Ihrer Natur von den Schlacken zu rei= nigen, mit denen sie vielleicht noch vermischt ist; kann ich helfen, Sie selbst über sich selbst aufzuklären, Ihnen den Weg Ihres Le= bens, den Sie dunkel vor sich sehen, auf dem Sie sich verirrt glaub= ten, vielleicht verirrt haben, zu erhellen, Sie mit Einem Worte zu dem zu machen, der Sie sein können und also sein müssen — nun, so hieße das nur gerecht sein gegenüber der Ungerechtigkeit,

die Sie hierher gebracht, und so könnte ich für meinen Theil
Ihnen den Dank abtragen, den ich Ihnen schuldete, noch
bevor Sie einen Fuß in dies Haus setzten, geschweige denn,
bevor Sie meinen Kindern den Vater, es sei nun, wie lange
es sei, erhielten.

Das milde Licht der Lampe fiel in sein schönes, blasses
Antlitz, daß es mit sanftem Glanze aus dem Dunkel sternen=
gleich auf mich herabzuleuchten schien, und so kam seine sanfte
Stimme zu meinem Ohr, wie eines guten Geistes Stimme,
die in der Stille der Nacht zu einer hilfs= und heilsbedürftigen
Seele spricht. Ich lag da, ohne mich zu regen, ohne ein Auge
von ihm abzuwenden, hoffend, er werde weiter sprechen, ihn
leise bittend, er möge weiter sprechen.

Es ist vielleicht egoistisch von mir, sagte er, wenn ich es
thue, wenn ich, wo Ihre Seele zu frischem Leben erwacht und
geneigt ist, mit frommen Kinderaugen in die wiedergewonnene
neue Welt zu blicken, den Moment benütze, Sie mich kennen
und, wenn es sein kann, lieben zu lehren, wie ich selbst Sie
kenne und liebe; ich wiederhole, nicht seit heute. Ich kannte
Sie, bevor Sie hierher kamen. Sie sehen mich verwundert an,
und doch ist die Sache so einfach wie möglich. Ich habe mei=
nen ältesten Bruder, trotzdem wir eigentlich nur unsere Kinder-
und Knabenjahre zusammen verlebt haben und dann getrennt
wurden, um uns niemals wieder recht zu gehören, ja in den
letzten vierzehn Jahren nur wieder zu sehen, sehr geliebt, denn
er war, was auch immer die Welt und die Leidenschaften später
aus ihm gemacht haben, der Anlage nach die schönste, edel=
müthigste, tapferste Menschenseele, die je aus der Hand der
Natur hervorgegangen ist. Sie können sich denken, wie mich
die Nachricht von seinem jähen Tode erschüttert hat, mit welcher
schmerzlichen Begierde ich Alles in Erfahrung zu bringen suchte,
was sich auf seinen Tod und die Veranlassung seines Todes
bezog; wie eifrig ich eine Gelegenheit, die mir geboten wurde,
benützte, die Acten des Prozesses zu studiren, der sich an den
Namen und die Thaten meines unglücklichen Bruders knüpfte
und in den auch Sie in so unglückseliger Weise verwickelt waren.

Aus diesen Acten habe ich Sie zuerst kennen gelernt. Ich bin oft in der Lage, von solchen Acten Einsicht nehmen zu müssen, und ich habe mich längst gewöhnt, in denselben zwischen den Zeilen zu lesen. Nie war diese Kunst mir nöthiger als in diesem Falle, denn niemals hat sich von aller psychologischen Einsicht entblößter Juristenverstand, oder vielmehr Unverstand ärger versündigt, als an Ihnen; niemals die Hand eines Sudlers aus einem leicht zu deutenden, tagklaren Jünglingsantlitz eine abscheulichere, schwarz in schwarz gezeichnete Carricatur gemacht. Fast von jedem Zuge, mit welchem die Anklage Sie ausstattete, glaubte ich das Gegentheil behaupten zu müssen und beweisen zu können. Und wenn es nicht mein Bruder, mein einst so heiß geliebter Bruder gewesen wäre, dessen Schuld Sie büßen sollten — wenn der ganze Prozeß mir so fremd gewesen wäre, wie er mich aus tausend Gründen anging und mich schmerzlich berührte — ich würde Ihre Sache zu der meinen gemacht, ich würde Sie zu retten versucht haben, wenn ich es gekonnt hätte. Ich konnte nichts für Sie thun; ich konnte nur meinen ganzen Einfluß aufbieten und ich habe ihn aufgeboten, daß Sie hierher kamen, anstatt nach N., wohin man Sie ursprünglich schicken wollte.

Sie kamen. Ich sah Sie, wie ich Sie mir vorgestellt; ich fand Sie, wie ich Sie mir gedacht. Was anders an Ihnen war, das war der Jüngling nicht, der wissentlich in dem Processe seine Sache verschlechtert, weil er hartnäckig jede Auskunft über seine Mitschuldigen verweigert, dessen treuherzige Offenheit in allen anderen Punkten jedes Herz, nur nicht das verschrumpfte eines Actenmenschen, hätte rühren müssen — das war ein Mensch, den man unter der Form des Gesetzes mißhandelt, dessen freie Seele die dumpfe Luft seines Kerkers verdüstert und der, um mit den Worten meines angebeteten Dichters zu reden: sich Menschenhaß aus der Fülle der Liebe trank. Es war Ihrer würdig, daß Sie keinen Hehl aus diesem Hasse machten, daß Sie, was Ihnen hier geboten wurde, und wonach Andere mit beiden Händen gierig gegriffen hätten, stolz zurückwiesen. Lassen Sie mich kurz sein. Die Krankheit, die in

Ihnen schon lange brütete, der Sie mit Ihrer seltnen kraftvollen Natur nur so lange widerstanden, kam zum Ausbruch. Sie wollten in dem Wahnsinne Ihrer verstörten Sinne zeigen: Seht, das habt ihr aus mir gemacht! und der Erfolg bewies, daß Sie geblieben waren, der Sie sind. Man trug Sie für todt von dem Orte des Schreckens. Der schnell herbeigerufene Arzt gab zwar Hoffnung, aber nur der sorgfältigsten Pflege werde es vielleicht gelingen, Sie zu retten. Wo konnte Ihnen diese Pflege zu Theil werden als hier bei mir? Wer konnte treuer über Ihr Leben wachen als der, dem Sie es gerettet? Was galt mir in solchem Falle die Vorschrift des Hauses, was das Gerede der Leute? Wir trugen Sie in das erste Zimmer, das zufällig für unseren Zweck das beste war. Wir, das ist: mein Weib, meine Tochter, die älter ist als ihre Jahre, der alte, treue Süßmilch, der Arzt, den Sie lieben werden, wie er es verdient, — wir Alle haben — ich darf es sagen, denn es versteht sich von selbst — wacker und treu gekämpft mit dem Tode, der Sie bedrohte, und die Frauen haben geweint und die Männer haben sich die Hände geschüttelt, als Ihre herrliche Natur machtvoll den Feind zurückwarf, als der Arzt vor acht Tagen unter uns trat und sagte: er ist gerettet. Und nun, lieber junger Freund, genug, vielleicht schon zu viel für heute. Wenn Sie aus unserer Unterredung den Eindruck empfangen und in Ihren Schlaf mit hinübernehmen, daß Sie unter Freunden sind, die Sie lieben, so ist das Alles, was ich gewollt. Ich höre Süßmilch kommen; ich wollte ihn heute Nacht ablösen, aber er behauptet, seinen Gefangenen nicht verlassen zu dürfen. Schlafen Sie sanft!

Er strich mir leicht mit der Hand über Stirn und Augen und schritt aus dem Zimmer. Meine Seele war erfüllt von seinen Worten. So hatte noch nie ein Mensch mit mir gesprochen. War ich es wirklich? war meine verdüsterte Seele in der langen Krankheit entschwebt und hatte einem reineren, helleren Geiste Platz gemacht? Gleichviel wie es war — es war köstlich, zu köstlich fast, als daß es bleiben konnte. Aber festhalten wollte ich es, so lange als möglich, wie man den

Nachklang einer süßen Melodie festzuhalten sucht. Ich regte mich nicht, als ich ein leises Geräusch im Zimmer vernahm, als mein treuer Wächter seine Vorbereitungen für die Nacht traf.

Wie hätte ich nicht sanft schlafen sollen, so reich gesegnet! wie hätte ich nicht ruhig schlafen sollen, so treu bewacht!

——————

Fünfundzwanzigstes Capitel.

In dem schattigen Garten, der ausschließlich für den Director und seine Familie bestimmt ist, befindet sich in der äußersten Ecke ein Gartenhäuschen, das auf der alten Stadtmauer steht und in der Familie den pompösen Namen „Belvedere" führt, weil man aus den Fenstern einen reizenden Blick über die Stadtwälle auf ein großes Stück der Meerenge und auf ein noch größeres der Insel haben würde, wenn man die Fenster öffnen könnte. Aber die Fenster sind sehr alt und sehr morsch und verquollen; überdies sind sie sehr schmal, und die kleinen, in Blei gefaßten Scheiben sind von buntem Glase und haben einstmals, als sie noch der integrirende Theil der Fenster einer benachbart gewesenen, längst zerstörten Capelle waren, jedenfalls ein bestimmtes Muster gehabt, das jetzt kaum noch zu erkennen ist. Ueberhaupt ist das Häuschen einigermaßen in Verfall, da auch das Holz, aus dem es gebaut ist, den Einflüssen der Sonne, des Regens und des Seewindes in den langen Jahren nicht ganz hat widerstehen können, und es wird daher nur selten benutzt, viel seltener als der Platz vor dem Häuschen, der so recht eigentlich die Sommerwohnung der Familie ist, wo sie jede gute Stunde der guten Jahreszeit verbringt.

Der Platz verdient diesen Vorzug im vollsten Maße. Auf gleicher Höhe mit dem Gartenhäuschen und dem Rande der Stadtmauer, bedeutend höher also als der übrige Theil des Gartens, trifft ihn der erfrischende Hauch des nahen Meeres, während durch das dichte Laub der alten Platanen, die ihn rings umgeben, nur selten ein vereinzelter Strahl der Mittags=

sonne den Boden streift. Die Zwischenräume der Baumstämme sind mit der grünen Wand einer lebendigen Hecke ausgefüllt, die das Trauliche, Lauschige des Platzes noch vermehrt und von der sich sechs Hermen aus Sandstein vortrefflich abheben. Zwei runde Tische aus grün angestrichenem Tannenholz rechts und links mit den nöthigen Stühlen laden zum Träumen und Arbeiten ein.

Von den zwei Personen, die etwa vierzehn Tage, nachdem ich zum ersten Male das Zimmer verlassen durfte, an einem schönen Augustabende hier saßen, war die eine mit dem Ersteren beschäftigt — wenn Träumen eine Beschäftigung genannt werden kann — die andere arbeitete wirklich sehr eifrig. Der Träumer war ich selbst, und eine leichte Decke, die trotz der Wärme des Tages über meinen Knieen lag, schien andeuten zu wollen, daß ich mich noch in dem Stadium der Reconvalescenz befand, wo Träumen erlaubt und Arbeiten verboten ist; die andere war ein junges Mädchen von vierzehn Jahren und ihre Arbeit bestand darin, daß sie meinen Kopf à deux crayons in Lebensgröße auf einem Reißbrett zeichnete. Dabei mußte sie natürlich oft ihre Augen über den Rand des Reißbrettes zu mir erheben, und wenn ich sagen soll, was der Gegenstand meiner Träume war, so muß ich gestehen, daß es eben diese Augen waren.

Und wahrlich, man brauchte nicht eben zwanzig Jahre und Reconvalescent und derjenige zu sein, auf welchen sich diese Augen oft mit jenem eigenthümlichen, zugleich festen und zweifelnden, zugleich nach Außen und nach Innen gekehrten Blick richteten, den der Künstler auf sein Modell heftet — man brauchte, sage ich, weder das Eine, noch das Andere, geschweige denn alles Dreies auf einmal zu sein, um von diesen Augen gefesselt zu werden. Sie waren groß und blau und tief, von jener Tiefe, die eine Oberfläche hat, auf welcher sich jede Regung des Gemüthes, jedes Licht, das darüber hingleitet, jeder Schatten, der vorüberzieht, wiederspiegelt und doch noch immer ein Etwas bleibt, das unergründlich ist. Schon einmal — vor nicht sehr langer Zeit — hatte ich in

Augen geschaut, die unergründlich waren — wenigstens für mich — aber wie anders waren diese hier! Ich fühlte wohl den Unterschied, ohne daß ich damals im Stande gewesen wäre, ihn zu definiren. Ich wußte nur, daß diese Augen mich nicht verwirrten, beunruhigten, heute entflammten, morgen in Eiswasser tauchten, sondern daß ich wieder und immer wieder hinein schauen konnte, wie man voll seliger Ruhe in den Himmel schaut und kein Wunsch, kein Verlangen sich in uns regt, außer vielleicht, daß man Flügel haben möchte.

Was diese großen, tiefen Augen des Mädchens noch größer und tiefer erscheinen ließ, war vielleicht der Umstand, daß sie weitaus das Schönste in dem Gesichte waren. Einige sagten: das einzige Schöne; ich konnte mich nie zu dieser Ansicht bekennen. Die Züge waren allerdings nicht regelmäßig und ganz gewiß nicht, was man frappant nennt, aber Unedles war nichts darin; im Gegentheil Alles fein und eigen, und klug und sinnig, von sanften und doch bestimmten Linien umschrieben. Fein und eigen und klug und sinnig — besonders der Mund, der zu sprechen schien, selbst wenn die keuschen Lippen, wie es meist der Fall, fest geschlossen waren. Und für dies kluge, sinnige, etwas bleiche Gesicht bildeten zwei dicke Flechten des reichsten, aschblonden Haares, die nach der Mode jener Zeit in der Höhe der Schläfen ansetzten und unter den Ohren weg nach hinten verliefen, einen köstlichen Rahmen. Der wunderschön geformte, feine Kopf war meistens etwas nach vorn oder zur Seite geneigt. Diese Haltung, verbunden mit dem gewöhnlichen Ernst des Gesichtes, ließen das Mädchen um mehrere Jahre älter erscheinen. Aber Arbeit und Sorgen verwischen bald den Schimmer der Jugend, und sie, die fast noch Kind war, kannte die Arbeit nur schon zu gut, und in ihr junges Leben hatte die Sorge nur schon zu düstere Schatten geworfen.

In diesem Augenblick aber zog ein Lächeln über das ernste Gesicht. Sie blickte über den Rand des Reißbrettes und sagte: Wenn Sie wollen, können Sie aufstehen.

Sind Sie fertig? erwiderte ich, indem ich sofort von der Erlaubniß Gebrauch machte und hinter ihren Stuhl trat. Aber

Sie sind ja immer noch bei den Augen? Wo nehmen Sie nur die Geduld her?

Und Sie die Ungeduld? antwortete sie, indem sie ruhig weiter zeichnete. Sie machen es gerade wie unser kleiner Oskar. Wenn der eine Bohne gepflanzt hat, gräbt er sie nach fünf Minuten wieder aus und sieht zu, ob sie schon ge= wachsen ist.

Dafür ist er auch erst sieben Jahre.

Also alt genug, um zu wissen, daß die Bohnen nicht in so kurzer Zeit wachsen können.

Sie schelten immer auf Oskar, und doch ist er Ihr Lieb= ling.

Wer sagt das?

Benno hat es mir gestern in aller Heimlichkeit vertraut. Ich sollte es Ihnen aber nicht wieder sagen.

Dann hätten Sie es auch nicht thun sollen.

Aber Recht hat er doch.

Nein, er hat nicht Recht; Oskar ist eben der Kleinste, und so muß ich mich seiner am meisten annehmen; Benno und Kurt werden schon eher ohne mich fertig.

Bis auf die Arbeiten, die Sie ihnen corrigiren.

Nun setzen Sie sich wieder.

Aber sprechen darf ich doch?

Gewiß.

Ich hatte mich wieder gesetzt, aber es vergingen mehrere Minuten, während welcher ich stumm dem Arbeiten des Mäd= chens zusah. Ein Strahl der Abendsonne, der sich durch das dichte Laub der großen Bäume stahl, traf ihr Haupt und webte um dasselbe eine Aureole.

Fräulein Paula, sagte ich.

Paula, sagte sie, ohne aufzublicken.

Also Paula.

Was ist's?

Ich möchte, ich hätte eine Schwester gehabt, wie Sie.

Sie haben ja eine Schwester.

Sie ist so viel älter, als ich und hat sich nie sehr um mich bekümmert, und jetzt wird sie vollends nichts mehr mit mir zu schaffen haben wollen.

Wo sagten Sie, daß Sie lebt?

An der polnischen Grenze. Sie ist an einen Steuerbeamten verheirathet — seit zehn Jahren; sie hat viele Kinder.

Da wird sie mit denen genug zu thun haben; Sie dürfen ihr nicht bös sein.

Ich bin ihr nicht bös, ich kenne sie kaum mehr, ich glaube, ich würde an ihr vorübergehen, wenn ich ihr auf der Straße begegnete.

Das ist nicht gut; Geschwister müssen zusammenhalten. Wenn ich dächte, ich begegnete Benno oder Kurt oder gar meinem kleinen Oskar nach zehn oder zwanzig Jahren auf der Straße und sie kennten mich nicht mehr — ich würde sehr unglück= lich sein.

Sie werden Sie schon kennen, und wenn funfzig Jahre darüber vergangen wären.

Dann wäre ich eine alte Frau, aber so alt werde ich nicht.

Weshalb nicht?

Dann sind die Knaben längst Männer und der Vater und die Mutter sind gestorben, was soll ich dann auf der Welt?

Aber Sie werden doch heirathen?

Nie, sagte sie.

Das klang so ernsthaft, und die großen, blauen Augen, die sie über das Reißbrett weg auf meine Stirne heftete, an welcher sie gerade zeichnete, blickten so ernsthaft, daß ich gar nicht lachen konnte, wozu ich einige Lust verspürt hatte.

Warum? fragte ich.

Bis die Knaben so weit sind, daß sie meiner nicht mehr be= dürfen, bin ich zu alt.

Aber Sie können ihnen doch nicht immer die Arbeiten corrigiren.

Ich weiß nicht, mir ist, als müßte ich das immer.

Auch wenn sie Latein und Griechisch lernen?

Ich lerne jetzt schon Latein mit ihnen, warum sollte ich nicht auch Griechisch lernen?

Griechisch ist verzweifelt schwer; ich sage Ihnen, Paula, die unregelmäßigen Verben — da kommt kein Mensch durch, außer etwa Gymnasial-Lehrer, die ich aber meinerseits nie für richtige Menschen gehalten habe.

Das ist wieder so eine von Ihren Spöttereien, die Sie Benno nicht hören lassen dürfen — er will Lehrer werden.

Ich denke, das werde ich ihm noch ausreden.

Thun Sie es nicht! Weshalb soll er nicht Lehrer werden, wenn er Lust und Geschick dazu hat? Ich weiß mir nichts Lieberes, als Jemanden etwas zu lehren, wovon ich glaube, daß es gut und für ihn zu wissen nützlich ist. Und dann ist es auch ein schickliches Fach für einen Knaben in Benno's Ver-hältnissen. Ich habe mir sagen lassen, daß, wenn Jemand keine großen Ansprüche mache, er es darin bald zu einer bescheidenen Existenz bringe. Der Vater ist anderer Ansicht; er wünscht, Benno möchte Mediciner oder Naturforscher werden. Das soll ein kostspieliges Studium sein, und wenn der Vater auch immer guten Muthes ist — aber ich weiß nicht, ob er es im-mer ist.

Paula beugte den Kopf auf das Reißbrett und zeichnete eifriger als je; nur sah ich, daß sie sich ein- oder zweimal mit dem Tuche schnell über die Augen fuhr. Die Bewegung schnitt mir in's Herz, ich mußte, welche Sorgen Paula — und gewiß nicht ohne Grund — um die Gesundheit ihres Vaters trug, den sie über Alles liebte.

Fräulein Paula, sagte ich.

Sie corrigirte mich diesmal nicht, vielleicht hatte sie mich gar nicht gehört.

Fräulein Paula, sagte ich noch einmal, Sie müssen sich nicht solche trübe Gedanken machen. Ihr Vater ist gewiß nicht so krank, und dann glauben Sie gar nicht, was die Zehren für eine Race sind. Der Steuerrath, sagte Herr von Zehren, sei immer ein Schwächling gewesen, und kann sich trotzdem noch immer neben Anderen, die für kräftige Männer gelten, sehen lassen; aber Herr von Zehren selbst — der war von Stahl, und sagte doch einmal, sein jüngster Bruder hätte es mit

Zweien so wie er aufgenommen. Und sehen Sie, so eine kräftige Natur, das ist Alles, sagt Doctor Snellius, und ich sage es auch.

Freilich, wenn Sie es sagen —

Paula blickte auf und ein melancholisches Lächeln spielte um ihren reizenden Mund.

Sie meinen so ein Jammerbild, wie ich hier sitze, dürfe nicht von Kraft sprechen?

O nein, ich weiß, wie stark Sie waren, ehe Sie krank wurden, und wie bald Sie es wieder sein werden, wenn Sie sich ordentlich in Acht nehmen, was Sie nicht immer thun — Sie sollen zum Beispiel nie ohne Decke sitzen, und da haben Sie sie schon wieder fallen lassen; aber —

Aber, sagte ich, indem ich gehorsam die Decke wieder über die Kniee zog.

Ich meine nur, es sei doch wohl nicht ganz richtig, daß eine kräftige Natur Alles sei. Kurt ist gewiß der kräftigste von den Knaben und doch schreibt und liest und rechnet Oskar so fließend wie Kurt, trotzdem Kurt neun Jahre und Oskar erst sieben Jahre ist.

Dafür ist auch Oskar Ihr Liebling.

Das war nicht hübsch von Ihnen, sagte Paula.

Sie sagte es so sanft und freundlich, ohne eine Spur von Bitterkeit, und doch fühlte ich, wie mir das Blut in die Wangen schoß. Mir war, als hätte ich ein wehrloses Kind geschlagen.

Nein, es war nicht hübsch von mir, sagte ich eifrig, gar nicht hübsch; es war recht häßlich; ich weiß selbst nicht, wie ich gegen Sie so häßlich sein kann; aber die fleißigen Knaben sind mir von jeher so oft als Muster vorgehalten worden, und ich habe dann stets so viel böse Worte mit in den Kauf bekommen, daß mir das Blut zu Kopfe steigt, wenn ich dergleichen höre. Ich muß dann immer daran denken, wie dumm ich selbst bin.

Das ist auch nicht hübsch, daß Sie sagen, Sie seien dumm.

Nun denn, daß ich so wenig weiß, daß ich so wenig ge=
lernt habe!

Dafür können doch aber nur Sie selbst — wenn es wirklich
der Fall ist.

Ja, es ist der Fall, entgegnete ich. Es ist schrecklich, wie
wenig ich weiß. Von dem Griechischen ganz zu schweigen, von
dem ich behaupte, daß es zu schwer und nur von den Lehrern
erfunden ist, um uns zu quälen, so ist es mit meinem Latein
auch nicht weit her, und das ist wohl meine Schuld, denn ich
habe gesehen, daß Arthur, der, glaube ich, auch nicht klüger ist,
als ich, ganz gut damit zurechtkam, wenn er wollte. Ihre
englischen Bücher, in denen Sie so viel lesen, könnten für mich
Griechisch sein, und Französisch — ich weiß wirklich nicht, ob
ich noch avoir und être kann. Und gestern, als Benno nicht
mit seinen Exempeln zurecht kommen konnte und mich fragte,
und ich ihm sagte: er müsse selbst fertig werden — ich will es
Ihnen nur gestehen: ich hatte keine Ahnung, wie er es an=
fangen müsse, und als er hernach wirklich selbst fertig wurde,
habe ich mich im Stillen vor dem elfjährigen Jungen geschämt
— wie ich mich in meinem Leben vor Doctor Busch, unserem
Mathematiker, nicht geschämt habe, wenn er einmal, wie alle=
mal, unter meine Arbeiten: grundschlecht oder ganz ausgezeich=
net schlecht, oder sehr gut abgeschrieben oder sonst eine ähnliche
maliciöse Censur setzte.

Paula hatte mich, während ich so reumüthig meine Sünden
beichtete, immerfort mit großen Augen angesehen und manchmal
mit dem Kopfe geschüttelt, als traue sie ihren Ohren nicht.

Wenn das wirklich wahr ist —

Warum sagen Sie immer Wenn! Paula? So wenig ich
gelernt habe, so habe ich doch wenigstens die Wahrheit zu sagen
gelernt, und Ihnen könnte ich schon gar nichts vorlügen.

Das Mädchen erröthete bis in die blonden Flechten hinauf.

Verzeihen Sie mir, sagte sie, ich wollte Sie nicht kränken,
obgleich ich kaum glauben kann, daß Sie so — daß Sie Ihre
Zeit auf der Schule so schlecht angewendet haben; ich wollte

nur sagen, Sie müssen das wieder gut machen; Sie müssen das Alles recht schnell nachholen.

Das ist leicht gesagt, Paula! Wie soll ich das anfangen? Benno weiß mehr Französisch und Geographie und Mathematik als ich und ist elf Jahre, und ich werde im nächsten Monate zwanzig.

Paula schob das Reißbrett vor sich auf den Tisch und stützte die Stirn in die Hand, augenscheinlich, um besser über einen so verzweifelten Fall nachzudenken. Plötzlich hob sie den Kopf und sagte schnell und leise:

Sie müssen es dem Vater sagen.

Was soll ich ihm sagen?

Alles, was Sie mir gesagt haben.

Er würde mir auch nicht helfen können.

Ganz gewiß, Sie glauben nicht, wie viel der Vater weiß. Er weiß Alles, er versteht Alles.

Ich glaube es gern, Paula; aber was ist damit geholfen? Er kann mir von seinem Wissen nichts abgeben, wenn er auch gut genug wäre, es zu wollen.

Das kann er freilich nicht; Sie müssen eben selbst arbeiten; aber wie man am besten arbeitet, wie man am schnellsten arbeitet, das kann er und das wird er Ihnen sagen, wenn Sie ihn darum bitten. Wollen Sie?

Freilich will ich, aber —

Nein, nicht Aber! Ich will nicht Wenn! sagen, da dürfen Sie auch nicht Aber! sagen. Wollen Sie?

Ja.

Ich hatte das Ja, weil es mich einige Anstrengung kostete, laut und kräftig gesagt. Paula faltete die Hände, neigte den Kopf gerade als ob sie betete, daß mir mein Ja gesegnet sein möge. Es war so still auf dem Platze; nur ein Vögelchen zwitscherte und die rothen Abend=Sonnenstrahlen spielten durch die Zweige. War es nur ein Ausfluß der weichen Stimmung, die mir von meiner Krankheit her noch anhaftete — aber mir wurde eigen zu Muthe. Es war mir, als befände ich mich in einem Tempel und hätte eben ein feierliches Gelübde abgelegt, durch das ich mit meiner Vergangenheit gebrochen und mich einem neuen Leben, neuen Verpflichtungen geweiht hätte. Und dabei blickte ich starr auf das liebe Mädchen, das noch immer, das sinnige Haupt gebeugt, die Hände gefaltet, dasaß — blickte so starr, daß mir die Thränen in die Augen kamen und der Platz mit den hohen Bäumen, durch deren Zweige die Sonnen= strahlen spielten, und das junge Mädchen mit den gefalteten Händen — daß Tempel und Priesterin meinen Blicken hinter einem Schleier verschwanden.

Da ertönten aus dem Garten helle Stimmen; es waren Paula's Brüder, die im Hause ihre Schularbeiten gefertigt hatten und jetzt frohen Sinnes ihrem Lieblingsplatz zueilten, wo sie die Schwester zu finden sicher waren. Paula legte ihre Zeichnen=Materialien zusammen und war im Begriff, einen Bogen Seidenpapier über mein Conterfei zu breiten, als die Knaben in vollem Lauf den Hügel herauf zu uns gerannt kamen.

Ich bin der Erste! rief der kleine Oskar, indem er der Schwester stürmisch in die Arme flog.

Weil wir Dich zuerst haben kommen lassen, sagte Kurt, sich mit der Gewandtheit eines Equilibristen auf meine Kniee schwingend.

Zeig' mal, Paula, sagte Benno, indem er Paula die Hand auf den Arm legte.

Paula schlug das Papier wieder zurück; Benno blickte eifrig auf die Zeichnung und erhob den Blick prüfend zum Original; Kurt glitt eiligst von meinen Knieen herab, sich das Werk der Schwester ebenfalls zu besehen; selbst Oskar steckte seinen Lockenkopf unter der Schwester Arm hindurch, er wollte auch wissen, um was es sich handelte. Es war eine reizende Gruppe: die drei kleinen Knaben, wie sie, dicht um die Schwester zusammengedrängt, alle die glänzenden Augen bald eifrig auf mich richteten, bald auf das Bild senkten.

Das ist der Onkel Doctor! sagte Oskar.

Paula lächelte und strich dem lieben Buben sanft mit der Hand über die blonden Locken.

Du bist dumm, sagte Kurt, der hat ja eine Brille.

Es wird gut, Paula, sagte Benno mit der Miene eines Kenners.

Meinst Du? fragte Paula.

Ja, sagte Benno, nur daß er nicht so hübsch ist.

Nun habt Ihr es gesehen, sagte Paula in entscheidendem Tone, da, Benno, trag' es in das Belvedere.

Ich will es tragen! sagte Kurt.

Nein, ich! rief Oskar.

Habt Ihr nicht gehört, daß ich es tragen soll! sagte Benno, Ihr seid zu klein.

Ja, Du bist der Große! rief Kurt höhnisch.

Still, Ihr! sagte Paula. Ihr sollt nicht immer darüber streiten. Wer älter ist, ist größer, dafür kann er nichts, und wer jünger ist, ist kleiner, und kann auch nichts dafür.

Nein, Paula! sagte Kurt, das ist nicht wahr; Georg ist jünger als Vater und ist doch größer als Vater.

Da kommt Vater, sagte Paula, und auch Mutter, und nun haltet Euch still.

Der Director kam den Weg herauf; er führte seine Gattin am Arme, langsam, wie es für die fast Erblindete, deren Gesicht ein breiter grüner Schirm verdeckte, bequem war. Hinter ihnen, bald auf der rechten, bald auf der linken Seite des Weges, den unbedeckten Kopf bald nach oben, bald nach unten wendend, den Stock bald in der rechten und den Hut in der linken, bald den Stock in der linken und den Hut in der rechten Hand tragend, kam eine kleine, untersetzte Gestalt mit einem unförmlichen großen Kopf, dessen gänzlich kahler Schädel in der Abendsonne erglänzte.

Es war Dr. Willibrod Snellius, Hausarzt und Hausfreund der Familie und zugleich Gefängnißarzt.

Ich hatte mich erhoben und war den Ankommenden ein paar Schritte entgegengegangen.

Nun, wie befinden Sie sich? fragte der Director, mir die Hand reichend; hat Ihnen der erste längere Aufenthalt im Freien gut gethan?

Wollen morgen früh wieder anfragen! hm, hm, hm!

Doctor Snellius begleitete seine Aeußerungen gern mit einigen eigenthümlichen Nasenlauten, die halb Brummen, halb Summen und immer genau eine Octave tiefer waren, als seine Stimme, die sehr dünn war und eine ungemein hohe Lage hatte. Diese seine Stimme — Fistelstimme nannte er sie — war dem Doctor, der viel Geschmack hatte, ein Gräuel. Mit den eine Octave tieferen Brummtönen suchte er sich — nach seiner eigenen Aussage — davon zu überzeugen, daß er wirklich ein Mensch und kein Hahn sei, wofür er sich, falls er sich nur nach seiner Stimme zu classificiren hätte, nothwendig halten müsse.

Sie haben es ihm aber doch selbst verordnet, Doctor, sagte der Director.

Weiß ich deshalb, ob es ihm bekommen wird, hm, hm, hm! sagte Dr. Snellius. Es war eine Medizin, wie andere auch. Wenn ich immer wüßte, wie meine Recepte anschlügen, würde ich als Baron Willibrod Snellius auf Snelliusburg sterben, hm, hm, hm!

Wenn man Sie hört, sollte man glauben, Eure ganze Wissenschaft sei eitel Lug, sagte Frau von Zehren, auf einem Stuhle, den ihr Paula zurechtgerückt hatte, Platz nehmend.

Sie haben am wenigsten Ursache, uns für Hexenmeister zu halten, gnädige Frau!

Eben weil ich Euch nicht dafür halte, verlange ich auch nichts von Euch, was vielleicht unmöglich ist.

Frau von Zehren nahm den entstellenden Schirm ab und hob die müden Augen dankbar zu den Kronen der Bäume, die das noch immer starke Licht des Tages freundlich dämpften. Wie schön mußten diese Augen gewesen sein, als sie noch in Glück und Jugend strahlten! Wie schön dieses Gesicht, ehe Krankheit die lieblichen Züge verwüstete und lange vor der Zeit — denn Frau von Zehren war jetzt kaum vierzig Jahr alt — das lockige Haar grau färbte! Ja, die bleiche Dame war noch schön — für mich wenigstens, der ich, so kurze Zeit ich auch erst in ihrer Nähe weilte, doch bereits erfahren, wie engelhaft gut sie war, wie sie trotz der unendlichen Liebe, mit der sie an Gatte und Kindern hing, doch ihr Herz offen gehalten und Mitleiden mit Allem hatte, was da litt.

Wir werden nächstens den Besuch Ihres Freundes Arthur haben, sagte der Director zu mir, mich etwas auf die Seite ziehend; aber freilich, Sie sagten mir ja, daß er sich nicht eben freundschaftlich gegen Sie benommen.

Nein, sagte ich, ich hätte sonst lügen müssen. Wie kommt er hierher?

Er hat Ostern sein Examen gemacht und ist nun als Fähnrich zu unserem Bataillon commandirt. Wir werden dann auch wohl seine Eltern bei uns sehen und vermuthlich auch den Commerzienrath, wenn er sich herbeiläßt, seine Sache in eigener Person zu führen. Es handelt sich um die Nachlassenschaft meines Bruders, soweit sie nicht dem Gerichte oder seinen Gläubigern bereits verfallen ist, unter denen, wie Sie wissen, der Commerzienrath die erste Stelle einnimmt. Die Sache ist deshalb etwas schwierig, weil bei dem Schloßbrande Alles, was etwa an Papieren vorhanden gewesen, verloren gegangen ist. Dafür hat Konstanze aus Neapel einen notariellen Verzicht auf die Hinterlassenschaft eingesendet, und so restiren eigentlich nur mein Bruder und der Commerzienrath, denn ich für meinen Theil möchte am liebsten ganz aus dem Spiele bleiben; ja, ich kann sagen, daß, wenn man nicht das Unvermeidliche mit Würde tragen müßte, ich der Zusammenkunft mit großem Widerwillen entgegensehen könnte. Was wird da nicht Alles zur Sprache kommen? Was wird da nicht Alles aus dem Grabe aufgewühlt werden? — Was willst Du, mein Kind?

Oskar mußte dem Vater einen unglücklichen Käfer zeigen, der ihm über den Weg gelaufen; ich blieb in dem Gartenhaus sitzen — in peinlichen Gedanken, wie sie mir, seitdem ich vom Krankenbette erstanden, nie wieder gekommen waren. Arthur — Konstanze! Arthur, der mich so schnöde verleugnet, Konstanze, die mich so schmählich genasführt! Der Steuerrath, der Commerzienrath! — der Steuerrath, von dem ich wußte, daß er der feige Helfershelfer seines tapferen Bruders gewesen; der Commerzienrath, der mit dem Leichtsinne des Wilden gewuchert und

sehr wahrscheinlich den Fall desselben, wenn nicht allein veran=
laßt, so doch — ich war davon überzeugt — geflissentlich be=
schleunigt hatte! Welches Chaos von Empfindungen, unter denen
ich nur schon zu viel gelitten, regten diese Namen in mir auf!
wie häßlich erschien mir meine Vergangenheit, in deren Geschichte
diese Namen, diese Menschen für immer verflochten waren!
Häßlich, wie mir die Insel drüben erschien durch eine schmutzig=
schwefelgelbe Scheibe des Fensters, an welchem ich stand. Und
nun, als ich mich seufzend umwendete, fiel mein Blick durch die
weit offenstehende Thür auf den Platz unter den Platanen, der
von dem reinen, schönen Abendlichte erfüllt war, und auf die
guten Menschen, die sich in diesem Lichte hin und her bewegten.
Der Director und der Doctor promenirten, der Letztere bald
links, bald rechts neben dem Ersteren, in eifrigem Gespräche auf
und ab; die beiden älteren Knaben spielten um die Kniee der
Mutter, die, in ihrem Lehnstuhle sitzend, mit ihnen lachte und
scherzte; Paula hatte dem Dienstmädchen die Sachen abgenom=
men und bereitete den Abendtisch, denn es sollte, wie immer an
schönen Tagen, im Freien gegessen werden. Wie zierlich sie das
that; wie geräuschlos, damit die Herren nicht in ihrem Gespräche
gestört würden, damit das Klappern der Teller das krankhaft
reizbare Ohr der Mutter nicht beleidigte! Und wie sie dabei
noch immer Zeit hatte, mit dem kleinen Oskar zu plaudern, der
sie auf Tritt und Schritt begleitete, und sich nach mir umzu=
sehen, ob ich auch nicht im Zuge stand! Ja, sie war schöner als
meine dunkle, stürmische Vergangenheit, die helle, friedliche Ge=
genwart; aber mir war, als ob ein Schatten aus jener in diese
fiele. Wenn Arthur hieherkam, wenn er, wie voraussichtlich, als
ein Mitglied der Familie in dieselbe aufgenommen wurde, wenn
er mit seiner glatten Zunge sich in das Vertrauen dieser harm=
losen Menschen hineinzulügen, mit seinen glatten Manieren sich
in ihre Gunst zu schmeicheln wußte — wenn er, der schon als
unreifer Knabe ein Mädchenjäger gewesen war, es wagte —
und was würde der Freche nicht wagen! — Paula in seiner be=
kannten Weise den Hof zu machen — der Cousin der Cousine! —
ich mußte wohl noch sehr schwach sein, denn ich zitterte bei diesem

Gedanken vom Kopf bis zu den Füßen und erschrak heftig, als jetzt Jemand, den Gartengang heraufkommend, sich dem Platze unter den Platanen näherte. Ich meinte, es müßte schon der einst so heißgeliebte und jetzt so verhaßte Freund sein.

Aber es war kein Porte-Epée-Fähnrich in dem Glanze seiner neuen Uniform, sondern ein hagerer, schwarzgekleideter Herr, der eine sehr schmale weiße Halsbinde und einen flachen Hut mit sehr breiter Krämpe trug und dessen schlichtes, dunkles, unmodisch langes Haar, als er jetzt den breitkrämpigen Hut, höflich grüßend, abnahm, in der Mitte gescheitelt und hinter beide Ohren zurückgekämmt war. Ich kannte den Herrn wohl; ich hatte ihn oft genug langsamen Schrittes und gesenkten Hauptes über die Gefängnißhöfe gehen, in diese oder jene Thür eintreten und vielleicht später — immer in derselben demüthigen Haltung — herauskommen sehen. Auch war mir das Glück seiner persönlichen Bekanntschaft bereits zu Theil geworden, indem er eines Tages unvermuthet in meinem Krankenzimmer erschien und von dem Heile meiner Seele zu sprechen anfing; und ich würde dies Glück noch öfter gehabt haben, wenn Dr. Snellius, der dazu kam, sich diese Concurrenz nicht verbeten hätte, indem er andeutete, daß es sich vorläufig weniger um das Heil meiner Seele als um das meines Körpers handle, für welches so aufregende Gespräche nichts weniger als dienlich wären. Ja, diese Meinungs-Differenz hatte vor der Thür meines Zimmers zu einem ziemlich lebhaften Dispute geführt, bei dem es, wie mir schien, zu recht ärgerlichen Worten kam, und es war deshalb gewiß ein Beweis der versöhnlichen Gesinnung des Herrn Diaconus und Gefängnißpredigers Ewald von Krossow, daß er jetzt, nachdem er der Familie Guten Abend gesagt, den Doctor ebenso zuvorkommend begrüßte und mir, den er alsbald ausfindig gemacht hatte, sogar die Hand reichte.

Wie geht es Ihnen, mein Lieber? fragte er mit seiner leisen Stimme. Aber wie sollte es Ihnen anders als gut gehen, da ich Sie, trotzdem es bereits etwas kühl wird, noch hier draußen finde. Das soll kein Einspruch gegen Ihr besseres Wissen sein, verehrter Herr Doctor! Ich weiß gar wohl: Praesente medico nihil nocet.

Der Doctor kratzte mit dem rechten Fuße wie ein Hahn, der sich zum Kampfe rüstet, und krähte in den höchsten Tönen. Da ist es Jammer und Schade, daß, als Adam den verhängniß= vollen Apfel aß, kein Arzt zugegen war. Der Arme lebte viel= leicht heute noch. Hm, hm.

Er stierte den Pastor durch seine Brillengläser wüthend an, ob der Hieb getroffen habe; der Pastor lächelte mild.

Ei, ei, Herr Doctor, immerdar auf der Bank, wo die Spötter sitzen?

Ich muß wohl bleiben, wo ich einmal bin; ich gehöre nicht zu den Leuten, die nie um einen guten Platz verlegen sind.

Aber zu denen, die immer eine scharfe Antwort bereit haben.

Scharf nur für die butterweichen Seelen.

Sie wissen, daß ich ein Diener des Friedens bin.

Sie können ja die Herrschaft wechseln.

Und daß es mein Amt ist, zu vergeben.

Wenn Sie es von Gott haben, wird ja wohl auch der Ver= stand dazu nicht vergessen sein.

Herr Doctor!

Herr von Krossow!

Die Unterhaltung zwischen den beiden Herren war wohl kaum für meine Ohren bestimmt gewesen, wenigstens von dem Prediger nicht, der fortwährend und selbst noch das letzte: Herr Doctor! im leise abwehrenden Tone der beleidigten Unschuld sprach und sich auch jetzt mit einem mitleidigen Achselzucken ab= wendete und zu den Uebrigen trat.

Der Streithahn von Doctor, dem sein Gegner so unver= sehens weggelaufen war, blickte noch ein paar Momente starr vor sich, brach dann in ein heiser krähendes Gelächter aus, schüttelte die Arme wie ein paar Flügel und wendete sich zu mir, als hätte er die größte Lust, den unterbrochenen Kampf mit mir fortzusetzen.

Sie thäten auch gescheidter, sich auf Ihr Zimmer zu be= mühen.

Ich habe nur auf Ihre Ordre gewartet.

Die Ihnen hiermit wird, und ich werde selbst für pünktliche Ausführung Sorge tragen.

Er nahm meinen Arm und zog mich so schnell fort, daß ich kaum Zeit behielt, den Zurückbleibenden Gute Nacht zu sagen. Sein Zorn war noch nicht verraucht; er schnaufte, er zischte, er schnalzte mit der Zunge und murmelte zwischendurch: Lump, Lump, Lump!

Sie scheinen keine große Meinung von unserem Herrn Prediger zu haben? sagte ich.

Werden Sie nicht auch noch ironisch, junger Mensch! rief der Doctor, indem er zu mir hinaufblickte. Hohe Meinung! hoher Unsinn! Wie kann man von dem Kerl eine hohe Meinung haben!

Und doch ist der Director immer freundlich gegen ihn.

Weil er gegen Jedermann freundlich ist und nicht bedenkt, daß dies gar kein Mann und überhaupt kein Mensch, sondern eine Schlange ist, die auf dem Bauche kriecht und Staub frißt, und den Busen sticht, der dumm genug ist, das kaltblütige Ungeheuer erwärmen zu wollen. Freundlich! ja wohl! das ist sehr leicht, wenn man anderen ehrlichen Leuten dafür die Mühe überläßt, desto gröber zu sein.

Das ist ja keine große Mühe für Sie, Doctor.

Junger Mensch, ärgern Sie mich nicht! Ich sage Ihnen, die Sache ist gar nicht spaßhaft, denn, wenn ich den Kerl nicht wegbeiße, beißt er über kurz oder lang uns Alle weg, seinen freundlichen Freund, den Director, zu allererst. Und Ihnen hat er auch schon etwas eingebrockt.

Mir?

Ihnen, allerdings Ihnen, dem Director, mir — der Kerl schlägt gern drei Fliegen mit einer Klappe.

Aber so sagen Sie doch, Doctor, ich bitte Sie!

Ich würde es Ihnen sagen, auch wenn Sie mich nicht bäten. Setzen Sie sich da in den Lehnstuhl und machen Sie sich's bequem; es ist vermuthlich das letzte Mal, daß Sie darin sitzen.

Wir waren in mein Zimmer gelangt; der Doctor drückte mich in den Lehnstuhl, indem er selbst vor mir stehen blieb (bald

auf dem einen, bald auf dem andern Beine, selten auf beiden
zu gleicher Zeit), und also sprach:

Die Situation ist einfach, aber klar. Dem pietistischen, hoch=
aristokratischen, bettelarmen geistlichen Schluckspecht, der sich nur
zum Gefängnißprediger hat machen lassen, den Glanz seiner
christlichen Demuth leuchten zu lassen vor den Leuten, sind der
humanistische Director und der materialistische Doctor ein Gräuel.
Humanität ist so einem Gauch eine demokratische Schwachheit
und die Materie respectirt er nicht, außer, wenn er sie essen kann.
Wir führten mit dem verstorbenen Pastor Michaelis, noch Einem
aus der alten, guten, rationalistischen Schule, ein Leben wie im
Paradiese; er und Herr von Zehren, oder vielmehr Herr von
Zehren und er — sie haben während ihrer fast zwanzigjährigen
gemeinsamen Wirksamkeit die Anstalt zu dem gemacht, was sie
ist, das heißt zu einer Musteranstalt in jedem Sinne des Wortes,
und ich habe die fünf Jahre, die ich hier bin, gethan, was ich
konnte, mich in den Geist dieser Männer einzuleben, und ich
glaube, daß es mir so ziemlich gelungen ist. Nun, seit dem halben
Jahre, daß Michaelis todt und diese pietistische Schlange in
unser Paradies geschlüpft, ist der Friede zum Teufel; die Schlange
kriecht in alle Winkel, und wohin sie gekrochen, läßt sie die Spur
ihres schleimigen Daseins. Die Beamten werden demoralisirt,
die Sträflinge aufgewiegelt. Ein förmliches Complot, wie das,
welches der Katzen=Caspar angestiftet hatte — Gott sei Dank,
daß wir den Kerl los sind — er ist heute glücklich nach N.
transportirt, wohin man ihn gleich hätte bringen sollen — wäre
früher unmöglich gewesen. Der Katzen=Caspar war ein Liebling
des Herrn Predigers, der in ihm ein unsauberes, aber kostbares
Gefäß erblickte, dessen Reinigung ihm vorbehalten sei, und den
Hallunken aus der Einzelhaft losbettelte, zu welcher ihn der
Director vorsichtig verurtheilt hatte. So geht das fort: Gottes=
dienst publice, Betstunden privatim, seelsorgerische Bemühungen
privatissime! Der Judas intriguirt gegen uns, wo und wie er
kann, schmeichelt dem Director in's Gesicht, steckt meine Grob=
heiten ein und denkt: Ich kriege euch schon, wie der Uhu, als er
die beiden Gimpel um die Ecke pfeifen hörte. Und er glaubt

uns schon beim Flügel zu haben! Sie wissen, der Regierungs=
Präsident, der gerade so ein Mucker, ist sein Onkel; Onkel und
Neffe sind Hand und Handschuh. Der Präsident, des Directors
unmittelbarer Vorgesetzter, hätte ihn schon längst beseitigt, wenn
der Minister von Altenberg, eine der letzten Säulen aus der
großen Zeit der Erhebung und Herrn von Zehren's Freund und
Gönner, ihn nicht hielte — freilich nur noch mit schwacher Hand;
denn Altenberg ist hoch bei Jahren und krank und kann jeden
Tag sterben. Unterdessen wirkt man, wie man kann, und sam=
melt Material, das hoffentlich Wasser auf die Mühle der nächsten
Excellenz ist. Und nun hören Sie: Der Assessor Lerch, mein
guter Freund, ist gestern bei dem Präsidenten. Lieber Lerch,
sagt der Präsident, Sie können mir wohl eine Relation über
diesen Fall machen. Es ist wieder einmal eine Denunciation
gegen den Director von Zehren. — Wieder einmal, Herr Prä=
sident? fragt Lerch. Leider, wieder einmal! ich lasse das Meiste
ungerügt, wenn auch nicht unbeachtet; dieser Fall ist aber so
eclatant, daß ich ihn in die Hand nehmen, respective Sr. Excellenz
Bericht erstatten muß. Denken Sie sich, lieber Lerch, da hat der
gute von Zehren die (wie soll ich gleich sagen?) Sottise begangen,
den jungen Menschen, der aus dem Contrebande=Proceß in Uselin
sich einen so traurigen Namen gemacht hat — und nun kommt es:
daß der Director Sie nach der Katastrophe, aus der natürlich
der Denunciant die schönste Seide gesponnen, nicht in das alte,
vom Schwamm zerfressene Krankenhaus, in welchem Sie un=
fehlbar gestorben wären, sondern hierher in seine Wohnung hat
schaffen lassen; daß er Sie hier behalten hat und behält, trotz=
dem Sie bereits seit drei Wochen in der Reconvalescenz sind;
daß er mit Ihnen wie mit seines Gleichen verkehrt; daß er Sie
in seine Familie eingeführt, ja, daß Sie so zu sagen ein Mit=
glied der Familie geworden. Was brauche ich deutlicher zu sein?
Hm, hm, hm!

Der Doctor hatte sich in die höchsten Töne des höchsten
Registers hinaufgekräht und mußte mindestens zwei Octaven
tiefer brummen, um sich die tröstliche Gewißheit zu verschaffen,
daß er kein Hahn sei.

Und Sie halten wirklich jenen Menschen für den Denun=
cianten? rief ich, indem ich, meinen Reconvalescenten=Zustand
ganz vergessend, zornig aufsprang.

Ich brauche nichts zu halten, denn ich weiß es. Würde ich
sonst heute so grob gewesen sein?

Ich mußte unwillkürlich lachen. Als ob Phylax einer be=
sonderen Provocation bedurft hätte, um Lips Tullian in die
Waden zu fahren! Aber die Sache hatte ja auch ihre sehr ernste
Seite. Der Gedanke, daß Herr von Zehren, dem ich so unend=
lichen Dank schuldig war, den ich so hoch verehrte, meinetwegen
in noch dazu so ernste Ungelegenheiten kommen könnte, war mir
unerträglich.

Rathen Sie, helfen Sie, Herr Doctor, bat ich dringend.

Ja, rathen, helfen! — Nachdem ich immer gesagt, daß Euch
dies nicht so hingehen werde! Indessen, das haben Sie richtig
gerathen: geholfen muß werden. Und zwar giebt es nur einen
Ausweg. Wir müssen der Natter zuvorkommen, dann ist ihr für
diesmal der Giftzahn ausgebrochen. Ich kenne unsern Director.
Wenn er eine Ahnung davon hätte, daß man Sie ihm nehmen
will — er würde sich eher die Hand abhacken lassen, als Sie
hergeben. Deshalb klagen Sie noch heute Abend über Kopf=
schmerzen und morgen Abend um dieselbe Zeit wieder. Ihr
Zimmer liegt zu ebener Erde; ein anderes ist für den Augen=
blick nicht vacant. Intermittens — Chinin — höhere, luftige
Wohnung — übermorgen sitzen Sie wieder in Ihrer alten
Zelle — lassen Sie mich nur machen!

Und ich ließ den Doctor Willibrod Snellius machen, und
zwei Tage später schlief ich wieder, wenn nicht hinter Schloß
und Riegel, so doch hinter den Eisengittern meiner alten Zelle.

Sechsundzwanzigstes Capitel.

Hinter diesen Eisengittern stand ich am nächsten Morgen und schaute melancholisch durch das offene Fenster. Seltsam, ich hätte den Abend zuvor nicht gedacht, daß diese Gitter in mir noch eine unangenehme Empfindung hervorrufen könnten, und doch war es der Fall. Sie mahnten mich ernst an das, was ich in den letzten Wochen so gut wie vergessen hatte, mahnten mich daran, daß ich trotz alledem ein Gefangener war! Es bleibt beim Alten, hatte gestern der Director gesagt, als ich mich von ihm verabschiedete, und Alle hatten sie gewetteifert, den letzten Tag, den ich als Gast unter ihrem Dach weilte, zu einem Familienfeste zu machen — aber, so oder so, es war doch nicht das Alte. Das Frühstück hatte mir heute Morgen nicht geschmeckt wie die Tage vorher, wo ich es unter den hohen Bäumen des stillen Gartens in Gesellschaft von Frau von Zehren und Paula eingenommen, und wenn ich auch, sobald ich wollte, in den Garten, der freundlich zu mir heraufgrüßte, hinabgehen konnte — ich mußte doch nach einer gewissen Zeit hierher zurückkehren.

Hierher!

Ich sah mich in der Zelle um und bemerkte jetzt erst, wie sie sich bemüht hatten, mich vergessen zu machen, wo ich war. Da hing das Bild der Sixtinischen Madonna mit dem Knaben, das mir während meiner Krankheit so lieb geworden war, meinem Bette gegenüber, gerade wie es in Paula's Zimmer gehangen hatte. Da standen auf der Commode dieselben beiden Vasen aus Terracotta und in jeder ein paar frische Rosen. Da war der Lehnstuhl — derselbe Stuhl, in welchem ich also

nicht, wie Doctor Snellius prophezeit, zum letzten Male ge=
sessen hatte — und auf der Lehne lag eine gehäkelte Decke, an
der ich gestern Abend noch Paula hatte arbeiten sehen. Da hing
dieselbe Etagere mit denselben schön eingebundenen Büchern:
Goethe's „Faust", Schillers, Lessings Werke, deren Lectüre mir
Paula so oft dringend empfohlen und in die ich doch kaum noch
hineingesehen — ach! sie hatten gethan, was sie konnten, mir
mein Gefängniß so behaglich, so freundlich als möglich zu
machen; aber bewies nicht gerade die Mühe, die sie sich ge=
geben, daß es ein Gefängniß war, daß die Episode meiner
Scheinfreiheit abgeschlossen? Jawohl, man war gut, unendlich
gut gegen mich gewesen, unter der freundlich lächelnden Maske
der Samariter=Barmherzigkeit gegen einen Todtkranken, die
man beiseite legen mußte, sobald ein Pharisäer des Weges kam
und scheelen Blicks auf das rührende Schauspiel sah. Nein,
nein! ich war und blieb ein Gefangener, mochte man mir nun
meine Ketten mit Rosen schmücken oder nicht!

Daß ich sie nicht hatte zerbrechen können! Zwar, wie ich
es angefangen, war es unmöglich gewesen; aber wer hatte es
mich so plump anfangen heißen? Weshalb war ich nicht für
mich geblieben, hatte ruhig der eigenen Kraft, der eigenen
Klugheit vertraut und irgend einem glücklichen Zufalle, der
doch über kurz oder lang sich dargeboten haben würde. Jetzt,
nachdem es so gekommen, nachdem ich diesen Menschen so viel
Dank schuldig geworden, nachdem ich sie so lieb gewonnen,
war ich doppelt und dreifach ein Gefangener. Ich hatte für
das süße Linsengericht der Freundschaft und Liebe das heiligste,
das erste, unveräußerliche Recht, das mit dem Menschen ge=
boren wird, und das die Athemluft seiner Seele ist — das
Recht der Freiheit verkauft. Sieben Jahre, sieben lange, lange
Jahre!

Ich schritt in meiner Zelle auf und ab. Zum ersten Male
seit meiner Krankheit fühlte ich wieder etwas von der alten
Kraft; es war ein Bruchtheil nur, aber doch genug, um mir
auch einen Theil der alten schweifenden Laune, der alten Un=
bändigkeit wiederzugeben. Wie mußte es nun erst sein, wenn

ich mich wieder ganz fühlte, der ich war? Mußte mich nicht
dieser Zustand, wo mich nichts halten sollte als ich mich selbst,
rasend machen? Wäre es nicht besser gewesen, man hätte mir
die alte Sklaverei gelassen und den Traum, doch noch einmal
die Bande zerreißen zu können, selbst wenn dieser Traum nie
in Erfüllung ging?

Da ist ein junger Mensch, der uns zu sprechen wünscht,
meldete der Wachtmeister. Seit meiner Krankheit, wo „wir“
so viel zusammen durchgemacht hatten, sprach er manchmal
in demselben Pluralis mit mir, dessen er Alle würdigte, die
sich seiner Meinung nach ein volles Anrecht an sein ehrliches
Herz erworben hatten, voraus der Director und sämmt=
liche Mitglieder der Familie des Directors, den Doctor ein=
begriffen.

Was ist das für ein Mensch? fragte ich, während ein
freudiger Schrecken mich durchzuckte. Ich hatte, ich weiß nicht
wie, diesen seltenen Besuch — so lange ich gefangen saß, war
es das erste Mal, daß mich Jemand zu sprechen verlangte —
mit den Gedanken, die eben durch meine Seele gingen, in Ver=
bindung gebracht.

Man sieht aus wie ein Schiffer, erwiderte der Wacht=
meister, und sagt, man habe Nachrichten von unserm verstor=
benen Bruder.

Dies klang äußerst unwahrscheinlich. Mein Bruder Fritz
war schon seit fünf Jahren todt; er war in einer stürmischen
Nacht von der Fockmast=Raae über Bord gefallen und ertrunken.
Das Schiff war später wohlbehalten zurückgekehrt; es schwebte
kein Geheimniß irgend einer Art über meines Bruders Tod;
wenn mir Jemand jetzt Nachrichten von seinem Ende brachte,
mußte es damit eine andere Bewandtniß haben.

Und darf ich ihn sprechen, Süßmilch? fragte ich in mög=
lichst gleichgiltigem Tone, während mir das Herz bis in den
Hals schlug.

Wir können sprechen, wen wir wollen.

So lassen Sie ihn herein, Süßmilch, und hören Sie,
lieber Süßmilch, wenn es ein Schiffer ist, so trinkt er gewiß

gern einen Schluck; vielleicht könnten Sie mir etwas der Art verschaffen?

Welche überflüssige Mühe sich und Anderen ein Mensch mit bösem Gewissen macht! Ich mußte nothwendig lügen, was mir immer sauer ankam, um den Alten los zu werden, und der ehrliche Süßmilch, der nicht daran dachte, bei meiner Zusammenkunft mit dem Unbekannten zugegen sein zu wollen, mußte zwei Treppen hinab in die Küche.

Aber wir selbst dürfen keinen Tropfen nicht trinken, sagte der Alte verwarnend.

Seien Sie unbesorgt!

Er ging, nachdem er vorher die vierschrötige Gestalt eines mir gänzlich unbekannten, schwarzbraunen Mannes in Schiffertracht zur Thür hineincomplimentirt.

Ich starrte den Fremden, dessen Aussehen und Benehmen, milde ausgedrückt, höchst ungewöhnlich waren, sprachlos an, erschrak aber ernstlich, als derselbe, sobald sich die Thür hinter dem Wachtmeister geschlossen, ohne ein Wort zu sprechen, aus seinem breitrandigen Hut einen eben solchen Hut herausschleuderte, mit der Hast eines vollkommen Verrückten, aber auch mit der Gewandtheit eines Circus-Clowns sich die Kleider vom Leibe zu reißen begann, und alsbald — o Wunder! — in genau derselben Tracht, die nun in ihren verschiedenen Bestandtheilen zu seinen Füßen lag, vor mir stand, während ein triumphirendes Lächeln zwei Reihen der allerweißesten Zähne zeigte. —

Klaus! rief ich in freudigem Erschrecken, Klaus!

Das weiße Gebiß wurde bis zu den letzten Backenzähnen sichtbar. Er ergriff meine ausgestreckten Hände, erinnerte sich aber sogleich, daß dergleichen Freundschaftsbezeigungen nicht zur Rolle gehörten, und flüsterte hastig: Nur schnell hinein, es paßt — eingelegte Falten, die von selbst aufgehen — nur schnell, ehe er wiederkommt.

Und Du, Klaus?

Ich bleibe hier.

Anstatt meiner?

Ja.

Aber man würde das doch bestenfalls nach fünf Minuten entdecken.

So haben Sie Zeit gehabt, herauszukommen und Heraus=
kommen und Fortkommen ist doch bei Ihnen Eins.

Aber denkst Du, daß sie Dir das so ungestraft hingehen
lassen werden?

Sie können mich doch höchstens anstatt Ihrer einsperren,
und das sollte nicht lange dauern. Mit den Schlössern würde
ich bald fertig, und hier — er zeigte eine Uhrfedersäge, die er
aus seinem dichten Haare zog — damit feile ich Ihnen das
Gitter da in einer Viertelstunde durch.

Klaus, das Alles kommt nicht aus Deinem Kopfe!

Nein, aus Christel ihrem; aber ich bitte Sie, machen
Sie schnell.

Ich schleuderte den Schifferanzug, der noch immer auf
der Erde lag, mit dem Fuße unter das Bett, denn ich hörte den
Wachtmeister den Corridor heraufkommen. Er klopfte an die
Thür und reichte mir, als ich öffnete, eine Flasche Branntwein
und ein Glas.

Aber nicht wahr, wir sind kein Bär und trinken keinen
Tropfen nicht?

Klaus blickte höchst verwundert drein, als er den ge=
fürchteten Aufseher sich in einen so bescheidenen Aufwärter ver=
wandeln sah.

Ich schloß die Thür wieder, dann fiel ich dem guten Klaus
um den Hals. Die Thränen standen mir in den Augen.

Guter, lieber Klaus, rief ich, Du und Deine Christel, Ihr
seid die besten Menschen von der Welt; aber ich kann Euer
großmüthiges Opfer nicht annehmen, würde es unter keinen
Umständen und keiner Bedingung angenommen haben, und
jetzt ist vollends nicht die Rede davon. Ich könnte jeden Augen=
blick von hier fort, wenn ich wollte; aber ich will nicht, Klaus,
ich will nicht.

Hier umarmte ich Klaus auf's neue und ließ den Thrä=
nen, die ich vorhin zurückgehalten, freien Lauf. Es war mir,

als wüßte ich jetzt zum ersten Male, daß ich ein Gefangener sei, jetzt, wo ich es ausgesprochen, daß ich es sein wolle, wo ich mich selbst dazu gemacht. Klaus, der natürlich keine Ahnung von dem hatte, was in mir vorging, suchte mich noch immer, indem er ängstliche Blicke nach der Thür warf, mit leisen Worten zu bereden, ihn anstatt meiner sitzen zu lassen; er wette seinen Kopf dagegen, daß er in vierundzwanzig Stunden heraus sei.

Klaus, Klaus! rief ich, indem ich ihn auf die dicken Wangen klopfte, Du willst mich betrügen. Gestehe es, Du hast selbst nicht daran gedacht, so bald loszukommen.

Nun ja, erwiderte er sehr beschämt, aber meine Frau meinte —

Deine Frau, Klaus, Deine Frau!

Wir sind ja seit acht Wochen verheirathet.

Ich drückte Klaus in den Lehnstuhl, setzte mich vor ihn und bat ihn, mir zu erzählen. Es sei die größte Wohlthat, die er mir erweisen könne, wenn er mir sage, daß es ihm gut gehe; mir gehe es auch keineswegs so schlecht, wie er sich in seiner treuen Freundesseele vorgestellt habe, und dabei gab ich ihm in kurzen Worten einen Abriß meiner Abenteuer im Gefängnisse, meines Fluchtversuches, meiner Krankheit, meiner Freundschaft mit dem Director und seiner Familie.

Du siehst, schloß ich, ich bin in jeder Beziehung gut aufgehoben, und nun muß ich durchaus wissen, wie es Dir, wie es Euch ergangen ist, und wie Ihr so schnell Mann und Frau geworden seid. Zweiundzwanzig Jahre, Klaus, und schon verheirathet! Wie weit wirst Du es noch bringen? Und Deine Christel hat Dich weggelassen? Klaus, Klaus, das gefällt mir nicht.

Ich lachte ihn an, und Klaus, der nun endlich doch begriffen hatte, daß aus der Entführung nichts werden könne, lachte auch, aber nicht aus freiem Herzen.

Ja, das ist es eben, sagte er, was für ein Gesicht wird sie machen, wenn ich ohne Sie zurückkomme!

Ohne Dich, Klaus! sagte ich, ich brauche es mir jetzt nicht

mehr gefallen zu laſſen, daß Du unſere alte Bruderſchaft ver=
leugneſt; ich nehme ſonſt an, Du wollteſt mit einem Gefangenen
nicht auf Du und Du ſtehen. Alſo, ſie wird ein Geſicht machen,
wenn Du ohne mich zurückkommſt?

Ja, erwiderte Klaus, und was für ein Geſicht! Wir ſind ſo
glücklich, aber immer ſagt Eines oder das Andere: und er muß
ſitzen! und dann war es vorbei mit dem Glück, beſonders weil
Chriſtel doch eigentlich ſchuld iſt, daß Sie — daß Du hier biſt;
denn wenn ſie Dich an dem Morgen in Zanowitz —

Klaus! unterbrach ich ihn, weißt Du denn, daß ich eine
Zeit lang glaubte, Deine Chriſtel habe ſelbſt die Anzeige ge=
macht, um von Deinem Vater loszukommen?

Nein, ſagte Klaus, das hat ſie, Gott ſei Dank, nicht gethan,
obgleich ſie mehr als Einmal ganz verzweifelt geweſen iſt und
ſich das Leben hat nehmen wollen.

Er wiſchte ſich mit der Hand über die Stirn; es war ein
trauriges Thema, das ich da berührt hatte. Wir ſaßen uns
ein paar Augenblicke ſchweigend gegenüber, endlich fing Klaus
wieder an:

Ein Gutes hat es freilich gehabt: „er“ — Klaus hatte
ſich bereits ſeiner Chriſtel Ausdrucksweiſe angewöhnt, die
„ihn“ nie bei Namen nannte — er mußte natürlich ſeine
Vormundſchaft Chriſtel's niederlegen, und, als ein Beſcholl=
tener, hatte er auch, was mich anbetraf, nicht mehr viel drein=
zureden. Tante Julchen in Zanowitz, bei der Chriſtel ſeit
der Zeit geblieben iſt, hat die Ausſtattung gemacht, und ſo
hätten wir leben können wie die Engel, wenn — und Klaus
ſchüttelte mit einem wehmüthigen Blicke auf mich ſeinen dicken
Kopf.

Und Du biſt noch immer in Berlin, in des Commerzien=
rathes Maſchinenfabrik? fragte ich, ſeinen Gedanken eine andere
Richtung zu geben.

Nun natürlich! ſagte er, ich bin ſogar ſchon avancirt —
zum Werkführer in meiner Abtheilung.

Und da verdienſt Du tüchtig Geld?

Daß wir gar nicht wiſſen, wo damit bleiben.

Denn Christel ist eine excellente Haushälterin —

Und wäscht und plättet, daß es in unserer ganzen Woh=
nung immerzu nach Seife und Plätteisen riecht.

Klaus zeigte seine Zähne; ich drückte ihm zum Zeichen
meiner Theilnahme an seinem Glücke die Hand, obgleich ich
für die von ihm bewunderten Gerüche niemals sehr einge=
nommen gewesen war; aber nur noch dringender als vorhin
wünschte ich jetzt zu wissen, wie dies glückliche junge Paar es
über das Herz gebracht hatte, sein Glück so grausam auf's Spiel
zu setzen.

Ich sagte Dir ja schon, erwiderte Klaus, es war kein
rechtes Glück. Wo wir gingen und standen und, waren wir
recht vergnügt, am allermeisten, immer kam uns der Gedanke:
wenn er doch einmal dabei sein könnte! und heute vor vier
Wochen bei der Bierkaltschale — na, da ging es nicht länger.

Bei der Bierkaltschale? fragte ich verwundert.

Weil Du Dir des Sommers immer Bierkaltschale in der
Schmiede machen ließest, wenn Du Dir einmal recht was zu=
gute thun wolltest, weißt Du noch? Christel hat Dir so oft
welche gemacht. Nun, als wir vor vier Wochen zum ersten
Male Kaltschale aßen — sie haben in Berlin ein herrliches
Bier dazu, noch viel besser als unseres, das immer ein wenig
bitter war — ja, und ich mir's schmecken lasse, legt Christel
plötzlich den Löffel hin, fängt an zu heulen und ich weiß gleich,
was es giebt und fange auch an, und wir essen und heulen
immerzu, und als wir fertig sind, sagen wir aus einem Munde:
So geht es nicht länger! Nun, und da haben wir denn die
Köpfe zusammengesteckt —

Wie an dem Abende, als ich Euch auf der Haide begegnete,
he, Klaus?

Und haben's endlich herausgebracht, fuhr Klaus fort, der
über meine indiscrete Bemerkung roth geworden sein würde,
wenn das bei seiner Gesichtsfarbe möglich gewesen wäre, — das
heißt: Christel hat's herausgebracht; sie hatte gerade so eine
Geschichte gelesen, blos, daß der Gefangene ein Königssohn und
sein Befreier ein Ritter war, der sich in einen Priester verkleidet

hatte; nun, das ging nun schon nicht, aber Seemann, sagte Christel, das müßte gehen, denn hier im Arbeitshause säße gewiß manche Theerjacke, und es würden also auch welche zum Besuch kommen. Ueberdies, sagte Christel, wäre in einem Hafenorte Seemannstracht die beste Verkleidung. Kurz, wir übten es uns ein —

Uebtet es Euch ein?

Nun ja, es war gar nicht leicht; wir haben wohl eine Woche lang, wenn ich Abends von der Arbeit kam, Probe ge= habt, bis Christel zuletzt sagte, nun ginge es zur Noth.

Es ging famos, Klaus!

Ja, aber was hat es nun geholfen? sagte Klaus mit einem wehmüthigen Blicke unter das Bett, und daß ich mir die Ohren habe aufbohren lassen, um die Ringe da hineinzu= bekommen? und daß mir Christel jeden Morgen das Gesicht mit Speck eingerieben hat —

Mit Speck?

Ich müsse aussehen wie Einer, der von drüben kommt, sagte Christel, und da ist nichts besser als Speck und hernach die Gluth von einem Schmelzofen drauf.

Du siehst aus wie ein Mulatte, Klaus!

Das sagte Christel auch; aber was hilft es nun, und wenn ich wie ein Neger aussähe, da Du doch einmal nicht fortwillst!

Das hilfst es, Klaus! rief ich, indem ich dem treuen Menschen von neuem um den Hals fiel, daß Du, daß Ihr mir die glücklichste Stunde bereitet habt; ja, Klaus, eine so glück= liche Stunde, wie ich sie wahrhaftig nicht gehabt hätte, wäre ich Deinem großmüthigen Anerbieten gefolgt. Gott segne Euch, Klaus, für Eure Liebe, und wenn ich erst wieder frei und ein reicher Mann bin, dann will ich's Euch wieder heimzahlen mit allen Zinsen. Und nun, Du guter Kerl, mußt Du fort; ich soll in dieser Stunde zum Director kommen. Und hörst Du, Klaus, Du reisest gleich zurück, ohne Dich eine Minute länger als nöthig aufzuhalten, und noch Eines, Klaus, wenn das Aelteste ein Junge wird —

So heißt er Georg, das haben wir schon längst ausgemacht, sagte Klaus und zeigte die letzten Backenzähne.

Ich hatte Klaus zur Thür hinausgeschoben und ging noch in voller Anfregung über das eben Erlebte im Zimmer auf und ab, als mir plötzlich der Anzug wieder einfiel, den ich vorhin unter das Bett geschoben, und den wir in der Aufregung nachträglich ganz und gar vergessen hatten. Ich zog ihn jetzt hervor und konnte der Versuchung nicht widerstehen, die Jacke von grobem Tuch anzuprobiren. Es war, wie Klaus gesagt. An den Aermeln, an dem Rücken, an den Schößen waren Näthe so geschickt eingelegt, daß ich nur tüchtig daran zu zupfen brauchte, so fielen sie heraus, und obgleich ich einen Kopf größer und ein paar Zoll breiter in den Schultern war als Klaus, saß mir das Kleidungsstück doch als wäre es eigens für mich gemacht. Nicht anders war es mit der Weste, den Beinkleidern; es war Alles so vollkommen, daß ich es bequem über meine Kleidung ziehen konnte, wozu allerdings der Umstand, daß ich jetzt so viel magerer als sonst, beitragen mochte.

Eben war ich mit der Maskerade fertig, da klopfte es an die Thür. Es konnte nur der Wachtmeister, oder der Doctor sein, der um diese Zeit zu kommen pflegte. Ich setzte mich an den Tisch mit dem Rücken nach der Thür zu und rief: Herein!

Es war der Wachtmeister.

Er steckte den Kopf herein und fing an: Wir möchten heute Morgen erst um elf Uhr zum Herrn Rittmeister kommen; weil — unterbrach sich aber, da es ihm sonderbar erscheinen mochte, daß der fremde Seemann so still dasaß und ich mich nicht zeigte. Er kam ganz herein und fragte: Wo sind wir denn?

Zum Teufel! antwortete ich, ohne mich umzuwenden, und das breite Platt, mit welchem sich Klaus sehr geschickt introducirt hatte — auch das war ein Theil seiner Rolle gewesen — so gut ich konnte, nachahmend.

Man mache keine schlechten Witze, sagte der Alte.

Und nun komm ich an die Reihe! rief ich, aufspringend

und an dem erschrockenen Wachtmeister vorüber zur Thür hin=
auseilend, die ich zuschlug und den Schlüssel umdrehte.

Da lag der lange Corridor vor mir, kein Mensch war zu
sehen. Es war eine Kleinigkeit, die Treppen hinab auf den
Wirthschaftshof zu gelangen, von dem Wirthschaftshof durch
eine Seitenpforte, die, wie ich wußte, um diese Zeit nie ver=
schlossen war, auf eine Nebengasse. Mich nach Klaus' Herberge
hinzufragen, konnte nicht schwer halten; vielleicht war ich noch
vor ihm da — in zehn Minuten hatten wir die Stadt ver=
lassen — und —

Guten Morgen, Herr Süßmilch, wie befinden wir uns?
fragte ich, die Thür wieder öffnend.

Der Wachtmeister stand noch auf derselben Stelle und
hatte, wenn man aus seinem ehrlichen, verblüfften Gesichte
schließen durfte, bis jetzt keineswegs begriffen, um was es sich
handelte. Ich zog den breitrandigen Hut, machte ihm, mit
dem rechten Fuß hinten ausschlagend, einen tiefen Bückling und
sagte: Habe die Ehre, mich wieder unter dero hochverehrliche
Aufsicht zu stellen.

Da soll man doch aber einen Zahnstocher für ein Scheunen=
thor ansehen, rief der Alte, dem endlich eine Ahnung des
wahren Sachverhaltes aufdämmerte. Dieser Schellfisch von
einem braungeräucherten Flunder! Sollte man da nicht gleich
zu einem Bär mit sieben Sinnen werden!

Still, rief ich, ich höre den Doctor kommen! Kein Wort,
lieber Süßmilch, und ich schob den Alten zur Thür hinaus,
durch die gleich darauf Doctor Snellius eilig, wie es seine Ge=
wohnheit war, mit dem Hute in der Hand eintrat.

Er stutzte, blickte mich an, sah sich im Zimmer um, blickte
mich wieder an und ging, ohne ein Wort zu sagen, hinaus.

Ich streifte im Nu die Seemannshülle ab, die ich unter
das Bett schob und rief zur Thür hinaus hinter ihm her in
meiner natürlichen Stimme: Warum gehen Sie denn wieder
weg, Herr Doctor?

Er kehrte sofort um, kam in das Zimmer, setzte sich auf
einen Stuhl mir gegenüber und starrte mich durch seine runden

Brillengläser unverwandt an; mir kam es vor, als ob er blaß aussehe: ich fürchtete, daß ich den Scherz zu weit getrieben und den cholerischen Mann ernstlich beleidigt habe.

Herr Doctor, begann ich —

Es ist mir eben etwas sehr Seltsames passirt, unterbrach er mich, immer mit demselben starren Blick.

Was haben Sie, Herr Doctor? fragte ich, bestürzt über sein Aussehen und über den ungewöhnlich sanften Ton, in welchem er sprach.

Ich habe jetzt nichts, aber eben habe ich eine höchst merk= würdige Hallucination gehabt?

Was haben Sie gehabt?

Eine Hallucination, eine vollkommen ausgebildete Hallu= cination. Denken Sie sich, lieber Freund, als ich vorhin in Ihr Zimmer trete, sehe ich einen Matrosen vor mir stehen, von ungefähr derselben Größe, wie Sie, vielleicht einen oder anderthalb Zoll kleiner, aber ebenso breit in den Schultern; grobe Seemannsjacke, graue Beinkleider, breiten Strohhut, wie ihn die Westindienfahrer zu tragen pflegen, mit genau — nein: nicht genau, aber doch ungefähr Ihren Zügen: — ich sah die Gestalt so deutlich, wie ich Sie hier jetzt sehe — sie konnte nicht deutlicher sein! Die Täuschung war so vollkom= men, daß ich glaubte, man habe Ihnen ein anderes Zimmer angewiesen, und hinausging, um Süßmilch, der mir eben auf dem Corridor begegnet war, zu fragen: wie er darauf gekom= men sei, unser gesündestes Zimmer dem ersten besten neuen Ankömmling zu geben? Lächeln Sie nicht, lieber Freund; die Sache ist nicht lächerlich, wenigstens nicht für mich. Es ist das erste Mal, daß mir dergleichen begegnet ist, obgleich ich bei meinen fortwährenden Kopfcongestionen darauf wohl hätte gefaßt sein können. Ich weiß, daß ich am Gehirnschlage sterben werde, und wenn ich es nicht gewußt hätte, so müßte ich es jetzt.

Er nahm die Uhr und faßte nach seinem Puls: Wun= derlich, mein Puls ist vollkommen normal, und ich habe mich heute den ganzen Morgen ganz ausnahmsweise wohl und heiter gefühlt.

Lieber Herr Doctor, sagte ich, wer weiß, was Sie gesehen haben! Ihr gelehrten Leute habt ja immer so seltsame Einfälle; Gott weiß, aus was für einer Mücke Sie da einen wissenschaft= lichen Elephanten machen.

Wissenschaftlicher Elephant ist gut, sagte der Doctor; man sollte einem unwissenschaftlichen Mammuth wie Ihnen der= gleichen Ausdrücke gar nicht zutrauen; — sehr gut: aber im Uebrigen irren Sie. Das mag von Anderen gelten, nicht von mir; ich beobachte zu kaltblütig, um ganz schlecht beobachten zu können. Ich sagte Ihnen schon, mein Puls ist normal, durch= aus normal, und sämmtliche Functionen sind in vollkommenster Ordnung; die Sache muß also einen tieferen physiologischen Grund haben, der sich für den Augenblick meiner Beobachtung entzieht, denn das psychologische Motiv —

Also ein psychologisches Motiv haben Sie wenigstens, sagte ich, der ich die Unschicklichkeit beging, mich an den Scrupeln des gelehrten Freundes höchlichst zu ergötzen.

Allerdings, und ich will es Ihnen mittheilen, auf die Gefahr, Ihnen zu Ihrem schadenfrohem Grinsen noch mehr Stoff zu geben. Ich habe nämlich die ganze Nacht von Ihnen geträumt, Sie Mammuth, und zwar immer denselben Traum, wenn auch in den verschiedensten Formen, nämlich, daß Sie von hier ausbrachen oder ausbrechen wollten, oder ausge= brochen waren, indem Sie sich bald an einem Strick aus dem Fenster ließen, bald über die Dächer kletterten, bald von der Mauer sprangen, und was man denn einem Menschen von Ihren physischen und moralischen Qualitäten sonst noch für halsbrechende Experimente zutraut, und zwar waren Sie im= mer in anderer Kleidung, bald als Schornsteinfeger, bald als Maurer, bald als Seiltänzer und so weiter. Nun fragte ich mich beim Erwachen, was dieser Traum zu bedeuten habe, und ich sagte mir Folgendes: Der Georg Hartwig ist jetzt freilich wieder in seinem Gefängnisse, aber der Ausnahmezu= stand, in dem er sich hier befindet, und den du ihm in erster Linie von Herzen gönnst, dauert doch fort und ebenso die Ge= fahr, die in diesem — geben wir es zu — ordnungs= und reglementswidrigen Verhältnisse für unsern edlen Freund, den Director, liegt; denn, sagte ich mir, einem jeden Geschöpfe ist nur in dem Elemente wohl, für das es geboren ist. Der Frosch springt von dem goldenen Stuhle in den heimischen Sumpf und der Vogel entflieht, sobald er kann, und wenn du ihm das Gitter mit Zucker versilberst. Könnte es diesem Menschen, der, wenn Einer, sich nach Freiheit sehnen muß, nicht ebenso gehen? Könnte er nicht in einer schwachen Stunde vergessen, welche Rücksichten er Herrn von Zehren schuldig ist, vergessen, daß der Mann eigentlich seine Stellung gewissermaßen um seinetwillen auf's Spiel setzt, und in dieser schwachen, vergeßlichen Stunde davonlaufen? Und wissen Sie, junges Mammuth, ich nahm mir vor, der ich auch einigen Antheil an Ihnen zu haben glaube, ganz in aller Stille und Freundschaft, Sie um Ihr Wort zu bitten, daß, wenn Ihnen eine solche Stunde kommt, Sie nur an Ihre Ehre und an nichts Anderes denken wollen. Sehen Sie, das nahm ich mir vor und diese Gedanken bewegte ich in meiner Seele, als ich den Corridor heraufkam, und war unschlüssig, weil ich dachte: das Wort wird er sich bereits selbst gegeben haben, und folglich ist es überflüssig, daß er es Dir noch giebt. Jetzt aber, nach dieser sonderbaren Fortsetzung meines Traumes in die Wirklichkeit — für mich nebenbei ein memento mori — bitte ich Sie um Lebens und Sterbens willen, geben Sie mir Ihr Wort! Hm, hm, hm!

Ich hatte längst aufgehört zu lachen und reichte jetzt dem guten Doctor, während er sich herabstimmte, gerührt die Hand und sagte: Von ganzem Herzen gebe ich es Ihnen, wenn es auch wahr ist, daß ich es mir bereits selbst gegeben habe, und das ist noch keine zehn Minuten her. Und was die Hallucination anbetrifft, so beruhigen Sie sich darüber, Doctor; hier liegt Ihr memento mori!

Ich zog bei diesen Worten den Schifferanzug unter dem Bette hervor, fuhr auch in die Jacke hinein und setzte den Hut auf, den Beweis noch zwingender zu machen.

Also Sie haben doch fortgewollt, sagte der Doctor, der als

ein kluger Mann die Hallucination schleunig fallen ließ, um wenigstens den Traum zu retten.

Nein, sagte ich, aber Andere haben mich versucht und ich habe mit ihnen gerungen, und diesen Mantel haben sie mir zurückgelassen.

Den Sie, erwiderte Dr. Snellius nachdenklich, als Opfer= spende an der Tempelwand aufhängen können; denn, wenn ich auch nicht weiß, wie dies geschehen ist, so viel sehe ich: Sie sind einer großen Gefahr entgangen; und jetzt — jetzt erst gehören Sie uns! •

Siebenundzwanzigstes Capitel.

In der Anstalt galt das Wort, daß man Allen etwas vor= lügen könne, nur dem Director nicht.

Der Director von Zehren hatte eine Art, diejenigen, mit denen er sprach, anzusehen, für welche, glaube ich, nur eine eherne Stirne unempfindlich bleiben konnte. Nicht, als ob man seinem Blicke die Absicht angemerkt hätte, möglichst viel und möglichst scharf zu sehen! Sein Auge hatte gar nichts Spü= rendes, gar nichts Inquisitorisches; im Gegentheil, es war klar und groß wie eines Kindes Auge, und gerade hierin lag seine für die meisten Menschen unwiderstehliche Kraft. Da er Jedem, mit dem er sprach, durchaus wohlwollte, da er für sein Theil nichts zu verheimlichen hatte, ruhte dies klare, große, dunkle Auge so fest auf Einem — mit dem Blicke der sonnenhaften Götter gleichsam, die nicht mit der Wimper zucken, wie der schwache, in Dämmerung und in Heimlichkeit aller Art lebende Mensch.

Und als er mich mit diesem Blicke nach dem Manne fragte, den er am Morgen zu mir geschickt habe, da sagte ich ihm, wer der Mann gewesen sei und was er gewollt. Und weiter sagte ich ihm, in welcher Stimmung mich der Mann getroffen und wie nahe die Versuchung an mich herangetreten, daß ich aber — auch ohne den Beistand und die Hilfe des guten Doctors — die Versuchung besiegt habe, ich glaubte sagen zu dürfen — für nun und immer.

Der Director hatte meiner Erzählung mit allen Zeichen lebhafter Theilnahme zugehört. Als ich zu Ende, drückte er mir die Hand, dann wendete er sich zu seinem Arbeitstische und reichte

23 *

mir ein Schreiben, welches, wie er mir sagte, soeben eingetroffen sei und das er mich zu lesen bitte.

Das Schreiben war eine in höflichen, aber sehr bestimmten Ausdrücken abgefaßte Anfrage des Präsidenten, wie es sich betreffs einer gewissen, dem Präsidium zugegangenen anonymen Denunciation verhalte? eventualiter wurde der Director von Zehren aufgefordert, ein seine Stellung und Würde so compromittirendes Verhältniß sofort aufzugeben und den betreffenden jungen Menschen mit der Strenge zu behandeln, welche die Würde des Gesetzes, die Würde der Richter, schließlich seine eigene Würde erfordere.

Sie wünschen zu wissen, sagte der Director, als ich das Blatt mit einem fragenden Blick wieder hinlegte, wie ich mich nun zu verhalten gedenke? Gerade, als ob ich dies hier nicht empfangen hätte. Ich will nicht wissen, ob Doctor Snellius, den die Freundschaft in meinen Angelegenheiten oft schärfer sehen läßt als mich selbst, eine kleine Comödie gespielt hat, als er Sie uns gestern so Hals über Kopf entführte, aber ich bin ihm oder dem Zufall dankbar, daß es so gekommen ist. Es würde meinen Stolz doch verletzt haben, Sie, den ich so lieb gewonnen, einer elenden Chicane opfern zu müssen. Man ist ja äußerlich im Recht, wenn man behauptet, daß der Gefangene nicht der Hausgenosse des Directors sein könne, und darin hätte ich nachgeben müssen; aber ebenso entschlossen bin ich, nicht weiter nachzugeben, keinen Schritt. Zu bestimmen, für welche Art der Arbeit ein Gefangener sich qualificire und wie er seine Erholungsstunden zubringe, ist mein unbestreitbares Recht, von dem ich mir auch nicht eines Strohhalmes Breite rauben lasse, das ich durch alle Instanzen verfechten werde, und sollte ich bis an den König. gehen. Schon deshalb ist es mir nicht leid, daß dies so gekommen ist, weil es uns Gelegenheit giebt, uns über unser gegenseitiges Verhältniß, über den Weg, den wir in Zukunft verfolgen müssen, klar zu werden. Sind Sie geneigt, zu hören, wie ich darüber denke, so wollen wir in den Garten gehen. Meine Lunge will heute wieder einmal in der Zimmerluft ihren Dienst nicht thun.

Wir traten aus seinem Arbeitszimmer in den Garten. Ich hatte ihm meinen Arm geboten — denn ich fühlte mich jetzt zu solchen Dingen ausreichend kräftig — und so wandelten wir schweigend zwischen den Beeten hin, von denen uns der warme Mittagswind den Duft der Levkoyen und Reseden in balsamischen Wolken zuführte, bis uns auf dem Platze unter den Platanen labender Schatten empfing. Der Director nahm auf einer der Bänke Platz, winkte mir, mich dicht an seine Seite zu setzen, und nach einem dankbar stillen Blicke in die Kühlung spendenden Wipfel der ehrwürdigen Bäume sprach er also:

Die Strafe ist das Recht des Unrechtes, wenn man den Rechtslehrern, auf deren Worte jetzt die Schüler aller Orten schwören, glauben darf. Die Definition empfiehlt sich durch ihre Einfachheit den Katheder-Logikern, aber ich glaube nicht, daß Christus sehr damit zufrieden gewesen wäre. Er hat nicht gefunden, daß gesteinigt zu werden das Recht der Ehebrecherin sei, im Gegentheil, indem er den, welcher sich ohne Schuld fühle, aufforderte, den ersten Stein auf das arme Weib zu werfen, angedeutet, daß unter der glatten, logischen Oberfläche des landesüblichen Rechtes ein tieferer Grund liege, der sich allerdings nur dem Auge offenbart, das sieht — ja, und dem Herzen, das fühlt. Einem solchen Auge, einem solchen Herzen aber wird es bald klar, daß jenes Unrecht, welches bestraft werden soll, damit es zu seinem Rechte komme, wenn nicht immer, so doch fast immer ein Unrecht aus zweiter, dritter, hundertster Hand ist, die Strafe deshalb fast nie den trifft, der sie möglicher Weise verdient hat, und der gerechteste Richter also im allerbesten Falle, er mag wollen oder nicht, dem blutigen Legaten gleicht, der den Zehnten zum Tode führen läßt, nicht, weil er schuldiger ist, als die anderen neun, sondern, weil er der Zehnte ist.

Das aber wird, wie gesagt, nicht dem Katheder-Logiker offenbar, der zufrieden lächelt, wenn er nur mit dem Satze der Identität und dem vom Widerspruche nicht in Conflict geräth; auch dem Richter nicht, dem der Fall in seiner Vereinzelung, aus dem Zusammenhange herausgerissen, vorliegt, und der nun urtheilen soll, wo er nicht einmal die Theile in seiner Hand hat, geschweige denn den sichtbar unsichtbaren Faden, auf den die Theile mit Nothwendigkeit gereiht sind. Sie beide gleichen dem Laien, der ein Gemälde nur nach der Wirkung beurtheilt, nicht dem Kenner, der weiß, wie es entstanden ist, welche Farben der Maler auf der Palette hatte, wie er sie mischte, wie er den Pinsel führte, welche Schwierigkeiten er überwinden mußte und wie und wodurch er sie überwunden hat, oder weshalb er sein Ziel nicht erreichte. Und wie die wahre Kritik nur die schöpferische ist, welche aus den Geheimnissen der Kunst heraus urtheilt, und also auch nur der Künstler wahrhaft Kritik üben kann, so können die Handlungen der Menschen auch nur von Menschen beurtheilt werden, von denen das Wort des alten Weisen gilt, daß ihnen nichts Menschliches fremd sei, weil sie der Menschheit ganzen Jammer schaudernd an sich selbst und an ihren Mitbrüdern erfahren. Dazu aber gehört, wie gesagt, ein fühlend Herz und ein sehend Auge und dann das Dritte, ohne welches man auch mit fühlendem Herzen und sehendem Auge nicht viel erfährt, nämlich — Erfahrung, ich meine volle, reiche Gelegenheit, Herz und Auge zu erproben und zu üben.

Wer hätte diese Gelegenheit mehr aus erster Hand als der Vorsteher einer Anstalt, in welcher, nach den Worten des Philosophen, das Unrecht zu seinem Recht kommen soll? der Director einer Strafanstalt? er und der Arzt der Anstalt, wenn sie Freunde sind, wenn sie, von denselben Gesichtspunkten ausgehend, Hand in Hand nach demselben Ziele streben? Sie und nur sie allein erfahren, was kein noch so gewissenhafter Richter erfährt, wie der Mensch, den die Menschheit für immer oder eine zeitlang ausgestoßen, wurde, was er geworden ist; warum er, von solchen Eltern geboren, in solchen Verhältnissen aufgewachsen, in einer solchen kritischen Lage so und nicht anders handeln konnte. Dann aber, wenn der Director, der nothwendig der Beichtiger des Verbrechers wird, die Geschichte seines Lebens bis in die Einzelheiten erfahren, wenn der Arzt die Leberkrankheit, an der der Mensch seit Jahren litt, constatirt hat, dann sprechen Beide, wenn sie conferiren, nicht mehr von dem Rechte des Unrechtes, das hier geübt werden soll, dann sprechen sie nur noch davon, ob dem Aermsten noch zu helfen ist und wie ihm geholfen werden kann; dann sehen sie Beide in der sogenannten Strafanstalt abwechselnd nur noch eine Besserungsanstalt und ein Krankenhaus. Sind doch — und dies ist ein unendlich wichtiger Punkt, zu dessen Erkenntniß die Physiologie die Jurisprudenz noch einmal zwingen wird — sind doch fast Alle, die hierher kommen, krank im gewöhnlichen Sinne; fast Alle leiden sie an mehr oder weniger schweren organischen Fehlern, fast das Gehirn Aller ist unter dem Durchschnittsmaaß des Gehirns, welches ein normaler Mensch zu einer normalen Thätigkeit, zu einem Leben, das ihn nicht mit dem Gesetze in Conflict bringen soll, braucht.

Und wie könnte es anders sein? Fast ohne Ausnahme sind sie die Kinder der Noth, des Elends, der moralischen und physischen Verkommenheit, die Parias der Gesellschaft, welche in ihrem brutalen Egoismus an dem Unreinen mit zusammengerafften Kleidern und gerümpften Nasen vorüberstreift, und, sobald er sich ihr in den Weg stellt, mit grausamer Gewalt ihn von sich stößt! Recht des Unrechts! Hochmuth des Pharisäerthums! Es wird die Zeit kommen, wo man diese Erfindung der Philosophen mit jener der Theologen, daß der Tod der Sünde Sold sei, auf eine Stufe stellt und Gott dankt, daß man endlich aus der Nacht der Unwissenheit aufgewacht ist, die solche Monstrositäten erzeugte!

Der Tag wird kommen, aber nicht so bald. Noch stecken wir tief in dem Schlamm des Mittelalters; noch ist nicht abzusehen, wann diese Sündfluth von Blut und Thränen verlaufen sein wird. Wie weit auch der Blick einzelner erleuchteter Köpfe hinein in die kommenden Jahrhunderte trägt — der Fortschritt der Menschheit ist unendlich langsam. Wohin wir in unserer Zeit sehen — überall die unschönen Reste einer Vergangenheit, die wir längst überwunden glauben. Unser Herrscherthum, unsere Adels=Institutionen, unsere religiösen Verhältnisse, unsere Beamtenwirthschaft, unsere Heereseinrichtungen, unsere Arbeiterzustände — überall das kaum versteckte, grundbarbarische Verhältniß zwischen Herrn und Sclaven, zwischen der dominirenden und der unterdrückten Kaste; überall die bange Wahl, ob wir

Hammer sein wollen oder Amboß. Was man uns lehrt, was wir erfahren, was wir um uns her sehen, — Alles scheint zu beweisen, daß es kein Drittes giebt. Und doch ist eine tiefere Verkennung des wahren Verhältnisses nicht denkbar, und doch giebt es nicht nur ein Drittes, sondern es giebt dieses Dritte einzig und allein, oder vielmehr dieses scheinbar Dritte ist das wirklich Einzige, das Urverhältniß sowohl in der Natur als im Menschendasein, das ja auch nur ein Stück Natur ist. Nicht Hammer oder Amboß — Hammer und Amboß muß es heißen, denn jedwedes Ding und jeder Mensch in jedem Augenblicke ist Beides zu gleicher Zeit. Mit derselben Kraft, mit welcher der Hammer den Amboß schlägt, schlägt der Amboß wieder den Hammer; unter demselben Winkel, unter welchem der Ball die Wand trifft, schleudert die Wand den Ball zurück; genau so viel Stoff, als die Pflanze aus den Elementen zieht, muß sie den Elementen wiedergeben — und so in ewigem Gleichmaaß durch alle Natur in allen Zeiten und Räumen. Wenn aber die Natur unbewußt dieses große Gesetz der Wechselwirkung befolgt und eben dadurch ein Kosmos und kein Chaos ist, so soll der Mensch, dessen Dasein unter genau demselben Gesetze steht, sich dieses Gesetz zum Bewußtsein bringen, mit Bewußtsein ihm nachzu= leben streben, und sein Werth steigt und fällt in demselben Maaße, als dieses Bewußtsein in ihm klar ist, als er mit klarem Bewußtsein in diesem Gesetze lebt. Denn obgleich das Gesetz dasselbe bleibt, ob der Mensch nun darum weiß oder nicht, so ist es doch für den Menschen nicht dasselbe. Wo er darum weiß, wo er die Unzerreißbarkeit, die Solidarität der menschlichen In= teressen, die Unabwendbarkeit von Wirkung und Gegenwirkung erkannt hat, da blühen Freiheit, Billigkeit, Gerechtigkeit, welches Alles nur andere Ausdrücke für jenes auf die menschlichen Ver= hältnisse angewandte Natur=Gesetz sind; wo er nicht darum weiß, wo er in seiner Blindheit wähnt, ungestraft seine Mitmenschen ausnützen zu können, da wuchern Sclaverei und Tyrannei, Aberglaube und Pfäfferei, Haß und Verachtung in giftiger Fülle. Welcher natürliche Mensch möchte nicht lieber Hammer als Am= boß sein, so lange er glaubt, die freie Wahl zwischen beiden zu

haben? Aber welcher vernünftige Mensch wird nicht gern darauf
verzichten, nur Hammer sein zu wollen, nachdem er erkannt hat,
daß ihm das Amboß=Sein nicht erspart wird und erspart werden
kann, daß jeder Streich, den er giebt, auch seine Backe trifft, daß,
wie der Herr den Sclaven, so der Sclave den Herrn corrum=
pirt, und daß in politischen Dingen der Vormund zugleich mit
dem Bevormundeten verdummt. Möchte doch diese Erkenntniß
endlich einmal in das deutsche Volksbewußtsein übergehen, dem
es so dringend noth thut!

So dringend noth! Denn ich muß es aussprechen, daß in
diesem Augenblick, kaum zwanzig Jahre nach unserem Befreiungs=
kriege, jener Grundsatz alles Menschendaseins vielleicht von keiner
der Cultur=Nationen so gründlich und so allgemein verkannt
wird, als gerade von uns Deutschen, die wir uns so gern die
geistige Blüthe der Nationen, das Volk der Denker, das wahr=
haft humane Volk nennen. Oder wo würde mit unleidlicherer,
schulmeisterlicher Pedanterie die junge Menschenpflanze in eine
zu frühe, zu strenge und vor allen Dingen unglaublich bornirte
Zucht genommen als gerade bei uns? Wo würde ihr freier,
schöner Wuchs systematischer verhindert und verkrüppelt als ge=
rade bei uns? Was wir mit Hilfe der Schul= und Kirchen=
bänke, des Exercierstockes, des Prokustesbettes der Examina, der
vielsprossigen Leiter eines hierarchischen Beamtenthums in dieser
Beziehung freveln — es treibt den Einsichtigen unter uns die
Röthe der Scham auf die Stirn und die Gluth des Zornes in
die Wangen; es ist mit Recht das unerschöpfliche Thema des
Spottes für unsere Nachbarn. Die Wuth, zu befehlen, die
sclavische Gier, sich befehlen zu lassen — das sind die beiden
Schlangen, die den deutschen Herkules umstrickt halten, die ihn
zu einem Krüppel machen; sie sind es, die überall die freie Cir=
culation der Säfte hemmen, hier hypertrophische, dort atrophische
Zustände erzeugen, an denen der Körper des Volkes grausam
krankt; sie sind es, die, indem sie ihr Gift in die Adern des
Volkes spritzen, das Blut und das Mark des Volkes vergiften
und die Race selbst deterioriren; sie sind es endlich, denen wir
verdanken, daß unsere Zucht= und Arbeitshäuser die Zahl der

Insassen nicht fassen. Denn es ist nicht übertrieben, wenn ich behaupte, daß neun Zehntel von Allen, die hierher kommen, niemals hierher gekommen sein würden, wenn man sie nicht mit Gewalt zum Amboß gemacht hätte, damit die Herren vom Hammer doch haben, woran sie ihr Müthchen kühlen können. So aber, indem man ihnen das natürliche Recht jedes Menschen, sich in einer, seinen Kräften und Fähigkeiten angepaßten Weise den Lebensunterhalt zu erarbeiten, möglichst erschwerte; indem man sie systematisch verhinderte, gesunde, kräftige, taugliche Glieder des Gemeinwesens zu sein, hat man sie schließlich bis hieher, bis in's Arbeitshaus gebracht. Das Arbeitshaus ist im Grunde weiter nichts als die letzte Consequenz unserer Zustände, als das Exempel unseres Lebens auf die einfachste Formel gebracht. Hier müssen sie eine ganz bestimmte Arbeit in einer genau vorgeschriebenen Weise verrichten, aber wann hätte man sie jemals sich frank und frei ihre Arbeit wählen lassen? hier müssen sie schweigen — aber wann hätten sie denn frei sprechen dürfen? hier müssen sie dem niedrigsten Aufseher unbedingt Gehorsam leisten — aber haben sie nicht immer, auch ohne Shakspeare gelesen zu haben, gewußt, daß man dem Hund im Amte gehorcht? hier müssen sie gehen, stehen, liegen, schlafen, wachen, beten, schaffen, müßiggehen auf Commando — aber sind sie zu dem Allen nicht trefflich vorbereitet? sind sie nicht Alle mehr oder weniger geborene Arbeitshäusler? Ach, mir thut das Herz weh, wenn ich daran denke, und wie sollte ich nicht daran denken, und besonders in diesem Augenblicke nicht daran denken, wo ich Sie hier vor mir sehe, wo ich mich frage: wie kommt dieser Jüngling mit dem Körper des gewaltigsten Mannes und den treuen blauen Augen eines Kindes in dieses Asyl des Verbrechens und des Lasters?

Lieber junger Freund, wenn mir doch die Antwort darauf schwerer würde! Wenn es nicht doch dieselbe Formel wäre, nach der ich auch die Gleichung Ihres Lebens ausrechnen kann! Wenn ich doch nicht wüßte, daß die Unnatur unserer Verhältnisse wie ein giftiger Samum ist, der das Gras verdorren macht und auch die Eiche entblättert!

Ich habe versucht, mir aus dem, was ich bereits von Ihnen wußte und was Sie mir mit solcher Treuherzigkeit aus Ihrem früheren Leben, von Ihren Familien=Verhältnissen, von Ihrer Umgebung, von dem Leben, den Gewohnheiten der Bürger Ihres Heimathsortes erzählt haben, einen Hintergrund zu schaffen, auf den ich mir Ihr Bild zeichnen könnte. Wie trostlos ist dieser Hintergrund! wie liegt er so ganz in dem trüben Lichte, in welchem ich unsere Zustände im Allgemeinen sehe! Ueberall Kleinlichkeit, Engherzigkeit, Beschränktheit, Kleben am Alten, Hergebrachten, schulmeisterliches Besserwissenwollen, pedantisches Hofmeistern; überall abgezirkelte Wege, überall der freie Blick in's Leben durch thurmhohe Mauern von Vorurtheilen verbaut! Sie haben mir gesagt, daß Sie Ihren Vater flehentlich gebeten haben, er möchte Sie zur See gehen lassen, und daß er mit Hartnäckigkeit darauf bestanden habe, Sie sollten ein Gelehrter, zum wenigsten ein Beamter werden. Es war gewiß nicht, wie Sie sich selbst anklagen, der bloße Hang des Müßigganges, die Sucht nach Abenteuern, was Sie wieder und immer wieder den Wunsch aussprechen ließ; und sicherlich hat Ihr Vater nicht wohlgethan, als er, aus welchem Grunde immer, die Erfüllung dieses Wunsches hartnäckig verweigerte. Er hatte bereits einen Sohn auf dem Meere verloren — nun wohl! Es giebt noch ein anderes Meer: das eines thatenfrohen, kräftigen Lebens in Handel und Wandel, in Kunst und Handwerk. Das hätte er Ihnen nicht verbieten sollen, und doch war es dies Meer, auf das Sie wollten, und für das Ihnen nur das wirkliche Meer mit seinen Stürmen, seinen Wogen das Abbild war, so daß Sie das Abbild mit dem Urbild verwechselten.

Ihr Vater hat nicht wohlgethan, und doch dürfen Sie mit ihm, dem von häuslichem Unglück Verdüsterten, vor der Zeit Vereinsamten, durch des Sohnes Widerspruch Gereizten, durch des Sohnes factischen Ungehorsam Beleidigten — nicht mit ihm dürfen wir rechten. Was aber sollen wir sagen von Ihren pedantischen Lehrern, von denen kein einziger ein Verständniß für einen Jüngling hatte, dessen Charakter die Offenheit selbst ist? was von den spießbürgerlichen guten Freunden, die nichts konnten, als Zeter schreien über den Frevler, der ihre Söhne zu tollen Streichen verleitete, und die es für ein gottgefälliges Werk hielten, Vater und Sohn noch mehr zu verhetzen? Ach, mein Freund, es ist Ihnen ergangen, wie manchem anderen ehrlichen deutschen Jungen, der in so verzweifelt ordentlichen bürgerlichen Verhält= nissen aufwächst, daß er Gott dankt, wenn er hinten im Westen von Amerika unter den Bäumen des Urwaldes nichts mehr von bürgerlicher Ordnung sieht. Bis in den amerikanischen Urwald sind Sie nun freilich nicht gekommen auf Ihrer Flucht aus der erdrückenden Enge Ihres Vaterhauses, sondern leider nur bis in die Wälder der Zehrenburg, und das hat das Maaß Ihres Unglücks voll gemacht.

Denn dort trafen Sie auf Einen, zu dem Sie sich mit un= widerstehlicher Kraft hingezogen fühlen mußten, da seine Natur mit der Ihrigen in vielen Punkten eine wunderbare Aehnlichkeit hatte, der auch zum großen Theil an der Elendigkeit unserer Verhältnisse zu Grunde gegangen war, und der nun eine künst= liche Wüste um sich her geschaffen hatte, in der er sich nach Willkür, die er für Freiheit hielt, bewegen konnte. Eine Wüste im eigentlichen und moralischen Sinne; denn nach Allem, was Sie mir von seinen Aeußerungen berichtet, und die Folge be= wiesen, hatte er mit dem Vorurtheil auch das Urtheil, mit der Rücksicht auch die Umsicht, mit der Bedenklichkeit auch das Nach= denken, mit den Fehlern des deutschen Charakters auch die Tu= genden des Deutschen und jedes sittlichen Menschen über Bord geworfen, und Alles, was ihm noch geblieben, war die Aben= teuerlust, und eine Art von phantastischer Großmuth, die aber auch — Sie haben es erfahren — gelegentlich phantastischer sein konnte als großmüthig.

Wie dem aber auch sein mochte — er war ein Mann, der Ihnen schon dadurch imponirte, weil er das genaue Gegentheil von allen Menschen war, die Ihnen bis dahin auf Ihrem Le= benswege begegnet, und der noch genug von ritterlichen Eigen= schaften besaß, daß Sie, der Unerfahrene, wohl in ihm Ihr Ideal sehen mußten. Dazu die freie Luft auf den weiten Haiden, den stolzen Uferhöhen, auf dem unendlichen Strande! Hätte sie

Ihnen nicht zu Kopf steigen, nicht Ihr vom Schulstaube um=
nebeltes Gehirn verwirren sollen?

Aber diese Freiheit, diese Unabhängigkeit, dieses kraftvolle
Leben — es war Alles nur eine schöne Spiegelung, die Fata
morgana einer hesperischen Küste, die versinken mußte, und
hinter der, als sie versank, ein Untersuchungsgefängniß und ein
Arbeitshaus stand.

Daß Ihnen das Arbeitshaus ein Garten der Hesperiden
werde — ich kann es nicht machen, mein Freund, und würde es
nicht, wenn ich es könnte. Aber Eines hoffe ich bewirken zu
können: daß Sie hier, wo die Mißerziehung, die man an Ihnen
geübt hat, nicht weiter kann, hier, wo man Ihnen den letzten
Rest der verhaßten Selbstständigkeit zu nehmen dachte — zu
sich selbst kommen, sich über sich selbst, über die Tendenz und
das Maaß Ihrer Kräfte klar werden — daß Sie im Arbeits=
haus arbeiten lernen.

Achtundzwanzigstes Capitel.

Ich will nicht behaupten, der treffliche Mann habe, was ich ihn in dem vorigen Capitel sagen lasse, Alles in denselben Worten oder Alles an demselben Morgen gesagt. Es ist leicht möglich, ja wahrscheinlich, daß ich das Resultat der Gespräche mehr als eines Morgens hier im Zusammenhang gegeben und daß hier und da ein Ausdruck, ein Bild, das mir gehört, mit eingeflossen. Mehr aber schwerlich; denn ich habe seine Philosophie, die auf meine dürstende Seele sich senkte, wie ein befruchtender Regen auf ein ausgedörrtes Feld, zu tief eingesogen, und während ich seine Gedanken wiederzugeben suche, steht sein Bild so lebendig in meiner Erinnerung, glaube ich den Ton seiner Stimme, ja seine eigenen Worte zu hören!

Und ich hatte um diese Zeit das Glück seiner Unterhaltung täglich, oft stundenlang. Es war mir unmöglich geworden, das Versprechen, welches ich Paula gegeben, zu erfüllen, denn ihr Vater hätte nicht gewartet, bis ich ihn bat, mir zu sagen, wie man am besten, wie man am schnellsten arbeite. Dennoch hatte ich ihm das Gespräch, das ich mit Paula gehabt, mitgetheilt und er hatte dazu gelächelt.

Sie will Sie zu einem Gelehrten machen, sagte er, ich will Sie zu nichts machen; ich will, daß Sie werden, was Sie sein können, und um zu erfahren, was Sie sein können, werden wir wohl ein wenig experimentiren müssen. Eins ist gewiß, Sie können ein tüchtiger Handarbeiter sein — Sie haben es be= wiesen, und es ist mir ganz lieb, daß Sie diesen kurzen Cursus durchgemacht. Der Künstler sollte die letzten Griffe des Hand= werks kennen, aus welchem seine Kunst hervorgegangen ist, und auf welchem sie noch ruht; nicht nur, daß er nur so im Stande ist, nach dem Rechten zu sehen, und helfend, nachhelfend, unter= weisend, überall, wo es noth thut, einzugreifen; es ist so auch wirklich erst sein Werk, das ihm ganz gehört, wie dem Vater sein Kind, welches mit ihm nicht blos Geist von einem Geiste, sondern auch Fleisch von einem Fleisch ist. Und wie viel schärfer sieht das Auge, wo die Hand selbst thätig war. Da! das ist der Grundriß des neuen Krankenhauses; hier ist das Fundament, das Sie selbst mit haben ausheben, zu dem Sie selbst die Steine mit haben herbeischaffen helfen. Diese Mauer wird sich auf dem Fundament erheben; sie ist von der Höhe, von der Dicke; Sie sind, auch ohne eine Berechnung anstellen zu können, überzeugt, daß ein solches Fundament eine solche Mauer tragen wird. Freut Sie nicht die reinlich=saubere Zeichnung, in der ein Strichelchen die Arbeit einer Stunde, vielleicht vieler Tage repräsentirt? Paula hat mir gesagt, daß Sie ein scharfes Augenmaß und eine sichere Hand haben. Ich brauche eine Copie dieser Pläne. Möchten Sie mir wohl eine anfertigen? Es ist eine Arbeit, wie sie für einen Reconvalescenten paßt, und den Gebrauch des Zirkels, des Lineals und der Reißfeder kann ich Ihnen in fünf Minuten zeigen.

Seit diesem Morgen arbeitete ich in dem Bureau des Di= rectors, einfache Risse copirend — eine Façade nachzeichnend, Anschläge mundirend — mit einer Lust, von der ich nie geglaubt, daß sie eines Menschen Seele während der Arbeit erfüllen könne. Aber wer hat auch jemals einen solchen Lehrer gehabt: so gütig, so weise, so geduldig, so den Schüler mit Vertrauen zu sich selbst erfüllend! Und wie wohl that mir sein Lob und wie bedurfte ich dieses Lobes — ich, der ich in der Schule immer nur ge= tadelt und gescholten war, der ich es als selbstverständlich an= gesehen, daß meine Arbeiten schlechter waren als die aller Uebrigen? der ich mir zuletzt selbst alle Fähigkeiten abgesprochen hatte? Mein neuer Lehrer lehrte mich, daß diese Fähigkeiten nur geschlummert und daß ich sehr wohl begreifen konnte, wovon ich einsah, daß es begriffen zu werden verdiente. So hatte ich vollständig darauf resignirt, es in der Mathematik über die ersten

Anfangsgründe hinauszubringen, und erfuhr jetzt zu meinem grenzenlosen Erstaunen, daß diese ungeheuerlichen Formeln, diese verzwickten Figuren aus lauter einfachen Begriffen, aus lauter simplen Vorstellungen zusammengesetzt waren mit einer Folgerichtigkeit, die einzusehen mir durchaus nicht schwer wurde und an der ich eine unaussprechliche Freude hatte.

Es ist merkwürdig, sagte ich einmal, als ich in Zehrendorf war, glaubte ich, es gebe auf Erden nichts Ergötzlicheres als eine Jagd auf weiter Haide an einem sonnigen Herbstmorgen; jetzt finde ich, daß eine schwierige Formel richtig anzuwenden mehr Vergnügen gewährt als ein gutgezielter Schuß, der ein armes Rebhuhn aus der Luft herunterbringt.

Im Grunde kommt es nur darauf an, erwiderte mein Lehrer, daß wir unsere Kräfte, unsere Fähigkeiten in einer Weise, die unserer Natur genehm ist, spielen lassen. Denn nur so erfahren wir, daß wir sind, und schließlich strebt jede Creatur in jedem Augenblicke nach weiter nichts. Können wir es so einrichten, daß unsere Thätigkeit, außer daß sie uns unser Dasein beweist, auch Anderen zugute kommt — und glücklicherweise sind wir Menschen fast immer in der Lage — so ist es freilich um so besser. Wollte Gott, mein unglücklicher Bruder hätte je eine Ahnung von dieser Einsicht gehabt!

Es konnte nicht ausbleiben, daß wir, besonders in der ersten Zeit, wieder und wieder auf den „Wilden" zu sprechen kamen.

Er hieß schon als Knabe so, erzählte der Director; alle Welt nannte ihn den „Wilden", und es war kaum möglich, ihm einen anderen Namen zu geben. In dieser feurigen Natur war ein unwiderstehlicher Drang, die reiche Kraft bis zum Uebermaß anzuspannen und das Aeußerste, ja das Unmögliche zu wagen und zu versuchen. Welches unendliche Feld die Situation unseres väterlichen Gutes einem solchen Knaben bot, Sie wissen es selbst. Auf ungezähmten Rossen von den steilen Uferhöhen herabzusetzen, in leckem Boot beim wildesten Gewittersturm auf's Meer hinauszufahren, in tiefer Nacht über die sumpfige Haide zu schweifen, in dem Park die Wipfel der Riesenbuchen zu erklettern nach einem elenden Vogelnest, oder in dem Weiher klaftertief

nach dem Schatze zu tauchen, der in der Schwedenzeit dort ver=
senkt sein sollte — das waren seine Lieblingsspiele. Ich weiß
nicht, wie oft er sich in Lebensgefahr befunden hat, und eigent=
lich befand er sich in jedem Augenblick in Lebensgefahr, denn
in jedem Augenblicke konnte ihm der Einfall kommen, sein Leben
auf's Spiel zu setzen. Einmal standen wir im oberen Stock am
Fenster und sahen, wie ein wildgewordener Stier einen Knecht
über den Hof verfolgte. Malte sagte: Da muß ich dabei sein,
sprang zwanzig Fuß hoch auf den Hof hinab, wie ein Anderer
vom Stuhle aufsteht, und lief dem Stier entgegen, der sich
mittlerweile eines Anderen besonnen hatte und sich von dem
Uebermüthigen mit einem schnell aufgerafften Stock wieder ge=
duldig in die Hürde treiben ließ.

Es war ein Zufall, der ihn bei dieser Gelegenheit sich nicht
Arm und Beine brechen und aufgespießt werden ließ; aber da
ihn dieser Zufall beständig begünstigte, gerieth er, wozu er nur
schon zu sehr geneigt war, immer mehr in's Maßlose.

Indessen, der Zufall ist ein launischer Gott und läßt un=
versehens auch seine größten Günstlinge im Stich. Ein weit
schlimmerer Feind waren für meinen Bruder die Verhältnisse,
in denen er aufwuchs, und die in der That nicht ungünstiger
sein konnten. Das Einzige, was man ihn gelehrt hatte, war,
daß die Zehrens das älteste Geschlecht auf der Insel und er der
Erstgeborne sei. Aus diesen beiden Glaubensartikeln schuf er
sich eine Religion und einen Cultus seiner mystischen Bedeutung,
der um so phantastischer ausfiel, je greller die fadenscheinige
Wirklichkeit mit seinen Einbildungen contrastirte.

Unser Vater war ein Edelmann aus der zügellosen Schule
und im verwilderten Style des achtzehnten Jahrhunderts, der
am wenigsten geeignete Mensch von der Welt, einen hochsinnigen,
übermüthigen Knaben, wie mein ältester Bruder war, zu leiten.
Die Mutter hatte an Höfen gelebt und die bedeutendsten Gaben
in dieser ungesunden Sphäre nutzlos zersplittert. Sie sehnte sich
-nach der verlornen Herrlichkeit zurück; die Einsamkeit des Land=
lebens langweilte, die Rohheit ihrer Umgebung beleidigte sie.
Die Gatten lebten nicht glücklich; die Frau, die sich von ihrem

Manne nicht mehr geliebt wußte, liebte auch bald ihre Kinder nicht mehr, indem sie, ob mit Recht oder Unrecht bleibe dahingestellt, in ihnen nur die Ebenbilder des Vaters zu sehen glaubte. Der Vater seinerseits hatte eine Art von Interesse nur für den Erstgebornen; als eine reiche, kinderlose Tante den zweiten, Arthur, zu sich zu nehmen wünschte, ließ er es willig geschehen, ja, ich glaube, er wäre mich, den Jüngsten, Nachgebornen, auch gern losgewesen, nur daß Niemand mich haben wollte. So wuchs ich auf, wie ich konnte und mochte; bald hatte ich einen Erzieher und bald keinen; es bekümmerte sich Niemand um mich; ich wäre ganz verlassen gewesen, hätte sich mein ältester Bruder nicht meiner in seiner Weise angenommen.

Er liebte den um zehn Jahre Jüngeren mit leidenschaftlicher Liebe, mit einer stürmischen und, wie ich jetzt darüber denke, rührenden Zärtlichkeit. Ich war, wie kräftig ich mich auch später entwickelte, ein schwächliches, kränkliches Kind. Er, der Tollkühne, wehrte von mir auch den Schatten einer Gefahr ab; er hegte und hütete mich mehr als seinen Augapfel; er spielte mit mir, wenn ich gesund war, halbe Tage lang; er wachte, wenn ich krank war, Tage und Nächte an meinem Bette. Ich war der Einzige, der den „Wilden" mit einem Worte, mit einem Blicke leiten konnte; aber was wollte schließlich ein solcher Einfluß bedeuten? Es war ein Faden, der riß, als der Zwanzigjährige, nach einer noch mehr als gewöhnlich heftigen Scene mit dem Vater, das elterliche Haus Knall und Fall verließ.

Er wurde, wie die Phrase lautete, auf Reisen geschickt, aber die von vornherein unzulängliche Unterstützung, die er von dem immer mehr verarmenden Vater empfing, hörte in kürzester Frist gänzlich auf; er mußte leben, wie er konnte, und da er auf eigene Kosten nicht leben konnte, lebte er auf Kosten Anderer, wie so mancher adelige Abenteurer, heute ein Bettler, morgen im Golde sich wälzend, heute der Kamerad von Spielern und Schwindlern, morgen der Genosse von Fürsten; überall, wohin er kam, mit seiner bezaubernden Persönlichkeit die Herzen im Sturm erobernd, um sich nirgends fesseln zu lassen, um ruhelos von einem Ende Europas zum anderen zu schweifen. Er war in England,

Italien, Spanien, Frankreich, dort am längsten. In dem bunten Treiben der Seinestadt fand er so recht sein Element, und er schwelgte in den Armen von französischen Damen, deren Gatten und Brüder sein Heimathsland mit Feuer und Schwert verwüsteten.

Wir hatten während fünf oder sechs Jahren nichts von ihm gehört; die Mutter war gestorben; man hatte nicht gewußt, wohin ihm die Nachricht von ihrem Tode senden; der Vater wankte, ein vor der Zeit gebrochener Mann, dem Tode entgegen; die Verwüstung unseres Gutes durch den Erbfeind, der auch bis zu uns gedrungen war, ließ ihn gleichgültig; er berauschte sich mit den französischen Officieren an der letzten Flasche aus seinem Keller. Ich war nicht im Stande gewesen, das Schimpfliche geduldig zu ertragen; ich forderte den französischen Obrist, einen Gascogner, der an der Tafel meines Vaters, die Guitarre in der Hand, Spottlieder auf die Deutschen sang. Er ließ dem siebzehnjährigen Jüngling lachend den Degen abnehmen — es war ein Galanteriedegen mit blauem Bandelier, der als Zierrath an der Wand hing und den ich in meiner Wuth ergriffen — und drohte, den kecken Burschen am nächsten Morgen füsiliren zu lassen.

In der Nacht erschien ein Retter, auf den ich am wenigsten gehofft hatte. Der Wilde war auf die Nachricht von einer Schilderhebung im Vaterlande — es hatten sich damals die ersten Freicorps zu formiren begonnen — aus den Armen seiner Buhlerinnen, von den Parquets der Salons in Faubourg St. Germain herbeigeeilt, und sein Weg hatte ihn in die Heimath geführt, wo gerade damals der Kriegsbrand am wildesten flammte. Er konnte nicht zu dem Freicorps gelangen, das hier in der Festung cernirt war, so wendete er sich nach der Insel in der Absicht, dort einen Guerillakrieg gegen die Eindringlinge zu entfachen. Er kam gerade zur rechten Zeit, seinen Bruder einem fast gewissen Tode zu entreißen. Er brach, von wenigen Getreuen, die er zusammengerafft hatte, begleitet, mit unerhörter Kühnheit in mein Gefängniß und entführte mich.

Von diesem Augenblicke an sind wir fünf Jahre lang zusammen gewesen und haben erst als gemeine Freischärler, her-

nach als Officiere in demselben Regiment Gefahr und Noth
brüderlich mit einander getheilt. Ich habe mich nicht schlecht
gehalten, aber der Name meines Bruders war bekannt in der
ganzen Armee, und wieder nannten sie ihn den Wilden, als
gäbe es für einen solchen Mann keine andere Bezeichnung. Un-
zählig waren die Geschichten, die man sich von seiner Bravour,
von seiner Tollkühnheit erzählte. Es war nur Eine Stimme
darüber, daß er den Tod suche, aber er dachte nicht an den Tod,
denn er verachtete das Leben. Er lachte, wenn er uns Andere
von der Wiedergeburt unseres Vaterlandes schwärmen hörte,
und daß wir die heimische Erde frei machen wollten von den
fremden und von den heimischen Thrannen, um auf der freien
Erde ein Reich der Brüderlichkeit und Gleichheit zu errichten.
Aus der Zeit tönt mir auch das alte Wort vom Hammer oder
Amboß im Ohre, das er oft und gern im Munde führte, weil
es, wie er sagte, seine Philosophie in der einfachsten Formel darstellte. Brüderlichkeit — Gleichheit! spottete er. Geht mir doch
mit solchen hohlen Phrasen! Dies ist eine Welt der Herren und
Knechte, der Starken und Schwachen. Ihr seid so lange Amboß
gewesen unter dem Riesenhammer Napoleon und möchtet nun
einmal selbst Hammer spielen. Seht zu, wie weit Ihr damit
kommt. Ich fürchte, nicht weit. Ihr habt nur Talent zum
Amboß.

Warum bist Du gekommen, mit uns gegen Napoleon zu
kämpfen? fragte ich.

Weil ich mich in Paris langweilte, erwiderte er.

Aber er that sich selbst Unrecht. Er war mehr als der bla-
sirte Glücksritter, für den er sich gab; er hatte die Schätze eines
Herzens, das reich war wie Pluto's Schacht, in einem wüsten
Abenteurerleben vergeudet; aber es war ihm noch ein Stück
dieses Herzens geblieben, und in diesem Stücke lebte, wenn nicht
die echte Vaterlands- und Menschenliebe, so doch der Trotz, der
es mit dem Unterdrückten hält und sich stolz gegen den Unter-
drücker aufbäumt, er mag nun ein genialer Eroberer sein, oder
ein geistloser Heimischer von Gottes Gnaden.

Und als er nun, nachdem der Eroberer an den Felsen von

Helena gekettet war, sah, daß die Helden so vieler Schlachten das alte gewohnte Joch wieder auf die geduldigen Nacken nahmen; als er sah, daß der ganze stolze Freiheitsstrom sich kläglich im Sande angestammter Unterthanentreue verlief, da zerbrach er seinen Degen, den er glorreich durch zwanzig Schlachten getragen, und fluchte 'den Herren und fluchte den Sclaven, und sagte, daß nun wieder, wie vor dem Kriege, die Erde seine Heimath sei, denn ein freigeborner Mensch könne in einem sclavischen Jahrhundert keine andere Heimath haben.

Ich weiß es wohl; es war viel Ungesundes, Ueberspanntes in diesem Raisonnement; aber es war doch auch ein gesunder Kern darin. Die Folge hat es bewiesen; die unglaublich nüchterne, geistes- und thatenarme, ideenlose, durch und durch epigonenhafte Zeit, in der wir leben — sie hat seine Ahnung, seine Prophezeiung vollauf bestätigt.

Und wieder irrte er, ein heimathloser Abenteurer, durch die Länder, nur mit dem Unterschiede, daß er vorher in übermüthiger Kraft mit den Menschen gespielt hatte, die er jetzt kaltblütig ausbeutete, weil er sie verachtete. Ich habe mir mit meinem Blute den Ablaßzettel kaufen wollen für meine Vergangenheit; der Zettel ist zurückgewiesen, was gilt mir jetzt die Gegenwart oder die Zukunft? Wie oft habe ich an das Wort, das er mir in der Scheidestunde zurief, denken müssen! Es ist mir immer der Schlüssel zu diesem räthselhaften Charakter gewesen.

Und wieder hörte ich lange, lange nichts von ihm. Der Vater war gestorben; das Gut war in Sequester; mein zweiter Bruder Arthur, den die Tante um seine Erwartungen betrogen hatte, mühte sich im undankbaren Staatsdienst ab; ich, der ich es mit der Wiedergeburt meines Volkes herzlich ernst meinte, und erkannt zu haben glaubte, daß man das Werk von vorn, das heißt von unten auf anfangen müsse, hatte mir durch meinen Gönner Altenberg diese Stelle zu verschaffen gewußt und saß schon seit Jahren, ein Krüppel, hier, noch immer an dem A-B-C meines Metiers buchstabirend; Malte galt als verschollen. Da tauchte er plötzlich wieder auf, noch dazu in Gesellschaft einer Frau, die dem Abenteurer, nachdem sie längere

Zeit in der Fremde umhergeschweift, endlich auch in seine Heimath gefolgt war. Er erklärte seine Absicht, das väterliche Gut zu übernehmen; von meiner Seite wurde ihm jeder Vorschub geleistet, Arthur ließ sich mit einer Summe abfinden, von der er nebenbei jetzt bestreitet, daß sie ihm jemals ausgezahlt worden. Die Gläubiger waren froh, nur irgend etwas zu bekommen, und Einer von ihnen wenigstens tröstete sich mit der Hoffnung — die ihm auch nicht fehlgeschlagen ist — daß aufgeschoben nicht aufgehoben und ihm das Stammgut der Zehren unter dem neuen Herrn nicht weniger gewiß sei, als unter dem alten.

Wir hatten uns bei seiner Zurückkunft nicht gesehen; ich konnte damals gerade nicht wohl von hier fort; er seinerseits trug kein Verlangen, die alte Freundschaft zu erneuern. Als wir uns getrennt hatten, war ich im Begriffe gewesen, eine Verbindung einzugehen, in welcher der Erstgeborne eines uralten Geschlechtes die sträflichste Mesalliance sah; jetzt bekleidete ich ein Amt; und ein Amt bekleiden, noch dazu ein Amt der Art, hieß für ihn, sich wegwerfen, das angeborne Recht der Ritter vom Hammer mit Füßen treten, sich zum gemeinen Amboß machen. Daß ich noch dazu die Abfindungssumme, die er mir angeboten, zurückwies, hatte ihn auf das empfindlichste beleidigt. In seinen Augen hatte ich damit dem Erstgebornen, dem Chef der Familie, den Gehorsam, die Vasallenschaft gekündigt. Er konnte es mir nicht verzeihen, daß ich seiner nicht mehr bedurfte; daß ich keine Schulden hatte, die zu bezahlen er sich selbst in Schulden stürzen mußte; daß ich mit Einem Worte nicht war wie mein Bruder Arthur, welcher ihm in diesem Punkte viel willfähriger, ich fürchte, nur zu willfährig gewesen ist.

Auf der andern Seite mußte, was ich von ihm hörte — und er sorgte dafür, die Zungen der Menschen über ihn nicht zur Ruhe kommen zu lassen — mich in der traurigen Gewißheit bestärken, daß zwischen ihm und mir eine Kluft entstanden war, über welche selbst die innige Liebe, die ich noch immer für ihn hatte, nicht hinüberreichte. Ich hörte von dem wüsten Leben, das er in Gesellschaft des durch den Krieg verarmten Adels seiner Nachbarschaft führte, von den Trink- und Spielgelagen, von tollen Streichen, deren Anstifter er sei. Auch damals schon ging ein dunkles Gerücht, daß er es sich zum Geschäfte mache, den während der Kriegsjahre in jener Gegend zur höchsten Blüthe gediehenen, damals von der Regierung begünstigten, jetzt freilich auf das schärfste verfolgten Schmuggelhandel auf jede Weise zu unterstützen. Die schlimmste Nachrede freilich bereitete ihm das traurige Verhältniß, in welchem er mit der unglück= lichen Frau lebte, die er aus ihrer Heimath entführt hatte. Er sollte sie mißhandeln, er sollte sie in einem Keller eingesperrt halten; es sei unbegreiflich, daß sich die Behörden nicht in's Mittel legten.

Ich konnte dieses Gerede nicht ertragen, von dem ich übri= gens kein Wort glaubte — denn die Anschuldigungen standen in zu grellem Widerspruche mit dem im Grunde so großen, so edelmüthigen Charakter meines Bruders. Dennoch hielt mich eine leicht erklärliche Scheu ab, mich in diese Angelegenheit zu mischen, als ein Brief, den ich erhielt, meiner Unentschlossenheit ein Ende machte. Der Brief war in einem schlechten Französisch geschrieben, und gleich die ersten Worte belehrten mich, daß die Unglückliche, die ihn geschrieben, wahnsinnig sein müsse. Ich höre, Sie wissen, wo der Weg nach Spanien geht, begann der Brief, und mit den Worten: Ich beschwöre Sie, mir zu sagen, wo der Weg nach Spanien geht, schloß er. Ich reiste noch in derselben Stunde ab und sah nach langen Jahren mein Vater= haus und meinen Bruder wieder. Es war ein trauriges Wieder= sehen.

Mein Vaterhaus eine Ruine, mein Bruder ein Schatten — nein — schlimmer! ein Zerrbild von dem, was er gewesen! Ach, lieber Freund! Die Hammer=Theorie hatte sich grausam gegen ihren eifrigsten Bekenner erwiesen. Wie hatte der plumpe Amboß den feinen Hammer gehämmert; wie unedel war er in der gemeinen Welt, die er so tief verachtete, geworden! Verachte nur Vernunft und Wissenschaft, läßt Goethe den Geist der Lüge sagen, so hab' ich Dich schon unbedingt. Und ich sage: Verachte nur die Menschen, und Du sollst sehen, wie schnell Du den An= deren, ja Dir selbst verächtlich wirst.

Ich sagte ihm, weshalb ich gekommen; er führte mich schwei= gend in den Park, deutete auf eine Frau, die dort in einem phantastischen Anzuge, Blumen und Unkraut in den glänzend schwarzen, halb aufgelösten Haaren, in den Händen eine Gui= tarre, von der die Hälfte der Saiten zerrissen herabhing, die schwarzen Augen bald verzückt zum Himmel erhebend, bald ver= zweiflungsvoll zur Erde senkend, unter den Bäumen, zwischen den Büschen umherirrte.

Du siehst, es ist eine Lüge, daß ich sie eingeschlossen halte, sagte er. Mancher Andere würde es thun. Es ist nicht eben angenehm, den Leuten ein solches Schauspiel geben zu müssen.

So bring' sie in ihre Heimath zurück, sagte ich.

Versuche es, erwiderte er, sie würde aus dem Wagen springen, sie würde sich vom Schiff in's Meer stürzen. Und brächtest Du sie gefesselt, mit Gewalt dahin, was würde ihr Loos sein? Man würde sie in den Kerker eines Klosters werfen und ihr mit Hunger und Schlägen den Teufel austreiben, der sie verführte, ihr Herz an einen Ketzer zu hängen. Wenn ich sie auch nicht mehr liebe — so habe ich sie doch einst geliebt, oder sie ist wenigstens mein gewesen; keines Pfaffen schnöde Hand soll berühren, was einst mein gewesen.

Ich sagte ihm, wie schrecklich es sei, ihn so von seiner Gattin, der Mutter seines Kindes sprechen zu hören.

Wer sagt, daß sie meine Gattin ist? erwiderte er.

Ich blickte ihn verwundert und erschrocken an, er zuckte die Achseln.

Das ist nun auch wieder nichts für Deine verbürgerte Tu= gend, sagte er. Ich würde sie zur Frau von Zehren gemacht haben, trotzdem ihr Vater ein Hidalgo von sehr zweifelhaftem Stammbaum ist, wäre das Kind ein Knabe gewesen. Was soll mir das Mädchen? Sie kann unser Geschlecht nicht fortpflanzen; so mag es denn mit mir zu Grunde gehen.

Es war ihm gleichgültig, ob oder wie sehr ich mich durch diese Rede beleidigt fühlte, er hatte mich gar nicht beleidigen wollen; er betrachtete einen Gefängniß=Director, der eines armen Malers Tochter zur Gattin hatte, wirklich nicht als einen Zehren.

Ich bat ihn, mir das Kind zu geben, wenn es ihm doch so nichts sei; ich wolle es mit meiner Paula, die eben damals geboren war, erziehen lassen; so müsse es moralisch und physisch untergehen, und es komme vielleicht doch die Zeit, wo er sich nach einem Kinde, gleichviel ob Knabe oder Tochter, ob legitim oder illegitim, sehne.

Dann wäre auch meine letzte Stunde gekommen, antwortete er, sich mit Achselzucken von mir wendend.

Was sollte ich unter diesen Umständen thun? Ich war nicht da, mit meinem Bruder zu jagen, oder ihn zu seinen Zechgelagen oder an den Spieltisch zu begleiten, wozu er mich mit ironischer Höflichkeit aufforderte. Ich sprach mit der armen Wahnsinnigen, die mich nicht verstand und keine Ahnung mehr davon hatte, daß sie an mich, wie an unzählige Andere auch, deren Namen sie zufällig erfahren, geschrieben; ich küßte das bildschöne Kind; schüttelte dem alten Christian, der immer sehr an mir gehangen hatte und der Einzige war, der sich meiner erinnerte, die Hand und bat ihn, über das arme verlassene Geschöpf zu wachen; strich noch einmal durch den Park und grüßte die Plätze meiner Kinderspiele, sah noch einmal die Sonne untergehen über dem Hause, wo meine Wiege gestanden — und ging trauernd von dannen. So müßte dem Baume zu Muthe sein, der mit allen seinen Wurzeln aus der heimischen Erde gerissen ist. Aber dem Himmel sei Dank, daß der Mensch, den man aus seiner Heimath getrieben, sich eine neue erwerben kann, daß, wenn die Pforte des Paradieses unserer Kindheit hinter uns abgeschlossen wird, sich vor uns eine andere Welt aufthut, die wir freilich im Schweiße unseres Angesichts erringen und erarbeiten müssen, die aber deshalb auch wahr und wahrhaftig die unsere ist.

Neunundzwanzigstes Capitel.

Es war gewiß nicht in der Absicht, mich anzufeuern — denn es bedurfte dessen jetzt nicht mehr — wenn mein Lehrer in diesen Gesprächen immer wieder darauf zurückkam, daß die freie, die selbstgewollte, von der Liebe geweihte Arbeit Aller für Alle der Schluß der Weisheit, die eigentliche Bestimmung, das höchste Gut des Menschen sei. Es war eben das letzte Resultat seiner praktischen Philosophie, auf das mit Nothwendigkeit seine Betrachtungen hinausliefen, mochten sie nun das Schicksal des Individuums oder der Gesammtheit zum Gegenstand haben. Und da diese Gespräche fast immer in den Ruhepausen zwischen der Arbeit geführt wurden, von der wir kamen, um wieder zu ihr zurückzukehren, mochten sie als sinnige Arabesken für das ernste und — wie ich jetzt daran denke — rührende Bild gelten, welches der rastlose, gedankenvolle Meister und der fleißige, lernbegierige Schüler in ihrer gemeinschaftlichen Thätigkeit darboten.

Diese Thätigkeit war eine streng geregelte. Der Zufall wollte, daß während meiner Reconvalescenz ein alter Bureauschreiber, der schon lange gekränkelt hatte, gestorben war. Da es als ein von dem Director streng durchgeführter Grundsatz galt, daß alle Arbeiten, die mit den in der Anstalt vorhandenen Kräften geleistet werden konnten, auch wirklich von denselben gethan würden, hatte er es trotz des Widerspruches des Präsidenten von Krossow durch Immediat=Eingabe bei dem Könige, die sein Freund, der Minister von Altenberg, befürwortet hatte, durchgesetzt, daß kein Bureauschreiber wieder angestellt, sondern dessen Arbeit, als eine besondere Vergünstigung

mir übertragen wurde, wie mir denn auch gewisse, auf den
Maßstab der übrigen Gefangenarbeit reducirte Emolumente
dafür zufließen sollten. Herr Diaconus von Krossow hatte
mir zu meiner „Beförderung" mit sauersüßer Miene gratulirt,
aber Doctor Snellius 'hatte laut gekräht vor Freude und in
der Familie war das große Ereigniß als ein Fest gefeiert worden. Mir selbst war durch dies Arrangement ein schwerer Stein
vom Herzen gefallen. Ich brauchte nun nicht mehr zu fürchten,
daß dem edlen Manne, der schon so viel für mich gethan, aus
seiner Güte zu mir sehr ernste Ungelegenheiten erwachsen würden. Hatte man doch schon in dem Kreise des Präsidenten von
Disciplinar-Untersuchung, Amtsentsetzung, mindestens Pensio-
nirung gesprochen! Nun, da mein Verhältniß zu ihm einen officiellen Charakter angenommen hatte, war die Sache beseitigt,
und ich konnte leichten Herzens durch das offene Fenster, an
welchem mein Arbeitstisch stand, in den lauschigen Garten
blicken, wo über den Blumen eifrige Bienen summten, in den
hohen Bäumen die Vöglein zwitscherten und sangen, und zwischen den Blumen unter den Bäumen Frau von Zehren an
dem Arme der Tochter ihre Morgen-Promenade machte, oder
des Nachmittags nach der Schule die Knaben spielten oder an
ihren Beeten arbeiteten.

Denn Jeder, auch Oskar hatte sein Beet, das er in Ordnung halten mußte, und mir war es eine immer neue Freude,
die kleinen Männer mit ihren Gießkannen und übrigen Arbeits-
werkzeugen zu sehen, die sie mit der Gewandtheit gelernter
Gärtner handhabten. Und doch war die Freude, die ich bei
dem reizenden Anblick hatte, nicht ohne einen Beigeschmack von
Wehmuth. Ich mußte dabei immer an meine eigene Jugend
denken, und wie freudlos und fruchtlos sie im Vergleiche mit
dieser hier war, die sich in reicher Schönheit vor mir entfaltete.
Wer hatte mich gelehrt, meine jung-frischen Kräfte so nützlich
zu verwenden? wer, in meine Spiele selbst einen Sinn zu
bringen? Ach: ich hätte mich von den Brosamen nähren können, die von diesem reichen Tische fielen! Hatte ich doch meine
Mutter kaum gekannt, und der tiefe, schwermüthige Sinn meines

von Natur ernsten und durch den Verlust einer sehr geliebten
Gattin noch mehr verdüsterten Vaters war dem lebhaften, über=
müthigen Knaben immer unbegreiflich und fürchterlich gewesen.
Wie sehr, wie innig er mein Bestes gewollt hat, wie er nach
seinem besten Wissen und Gewissen bemüht gewesen ist, mir ein
guter Vater zu sein — ich ahnte es damals schon und habe es
später wohl begriffen — aber er hatte die schwere Moseszunge,
mein braver Vater, und da war kein gefälliger Aaron, der
mir den Sinn seiner strengen Gesetze gedeutet hätte. Meine
beiden Geschwister waren bedeutend älter gewesen als ich. Ich
war acht Jahre, als mein Bruder Fritz mit sechszehn Jahren
zur See ging, und zehn Jahre, als meine Schwester mit
zwanzig Jahren heirathete. Mein Bruder war ein leichtes,
frisches Blut gewesen und hatte sich um mich so wenig geküm=
mert, wie um irgend wen oder irgend etwas auf der Welt;
meine Schwester hatte den strengen Sinn des Vaters gehabt,
aber ohne dessen Innerlichkeit. Sie hatte mich, an dem sie
Mutterstelle zu vertreten berufen war, immer mit pedantischer
Strenge, oft mit kleinlicher Grausamkeit behandelt; ich war
vor ihr zu der alten Magd geflohen, mit der sie stets in Un=
frieden lebte, und die mir zum Lohne für meine Anhänglichkeit
Räuber= und Gespenstergeschichten erzählte; und als Sarah
heirathete und mir mit einer Schlußermahnung einen Abschieds=
kuß geben wollte, hatte ich ihr in Gegenwart meines Vaters,
ihres Gatten und der ganzen Hochzeitsgesellschaft gesagt, daß
ich weder ihre Lehren, noch ihren Kuß wolle, und daß ich froh
sei, in Zukunft nichts mehr von ihr zu sehen und zu hören.
Man hatte mir das als einen Beweis grauenhafter Undank=
barkeit ausgelegt, und der Justizrath Heckepfennig, der auch
zugegen war, hatte bei dieser Gelegenheit zum erstenmale seine
wohlerwogene, durch die spätere Erfahrung, wie es schien, nur
zu sehr bewahrheitete Ueberzeugung ausgesprochen, „daß ich in
meinen Schuhen sterben werde".

Nein, es konnte mir Niemand verargen, wenn mir, wäh=
rend ich durch das Fenster meinen kleinen Freunden zuschaute,
der Wunsch kam: wärest Du doch auch so glücklich gewesen;

hätteſt Du auch einen ſo guten und zugleich ſo weiſen Vater, eine ſo ſanfte, herzige Mutter, hätteſt Du ſo muntere Spiel- und Arbeitsgenoſſen und hätteſt Du vor Allem eine ſolche Schweſter gehabt!

Eine ſolche Schweſter!

Im Anfange hatte ſie mich immer an irgend ein Märchen erinnert — ich konnte mich aber nicht darauf beſinnen, an welches. „Sneewittchen" war es nicht, denn Sneewittchen war tauſendmal ſchöner geweſen als die ſchönſte Königin, und Paula war nicht eigentlich ſchön; „Rothkäppchen" konnte es auch nicht ſein, denn Rothkäppchen war, wenn man es recht betrachtete, nur ein kleines, dummes Ding, das ſeine gute, alte Großmutter nicht von einem böſen Wolf unterſcheiden konnte, und Paula war groß und ſchlank und war ſo klug! „Aſchenbrödel?" Paula war ſo ſauber, daß die Aſche nicht hätte an ihr haften können, und hatte keine Tauben zur Verfügung, die ihr Erbſen leſen halfen — im Gegentheil! ſie mußte Alles ſelbſt thun, und that Alles ſelbſt. Ich konnte es nicht herausbekommen und meinte endlich, es könne keine beſtimmte Geſtalt ſein, an die ſie mich erinnere; im Gegentheil! ſie war wie der guten Feen eine, die man nicht kommen und nicht gehen ſieht, und von denen man nur aus dem Geſchenke, das ſie zurückgelaſſen, weiß, daß ſie dageweſen; oder, wie die lieben Geiſterchen, die, während die Mägde ſchlafen, die Stuben ſäubern und Küche, Boden und Keller; und wenn die Verſchlafenen die Augen reiben, ſehen ſie, daß ſchon Alles gethan iſt und beſſer, viel beſſer, als ſie es hätten thun können.

Ja, ſie mußte eine Fee ſein, die aus einem Uebermaß von Güte gegen ihre Schützlinge auch noch die Geſtalt eines ſchlanken, blauäugigen, blonden Mädchens angenommen hatte! Wie wäre es ſonſt möglich geweſen, daß ſie vom frühen Mor- gen bis in den ſpäten Abend immer thätig war und niemals ermüdet ſchien; daß ſie überall war, wo man ihrer bedurfte, daß ſie für Jeden ein williges Ohr hatte und daß nie der Schatten einer üblen Laune ihr liebes Angeſicht ſtreifte, ge- ſchweige denn ein böſes Wort aus ihrem Munde kam. Zwar ernst sah sie wohl aus und sie sprach auch für gewöhnlich nicht mehr, als eben nöthig war, aber ihr Ernst hatte nichts Schwerfälliges, und ein= oder zweimal hatte ich sie auch plaudern hören mit halblauter, anmuthiger Stimme, so wie sie Feen haben mögen, wenn sie mit Menschenzungen reden.

Ich theilte meinem Freunde, dem Doctor Snellius, meine Entdeckung mit.

Bleiben Sie mir mit solchem Unsinn vom Leibe, rief er. Fee! dummes Zeug. Es ist immer der Lessing'sche eiserne Topf, der durchaus mit einer Zange von Silber aus dem Feuer gezogen sein will. Was thut sie denn Außerordentliches? Sie ist die Beschließerin des Hauses, die Lehrerin der jüngeren Geschwister, die Freundin des Vaters, die Trösterin der Mutter, die Krankenwärterin Beider. Das Alles sind alle guten Mädchen; dabei ist gar nichts Außergewöhnliches; ist nur eben in der Ordnung. Aber so ein phantastischer Kopf von zwanzig kann natürlich die Dinge und die Menschen beileibe nicht so sehen, wie sie sind. Heirathen Sie sie! Das ist das beste Mittel, zu erfahren, daß die Engel mit den längsten, azurfarbenen Flügel immer noch — Frauen bleiben.

Ich fuhr mir mit der Hand über mein Haar, das jetzt in anerkennenswerther Weise seine frühere Fülle wieder anstrebte, und sagte nachdenklich: Ich Paula heirathen? Nie! Ich weiß nicht, wie der Mann sein müßte, der werth wäre, sie zu heirathen; das aber weiß ich, daß ich es nicht bin. Was bin ich?

Vorläufig sind Sie zu sieben Jahren Gefängniß, in dem Zuchthause von S. abzusitzen, verurtheilt und haben also jedenfalls noch ebenso lange Zeit, sich zu überlegen, was Sie sein werden, wenn Sie herauskommen. Hoffentlich werden Sie dann ein tüchtiger Mann sein, und ich wüßte nicht, welches Mädchen, ja auch welcher Seraph für einen tüchtigen Mann zu gut wäre.

Ich habe noch einen andern Grund, Herr Doctor, weshalb ich sie auch dann nicht heirathen kann.

Und der wäre?

Weil Sie sie bis dahin schon längst werden geheirathet haben.

Sie grinsendes, zähnefletschendes Mammuth! Denken Sie, daß ein Mädchen wie die eine apoplektische Billardkugel hei= rathen wird!

Ob der gute Doctor sich über den Widerspruch ärgerte, welchen er sich zu Schulden kommen ließ, indem er so weit von sich wies, was er mir nur eben noch so nahegelegt, oder welchen Grund es hatte — aber das Blut stieg ihm in seinen kahlen Kopf, daß er wirklich jenem merkwürdigen, von ihm citirten Gegenstand auffallend ähnlich sah, und dabei krähte er so ausnehmend hoch, daß er nicht einmal versuchte, sich herab= zustimmen.

Die Rede des Doctors ging mir ein paar Tage durch den Sinn: es leuchtete dem Zwanzigjährigen sehr ein, daß ein tüchtiger Mann für jedes Mädchen gut genug sei, und also nach dieser Seite hin kein Grund vorliege, weshalb ich nicht Paula früher oder später heirathen sollte. · Dann aber, ich wußte selbst nicht wie, gewann die alte Ansicht doch wieder die Oberhand, und wenn ich sie mit ihrer himmlischen Ge= duld schalten und walten sah, sagte ich mir: Es ist nicht wahr, daß alle Mädchen, selbst nicht einmal die sogenannten guten, sind wie Paula; und es ist eine ganz alberne Be= hauptung von dem Doctor, daß ich jemals ihrer werth sein könnte!

Die klarere Luft, die prächtigen Sonnenuntergänge, dürre Blätter, die hie und da von den Bäumen wehten, verkündeten das abermalige Nahen des Herbstes. Es war die Zeit, die ich vor einem Jahre auf Schloß Zehrendorf verlebt hatte; es waren dieselben Zeichen der Natur, die ich damals so aufmerk= sam beobachtet hatte, und sie erweckten in meiner Seele eine Fülle von Erinnerungen. Ich hatte diese Erinnerungen tief begraben geglaubt und fand jetzt, daß sich nur eine dünne Decke darüber gebreitet, die jedes leise Wehen des schwer= müthigen Herbstwindes zu lüften im Stande war. Ja, manch= mal schien es mir fast, als ob die Wunden, die mir vor Jahres=

frist geschlagen, wieder aufbrechen wollten. Ich durchlebte noch
einmal ganz jene Zeit, aber es war, wie wenn man sich wachend,
bei hellem Bewußtsein, einen sehr lebhaften Traum vergegen=
wärtigt. Was uns im Traume bei der partiellen Thätigkeit
unserer Seelenkräfte, sehr natürlich, sehr logisch erschien, sehen
wir nun als wunderliches Phantasma, und was uns dort als
unbegreiflich ängstigte, wissen wir jetzt zu deuten, weil wir die
Stellen, welche die springende Traumphantasie leer gelassen,
auszufüllen im Stande sind. Ich brauchte ja nur meine da=
malige Lage auf die jetzige zu zeichnen und das traumhafte
Zerrbild war fertig. Damals hatte ich mich frei gewähnt und
war in der That so eingesponnen gewesen in die traurigsten,
widerwärtigsten Verhältnisse wie eine Fliege in das Netz der
Spinne; jetzt schlief ich allnächtlich hinter eisernen Gittern und
fühlte mich innerlich so beruhigt und sicher, wie wenn man vom
schwankenden Kahn den Fuß auf das feste Land gesetzt hat.
Damals glaubte ich meine eigentlichste Bestimmung erreicht zu
haben und sah ·jetzt, daß jenes Leben nur eine Fortsetzung
und gewissermaßen eine letzte Consequenz des plan= und ziel=
losen Jugendtreibens gewesen war. Und in welchem Lichte er=
schienen mir die Menschen, an deren Schicksal ich damals einen
so leidenschaftlichen Antheil genommen, wenn ich sie mit denen
verglich, die ich jetzt so herzlich lieben gelernt hatte: wenn ich
den „Wilden" verglich mit seinem milden, weisen Bruder?
Und da ich nun einmal im Vergleichen war, so mußte es sich
auch der riesenhafte, schwerfällige, verschlafene Hans von Tran=
tow — wo war er jetzt der gute Hans, wenn er nicht todt war?
— der Hans mußte sich gefallen lassen, neben den kleinen,
beweglichen, geistvollen Doctor Snellins gestellt zu werden;
selbst der alte verkommene Christian mußte neben den stram=
men Wachtmeister Süßmilch treten. Aber am allerlebhaftesten
drängte sich mir doch der Vergleich auf zwischen der schönen,
phantastischen Konstanze und Paula's schlichtem, keuschem
Wesen.

War doch ein größerer Gegensatz kaum denkbar! Vielleicht
rief gerade deshalb das Bild der Einen immer das der Andern

hervor. Und dabei war ein sonderbarer Umstand: ich empfand vor Paula, trotzdem sie so jung war, daß sie fast noch jenem Alter angehörte, für welches unsere heutige Jugend, wenn ich recht verstanden, einen Namen aus dem Kochbuche entlehnt hat, eine größere Ehrfurcht, als ich je vor der um mehrere Jahre älteren, so sehr viel schöneren Konstanze empfunden. Zwar auch dieser gegenüber hatte ich eine Scheu zu überwinden gehabt; aber diese Scheu war ganz anderer Art gewesen, und schließlich hatte ich sie doch überwunden, und ich war, als ich den letzten Morgen das Schloß verließ, entschlossen gewesen, sie zu heirathen — trotz meiner neunzehn Jahre! Und was mich nicht minder überraschte: ich konnte Konstanze, die mich so schnöde verrathen, die ich zu hassen glaubte, jetzt nicht gedenken, ohne den Wunsch zu empfinden, ich möchte sie wiedersehen und ihr sagen können, wie sehr ich sie geliebt und wie tief sie mich gekränkt habe. Wo war sie jetzt? Sie hatte zuletzt aus Paris geschrieben.

War sie noch da und wie lebte sie? Daß sie von ihrem Geliebten verlassen sei, wußte ich bereits; ich hatte, als ich es zuerst erfuhr, laut gelacht. Jetzt lachte ich nicht mehr; ich dachte nicht ohne Gefühl tiefsten Mitleids an sie, die man so ungeheuer beleidigt hatte, die vielleicht, ja wohl gewiß, nun schutzlos, heimathlos durch die Welt irrte, eine Abenteurerin, wie ihr Vater ein Abenteurer gewesen war. Und doch konnte es ihr im gewöhnlichen Sinne des Wortes nicht schlecht gehen; sie hatte ja mit Stolz und Verachtung jeden Anspruch auf die Erbschaft ihres Vaters zurückgewiesen. Wußte sie jetzt, daß ihr Vater es verschmäht hatte, ihre Mutter zu seiner Gattin zu erheben? Hatte sie es immer, hatte sie es schon damals gewußt? Und, wenn sie es gewußt, reichte dieser Umstand nicht hin, das feindliche Verhältniß, in welchem sie zu ihrem Vater gestanden, zu erklären? Konnte sie den Mann lieben, der ihre Mutter so grenzenlos unglücklich gemacht? der ihr nie im guten Sinne Vater gewesen war, der, wenn man der Aussage seiner Spielgesellen glauben wollte, ihre Schönheit nur als Lockspeise benützt hatte für die dummen Fische, die sich in seinen Netzen

fangen sollten? Konnte man mit ihr, der von solchen Eltern
Abstammenden, in der Einsamkeit, in solcher Umgebung
Aufgewachsenen, den plumpen Zudringlichkeiten, den frechen
Schmeicheleien roher Krautjunker vom zarten Alter an Aus-
gelieferten — konnte man mit ihr so streng in's Gericht gehen,
wenn sie Pflichten verletzt hatte, deren Heiligkeit sie nie begriffen? wenn sie das Opfer eines Wüstlings geworden war,
der mit all den Lockungen des Reichthums, des hohen Ranges,
mit dem ganzen Zauber der Jugend vor sie trat? Unglückliche
Konstanze! Dein Lied von dem Schlimmen, dem Einen, an
den Du die Seele, die arme, verloren — es war grausam
prophetisch — der Eine war schlimm, sehr schlimm gegen Dich
gewesen! Und der Andere! Er hatte die Drachen tödten sollen,
die auf Deinen Wegen lauerten! Dein treuer Georg, Dein
wackerer Knappe! Du hattest seine Dienste verschmäht, und es
war auch wohl nur zu gerechtfertigt gewesen das Mißtrauen,
das Du in die Kraft und Klugheit des Knappen setztest, der
sich Dir geweiht. Würde er Dich je wiedersehen?

Ich wußte, daß sie abgelehnt, sich an der bevorstehenden
Familien-Conferenz zu betheiligen. Dennoch, je näher der
Termin heranrückte, desto öfter kam mir der Gedanke, sie könnte
sich doch, unberechenbar wie sie war, eines Anderen besinnen
und plötzlich vor mir stehen, gerade so, wie mein Freund Arthur
eines Abends, als ich mit Paula vom Belvedere zurückkam, im
ganzen Glanze seiner neuen Fähnrichs-Uniform vor mir stand.

Dreißigstes Capitel.

Der Tag war regnerisch und unfreundlich gewesen und meine Stimmung trüb wie der Tag. Der Director hatte am Morgen einen Anfall von Blutsturz gehabt; ich war zum erstenmale allein in dem Bureau und hatte oft von der Arbeit nach dem Platze hinübergesehen, der heute leer war, und dann wieder aufgehorcht, wenn ein leichter, schneller Schritt auf dem Gange vorüberkam von dem Zimmer, wo der Director lag, nach dem Kinderschlafzimmer, an das den kleinen Oskar schon seit einer Woche ich weiß nicht mehr welche Krankheit fesselte. Immer hatte ich gehofft, der leichte, schnelle Schritt würde an meiner Thür stehen bleiben; aber die Fee hatte heute gar viel zu schaffen — und so mochte sie mich denn wohl vergessen haben.

Aber sie hatte mich nicht vergessen.

Es war gegen Abend; ich hatte, da ich nichts mehr sehen konnte, meine Sachen zusammengepackt und hing noch auf dem Drehstuhl, den Kopf in die Hand gestützt, als es leise an die Thür pochte. Ich ging und öffnete — es war Paula.

Sie sind den ganzen Tag nicht aus dem Zimmer gekommen, sagte sie, der Regen hat nachgelassen; ich habe eine halbe Stunde Zeit; wollen wir ein wenig in den Garten?

Wie geht es?

Besser, viel besser!

Sie sagte es, aber es klang nicht sehr trostverheißend; auch war sie auffallend still, als wir neben einander den Weg hinauf nach dem Belvedere schritten, und ich, so gut ich konnte, meine Sorge hinter muthigen Worten versteckte. Der Kleine

25 *

sei ja außer aller Gefahr, und es sei ja nicht das erstemal, daß der Director einen solchen Anfall gehabt habe, von dem er sich immer bald wieder erholte. Das sei auch Doctor Snellius' Ansicht.

Paula hatte, während ich so sprach, nicht einmal zu mir aufgeblickt, und als wir jetzt das Gartenhäuschen erreichten, trat sie sehr schnell hinein. Ich war draußen stehen geblieben, um nach den Abendwolken zu sehen, die eben bei Sonnen= untergang in wunderbar prächtigen Farben erglühten. Ich rief Paula zu, sich das herrliche Schauspiel nicht entgehen zu lassen; sie antwortete nicht; ich trat in die Thür; sie saß an dem Tisch, das Gesicht in die flachen Hände gedrückt und weinte.

Paula, liebe Paula, sagte ich.

Sie hob den Kopf und versuchte zu lächeln, aber es ge= lang ihr nicht; sie drückte das Gesicht wieder in die Hände und weinte laut, wie sie zuvor leise geweint hatte.

Ich hatte sie noch nie so gesehen, und gerade deshalb erschütterte mich der ungewohnte, unerwartete Anblick umso= mehr. In meiner tiefen Erregung wagte ich zum erstenmale, ihr Haupt zu berühren, indem ich meine Hand über ihr blon= des Haar gleiten ließ und zu ihr sprach, wie man zu einem Kinde spricht, das man trösten will. Und was war denn das fünfzehnjährige Mädchen im Vergleiche zu mir, der ich jetzt wieder in der Fülle meiner wiedergewonnenen Kraft neben ihr stand, als ein hilfloses Kind?

Sie sind so gut, schluchzte sie, so gut! Ich weiß nicht, weshalb ich gerade heute Alles in einem so trüben Lichte sehe. Vielleicht ist es, daß ich es so lange still getragen habe; viel= leicht ist es auch nur der graue Tag — aber ich kann mich heute nicht vor dem schrecklichen Gedanken retten. Und was soll dann aus der Mutter, was soll aus unsern Buben werden?

Sie schüttelte traurig das Haupt und blickte mit von Thrä= nen verschleierten Augen gerade vor sich hin.

Es hatte wieder angefangen zu regnen, die strahlenden Farben auf den schweren Wolken hatten sich in schmutziges

Grau verwandelt; der Abendwind sauste in den Bäumen und
die dürren Blätter wirbelten in der Luft. Mir wurde unsäglich
traurig zu Muthe — traurig und ingrimmig. War ich doch
schon wieder einmal in der elendesten aller Situationen; der
Noth geliebter Menschen ohnmächtig zusehen zu müssen! Mag
sein, daß Konstanze, daß ihr Vater das Mitleid, das ich um
sie gefühlt, nicht verdient hatten; aber den Schmerz, das Leid
um sie hatte ich doch empfunden; und diese Menschen — das
wußte ich — sie verdienten, daß man ihnen jeden Blutstropfen
weihte. Ach ich hatte wieder nichts als mein Blut, das ich hingeben konnte! Sein Blut hingeben! es ist vielleicht das höchste
und gewiß das letzte Opfer, das ein Mensch dem andern
bringen kann; aber wie unzähligemale ist dem Andern nicht
damit gedient; wie oft ist es eine Münze, die keinen Cours
hat auf dem Markte des Lebens! Eine Hand voll Thaler
würde Rettung bringen, ein Stück Brod, eine wollene Decke —
ein Nichts — nur daß wir mit all' unserem Blute gerade dies
Nichts nicht herbeischaffen können.

Und wie ich, in die Thür des Gartenhäuschens gelehnt,
bald auf das liebe, weinende Mädchen, bald in die tropfenden
Bäume blickend, das Herz voll Wehmuth und Zorn, dastand,
schwur ich mir, daß ich trotz alledem mich dereinst noch zu einer
Stellung aufschwingen wolle, wo ich, außer dem guten Willen,
auch die Macht habe, denen, die ich liebte, zu helfen.

Wie oft habe ich in meinem späteren Leben dieses Augenblickes denken müssen! Was ich mir schwur — es schien so
unmöglich; was ich erreichen wollte — es lag in so weiter
Ferne — und doch, daß ich heute stehe, wo ich stehe — ich
danke es zum größten Theile der Ueberzeugung, die in jenem
Momente in meiner Seele aufglühte. So sieht der Schiff-
brüchige, auf leckem Kahn mit den Wogen ringend, nur auf
einen Moment die rettende Küste; aber der Moment genügt,
um ihm die Richtung zu zeigen, nach der er steuern muß, dem
Verderben zu entrinnen.

Lassen Sie uns wieder hineingehen, sagte Paula.

Wir gingen neben einander den Weg vom Belvedere

zurück. Mir war das Herz so voll, daß ich nicht sprechen
konnte; auch Paula war stumm. Ein Baumzweig hing in den
Weg, so tief, daß er Paula's Kopf gestreift haben würde; ich
drückte ihn in die Höhe und er schüttelte seine Tropfen in einem
Guß auf sie herab. Sie stieß einen leisen Schrei aus und
lachte, als sie mich über meine Ungeschicklichkeit verlegen dastehen sah.

Das war erquicklich, sagte sie.

Es klang, als dankte sie mir, trotzdem ich sie wirklich
erschreckt hatte. Ich mußte die Hand des lieben Mädchens
ergreifen.

Wie Sie gut sind, Paula! sagte ich.

Und wie Sie schlecht sind, erwiderte sie, mit holdseligem
Lächeln zu mir aufblickend.

Guten Abend! sagte eine helle Stimme in unserer unmittelbaren Nähe.

Aus dem Heckengange, der rechtwinkelig auf den Weg stieß,
war er hervorgetreten und stand jetzt vor uns in dem bunten
Rocke, nach welchem er sich schon jahrelang gesehnt, die Linke
auf den Degengriff, drei Finger der weißbehandschuhten Rechten mit einer koketten Haltung an den Mützenschirm gelegt,
mit den braunen Augen neugierig auf uns starrend, ein
halb spöttisches, halb ärgerliches Lächeln auf dem Gesichte, das
in der trüben Abendbeleuchtung blasser und verlebter als je
aussah.

Ich bitte um die Erlaubniß, mich vorstellen zu dürfen,
fuhr er — immer noch die drei Finger am Mützenschirm —
fort: Arthur von Zehren, Porteépée-Fähnrich im Hundertund-
zwanzigsten. War bereits im Hause, erfuhr zu meinem Bedauern, daß der Onkel nicht ganz wohl ist; die Frau Tante
unsichtbar; wollte wenigstens nicht unterlassen, meine schöne
Cousine zu begrüßen.

Er hatte das Alles in einem schnarrenden, affectirten Ton
gesagt und ohne mich, der ich Paula's Hand längst losgelassen,
weiter anzusehen oder sonst von meiner Gegenwart Notiz zu
nehmen.

Es thut mir leid, daß Du es so schlecht getroffen hast, Cousin Arthur, sagte Paula. Wir hatten Dich erst in der nächsten Woche erwartet.

War auch anfänglich so bestimmt, erwiderte Arthur; aber mein Oberst, der die Güte hat, sich speciell für mich zu interessiren, hat die Ausfertigung meines Patents beschleunigt, so daß ich gestern schon abreisen und mich heute Morgen hier melden konnte. Der Papa und die Mama lassen sich dem Onkel und der Frau Tante bestens empfehlen; sie werden Anfangs nächster Woche kommen; hoffe, daß der Onkel dann wiederhergestellt ist. Neugierig, ihn zu sehen, soll ganz unserem Großvater Malte gleichen, von dem ein Bild bei uns zu Hause in dem Salon hängt. Würde Dich übrigens nicht erkannt haben, liebe Cousine; hast wenig von dem Familiengesicht; dunkles Haar, braune Augen ist Zehren-Weise.

Der Weg war nicht so breit, daß Drei neben einander gehen konnten; so schritten denn die Beiden vor mir, ich folgte in einiger Entfernung, doch nahe genug, um jedes Wort hören zu können. Ich hatte in der letzten Zeit mit sehr gemischten Empfindungen an meinen früher so heißgeliebten Freund gedacht; aber, wie er jetzt vor mir hertänzelte an der Seite des holden Kindes, das er mit seinem faden Geschwätz betäubte, und Du nannte und Cousine, und jetzt bei dem letzten Worte, sei es zufällig, sei es absichtlich, mit dem Ellnbogen berührte — war meine Empfindung ganz ungemischt. Ich hätte dem Herrn Fähnrich mit großer Genugthuung das zierliche braune Köpfchen in dem rothen Kragen umgedreht.

Wir waren an dem Hause angelangt. Ich will sehen, ob Du nicht wenigstens die Mutter auf einen Augenblick sprechen kannst, sagte Paula; bitte, verweile so lange hier; Du hast ja auch noch gar nicht Deinen alten Freund begrüßt.

Paula eilte die Stufen hinauf; Arthur grüßte — drei Finger am Mützenschirm — hinter ihr her und blieb dann von mir abgewendet stehen. Plötzlich kehrte er sich auf den Hacken zu mir um und sagte in seinem frechsten Ton: Ich will

Dir jetzt guten Tag sagen, aber ich bitte, zu bemerken, daß wir uns vor anderen Leuten nicht kennen; ich brauche Dir hoffentlich nicht auseinanderzusetzen, warum.

Arthur war einen Kopf kleiner als ich, und er mußte deshalb zu mir hinaufsehen, während er die schnöden Worte zu mir sprach. Dieser Umstand war ihm nicht günstig; Grobheiten von Unten nach Oben sagen sich nicht besonders gut — mir aber kam es lächerlich vor, daß dieses Bürschchen, welches ich mit einem Stoß über den Haufen werfen konnte, sich so vor mir blähte, und ich lachte, lachte laut.

Eine zornige Röthe schoß über Arthur's bleiches Gesicht. Es scheint, Du willst mich beleidigen, sagte er; glücklicherweise bin ich nicht in der Lage, von einem Menschen Deinesgleichen beleidigt werden zu können. Ich habe schon gehört, wie man Dich hier verzieht; mein Onkel wird die Wahl haben zwischen mir und Dir; hoffentlich wird ihm diese Wahl nicht schwer werden.

Ich lachte nicht mehr. Ich hatte diesen Jungen geliebt mit mehr als brüderlicher Zärtlichkeit, ich hatte so zu sagen anbetend vor ihm auf den Knieen gelegen; ich hatte ihm die treuesten Vasallendienste geleistet, war ihm gutwillig in all seine dummen Streiche gefolgt, um, wie oft! die Strafe auf mich zu nehmen! Ich hatte ihn vor jedem Feind und jeder Gefahr geschirmt und geschützt, hatte mit ihm getheilt, was ich besaß — nur daß er immer den größeren Theil bekam! — und jetzt, jetzt, wo ich im Unglücke war, und er im Sonnenschein des Glückes einherstolzirte — jetzt konnte er so zu mir sprechen! Ich begriff es kaum, aber was ich davon begriff, war mir unsäglich ekelhaft. Ich sah ihn mit einem Blicke an, vor dem jeder Andere die Augen niedergeschlagen hätte; wendete mich und ging. Ein höhnisches Lachen krähte hinter mir her.

Lache Du nur, sagte ich bei mir, wer zuletzt lacht, lacht am besten.

Aber indem ich über Paula's Haltung bei dieser Begegnung nachdachte, fand ich, daß dieselbe wohl hätte anders sein

können. Mir däuchte, Paula hätte meine Partei offener neh=
men müssen. Wußte sie doch, wie Arthur mich, sobald ich im
Unglück war, hatte fallen lassen; wie er für seinen Kameraden
im Gefängnisse kein Trosteswort gehabt, ja, sich offen von mir
losgesagt und mich angeschwärzt und verleumdet hatte, wie die
Anderen!

Das war nicht recht — das war recht schlecht von dem
Arthur! hatte sie mehr als einmal gesagt; und nun — ich
war sehr unzufrieden mit Paula.

Ich sollte jetzt noch oft Gelegenheit haben, unzufrieden zu
sein; ja es kam, Alles in Allem, eine schlimme Zeit für mich.
Arthur hatte sich am folgenden Tage wieder vorgestellt und
war von dem Director, der ihn in seinem Krankenzimmer
empfing, und von der übrigen Familie freundlich aufgenom=
men worden. Ich, der ich von jeher so einsam dagestanden,
hatte das Gefühl der Familie, den Respect vor verwandtschaft=
lichen Verpflichtungen wenig in mir ausbilden können und
vermochte nicht zu begreifen, daß die Zufälligkeit des gleichen
Namens, der gemeinschaftlichen Abstammung an und für sich
schon eine solche Bedeutung habe, wie ihr hier augenscheinlich
beigelegt wurde. „Lieber Neffe", sagte der Director; „lieber
Neffe", sagte Frau von Zehren; „Cousin Arthur", sagte
Paula; „Cousin Arthur", riefen die Knaben. Und freilich:
Neffe Arthur, Cousin Arthur war die Liebenswürdigkeit selbst.
Er war ehrerbietig gegen den Onkel, aufmerksam gegen die
Tante, voll chevaleresker Höflichkeit gegen Paula, und Hand
und Handschuh mit den Knaben. Ich beobachtete Alles aus
der Ferne. Der Director mußte noch immer das Zimmer hüten
und ich nahm das zum Vorwand, fleißiger als je auf dem
Bureau zu arbeiten, das ich so selten als möglich verließ, und
wo ich mich in meine Gefängnißlisten und meine Zeichnungen
vergrub, um nichts von dem, was draußen vorging, zu sehen
und zu hören.

Leider sah und hörte ich trotzdem nur zu viel. Das Wetter
hatte sich wieder aufgeklärt, ein schöner Spätherbst, wie er
jener Gegend eigenthümlich ist, war den ersten Stürmen ge=

folgt. Die Knaben hatten Ferien, die Familie kam fast nicht aus dem Garten und Cousin Arthur war beständig von der Gesellschaft. Cousin Arthur mußte verzweifelt wenig zu thun haben; der Bataillons=Commandeur verdiente die Festung da= für, daß er seine Fähnriche so wild laufen ließ!

Ach, die Gefangenschaft hatte mich doch wohl nicht besser gemacht, wie ich mir manchmal schmeichelte. Wann hatte sich früher jemals · ein Gefühl des Neides, der Mißgunst in mei= ner freien Seele geregt! Wann hatte ich meine Devise: „Le= ben und leben lassen" verleugnet! Und jetzt knirschten meine Zähne vor Ingrimm, so oft ich, den Blick erhebend, Arthur im Garten stehen und das kleine dunkle Bärtchen, das seine seine Oberlippe zu schmücken begann, streichen sah, oder seine helle Stimme hörte. Ich gönnte ihm das dunkle Bärtchen nicht — ich als Gefangener durfte keinen Bart tragen, der meine wäre im besten Falle von einem starkröthlichen Blond gewesen — ich gönnte ihm die helle Stimme nicht — meine Stimme war tief und, seitdem ich nicht mehr sang, sehr rauh geworden — ich gönnte ihm seine Freiheit nicht, die er, nach meiner Ansicht, so abscheulich mißbrauchte — ich gönnte ihm kaum das Leben. Hatte er doch mein eigenes Leben, das sich in letzter Zeit so freundlich aufgeklärt hatte, jämmerlich ver= düstert, und dehnte sich so behaglich im Sonnenschein, aus dem er mich vertrieben!

Und doch hatte ich im Grunde gar keine Ursache, mich zu beklagen. Der Director, der sich langsamer, als wir gehofft, von dem Unfall erholte und von Zeit zu Zeit in das Bureau kam, war theilnehmend, liebevoll wie zuvor; und nachdem ich die Einladungen in den Garten ein, zwei Wochen lang unter diesem und jenem Vorwande beharrlich abgelehnt hatte, konnte ich mich doch nicht wundern, wenn Frau von Zeh= ren, wenn Paula es endlich müde wurden, sich um mich zu bekümmern, und die Knaben den lachlustigen Vetter Arthur, der sie exerciren lehrte, dem melancholischen Georg, der nicht mehr mit ihnen spielen wollte, vorzogen. In meinen Augen aber hatten sie mich einfach verlassen, und ich wäre schier verzweifelt, wenn ich nicht zwei Freunde gehabt hätte, die treu zu mir hielten und offen oder heimlich für mich Partei nahmen.

Diese zwei Freunde waren Doctor Snellius und der Wacht= meister Süßmilch.

Mit dem Wachtmeister hatte es der Fähnrich gleich am zweiten Tage verdorben. Er hatte ihn in seiner ungenirten Weise auf die Schulter geklopft und „Alterchen" genannt. Man ist kein Alterchen für solche Gelbschnäbel, sagte der ehr= liche Wachtmeister, als er mir, das Gesicht noch ganz roth vor Zorn, die frische Beleidigung mittheilte; man könnte heute Majors=Epauletten auf den Schultern tragen, wenn man ge= wollt hätte, man wird dem Junkerchen zeigen, daß man kein Bär mit sieben Sinnen ist.

Auch der Doctor hatte sich über die Frechheit des Ein= dringlings zu beklagen. Er war eines Abends in dem Garten, mit dem Hut in der Hand, wie es seine Gewohnheit war, umhergewandelt und Arthur hatte sich verschiedene Anspielun= gen auf die Kahlköpfigkeit des trefflichen Mannes erlaubt und ihn in der höflichsten Weise gefragt, ob er noch nicht Rowland's Macassaröl angewendet, dessen ausgezeichnete Wirkungen er vielfach habe rühmen hören.

Wie finden Sie das? sagte der Doctor. — Ich mache die Witze über meinen kahlen Schädel selbst und verbitte mir die Concurrenz, habe ich geantwortet. Das war grob, wer= den Sie sagen, oder auch nicht sagen, denn Sie lieben das glattzüngige, geschmeidige, schlüpfrige Exemplar seiner rei= zenden Species eben so wenig als ich. Und der Hanswurst wird seine Rolle sobald nicht ausgespielt haben! Unser hu= maner Freund hält es für seine Pflicht, gegen einen Ver= wandten — noch dazu einen armen, denn ich höre, daß es dem Steuerrath erbärmlich gehen soll — von arabischer Gast= freundlichkeit zu sein. Mein einziger Trost ist, daß auch dieser Krug nur gerade so lange zu Wasser gehen wird, bis er bricht.

Wie steht es denn mit der Familien=Conferenz? fragte ich.

Wird übermorgen feierlich eröffnet werden. Humanns hat sie Alle eingeladen, bei ihm Quartier zu nehmen. Der auf Wartegeld Gesetzte hat das natürlich angenommen; aber, was mich wundert, auch der Andere, der Cröfus, und nicht blos für sich, sondern auch für sein goldenes Töchterlein und deren Gouvernante. Das sind eins, zwei, fünf Personen, die unsere Einsamkeit nächstens auf das Anmuthigste beleben werden; ich vermuthe: eine oder die andere davon verdiente für immer hier zu bleiben.

So krähte Doctor Snellius, hüpfte dann auf ein anderes Bein und stimmte sich herab. Ich meinerseits war durch die Nachricht von der bevorstehenden Ankunft der längst erwarteten Gäste in nicht geringe Aufregung versetzt. Schon Arthur's Anwesenheit hatte mir den Platz verengt. Wie sollte es werden, wenn diese Alle kamen? wie würde ich dem Steuerrath gegenübertreten? wie dem Commerzienrath? Der Eine hatte die Großmuth seines edleren Bruders so schändlich mißbraucht, der Andere mit den Verlegenheiten des Unbesonnenen so klug gewuchert! Meine Abneigung gegen sie war von altem Datum und nur zu begründet! Aber weshalb ihnen irgendwie gegenübertreten? Wenn ich nicht zu ihnen kam, sie würden schwerlich mich aufsuchen. Die kleine Hermine freilich? hatte sie wohl noch so kornblumblaue Augen wie an jenem Morgen auf dem Deck des „Pinguin?" Und die sentenzenreiche Gouvernante, trug sie noch ihre gelben Locken? Es war ein lustiger, sonniger Tag gewesen, als ich die Beiden zum letztenmale gesehen; aber die Sonne hatte zu früh geschienen, und der Abend in Regen geendet, in Regen und dunkelm Nebel, durch den das zornbleiche Gesicht meines Vaters mich drohend anblickte.

Warum seufzen Sie? fragte Doctor Snellius, der unterdessen einen Situationsplan, an welchem ich die letzten Tage gearbeitet hatte, durchmustert. Sie machen fabelhafte Fortschritte, ich würde niemals geglaubt haben, daß eine so saubere allerliebste Arbeit aus den Händen eines Mammuth hervorgehen könne. Adieu, Mammuth!

Doctor Snellius schüttelte mir herzlich die Hand und hüpfte aus dem Zimmer. Ich blickte ihm traurig nach, so traurig, als wäre ich wirklich ein Mammuth und wüßte, daß ich dreißigtausend Jahre unter Schnee und Eis liegen müßte, um hernach ausgestopft in einem Museum aufgestellt zu werden.

Einunddreißigstes Capitel.

Mein Wunsch und meine Hoffnung, während der Conferenz in der Verborgenheit bleiben zu können, sollten auf die seltsamste Weise getäuscht werden. Ich war dazu ausersehen, eine Rolle, und noch dazu keine unbedeutende, in dem Familien-Drama zu spielen.

Die Gäste waren angekommen und in der nicht eben geräumigen Wohnung des Directors schicklich untergebracht. Am Abend war gemeinschaftliche Tafel gewesen, an welcher auch Doctor Snellius theilgenommen hatte. Er war am nächsten Morgen in aller Frühe bei mir, um sein volles Herz auszuschütten.

Doctor Snellius war sehr aufgeregt; ich hörte es beim ersten Worte, denn er setzte noch eine Terz höher als gewöhnlich ein.

Ich wußte es ja, krähte er. Es war ein Unsinn, sich diesen Heuschreckenschwarm auf den Hals zu laden; sie werden mir meinen armen Humanus, an dem so nicht mehr viel grüne Blätter sind, vollends auffressen. Ist das eine Gesellschaft! Sie haben mir noch nicht den hundertsten Theil von dem Schlimmen gesagt, das selbst ein so lammfrommes Gemüth, wie das meine, von diesen Menschen sagen kann und muß und will. Menschen! Es ist ein Scandal, wie man mit dem Worte umgeht! Warum Menschen? Weil sie auf zwei Beinen gehen? Dann wären die gräulichen Geschöpfe, die Gulliver in dem Lande der edlen Pferde traf, auch Menschen gewesen. Aber der englische Skeptiker wußte es besser und nannte sie Yahoos. Und das sind unsere lieben Gäste, oder es giebt keine Naturgeschichte! Der Commerzienrath

mit seinem dicken Bäuchlein, seinen zwinkernden, schlauen Aeug=
lein ist einer. Ich habe ihm genau auf die kurzen, plumpen
Finger gesehen; ich glaube, der Kerl hat sich die Vorderglieder
in seinem Golde abgewühlt. Und der Herr Steuerrath ist auch
einer, obgleich er sich verzweifelte Mühe giebt, als ein Mensch
zu erscheinen. Er hat lange Finger, sehr lange; aber hat je ein
Mensch so lange Finger so langsam übereinandergedreht und
einen solchen langen, geschmeidigen Katzenbuckel dazu gemacht
und ein solches weißes, glattes, lächelndes, falsches Diebsgesicht?
Von der gnädigen geborenen Baronesse Kippenreiter glaubt ein
Jeder auf's Wort, daß sie in der Republik jener bezaubernden
Geschöpfe einen hohen Rang eingenommen hat und erst mit dem
letzten Schiffe in Europa angekommen ist. Sie kann sich nicht
verleugnen; sie fletscht ihre langen, gelben Zähne noch allzu ur=
sprünglich yahoohaft! Hm, hm, hm!

Und Fräulein Duff? fragte ich, während sich der Doctor
herabstimmte.

Duff? rief er; wer ist Fräulein Duff?

Die Gouvernante der kleinen Hermine.

Der kleinen Schönheit, zu der ich gerufen wurde? Die heißt
Fräulein Duff? Sehr guter Name! Könnte auch Duft sein
und wäre dann richtiger. Blühende Reseda in Töpfen und ver=
trocknete zwischen den Flanelljacken in der Commode; vergilbte
Bänder, vergilbte Stammbuchblätter und ein schmales, goldenes
Ringlein, das nicht einmal sprang, als der Undankbare Elviren
verließ. Heißt sie nicht auch Elvire? Sie muß so heißen.
Amalie, sagen Sie? Ist entschieden ein Druckfehler; nichts bei
ihr erinnert an die „Räuber", es müßten denn die langen
Schmachtlocken sein, die zweifellos gestohlen sind.

Und weshalb wurden Sie zu der Kleinen gerufen?

Sie hatte unterwegs zu viel Apfelkuchen gegessen. Als ob
einer kleinen Millionärin so etwas schaden könnte! Ja, wenn es
Commisbrot gewesen wäre! So sagte ich auch dem betrübten
Vater. Sie hat in ihrem Leben noch keine Krume Commisbrot
gegessen, rief das Ungethüm und patschte sich auf das spitze
Bäuchlein. Wer nie sein Brot mit Thränen aß! seufzte die

Gouvernante und fügte hinzu: Das sei eine ewige Wahrheit. Der Henker mag wissen, was sie damit gemeint hat.

Der Doctor ging seine Kranken zu besuchen; ich machte mich auf den Weg nach dem Bureau, drückte mich an der Mauer hin und schlich mich durch die Hinterthür in das Haus, aus Furcht, von irgend einem der Gäste gesehen zu werden. Aber es sah mich Niemand.

Dafür sollte ich sie im Laufe des Vormittags der Reihe nach aus der Verborgenheit meines Fensters her zu sehen bekommen. Zuerst den Commerzienrath, der, eine lange Pfeife im Munde, seine Morgen-Promenade durch den Garten machte. Er schien über wichtige Dinge nachzudenken. Von Zeit zu Zeit blieb er stehen und starrte minutenlang vor sich hin. Ohne Zweifel rechnete er; ich bemerkte, wie er mit den plumpen Fingern multiplicirte und dann mit der Spitze der Pfeife das Facit in die Luft schrieb. Einmal schmunzelte er höchst behaglich; was mochte er herausgerechnet haben?

Der Zweite war der Steuerrath. Er ging eine Stunde später mit seinem Bruder durch den Garten. Der Steuerrath sprach sehr eifrig, er legte wiederholt seine Rechte betheuernd auf die Brust. Der Director hatte die Augen gesenkt; der Gegenstand des Gespräches schien ihm peinlich zu sein. Als sie in die Nähe meines Fensters gekommen waren, blickte er mit einiger Unruhe hinüber und zog den Bruder hinter eine Hecke. Augenscheinlich wünschte er mich nicht zum Augenzeugen der brüderlichen Gesticulationen.

Ich hatte mich wieder mit dem bitteren Gefühle, der Ueberflüssige, der Lästige zu sein, über meine Arbeit gebeugt, als plötzlich die Thür, welche aus dem Bureau in den Garten führte, geöffnet wurde und der Steuerrath schnell hereintrat. Ich schrak zusammen, wie auch der Muthige erschrickt, wenn eine Schlange unversehens über seinen Weg schnellt. Der Steuerrath lächelte sehr gütig und streckte mir seine weiße, wohlgepflegte Hand entgegen, die er dann, als ich keine Miene machte, einzuschlagen, mit einer graziösen Schwenkung zurückzog.

Mein lieber, junger Freund, sagte er, daß wir uns so wiedersehen müssen!

Ich antwortete nicht; was hätte ich antworten sollen auf eine Phrase, in der jedes Wort und jeder Ton eine Lüge war?

Wie würde ich Sie bedauern, fuhr er fort, hätte Sie das Schicksal nicht hierher zu meinem Bruder geführt, der ohne Zweifel einer der edelsten, besten Menschen ist, die existiren, und der mir noch eben, als wir draußen promenirten, so viel Liebes und Gutes von Ihnen gesagt hat. Ich mußte Ihnen die Hand bieten, obgleich ich ahnte, daß Sie nach dem Vorgange Ihres Vaters sich von dem abwenden würden, den das Schicksal wahrlich schon genug verfolgt hat.

Und der Schicksal=Verfolgte warf sich in den Armstuhl und bedeckte seine Augen mit der langen, weißen Hand, deren Goldfinger mit einem ungeheuerlichen Siegelring geschmückt war.

Ich will ihm daraus keinen Vorwurf machen, Gott bewahre! Ich kenne ihn ja seit so vielen Jahren! Er ist einer von den strengen Menschen, deren Abscheu vor der Uebertretung so groß, aber auch so blind ist, daß in ihren Augen der Angeschuldigte immer zugleich als der Schuldige erscheint.

Diese letzte Bemerkung war zu richtig, als daß ich ihr nicht innerlich und wahrscheinlich auch mit dem Ausdrucke meiner Miene hätte beistimmen sollen, denn der Steuerrath sagte mit einem melancholischen Lächeln:

Sie wissen ja auch ein trauriges Lied davon zu singen! Nun, nun, ich will nicht an die Wunde rühren, die Sie mehr schmerzt als alle übrigen; aber Sie haben schließlich nur früher erfahren, was wir Alle einmal erfahren müssen, daß wir bei denen, die uns am allernächsten stehen, am wenigsten auf ein Verständniß unserer Absichten und Ansichten, ja selbst unserer Lage rechnen dürfen.

Auch darin lag etwas Wahres, und ich konnte mich nicht enthalten, etwas freundlicher auf den Mann zu blicken.

- Da habe ich eben noch eine Probe davon gehabt. Mein Bruder Ernst ist, wie ich schon sagte, einer der besten Menschen, und doch, welche Mühe kostet es ihn, sich in meine Situation zu

verſeßen! Freilich, er, der von jeher in ſo rangirten Verhält=
niſſen gelebt hat, er weiß nicht, was es heißt, über Nacht die
Hälfte ſeiner Einnahmen zu verlieren, die ſo ſchon kärglich
genug bemeſſen waren — er weiß nicht, was es heißt, mit ſeinen
Gläubigern accordiren zu müſſen — ſeine und der Seinen Exi=
ſtenz auf dem Spiele zu ſehen, ach! und was das Bitterſte iſt,
von dem guten Willen eines hartherzigen Geldmenſchen ab=
hängig zu ſein.!

Hier zerdrückte die beringte weiße Hand eine Thräne, die
ſich in dem inneren Winkel des rechten Auges gebildet zu haben
ſchien, und glitt dann reſignirt in den Schooß, während ein
ſanftes Lächeln über die ariſtokratiſchen Züge des auf Wartegeld
Geſetzten ſpielte.

Er erhob ſich und ſagte: Verzeihen Sie mir: aber der Un=
glückliche fühlt einen unwiderſtehlichen Zug zu dem Unglück=
lichen, und Sie ſind immer ein Freund meines Hauſes und der
beſte Kamerad meines Arthur geweſen. Sie dürfen dem armen
Jungen nicht bös ſein, wenn ihn die Freude über ſein Porte'pée
ein wenig närriſch gemacht hat. Sie kennen ihn ja! ſein Herz
weiß das zehntemal erſt, was ſeine Zunge ſchwatzt, und er hat
mir ſchon geſtanden, daß er ſich in dem Wahne, es ſeiner Fäh=n
richswürde ſchuldig zu ſein, recht albern gegen Sie benommen
habe. Sie müſſen ihm wirklich verzeihen.

Er lächelte wieder, nickte mit dem Kopfe, wollte mir die
Hand reichen, beſann ſich, daß ich dieſelbe vorhin ausgeſchlagen,
lächelte abermals, aber ſehr traurig, und ſchritt nach der Garten=
thür, die er leiſe öffnete und leiſe hinter ſich zudrückte.

Ich blickte ihm mit einem aus Verwunderung und Be=
ſchämung ſeltſam gemiſchten Gefühl nach. War dieſer ſanft
redende Mann, der in meiner Gegenwart über ſeine Lage weinen
konnte, derſelbe, zu dem der Knabe wie zu einem Halbgott
emporgeblickt? Und wenn ſeine Lage ſo verzweifelt war —
und ſie mochte es, nach Allem, was ich davon wußte, ſehr wohl
ſein — ich hätte mich freundlicher gegen ihn benehmen, hätte
ihm ein Wort des Bedauerns gönnen, hätte vor Allem ſeine
Hand nicht zurückweiſen ſollen.

Meine Stirn wurde heiß; es war das erstemal, daß ich einen Bittenden schroff zurückgewiesen. Ich fragte mich wieder, ob mich die Gefangenschaft doch nicht schlechter gemacht habe, und ich freute mich, daß ich über Alles, was ich von dem Verhältnisse des Steuerraths zu seinem verstorbenen Bruder wußte, so reinen Mund gehalten und besonders das Geheimniß jenes Briefes so treu bewahrt hatte, selbst dem Director gegenüber, dem ich doch sonst unbedingt vertraute. Ahnte der Steuerrath, daß ich hätte sprechen können, wenn ich gewollt, und war er heute Morgen gekommen, mir für mein Schweigen zu danken?

Der Steuerrath erschien mir plötzlich in einem ganz anderen und viel günstigeren Lichte. Man fühlt eine gewisse Zuneigung zu den Leuten, die man sich zu Dank verpflichtete, wenn sie die Klugheit haben, uns merken zu lassen, daß sie von dem Gefühle ihrer Verpflichtung vollkommen durchdrungen sind.

Ich werde auch Arthur zu verstehen geben, daß ich ihm seine Albernheit vergeben habe. Der Steuerrath hat Recht; er weiß es wirklich das zehntemal erst, wann ihm seine Zunge durchgeht.

Indem ich diesen großmüthigen Entschluß faßte, klopfte es abermals — diesmal an der Thür, die nach dem Flur führte: und ich hätte beinahe laut gelacht, als sich auf mein „Herein" der Commerzienrath auf der Schwelle präsentirte, aber nicht mehr in Schlafrock und Pantoffeln, die lange Pfeife im Munde, wie vorhin, sondern im blauen Frack mit goldenen Knöpfen, hohem schwarzen Halstuch, aus dem die spitzigen Vatermörder vier Zoll hoch hervordrohten, buntgeblumter Weste, die dem spitzen Bäuchlein das Dasein nicht verkümmerte und dem sauber gebügelten Jabothemde die Aussicht nicht verwehrte, schwarzen Beinkleidern, die nicht so lang waren, daß man nicht hätte sehen können, wie fest die beiden Plattfüße in ihren blank gewichsten Stiefeln standen. Genau in demselben Anzuge wanderte der Mann durch die Erinnerungen meiner frühesten Jugendjahre, und vielleicht war es, weil ich damals in meiner kindischen Unschuld über die nach meinem Geschmack groteste Erscheinung

gelacht hatte, daß mich jetzt — wo es sich allerdings weniger
für mich schickte — wiederum die Lust zum Lachen anwandelte.

Wie geht es Ihnen, mein lieber junger Freund? sagte der
Commerzienrath im Tone Jemandes, der sich nach dem Befinden
eines Todtkranken erkundigt.

Er hatte sich in denselben Stuhl gesetzt, aus welchem der
Steuerrath eben aufgestanden war, und blickte mich von unten
herauf wehmüthig an, wobei er den Kopf tief auf die Seite
neigte, ungefähr wie eine Gans, wenn es aus heiterem Himmel
donnert. Das sah so unendlich komisch aus; ich mußte nun
wirklich lachen, und lachend erwiderte ich:

Danke für die gütige Nachfrage, Herr Commerzienrath;
recht gut, wie Sie sehen.

Sie sind ein Tausendsassa, rief der Commerzienrath, indem
er sofort auf meine Stimmung einging. Aber das ist recht, wir
leben nur einmal; man muß es nehmen, wie's kommt. Ich habe
das noch vorgestern zu Ihrem Vater gesagt, dem ich auf der
Straße begegnete. Du lieber Himmel, habe ich gesagt, was ist
es denn so Großes? Wir sind Alle einmal jung gewesen, und
Jugend hat keine Tugend. Warum sind Sie aus der Ressource
ausgetreten? habe ich gesagt. Er hat ja nicht Zuchthaus; die
National=Cocarde ist ihm nicht aberkannt; er hat ja blos Ge=
fängniß. Das kann schließlich Jedem passiren; und Sie, habe
ich gesagt, sind ein solcher Ehrenmann, daß es uns Allen eine
Ehre wäre, mit Ihnen Boston zu spielen, und wenn Sie vier
Söhne im Zuchthause hätten.

Des Commerzienraths Kopf sank wieder auf die Seite; ich
mochte wohl bei seinen letzten Worten ein sehr ernstes Gesicht
gemacht haben.

Freilich, sagte er, Manche nehmen es leichter. Da ist mein
Herr Schwager. Ich möchte nicht in seiner Haut stecken, trotz=
dem sein Vater ein ehemaliger Reichsfreier und der meine ein
ganz gewöhnlicher Nadler war. Die Untersuchung hat ihn nur
mit einem blauen Auge davonkommen lassen. Man sollte meinen,
er hätte für sein Lebtag genug; aber er kann das Intriguiren
nicht lassen. Mein Gott, es ist eine Schande, wie viel mich diese

Familie schon gekostet hat! Der Zehrendorfer und seine Wechsel! A propos! hat er Ihnen nie gesagt, daß er mir ganz Zehren= dorf bereits vor Jahren verschrieben hat? Besinnen Sie sich doch einmal; er hat es Ihnen gewiß bei dieser oder jener Ge= legenheit gesagt. Er gehörte nicht zu denen, die ein Blatt vor den Mund nehmen! Und nun der Steuerrath! Was habe ich für den Mann nicht schon gethan; und jetzt diese Ansprüche! Entschädigung! Unsereiner will doch auch leben! und wenn man auch keinen Sohn hat, der sich natürlich sein Brot nicht ver= dienen kann, so hat man doch eine Tochter, die man nicht ver= hungern lassen will. Solltet machen, daß Ihr frei kommt, alter Junge! Das Mädel frägt des Tages zehnmal nach Euch! Habt's ihm angethan! Tausendsassa, Ihr!

Und der Commerzienrath, der sich erhoben hatte und jetzt mit Hut und Stock in der Hand neben mir stand, versetzte mir einen sanften Stoß in die Seite.

Das ist sehr gütig von dem Fräulein, erwiderte ich.

Gott, wie das noch roth werden kann! sagte der Commer= zienrath; ist recht; ganz wie bei mir. Respect vor den Damen! nur kein lockerer Zeisig! so Einer bringt's sein Lebtag zu nichts. Aber Fräulein dürft Ihr nicht zu meinem Hermann sagen; das leidet Mamsell Duff nicht, die durchaus Fräulein genannt sein will, trotzdem sie beide kleine Finger darum gäbe, wenn sie sich weder Mamsell noch Fräulein mehr nennen zu lassen brauchte.

Und der Commerzienrath kniff die Augen ein, blies die Backen auf und stieß mich sanft in die Seite.

Ich werde schwerlich Gelegenheit dazu haben, sagte ich.

Puh! sagte der Commerzienrath, nur nicht tragisch! Wir sind ja hier ganz unter uns. Habe schon mit meinem Schwager gesprochen; Ihr müßt nothwendig heute Abend mit uns essen. Hermann — Ihr wißt: ich nenne sie Hermann! — will Euch durchaus sehen! Adieu!

Und der Commerzienrath küßte die Spitzen seiner plumpen Finger und verließ das Zimmer, indem er mir noch in der Thür einen zwinkernden Blick zuwarf.

Was hatten diese Besuche zu bedeuten? Was wollten der

hoffährtige Herr Steuerrath und der geldstolze Herr Commer=
zienrath bei dem Gefangenen? Darüber würde ich mir wohl
vergeblich den Kopf zerbrochen haben, wenn nicht der Director,
der am Nachmittage in das Bureau kam, ein Wort hätte fallen
lassen, welches mir das Räthsel löste.

Ich wollte, die nächsten drei Tage wären erst vorüber, sagte
er, Sie glauben nicht, lieber Georg, wie widerwärtig mir diese
Verhandlungen sind, die für mich ein materielles Interesse gar
nicht haben. Man will mich eigentlich auch nur als Schieds=
richter und schmeichelt mir in der Hoffnung, mein Urtheil von
vornherein gefangen zu nehmen. Und hätte ich doch nur ein
Urtheil; aber wie ist das möglich bei einer Sache, die man nicht
übersehen kann und die von den Parteien noch geflissentlich ver=
dunkelt wird? Man rechnet auch auf Sie, lieber Georg, da Sie
der Einzige sind, der meinem unglücklichen Bruder in der letzten
Zeit nahe gestanden hat und möglicherweise über gewisse Punkte,
die man aufzuklären wünscht, Auskunft geben kann. Und nun
kommen Sie mit in den Garten; Snellius und Sie — Ihr
müßt mir nothwendig die Gesellschaft unterhalten helfen. Meine
arme Frau und ich bringen das wahrlich nicht fertig.

Mit diesen Worten ergriff er lächelnd meinen Arm und
ließ sich von mir die Stufen hinab in den Garten und den
Gang hinauf zum Belvedere führen, von wo uns schon weither
der Jubel der Kinder entgegenschallte. Es war das erstemal
seit meinem Unglück, daß ich in eine eigentliche Gesellschaft treten
sollte. Ich hatte in der Gefangenschaft Manches gelernt, worauf
ich stolz war, aber auch Einiges, dessen ich mich schämte, zum
Beispiel, die Beklommenheit, welche mich befiel, als die Stim=
men der Redenden näher und näher an mein Ohr schlugen und
ich die Gewänder der Damen durch die von den Herbstwinden
bereits sehr gelichteten Hecken schimmern sah.

Ich konnte mit dem Empfange zufrieden sein; die Knaben
stürzten auf mich zu und Kurt rief, ich solle mit ihnen spielen,
denn Cousin Arthur bleibe bei Hermine und Paula, und das
sei langweilig und Hermine sei auch erst zehn oder elf Jahre
und brauche gar nicht so stolz zu thun.

Hermine thut nicht stolz, aber Ihr seid zu wild, sagte Paula, die Hermine an der Hand hielt, während Arthur etwas weiter zurück stand und mit sichtbarer Verlegenheit die Erstlinge seines Schnurrbärtchens drehte.

Ich hatte die Knaben, einen nach dem anderen, sieben Fuß hoch gehoben und meine Verlegenheit damit, so gut es gehen wollte, verdeckt, während meine Augen unverwandt auf Hermine blickten. Aber es war auch nicht wohl möglich, etwas Zier= licheres und Lieblicheres zu sehen, als dies kleine, holde Ge= schöpf in seinem weißen Kleidchen, das richtig wieder mit korn= blumblauen Bändern geschmückt war, wie damals auf dem Dampfschiffe. Und dabei blickten ihre großen blauen Augen so eifrig zu mir herüber, und der rothe Mund war halb geöffnet, als hätte sie plötzlich den Prinzen im Märchen in höchsteigener Person gesehen.

Ist er das? hörte ich sie halblaut Paula fragen, und kann er wirklich Löwen bezwingen?

Ich hörte nicht, was Paula auf diese sonderbare Frage antwortete, denn ich mußte mich jetzt zu Frau von Zehren wenden, die zwischen ihrer Schwägerin und Fräulein Duff auf der Bank saß. Frau von Zehren sah noch blasser als gewöhn= lich aus, und ihre armen, blinden Augen richteten sich hilfe= suchend auf mich, während ein verlegen=schmerzliches Lächeln um ihre feinen Lippen irrte.

Sie streckte mir sogar die Hand entgegen und richtete sich halb von der Bank auf, besann sich dann aber, daß sie wohl sitzen bleiben müsse, und lächelte noch schmerzlicher.

Ich wünschte die geborne Baronesse Kippenreiter mit den langen, gelben Zähnen und die Erzieherin mit den langen gelben Locken, die mich Beide mit der Lorgnette vor den Augen anstarrten, in's Pfefferland.

Der Director war ebenfalls herangetreten und sagte:

Willst Du nicht meinen Arm ein wenig nehmen, Elise? Es wird Dir zu kühl, die Damen werden Dich gewiß entschul= digen.

Ueberlassen Sie es mir, die liebe Frau spazieren zu führen!

rief die geborne Kippenreiter, indem sie entschlossen aufsprang. Der Director zuckte kaum merklich die Achseln. Sie sind selbst nicht die Stärkste, liebe Schwägerin, sagte er.

Ich bin stark, sobald es die Pflicht erfordert, entgegnete die geborne Kippenreiter, indem sie die arme Frau von Zehren mit sich fortzog.

Das ist ein großes Wort! seufzte Fräulein Duff. Wer das auch von sich sagen könnte! und die blasse Gouvernante schüttelte wehmüthig ihre gelben Locken, wendete dann die matten Augen auf mich und lispelte: Richard, oh, wie aus der Sage heraus! ah! daß der Blondel fehlen muß! aber verzweifeln Sie nicht; suche treu, so findest du, das ist auch eine ewige Wahrheit!

Wie befinden Sie sich, Fräulein Duff? fragte ich, um doch etwas zu sagen.

Und immer noch diese schöne Fähigkeit, theilzunehmen an dem Schicksale der Anderen bei dem eigenen traurigen Geschick! Das ist schön, das ist groß, flüsterte die Erzieherin; ich muß, wahrlich ich muß einen Versuch machen, mich in Ihr Herz zu stehlen —

Sie legte drei Fingerspitzen auf meinen Arm und deutete mit ihrem Sonnenschirm schüchtern nach der Richtung, in welcher die ganze Gesellschaft mittlerweile den Platz unter den Platanen verlassen hatte.

Und wie leben Sie hier? flüsterte sie weiter, während wir in den Garten hinabstiegen; aber, was frage ich? still und harmlos, wie Wilhelm Tell! Es ist ja Alles hier Idylle! Sprechen Sie mir nicht von Gefängniß! Die Welt ist überall ein Gefängniß! ich weiß es am besten!

Ich dachte, Fräulein Duff, die Erziehung eines so lieblichen Geschöpfes —

Ja, sie ist lieblich! erwiderte die blasse Dame mit einem Anfluge von wirklicher Wärme; lieblich wie ein Maienmorgen; aber Sie wissen ja: des Lebens ungetrübte Freude! — daß dieses Kind einen solchen —

Sie blickte sich scheu um und fuhr mit hohler Stimme fort:

Denken Sie sich, er nennt sie Hermann und fragt sie drei=
mal am Tage, warum sie kein Kna — fi donc! es läßt sich
nicht sagen. O, es zerreißt mein Herz, wenn so rohe Hände in
den zarten Saiten dieser jungfräulichen Seele wühlen! Es liebt
die Welt, das Strahlende zu schwärzen! wer wüßte es nicht!
nur sollte der eigene Vater — freilich, ich bin die Letzte, die sich
über ihn beklagen sollte. Er hat mir — Sie sind ein edler
Mensch, Carlos! — an Ihren Busen werf' ich mich — er hat
mir Hoffnungen erweckt, die eine weniger starke Seele, als die
meine, schwindlig machen könnten. Eine Million zu erkämpfen,
ist groß; sie wegwerfen, ist göttlich — und Mutter dieses Kindes,
das, denk' ich öfters, das müßte himmlisch sein; aber was werden
Sie sagen, daß ich nur immer von mir spreche; was werden
Sie Ihrem satyrischen Freunde sagen!

Meinem satyrischen Freunde?

Fräulein Duff trat einen Schritt zurück, beschattete sich die
Augen gegen den Schein der Abendsonne mit der durchsichtigen
Hand und sagte mit kokettem Lächeln:

Carlos, Sie spielen falsch. Gestehen Sie, Sie wollen in
dieser Schlangenwindung mir entgehen! Es giebt nur Einen
hier, auf den die Bezeichnung paßt, aber dieser Eine ist ein
Riese — an Geist! Es ist immens! es ist sublim! es hat mich
wahrlich überwältigt! Und einen solchen Giganten nennen Sie
Ihren Freund, und Sie beklagen sich, daß Sie im Gefängnisse
sind! O, mein Lieber, wer möchte, um solche Freunde zu er=
werben, nicht gern seine Freiheit gegen Ihre Gefangenschaft
umtauschen!

Fräulein Duff drückte ihr Taschentuch gegen die Wimpern
und kreischte dann laut auf, als sie sich hinterrücks festgehalten
fühlte, und, sich umwendend, Herminens Wachtelhündchen sah,
das seine spitzen Zähne in den Saum ihres Kleides geschlagen
hatte und sie mit seinen großen, schwarzen Augen böswillig
anstarrte. In demselben Momente kam von verschiedenen.
Seiten die ganze Gesellschaft herbei, so daß die Gouvernante
in ihrem Kampfe mit dem kleinen, langhaarigen Ungethüm
plötzlich eine große Zuschauerschaft hatte. Ich bemühte mich,

sie zu befreien, und machte die Sache nur noch schlimmer, denn Zerline wollte nicht loslassen und schüttelte und riß aus Leibeskräften; die Knaben thaten, als ob sie mir helfen wollten, und hetzten in der Stille; es konnte sich Niemand des Lächelns enthalten; der Commerzienrath lachte überlaut. Fräulein Duff blieb unter diesen Umständen nichts übrig, als in Ohnmacht und Doctor Snellius, der, von dem Lärm herbeigelockt, eben herantrat, in die Arme zu fallen.

Aengstigen Sie sich nicht, meine Herrschaften, sagte der Commerzienrath, das passirt ihr alle Tage dreimal!

Barbar! murmelte die Ohnmächtige mit blassen Lippen und richtete sich aus den Armen des Doctors auf, der trotz seiner ihm nachgerühmten Sublimität in diesem Augenblicke ein sehr hämisches Gesicht machte. Fräulein Duff versuchte durch den Thränen-Nebel hindurch, der aus ihren wasserblauen Augen aufgestiegen war, dem Spötter einen vernichtenden Blick zuzuwerfen, wies den angebotenen Arm des Doctors mit den Worten: Ich danke Ihnen, ich werde allein in's Haus kommen! zurück und eilte, sich das Tuch vor das Gesicht drückend, dem nahen Hause zu, während Zerline mit freudigem Gebell und triumphirendem Wedeln der langhaarigen Ruthe an ihrer kleinen Herrin emporsprang.

Ich glaube, sie schnappt noch einmal über, sagte der Commerzienrath, gleichsam als Erläuterung der eben stattgehabten Scene.

Umsomehr sollten Sie sie schonen, vorzüglich in Gegenwart Anderer, sagte der Director.

Ich hatte die Gelegenheit benützt, mich von der Gesellschaft loszumachen, und irrte eben in den weiter abgelegenen Gängen des Gartens umher, als ich Paula und Hermine in einiger Entfernung daher kommen sah. Paula hatte der Kleinen eine Hand auf die Schulter gelegt, die wiederum einen Arm um ihre Taille schlang. Hermine sprach sehr eifrig zu der großen Paula hinauf. Paula lächelte freundlich herab und sagte von Zeit zu Zeit etwas, das den Widerspruch der Kleinen hervorzurufen schien.

Das bildschöne Kind mit dem glänzenden, braunen Haar und den großen, glänzenden, blauen Augen, das reizende Ge= sichtchen vom Feuer ihres lebhaften Geistes durchhellt, und das schlanke Mädchen mit dem sanften Lächeln auf den feinen Lippen — die beiden reizenden Gestalten, getroffen von einem Strahle der rothen, herbstlichen Abendsonne, die eben hinter die Mauer des Gartens tauchte — wie oft, wie oft in späteren Jahren habe ich dieses Augenblickes denken müssen!

Jetzt sahen sie mich; ich hörte, wie Paula sagte: Frag' ihn doch selbst! und Hermine antwortete: Das will ich auch!

Sie ließ Paula los, kam auf mich zugehüpft, blieb vor mir stehen, schaute mit den großen Augen keck zu mir auf und fragte:

Können Sie Löwen bezwingen oder können Sie es nicht?

Ich glaube nein, entgegnete ich lächelnd, warum?

Ja oder nein? fragte sie, indem sie ein ganz klein wenig mit dem Fuße stampfte.

Nun denn, nein!

Sie sollen es aber können, entgegnete sie mit einem zornigen Blicke, ich will es.

Wenn Sie es wollen, will ich mir bei vorkommender Ge= legenheit die möglichste Mühe geben.

Siehst Du, Paula! rief die Kleine, indem sie sich triumphi= rend umwendete, ich habe es ja gesagt, ich habe es ja gesagt, und sie klatschte in die Hände und sprang wie eine kleine Bac= chantin umher, um die Wette mit Zerlinen, dann ging es im vollen Laufe über die Beete davon, Zerline hinterher mit lautem Gekläff.

Was will das Kind nur mit seiner sonderbaren Frage? sagte ich zu Paula.

Es scheint, daß Fräulein Duff Sie wiederholt mit Richard Löwenherz verglichen hat, erwiderte Paula lächelnd.

Mit Richard Löwenherz, mich?

Nun ja, weil Sie blond und gefangen und so groß und stark sind; nun hat sich Hermine in den Kopf gesetzt, Sie müßted Löwen bezwingen können. Ob es ihr damit Ernst ist, oder ob sie scherzt? Ich glaube, sie weiß das manchmal selbst nicht. Aber ich wollte Ihnen noch danken, daß Sie heute in den Garten gekommen sind. Es ist recht lieb von Ihnen, denn daß Sie sich in der Gesellschaft nicht behaglich fühlen, habe ich wohl gesehen.

Und Sie selbst?

Ich darf nicht fragen, ob ich mich behaglich fühle. Es sind ja unsere Verwandten.

Und das entschuldigt freilich Alles.

Ich hatte das im Hinblick auf ihre Freundlichkeit gegen Arthur nicht ohne Bitterkeit gesagt, fühlte mich aber sehr beschämt, als sie ihre sanften, lieben Augen zu mir erhob und unschuldig fragte: Wie meinen Sie?

Glücklicherweise wurde mir die Antwort erspart, denn Doctor Snellins kam auf uns zu, schon von weitem: Fräulein Paula! Fräulein Paula! rufend.

Ich muß in's Haus, sagte Paula, es ist noch Manches zu besorgen, und bitte, schauen Sie nicht so bös drein; Sie sind in letzter Zeit gar nicht so freundlich gewesen wie sonst; sind Sie mit mir unzufrieden?

Ich hatte nicht den Muth, „Ja" zu antworten, als ich in das ernste Gesicht blickte, das zu mir aufschaute.

Wem wäre das möglich, sagte ich, Sie sind tausendmal besser, als wir Alle.

Das ist sie auch, sagte Doctor Snellins, der die letzten Worte gehört hatte. Gott segne sie!

Er sah der Enteilenden nach, und ein tief wehmüthiger Schatten zog über sein groteskes Gesicht. Dann stülpte er mit beiden Händen zugleich seinen Hut über den kahlen Schädel bis auf die Ohren und sagte ärgerlich:

Hol's der Teufel! Sie ist viel zu gut, sie ist so gut, daß es ihr gar nicht anders als schlecht gehen kann. Die Zeit ist vorüber, wo den guten Menschen alle Dinge zum Besten dienen sollten, wenn es eine solche je gegeben hat. Schlecht muß man sein, grundschlecht; heucheln muß man, lügen, betrügen, seinem Nächsten ein Bein stellen, die ganze

Welt als sein Erbgut betrachten, das aus Versehen in fremde
Hände gekommen ist, und das man sich zurückerobern soll.
Aber zu dem Zwecke muß man erzogen sein, und wie erzieht
man uns? als ob das Leben eine Geßner'sche Idylle wäre.
Bescheidenheit, Nächstenliebe, Wahrheitsliebe! Versuch's doch
Einer damit! Ist der Herr Commerzienrath bescheiden,
liebt er seinen Nächsten, liebt er die Wahrheit? nicht für
einen Pfifferling! Und der Mann ist Millionär, und seine
Nachbarn ziehen die Mütze ellentief vor ihm und die Fama
posaunt ihn aus als einen der edelsten Menschen, weil er
von Zeit zu Zeit einen Thaler, der nicht in die volle Börse
geht, den Armen zuwirft! Aber, werden Sie sagen, in seinem
Innern, da ist die Hölle. Ja prosit Mahlzeit! Er hält sich
für einen grundguten, prächtigen, humoristischen Kerl, und
wenn er sich des Abends zu einem achtstündigen Schlaf zu
Bett legt, sagt er: Das hast du wieder einmal ehrlich ver=
dient! Gehen Sie mir mit Ihrer hungerleiderischen, hektischen
Ehrlichkeit!

Ich habe noch kein Wort dafür gesagt, Herr Doctor!

Aber Sie haben, während ich declamirt habe, gelächelt,
als wollten Sie sagen! so seien Sie doch unehrlich! Sehen
Sie, das ist ja eben die Bosheit, die ich habe! Man ist in
Folge dieser elenden Erziehung so verehrlicht, daß man kein
Lump sein kann, so gern man es sein möchte, daß man ehr=
lich sein und bleiben muß, trotz der besseren Einsicht. Und
wenn wir nicht darüber wegkommen können, wie sollen es die
Weiber!

Der Doctor blickte starr in die Richtung, in welcher Paula
in den Büschen verschwunden war und nahm dann seine große,
runde Brille ab, deren Gläser irgendwie trüb geworden waren.

Sie sollen nicht auf die Weiber schelten, Herr Doctor,
sagte ich; Fräulein Duff —

Hat mir in aller Form einen Antrag gemacht, sagte Doctor
Snellius, indem er rasch seine Brille wieder aufsetzte, und dort
kommt Jemand, der Ihnen einen machen will. Hüten Sie sich
vor diesem uniformirten Danaer!

Der Doctor drückte den Hut in die Stirn und eilte davon, ohne den allerfreundlichsten Gruß zu erwidern, mit welchem Arthur aus einem Nebengange auf uns zutrat.

Es ist mir lieb, daß er uns allein läßt, sagte Arthur, an meine Seite kommend und ganz wie in alter Zeit meinen Arm nehmend; ich habe mit Dir zu sprechen oder vielmehr: ich habe Dir etwas abzubitten; mein Vater hat es allerdings schon für mich gethan, aber es kann nicht schaden, wenn ich es auch noch thue. Du weißt, was ich meine.

Ja, sagte ich.

Ich habe mich albern benommen, weiß es Gott, fuhr der Fähnrich fort, aber Du darfst mir es wirklich nicht so übel nehmen. Ich dachte, ich sei das dem Ding da schuldig — und er gab seinem Degen mit dem linken Bein einen Stoß.

Arthur, sagte ich, stehen bleibend und meinen Arm freimachend; ich bin nicht ganz so klug wie Du, aber für ganz dumm mußt Du mich auch nicht halten. Du hast Dich von mir losgesagt, lange ehe Du die Spadille da an der Seite hattest. Du hattest es gethan, weil Du mich nicht mehr brauchen konntest, weil es Dir zweckmäßig schien, im Chor mit den Anderen mich schlecht zu machen, weil —

Nun ja, unterbrach mich Arthur, ich leugne es ja gar nicht. Ich war in einer so verdammt abhängigen Lage, daß ich wohl mit den Wölfen heulen mußte. Hätte ich meine wirkliche Meinung gesagt, Lederer hätte mich Ostern sicherlich durch das Abiturienten-Examen rasseln lassen, und der Onkel hätte nun und nimmer meine Fähnrichs-Ausstattung bezahlt.

Und jetzt, sagte ich, bläst der Wind vermuthlich von einer anderen Seite und wir müssen in Folge dessen andere Segel aufziehen.

Ach was! rief Arthur lachend; Du mußt mit mir nicht so streng in's Gericht gehen. Ich rede Manches, was ich nicht verantworten kann. Das weißt Du von altersher und bist mir doch gut gewesen; ich habe mich nicht verändert, weshalb wolltest Du mir auf einmal bös sein? Du kannst es glauben, ich bin der Alte trotz der neuen Schabrake, die ich, nebenbei gesagt, wohl nicht allzulange mehr tragen werde. Es hat schon heillose Mühe gekostet, daß man mich überhaupt in dem Regiment aufnahm; der Oberst hat mir selbst gesagt, er habe es nur dem Onkel hier zu Gefallen gethan, der sein Kamerad vom Freiheitskriege her sei, und daß er nur um dessen willen die Gerüchte, die über meinen Vater circulirten, nicht berücksichtigen wolle, wie es eigentlich seine Schuldigkeit sei. Aber damit bin ich noch nicht über alle Berge. Des Papa's Angelegenheiten stehen so schauderhaft schlecht, seine Gläubiger wollen nicht warten; wenn jetzt nicht eine günstige Wendung eintritt, ist er ruinirt und ich natürlich mit ihm; mein Name würde sofort von der Officiers-Aspiranten-Liste gestrichen.

Worin soll die günstige Wendung bestehen? fragte ich.

Ja, mein Gott, ich weiß es auch nicht so recht, erwiderte Arthur, indem er mit der Scheide seines Degens ein paar Sträucher klopfte. Der Onkel Commerzienrath soll dem Papa seinen Erbschaftsantheil, vom Großpapa her, auszahlen, den er ja nie bekommen hat, und nun wieder, was aus der Hinterlassenschaft vom Onkel Malte auf uns kommt. Aber der alte Judas will nichts herausrücken; er sagt, mein Papa wäre schon fünf- und zehnmal bezahlt. Na, wie gesagt, ich kann nicht daraus klug werden; ich weiß nur, daß ich noch keinen Groschen baares Geld Zuschuß vom Onkel bekommen habe, und daß ich meinen Kerl von Burschen beneide, der sich doch wenigstens satt essen kann.

Ich blickte meinen alten Freund von der Seite herab an; er kam mir wirklich auffallend blaß und mager vor. Mein Appetit hatte längst seine frühere Stärke wieder erreicht, und sich nicht satt essen zu können, erschien mir als ein sehr ernstliches Uebel.

Armer Kerl! sagte ich und nahm jetzt den Arm, den ich vorhin hatte fahren lassen.

Das ist noch das Wenigste, fuhr Arthur in kläglichem

Tone fort. Ihr Vater ist ein Schuldenmacher, hat der Oberst gesagt, so wie ich merke, daß Sie in seine Fußtapfen treten, sind wir geschiedene Leute. Aber ich frage Dich, wie soll man bei den paar Groschen täglich keine Schulden machen? Ich muß morgen einen kleinen Wechsel bezahlen, den mir ein verdammter Hebräer abgeschwindelt hat; ich habe es dem Papa, ich habe es der Mama gesagt; sie sagen Beide, sie hätten nicht das Geld für die Rückreise, geschweige denn Geld für mich; ich solle und müsse sehen, wie ich fertig würde. Nun ja, ich werde wohl fertig werden, aber in anderer Weise, als sie meinen.

Und der Fähnrich pfiff durch die Zähne und blickte düster vor sich nieder.

Wie viel brauchst Du, Arthur? fragte ich.

Eine Lumperei, fünfundzwanzig Thaler.

Ich will sie Dir geben.

Du?

Ich habe in der Gefängnißkasse ungefähr so viel stehen; und für das, was etwa fehlt, habe ich bei dem Cassirer Credit.

Das wolltest Du wirklich, Du lieber, guter, alter Georg, rief Arthur, indem er meine beiden Hände nahm, und einmal über das anderemal drückte.

Aber mache doch nicht so viel Wesens daraus, sagte ich, indem ich mit sehr gemischten Empfindungen die ungestüme Dankbarkeit des Fähnrichs von mir abzulehnen suchte.

Zweiunddreißigstes Capitel.

Die beiden Brüder von Zehren saßen am nächsten Vormittage seit einer Stunde mit dem Schwager Commerzienrath in der Conferenz, welche der Zweck dieser Familien-Zusammenkunft war. Es mußte dabei sehr lebhaft zugehen. Das Conferenz-Zimmer lag gerade über meinem Bureau, und obgleich das Haus gut massiv gebaut war, hatte ich doch schon ein paar Mal des Commerzienraths helle Stimme gehört. Ich empfand eine gewisse Unruhe, als ob es sich da über mir um mein specielles Wohl und Wehe handle. War ich doch durch die sonderbarste Verknüpfung der Umstände seit Jahr und Tag in den Kreis dieser Familie wie gebannt! Hatte ich doch an den wichtigsten Ereignissen thätigsten Antheil genommen, als Freund, als Vertrauter; war mein eigenes Schicksal doch durch diese Ereignisse, durch mein Verhältniß zu dem einen und dem anderen Mitgliede der Familie ganz wesentlich bestimmt worden! Wenn Arthur an jenem Morgen nicht hätte an dem Austernschmause auf dem „Pinguin" theilnehmen wollen — wenn ich am Abend nach der Scene mit meinem Vater nicht den Wilden beim Schmied Pinnow getroffen hätte, wenn —

Wir möchten einmal zu den Herren oben kommen, sagte der Wachtmeister Süßmilch, indem er den grauen Lockenkopf zur Thür hineinsteckte.

Also doch! sagte ich, indem ich nicht ohne Herzklopfen die Feder aus der Hand legte.

Also was? fragte der Wachtmeister, indem er ganz herein kam und die Thür hinter sich in's Schloß drückte.

Ich hatte gedacht, man werde mich nicht brauchen, sagte ich, indem ich mit einem Seufzer von meinem Drehsessel herunterstieg.

Wozu? fragte der Veteran, seinen Schnurbart streichend und mich halb zornig anblickend.

Das ist eine lange Geschichte, erwiderte ich ausweichend, während ich vor der großen Tintenflasche auf dem Schreibtische, die mein Bild etwas stark verzerrt zurückwarf, mein Halstuch in Ordnung brachte.

Die man einem alten Bären mit sieben Sinnen nicht zu erzählen braucht, wasmaßen er doch nichts davon verstehen würde, antwortete der Wachtmeister etwas empfindlich.

Ich erzähle es Ihnen später wohl einmal, sagte ich.

In diesem Augenblicke wurden oben zwei Stimmen gleichzeitig so laut und zwei Stühle wurden gleichzeitig so heftig fortgerückt, daß der Wachtmeister und ich uns mit einem vielsagenden Blicke ansahen. Der Wachtmeister trat auf mich zu und sagte in hohlem Tone vertraulich:

Schmeißen Sie die beiden Kerls die Treppe hinunter und ich will sie, wenn sie hier unten ankommen, vollends zur Thür und zum Hause hinaus werfen.

Wir wollen sehen, sagte ich, indem ich lächelnd dem alten Cerberus, der die letzten Worte aus tiefster Brust heraufgegrollt hatte, die Hand drückte.

Als ich oben die Thür öffnete, bot sich meinen Blicken ein Schauspiel eigener Art. Von den drei Herren saß nur noch der Director an dem runden, mit Papieren aller Art bedeckten Tisch. Der Commerzienrath stand, eine Hand auf die Lehne des Stuhles gelegt und mit der andern heftig gegen den Steuerrath gesticulirend, der, wie Jemand, welcher gern zum Worte kommen möchte und den der Widersacher nicht zum Worte kommen läßt, im Zimmer umherlief, stehen blieb, die Hand erhob, zu sprechen versuchte, mit den Achseln zuckte und wieder umherlief. Auf mein Eintreten schien Niemand zu achten als der Director, welcher mich zu sich winkte und dann den Commerzienrath auf mein Erscheinen mit Wort und Geberde aufmerksam machte. Der aber ließ sich in seinem Redeflusse nicht stören.

Und darum, rief er, soll ich achtzehn Jahre lang meine Kapitalien haben ausstehen lassen, ohne einen Groschen Zinsen zu sehen, damit mir hernach solche Chicanen gemacht werden? Sie sind ein Ehrenmann, Herr Director, ein Ehrenmann, sage ich, und Sie haben sich in der ganzen Angelegenheit von An= fang an bis jetzt so nobel als möglich benommen, aber der Herr da — und er deutete mit seinem plumpen Zeigefinger so eifrig auf den Steuerrath, als ob die geringste Möglichkeit einer Ver= wechselung vorhanden gewesen wäre — dieser, Ihr Herr Bru= der und mein Herr Schwager, scheint eine ganz eigene Ansicht von Geschäftsangelegenheiten zu haben. O ja, das glaube ich, das würde auch mir passen, sich ein und dieselbe Waare zwei= oder dreimal bezahlen zu lassen, nur daß wir gewisse Para= graphen im Landrecht haben —

Herr Schwager! fuhr der Steuerrath auf, indem er ein paar Schritte gegen den Commerzienrath machte und drohend die Hand erhob.

Dieser sprang mit großer Behendigkeit hinter seinen Stuhl und schrie:

Glauben Sie, Sie können mir bange machen? Ich stehe unter dem Schutze des Gesetzes —

Schreien Sie nicht so, Herr Commerzienrath, sagte ich, meine Hand auf die rechte Schulter des Aufgeregten legend und ihn in seinen Stuhl herunterdrückend.

Ich hatte gesehen, daß des Directors bleiche Wangen mit jedem Worte des Wüthenden sich röther und röther gefärbt hatten und der Leidenszug um seine Augen stärker und stärker hervorgetreten war.

Der Commerzienrath rieb sich die Schulter, blickte mich höchlichst verwundert an und schwieg, wie ein schreiendes Kind, wenn ihm etwas ganz Außergewöhnliches passirt, plötzlich stille wird.

Der Director lächelte und sagte, die eingetretene Pause benutzend:

27*

Ich habe unseren jungen Freund hier bitten laffen, herauf= zukommen, weil ich in der That nicht wüßte, wie die Frage, um die es sich augenblicklich handelt, schneller und besser entschieden werden könnte, denn Niemand vermag uns über die gewünsch= ten Punkte so sichere Auskunft zu geben als er. Wir wünschen nämlich zu wissen, Georg, welcher Art die Einrichtung in dem Herrenhause auf Zehrendorf gewesen ist, das Ameublement, das Silberzeug und so weiter; sodann möchten wir eine Schilderung des Zustandes der Wirthschaftsgebäude und eine möglichst genaue Angabe des Inventariums, des lebenden und todten, wenn Sie uns darüber Auskunft geben können. Glauben Sie es zu können?

Ich will es versuchen, sagte ich und berichtete, was ich wußte.

Während ich sprach, waren die kleinen, grauen Aeuglein des Commerzienraths unverwandt auf mich gerichtet, und ich be= merkte, daß sich sein verkniffenes Gesicht, je weiter ich in meiner Schilderung kam, mehr und mehr aufhellte, während das des Steuerrathes in demselben Maße länger und verlegener wurde.

Sehen Sie, Herr Schwager, daß ich Recht gehabt habe, schrie der Commerzienrath, daß —

Sie wollten mir die Leitung der Verhandlungen überlassen, sagte der Director, und dann sich zu dem Steuerrath wendend: Es scheint, Arthur, daß die Angaben Georgs mit dem Inven= tar, das der Herr Commerzienrath drei Jahre vorher aufge= nommen hat, bis auf ganz geringe Abweichungen, die der Un= terschied der Jahre vollkommen erklärt, übereinstimmen —

Und also, schrie der Commerzienrath, die Summe, welche ich Ihrem verstorbenen Bruder darauf geliehen habe, schwerlich zu gering gewesen. Wie der Herr Schwager uns also den Nachweis schuldig geblieben ist, daß jene Summe, die ihm im Jahre 1818 von dem Verstorbenen durch meine Hände aus= gezahlt wurde, nicht das Abfindungsgeld gewesen sei, so wird er sich auch wohl darein finden müssen, daß ich schon bei Leb= zeiten des Herrn Bruders der rechtliche Besitzer von Zehrendorf gewesen bin und seine Erbansprüche also illusorisch sind, voll= kommen illusorisch —

Und der Commerzienrath lehnte sich in seinen Stuhl zurück, kniff die Augen ein und rieb sich vergnügt die Hände.

Ich dächte, begann der Steuerrath ärgerlich, diese Dinge wären nicht eben geeignet, in Gegenwart eines Dritten —

Ich erhob mich mit einem Blick nach dem Director.

Bitte um Entschuldigung, lieber Arthur, sagte der Director; Du hast Deine Zustimmung gegeben, ja schließlich selbst gewünscht, daß wir unseren jungen Freund hier zu unseren Verhandlungen hinzuzögen; es war vorauszusehen, daß in seiner Gegenwart Manches —

Zur Sprache kommen würde, was dem Herrn Steuerrath nicht besonders angenehm ist — sagte der Commerzienrath, mit einem boshaften Lächeln in seinen Papieren blätternd.

Ich muß Sie bitten, Herr Schwager, sagte der Director —

Und ich muß noch außerdem bitten, rief der Steuerrath, daß diese Verhandlungen in einem geziemenderen Tone geführt werden. Wenn ich mein Wort als Edelmann gebe, daß mein verstorbener Bruder mich in der allerletzten Zeit mehr als einmal versichert hat, er habe nur einen kleinen, ja den kleinsten Theil des Zehrendorfer Forstes —

So, schrie der Commerzienrath; schaust du da heraus? Erst war es das Haus, dann war es das Inventar, jetzt ist es der Forst — hier ist die Verschreibung.

Bitte, sagte der Steuerrath, das Papier, welches ihm der Commerzienrath über den Tisch entgegenstreckte, mit dem Rücken der Hand zurückschiebend, ich habe davon bereits Notiz genommen. Diese Verschreibung ist mindestens nicht unanfechtbar.

Es ist die Handschrift unseres Bruders, sagte der Director in vorwurfsvollem Tone.

Aber in so allgemeinen Ausdrücken abgefaßt! entgegnete der Steuerrath achselzuckend.

Sollte ich mir vielleicht jeden Baum einzeln verschreiben lassen, rief der Commerzienrath; es ist unerhört, wie man mich hier behandelt. Ich spreche nicht von Ihnen, Herr Director, Sie sind ein Ehrenmann durch und durch — aber wenn man

mir jeden Augenblick sagt, daß ich Achtung haben soll vor eines
Edelmannes Wort und dann eine solche eigenhändige Ver=
schreibung nichts mehr gelten soll, die auch eines Edelmannes
Wort ist und noch dazu ein schriftliches —

Der Commerzienrath war zur Abwechslung in einen ganz
kläglichen Ton gefallen.

Vielleicht kann auch darüber unser junger Freund wünschens=
werthe Auskunft geben, sagte der Director. Erinnern Sie sich,
Georg, aus dem Munde unseres verstorbenen Bruders einer
auf den fraglichen Punkt bezüglichen Aeußerung?

Der Steuerrath warf einen raschen, ängstlichen Blick auf
mich; der Commerzienrath sah bald mich, bald den Steuerrath
lauernd an, ob er ein Zeichen geheimen Einverständnisses
auffangen könne; der Director hatte seine großen, klaren Augen
fragend auf mich gerichtet.

Allerdings, erwiderte ich.

Nun? rief der Commerzienrath.

Ich theilte den Herren die Aeußerungen mit, welche der
Wilde, als er mich an dem Morgen des letzten Tages vor sei=
nem Tode auf meinem Zimmer besuchte, gethan hatte, daß von
dem ganzen majestätischen Forst ihm nichts mehr gehöre, nicht
so viel, sich einen Sarg daraus zimmern zu lassen.

Meine Stimme zitterte, als ich diese Mittheilungen machte.
Jener Morgen, als der schöne Park in prächtigem Sonnen=
schein heraufgrüßte — zum letzten Male; das Bild des selt=
samen Mannes, der sich gänzlich verloren wußte und diesem
Bewußtsein in so leidenschaftlicher Weise Ausdruck gab; seine
Haltung, seine Worte, der Ton seiner Stimme — das Alles
überkam mich mit unwiderstehlicher Gewalt; ich mußte mich
abwenden, die Thränen nicht sehen zu lassen, die aus meinen
Augen drangen.

Die Sache würde für mich entschieden sein, wenn sie es
nicht bereits gewesen wäre, sagte der Director, indem er sich
erhob und auf mich zutrat.

Für mich ebenfalls! rief der Commerzienrath, mit einem
triumphirenden Blicke nach dem Steuerrath.

Für mich nicht, sagte der Steuerrath; wie geneigt ich bin, in die Wahrhaftigkeit oder, genauer gesprochen, in das gute Gedächtniß unseres jungen Freundes hier das vollste Vertrauen zu setzen; seine Reminiscenzen weichen von dem, was ich aus dem Munde meines Bruders weiß, zu weit ab, als daß ich meine früheren Behauptungen zurücknehmen wollte oder könnte. Es thut mir leid, daß ich so hartnäckig sein muß, aber ich muß es eben. Ich bin es mir, ich bin es den Meinen schuldig. Die letzten achtzehn Jahre meine Lebens sind eine Kette von Opfern, die ich unserem ältesten Bruder gebracht habe. Noch wenige Tage vor seinem tragischen Ende hat er in den flehentlichsten Ausdrücken meine Hilfe für eine bedeutende Summe in Anspruch genommen; ich bin in der ganzen Stadt umhergelaufen, sie ihm zu schaffen; ich war auch bei Ihnen, Herr Schwager, wie Sie sich erinnern werden; Sie wiesen mich — mit nebenbei nicht sehr feinen Worten — ab; ich schrieb meinem unglücklichen Bruder: ich würde ihm helfen, aber er müsse warten; ich beschwor ihn, von verzweifelten Entschlüssen abzustehen. Er hat nicht gehört. Wäre dieser Brief nicht verloren gegangen —

Sie bedürfen meiner wohl nicht mehr, Herr Director, sagte ich, verließ, ohne Antwort abzuwarten, das Zimmer und langte in meinem Bureau in einer Aufregung an, über die ich jetzt — nach so vielen Jahren — schmerzlich lächle. Was war mir denn Großes begegnet? Es hatte Jemand, während es sich um wichtige Dinge handelte, frech gelogen! Ich habe mich später überzeugt, daß die Sache nicht so selten ist, daß die Lüge in geschäftlichen Dingen gewissermaßen einen Freibrief hat — aber ich war damals noch sehr jung, sehr unerfahren und ich darf wohl sagen: unschuldig, oder meine Empfindung in diesem Augenblicke hätte nicht eine so gewaltsame sein können. Ich stand da vor einem Abscheulichen, Unfaßbaren. Ja, ich konnte es nicht fassen, mir war, als ob die Welt im Begriffe sei, aus ihren Angeln zu fallen. Schon einmal war mir etwas Aehnliches begegnet: als ich Konstanzens Flucht erfuhr, und daß sie mich belogen und betrogen; aber da war in meinen Augen doch noch eine Art von Entschuldigung gewesen: die Leidenschaft der Liebe,

die ich begreifen konnte. Dies hier begriff ich nicht; ich begriff
nicht, daß man um ein elender paar hundert oder tausend Thaler
willen einen Todten verleumden, die Mitlebenden hintergehen,
sich selbst in den Schmutz werfen könne. Aber eines ist mir in
jenem Augenblicke klar geworden und ich habe mein Lebenlang
an der Ueberzeugung festgehalten, daß die Wahrheit viel mehr
ist als eine Form, neben der auch noch eine andere Platz hätte,
daß sie im Gegentheile die Basis und die Bedingung des
Menschendaseins ist, wie der Natur; daß jede Lüge diese Basis
erschüttert und aufhebt, so weit die Wirkung der Lüge reicht.
Später freilich habe ich eingesehen, daß diese Wirkung eben
nicht weit reicht, daß, wie das Wasser in die Horizontale strebt,
so die moralische Welt fortwährend danach ringt, die Wahrheit
aufrecht zu erhalten und die verderbliche Wirkung der Lüge
auszugleichen.

Aber an jenem Morgen kam dieser tröstliche Gedanke nicht,
den Sturm, der in meiner Brust entfesselt war, mit mildem Oel
zu sänftigen. Lügner, abscheulicher, ekelhafter Lügner, murmelte
ich wieder und immer wieder; du wärest werth, daß ich dich an
den Pranger stellte, daß ich hinginge und sagte, was in dem
letzten Briefe, den du an deinen Bruder schriebst, gestanden, und
was aus dem Briefe geworden ist.

Ich glaube, hätte dieser Zustand noch länger gedauert, ich
würde dem Verlangen, die Wahrheit an ihrem Verräther zu
rächen, nicht haben widerstehen können, wie sehr es auch gegen
meine Natur war, das Henkeramt auszuüben. Da aber hörte
ich die Herren die Treppe herabsteigen; im nächsten Moment
trat der Director in das Bureau. So geröthet vorhin seine
Wangen gewesen waren, so bleich waren dieselben jetzt; seine
Augen waren halb gebrochen, wie Jemandes, der eben eine sehr
schmerzliche Operation durchgemacht hat; er wankte nur eben
nach einem Stuhle, in den er sich fallen ließ, während ich herbei-
eilte, ihn zu stützen.

Nach einer Minute drückte er mir die Hand, richtete sich
auf und sagte lächelnd: Ich danke Ihnen, es ist wieder gut,
verzeihen Sie diese Schwäche, aber es hat mich mehr mitge-

nommen, als ich dachte. So ein Streit um Mein und Dein ist
doch das Widerwärtigste von der Welt, auch wenn man nur
aus der Ferne zusieht, geschweige denn, wenn Einem der auf=
gewühlte Staub so gerade in's Gesicht geworfen wird. Nun,
die Sache ist zu Ende; ich hatte schon vorher einen Vergleich
aufgesetzt, man hat sich bequemt, denselben zu unterschreiben.
Mein Bruder hat gegen eine allerdings sehr mäßige Entschädi=
gung seine Ansprüche aufgegeben, die durch Ihre Aussagen den
letzten Rest von Credit bei mir verloren hatten. Er sagt, daß
er ein Bettler sei, ach! und er ist keiner von den wahren, die
mit den Königen rangiren!

Der bleiche Mann lächelte bitter und fuhr dann leise, wie
mit sich selbst redend, fort:

So ist der letzte Rest des Erbes unserer Väter aus unseren
Händen genommen! Die alte Zeit ist vorüber, sie hat lange
genug gedauert, zu lange! Um den Wald thut es mir leid, man
sieht die Bäume nicht gern fallen, durch deren Kronen der erste
Morgensonnenstrahl unsere Kinderaugen grüßte, unter deren
Laubdach wir unsere Jugendspiele spielten. Und jetzt werden sie
fallen; für ihn, den neuen Herrn, sind sie nur Holz, das er zu
Geld machen muß. Zu Geld! Freilich, es regiert ja die Welt,
er weiß es; er weiß, daß die Reihe an ihn und seines Gleichen
gekommen ist, daß sie jetzt die Ritter vom Hammer sind. Es ist
das alte Spiel in etwas anderer Form. Wie lange werden sie
es spielen? Ich hoffe nicht allzu lange. Dann —

Er hob die Augen zu mir auf mit einem langen, liebevollen
Blick — dann kommen wir daran, wir, die wir begriffen haben,
daß es eine Gerechtigkeit giebt, daß diese Gerechtigkeit sich nicht
spotten läßt und daß wir diese Gerechtigkeit, welche die Gegen=
seitigkeit ist, wollen müssen aus ganzer Seele und mit ganzem
Herzen. Nicht wahr, Georg?

Dreiunddreißigstes Capitel.

Doctor Willibrod und ich hatten gehofft, daß die lästige Einquartierung, welche des Directors Haus seit mehreren Tagen beherbergte, nachdem der Zweck erreicht war, abziehen werde, aber unsere Hoffnung sollte nur zum Theil in Erfüllung gehen.

Ich wünsche nicht in Gesellschaft eines Mannes zu reisen, der mich zu einem Bettler gemacht hat, sagte der Steuerrath.

Papperlapapp, sagte der Commerzienrath, der am Nachmittage, schon im Reise=Anzuge, in mein Bureau gekommen war, eigens um von mir Abschied zu nehmen; er ist sein Lebenlang ein Bettler gewesen, und wollen Sie es glauben? vor fünf Minuten hat er mich schon wieder angebettelt, er habe das Geld zur Rückreise nicht, ich solle ihm hundert Thaler vorschießen. Ich habe sie ihm gegeben, ich werde sie nie wieder zu sehen bekommen. A propos! Sie — großgeschrieben — man kann Sie nicht anders als groß schreiben — Sie muß ich aber wieder zu sehen bekommen. Wahrhaftig, Sie gefallen mir mit jedem Male besser, Sie sind ein Capitalmensch!

Sie würden wenig Capital aus mir machen, Herr Commerzienrath.

Capital machen? Sehr gut! sagte der sanguinische alte Herr und stieß mich in die Seite, wollen sehen, wollen sehen! Ihr erster Gang, wenn Sie wieder frei sind, muß zu mir sein. Werde schon für Sie Rath schaffen; habe alles Mögliche — hier drückte der Commerzienrath die Augen ein — mit meinem Gute vor: Branntweinbrennerei, Ziegelbrennerei, Torfgräberei, Holzschneidemühle — will Sie schon unterbringen. Wie lange haben Sie noch zu sitzen?

Noch sechs Jahre.

Der Commerzienrath blies die Backen auf. Puh! das ist verzweifelt lange. Kann ich denn nichts für Sie thun? Gelte etwas da oben! Immediat-Eingabe? he?

Ich bin Ihnen sehr verbunden, verspreche mir aber keinen Erfolg von Ihren Bemühungen.

Schade, schade! hätte Ihnen gern meine Erkenntlichkeit be= wiesen. Sie haben mir heute wirklich einen großen Dienst ge= leistet. Der Mensch hätte mir noch viel Chicanen machen können. Wie wär's denn mit einer kleinen Subvention? Sprechen Sie sich frei aus! Ich bin ein Geschäftsmann, auf so ein hundert Thälerchen kommt es mir nicht an.

Wenn wir als gute Freunde scheiden wollen, kein Wort mehr davon, sagte ich ernst.

Der Commerzienrath schob das dicke Portefeuille, das er bereits halb aus der Tasche genommen hatte, schnell zurück und knöpfte zur größeren Sicherheit einen der goldenen Knöpfe seines blauen Frackes darüber.

Des Menschen Wille ist sein Himmelreich. So kommen Sie wenigstens und sagen Sie meiner Hermine Adieu! Ich glaube, das Mädel würde nicht abfahren, wenn Sie nicht an den Wagen kämen. Oder wollen Sie das auch nicht?

Gewiß will ich es, sagte ich, und folgte dem Commerzien= rath auf den Platz vor dem Hause, wo bereits die ganze Fa= milie um den großen neuen Reisewagen des Millionärs ver= sammelt war.

Während er in seiner prahlerischen Weise die Bequemlich= keit des Wagens und die Schönheit der beiden schwerfälligen braunen Pferde pries, die sich mit den langen Schweifen lässig die Weichen wedelten, und zwischendurch von den Anwesenden mit plumpen Bücklingen und plumpen Phrasen sich verabschie= dete, flatterte Hermine von Einem zum Andern, lachend, neckend, tollend um die Wette mit ihrer Zerline, die fortwährend in der Luft schwebte und dabei auf das abscheulichste kläffte. So kam sie ein paarmal an mir vorüber, ohne die geringste Notiz von mir zu nehmen. Plötzlich berührte Jemand von hinten meinen

Arm. Es war Fräulein Duff. Sie winkte mich mit den Augen
ein wenig beiseite und sagte, als ich ihrem Wunsche nachgekom=
men war, geheimnißvoll und hastig: Sie liebt Sie!

Fräulein Duff sah so bewegt aus; ihre sonst so künstlich
arrangirten Locken flatterten heute so zerstreut um ihr schmales
Gesicht; ihre wasserblauen Augen rollten so sonderbar in den
großen Höhlen; — ich glaubte einen Moment wirklich, die gute
Dame habe ihr bischen Verstand vollends verloren.

Blicken Sie mich nicht so verzweifelnd an, Richard! sagte
sie; aus den Wolken muß es fallen, aus der Götter Schooß
das Glück! Das ist eine ewige Wahrheit, die hier wieder einmal
zutrifft. Sie hat es mir heute Morgen gestanden, mit so leiden=
schaftlichen Thränen; es hat mein Herz zerrissen; ich habe mit
ihr geweint; ich durfte es, denn ich habe mit ihr gefühlt. Auch
ich bin in Arkadien geboren, doch Thränen gab der kurze Lenz
mir nur.

Fräulein Duff wischte sich die wasserblauen Augen, aus
denen feuchte Nebel aufstiegen, und warf dann einen schmach=
tenden Blick auf Doctor Snellius, der eben mit sauersüßer Miene
die Danksagungen des Commerzienrathes entgegennahm.

Ein Jüngling wie ein Mann! flüsterte sie. Die Schale mag
wohl bitter sein, der Kern ist's sicher nicht. O Gott, was habe
ich gesagt! Sie sind im Besitze der Geheimnisse eines jungfräu=
lichen Herzens, Sie werden es nicht profaniren. Und jetzt!
lassen Sie uns scheiden, Richard! Unser letztes Wort: Suche
treu, so findest Du! Ich komme, ich komme!

Sie wandte sich ab und eilte, der Gesellschaft mit dem
Sonnenschirm einen Abschiedsgruß winkend, zum Wagen, in
welchem der Commerzienrath es sich bereits bequem gemacht
hatte, während Hermine ihren Wachtelhund über den Wagen=
schlag hinaushielt und bellen ließ. Ich war, durch Fräulein
Duff's wunderliche Reden stutzig gemacht, in der Entfernung
stehen geblieben; die kleine Uebermüthige hatte keinen Blick für
den, welchen sie, nach Fräulein Duff's Aussage, lieben sollte.
Sie lachte und tollte und scherzte, aber in dem Moment, als
die Pferde anzogen, zuckte es schmerzlich über das reizende Ge=

ſichtchen und ſie warf ſich mit unglaublicher Leidenſchaft ihrer Gouvernante in die Arme, die Thränen zu verbergen, die ſtrom= weiſe aus ihren Augen brachen.

Die wären wir los, ſagte Doctor Snellius; hoffentlich können wir die Anderen morgen nachſchicken.

Aber die Hoffnung des Doctors erfüllte ſich am folgenden Tage nicht und ebenſowenig am dritten, und es gingen vierzehn Tage in's Land und der Herr Steuerrath und die geborene Baroneß Kippenreiter waren noch immer Gäſte im Hauſe des Directors.

Ich vergifte ſie, wenn ſie nun nicht bald gehen, krähte der Doctor.

Man könnte auf der Stelle zu einem Bär mit ſieben Sinnen werden, knurrte der Wachtmeiſter.

Es war in der That eine wahre Calamität, die über das Haus des trefflichen Mannes gekommen war und die wir drei Verbündeten, jeder in ſeiner Weiſe, beklagten; Niemand lauter und leidenſchaftlicher als der Doctor.

Sie ſollen ſehen, ſagte er; die wollen ihre Winterquartiere hier aufſchlagen! Das Haus iſt nicht groß, aber der Igel weiß es ſich beim Hamſter bequem zu machen; die Verpflegung iſt gut, an der liebevollen Behandlung — obgleich auf die weniger geſehen wird — fehlt es auch nicht! Wo Humanus nur die Geduld hernimmt? Er muß über ein Potoſi zu verfügen haben! Denn er leidet, leidet ſehr ernſtlich unter der heuchleriſchen, hündiſchen Demuth dieſes brüderlichen Schmarotzers, gerade ſo wie ſeine engelhafte Frau unter den ſpitzen Klauen und gelben Zähnen der gebornen Kippenreiter! Heiliger Gott! daß wir dieſelbe Luft mit ſolchen Geſchöpfen athmen, daß wir mit ihnen aus einer Schüſſel eſſen müſſen! Was haben wir verbrochen!

Daſſelbe werden die gebornen Kippenreiter auch von uns ſagen.

Sie wollen mich ärgern; aber Sie haben Recht. Doppelt Recht, denn die gebornen Kippenreiter ſagen es nicht nur, ſon= dern handeln auch darnach und verbieten uns die Luft, die ſie athmen, und die Schüſſel, aus der ſie eſſen, wenn ſie es irgend können, ohne nur im mindesten sich darum zu kümmern, ob wir dabei ersticken und verhungern, sehr wahrscheinlich sogar mit dem Wunsche, daß diese Eventualitäten eintreten möchten.

Ein Beitrag zur Theorie des Directors vom Hammer und Amboß, sagte ich.

Des Doctors kahler Schädel erglühte.

Kommen Sie mir nicht mit dieser gutmüthigen Narrheit, rief er in seinen höchsten Tönen. Wer schwach oder gutmüthig, oder beides ist, und er wird meistens beides sein — der ist von dem Starken und Böswilligen zerhämmert worden, so lange die Welt steht, und er wird zerhämmert werden, bis das Wasser bergan läuft und das Lamm den Wolf frißt. Hammer und Amboß! Fürwahr, der alte Goethe kannte die Welt und wußte es besser.

Und was würden Sie thun, Doctor, wenn sich arme Verwandte bei Ihnen einquartierten und Ihnen mit der Zeit lästig fielen?

Ich, ich würde — das ist eine alberne Frage — ich weiß nicht, was ich würde; aber das beweist nichts, gar nichts, höchstens, daß ich, trotz meiner Rodomontaden, schließlich auch nur ein jämmerliches Stück Amboß bin. Und schließlich — ja, jetzt hab' ich's! Wir sind mit ihnen weder verschwägert noch verwandt; wir haben keine Rücksichten zu nehmen und wir müssen sie wegbringen.

Ein glücklicher Gedanke, Doctor!

Allerdings! sagte der Doctor und hüpfte von einem Bein auf's andere. Ich bin zu Allem bereit, zu Allem! Man muß ihnen das Leben hier versalzen, verbittern, vergällen, mit einem Wort — unmöglich machen.

Aber wie?

Ja wie? Sie träges Mammuth! Denken Sie selber nach! Die Geborne nehme ich auf mich. Sie denkt, weil sie ein schlechtes Herz hat, muß sie auch ein krankes haben. Sie fürchtet sich vor dem Tod, als hätte sie bereits acht Tage lang im höllischen Feuer Probe gebraten. Sie soll an mich glauben!

Doctor Willibrod Snellius begann noch an demselben Tage seinen teuflischen Plan in's Werk zu setzen. Er sprach, sobald er in der Gehörweite der gebornen Kippenreiter war, nur noch über Blutumlauf, Venen, Arterien, Klappenfehler, Herzbeutel-Entzündung, Herzschlag. Er war sich bewußt, der Gnädigen mit solcher Unterhaltung lästig zu fallen, aber er schriebe an einer Monographie über diese Materien; und wovon das Herz voll sei, davon gehe der Mund über. Auch könne er nicht leugnen, daß er nicht ohne alle Absicht die Aufmerksamkeit gerade der Gnädigen auf diese Punkte richte. Er wolle und könne ohne vorhergegangene gründliche Untersuchung nicht behaupten, daß die Herzklappen der Gnädigen nicht regelmäßig functionirten, aber es gebe gewisse Symptome, von denen vielleicht eines oder das andere bei der Gnädigen zuträfe, und Vorsicht sei nicht blos die Mutter der Weisheit, sondern manchmal auch eines langen, zum wenigsten doch um mehrere Jahre verlängerten Lebens.

Die Gnädige war keineswegs ein Gegenstand besonderer Zuneigung meinerseits, dennoch empfand ich manchmal eine Art von Mitleid, wenn ich sah, wie sich das unglückliche Opfer unter dem Messer seines Peinigers wand und krümmte. Wie sollte sie ihm entgehen? Als eine Dame, die sich viel auf ihre Bildung zugute that, konnte sie einer wissenschaftlichen Unterhaltung nicht wohl ausweichen; als Gast im Hause war sie dem Freund des Hauses Rücksichten schuldig und schließlich hatte für die eingebildete Kranke die Unterhaltung, vor der sie sich fürchtete wie ein Kind vor Gespenstern, auch wieder einen grauenhaften Reiz. Sie wurde blaß, so oft Doctor Willibrod in's Zimmer trat, und doch richtete sie ihre kleinen runden Augen ängstlich auf ihn, mit dem qualvollen Blicke des Vogels, dem die Schlange in's Nest starrt; sie konnte der Anziehungskraft nicht widerstehen, eine Minute später hatte sie den Fürchterlichen zu sich gewinkt und ihn gefragt, wie weit er mit seiner Abhandlung gekommen sei?

Es ist um rasend zu werden, sagte Doctor Willibrod; die Person kann nächstens ohne mich und meine Schaudergeschichten

nicht mehr leben; ich habe ihr heute einen Fall erzählt, wo
eine Dame, genau in ihren Jahren, Lebensverhältnissen, Körper=
beschaffenheit und so weiter, in der Unterhaltung mit ihrem
Arzt über Congestionen nach dem Herzen vom Schlage getroffen
worden sei — sie lächelt mich mit bleichen Lippen an, sie ist
einer Ohnmacht nahe, ich denke, sie wird nach dem Wagen
klingeln — und was ist das Resultat? Sie müssen mir morgen
weiter davon erzählen! sagt sie und entläßt mich mit einer
gnädigen Handbewegung.

Die ist hieb= und kugelfest, Doctor! sagte ich, die kriegen
Sie so nicht weg.

Aber sie muß weg, die ganze Bagage muß weg, schrie
der Doctor, ich bestehe darauf als Mensch, als Freund,
als Arzt.

Ich lachte, aber im Innern war ich durchaus des Doctors
Meinung. Die Anwesenheit dieser Menschen war für die
Familie des Directors eine geradezu unerträgliche Last. Wie
hätte mir das entgehen können, der ich mich in das Wesen der
Guten, Edlen so ganz eingelebt, der ich für Alles, was sie
betraf, die scharfsichtigen Augen inniger, ehrfurchtsvoller Liebe
hatte! Ich sah, wie der Director mit jedem Tage ernster blickte,
wie er sich zwingen mußte, auf das ewige „Nicht wahr, lieber
Bruder?" „Meinst Du nicht auch, lieber Bruder?" zu ant=
worten; ich sah, wie es über das schöne, bleiche Gesicht der
Blinden schmerzlich zuckte, sobald die blecherne Stimme der
schwatzhaften Schwägerin an das empfindliche Ohr schlug; ich
sah, wie die arme Paula zu ihren vielen Lasten auch diese still
und geduldig trug, wie sie Alles trug; aber ich sah auch, wie
schwer es ihr wurde.

So saß ich eines Tages, dies in grimmigem Herzen er=
wägend, in dem Bureau und zerschnipselte eine unglückliche
Feder, als ich durch das Fenster, welches ich halb geöffnet
hatte, einen der jetzt selten gewordenen Sonnenstrahlen in das
Zimmer zu lassen, die verhaßte blecherne Stimme der gebornen
Kippenreiter vernahm.

Du thust mir gewiß den Gefallen, liebe Paula, ich würde

Dich sicher nicht darum bitten — ich weiß, junge Mädchen sind immer in ihre Zimmer verliebt — aber das meine ist wirklich zu trist, die ewige Aussicht auf die Gefängnißmauern, und dann fürchte ich auch, es ist feucht, zumal in der jetzigen Jahreszeit und bei meinem Herzleiden würde der kleinste Rheumatismus mein Tod sein. Nicht wahr, liebe Paula, ich darf darauf rechnen, vielleicht heute noch, es wäre charmant?

Heute wird es schwer halten, liebe Tante, ich habe gerade heute —

Nun denn morgen, liebes Kind! Du siehst, ich bin mit Allem zufrieden, und was ich Dir noch sagen wollte, liebes Kind, der Rothwein, den wir Mittags trinken, er ist — ganz unter uns — nicht besonders und bekommt meinem Manne gar nicht gut. Er ist gerade in diesem Punkte ein wenig verwöhnt. Ich weiß, Ihr habt noch anderen im Keller, wir haben in den ersten Tagen davon getrunken, nicht wahr?

Ja, Tante, es sind leider nur noch ein paar Flaschen, die ich für den Vater —

Wenn es auch nur noch ein paar Flaschen sind, es ist immer besser als gar nichts. Gott, da steht wieder der Mensch am Fenster! man kann hier keine drei Schritte gehen, ohne auf den Menschen zu stoßen.

Diese letzten Worte waren vielleicht nicht für mein Ohr bestimmt, aber mein Ohr war sehr scharf und die blecherne Stimme der Gnädigen sehr verständlich. Daß sie auf keinen Anderen gingen, als auf mich, war anzunehmen, denn außerdem, daß ich ohne Zweifel ein Mensch war, der gerade am Fenster stand, hatte die Gnädige mich zum Ueberfluß aus der Entfernung von wenigen Schritten mit ihren runden, starren Augen sehr ungnädig angesehen und sich dann kurz auf den Hacken umgedreht.

Aber was kam denn darauf an, ob ich der Gnädigen mißfiel, oder wie sehr ich ihr mißfiel; ich dachte gar nicht an mich, ich dachte nur an das liebe, arme Mädchen, das sich die Thränen von den Wangen wischte, als sie, nachdem die Tante sie verlassen, allein den Gartengang hinaufschritt. Im Nu war ich von meinem Drehstuhl herunter, zum Zimmer hinaus und hatte sie mit wenigen Schritten erreicht.

Sie dürfen ihr das Zimmer nicht einräumen, Paula, sagte ich.

Sie haben es gehört?

Ja, und Sie dürfen es nicht. Es ist das einzige, das ein gutes Licht hat, und —

Ich werde im Winter doch nicht recht zum Malen kommen, es ist gar zu viel zu thun.

Nehmen Sie denn wirklich an, daß sie den ganzen Winter hier bleiben werden?

Ich weiß es nicht anders; noch soeben hat die Tante davon gesprochen.

Paula versuchte zu lächeln, aber, so sehr sie sich sonst in der Gewalt hatte, diesmal wollte es doch nicht gelingen. Es zuckte schmerzlich um ihren lieben Mund, und ihre Augen füllten sich wieder mit Thränen.

Es ist nur um die Eltern, sagte sie entschuldigend; der arme Vater bedarf der Ruhe gerade jetzt so sehr, und Sie wissen, wie die Mutter leidet, wenn sie sich stundenlang unterhalten soll. Aber Sie dürfen von dem Allen nichts merken lassen, Georg, ja nicht!

Und sie legte den Finger an die Lippen, und die großen blauen Augen blickten ängstlich zu mir auf.

Ich murmelte etwas, das sie für Zustimmung nehmen mußte, denn sie lächelte mich freundlich an und eilte in's Haus, von dem die schrille Stimme der Gnädigen ertönte, die mit Aufgebot der ganzen Kraft ihrer Lunge — die Lunge konnte nicht krank sein! — aus dem Fenster nach dem Steuerrath rief, der ganz im Hintergrunde des Gartens an der sonnebeschienenen Spalierwand zwischen den vergilbten Blättern von einer der wenigen Pfirsichen naschte, die des Directors unermüdliche Sorgfalt dem allzu unmilden Klima abtrotzte.

Mit langen Schritten, die dem Steuerrathe nichts Gutes verkündeten, eilte ich den Gang hinauf, gerade auf den Näscher zu.

Ah, sieh' da! sagte er, ohne sich in seiner Beschäftigung

stören zu lassen, meine Frau schickt Sie wohl? aber sehen Sie selbst, ob an dem ganzen Spalier noch eine anständige Frucht ist. Und dabei ist das Zeug sauer wie Essig.

Dann sollten Sie sie ungegessen lassen.

Wissen Sie, ich denke, es ist noch immer besser wie nichts; als ein pensionirter Beamter lernt man das.

In der That!

Ich begleitete diese Worte mit einem höhnischen Lachen, das den Steuerrath aus seinem Wahne, mich durch eine gemüthliche Unterhaltung zu beglücken, jäh aufschreckte. Er sah mich an mit dem Blicke des Hundes, der unschlüssig ist, ob er vor dem Angreifer fliehen oder ihm in die Beine fahren soll.

Herr Steuerrath! sagte ich, ich habe Sie um etwas zu ersuchen.

Seine Unschlüssigkeit war zu Ende. Ich werde Sie zu jeder anderen Zeit mit Vergnügen anhören, sagte er, in diesem Augenblicke bin ich etwas sehr pressirt —

Und er wollte an mir vorüber, ich vertrat ihm den Weg.

Ich kann Ihnen in drei Worten sagen, was ich Ihnen zu sagen habe: Sie müssen von hier fort!

Ich muß, was?

Von hier fort! wiederholte ich und ich fühlte, wie mir die Röthe des Zornes in's Gesicht stieg, alsobald, sagen wir in spätestens drei Tagen.

Aber, ich glaube, Sie sind wahnsinnig, junger Mann! erwiderte der Steuerrath mit einem Versuche, sich eine überlegene Miene zu geben, dem seine angstbleichen Lippen kläglich widersprachen. Wissen Sie, mit wem Sie reden?

Geben Sie sich keine Mühe, sagte ich verächtlich, die Zeiten, in denen ich in Ihnen, ich weiß nicht, welches ehrfurchtgebietende Wunder sah, sind längst vorbei. Ich habe vor Ihnen keinen Respect mehr, nicht so viel, und ich will nicht, daß Sie hier bleiben, begreifen Sie: ich will nicht!

Aber das ist unerhört! rief der Steuerrath, ich werde es meinem Bruder sagen, welchen Insulten ich hier ausgesetzt bin.

Wenn Sie das thäten, würde ich —

28 *

Es wollte mir nicht über die Lippen; ich hatte es nun schon so lange verschlossen in der Brust gehalten, ich hatte ein paar Jahre Gefängniß mehr dafür, daß ich es verschwiegen; es war eine giftige Waffe, die ich gegen den Elenden da gebrauchen wollte; aber ich dachte an das bethränte Angesicht des lieben Mädchens, und dann sah ich in das von Haß und Zorn verzerrte Gesicht des schlechten Mannes vor mir, und da drängte es sich langsam durch die zusammengepreßten Zähne — von dem Briefe sprechen, den Sie ihm — ich deutete in die Richtung, in welcher die Insel lag — schrieben; von dem Briefe, auf den hin er seinen letzten Zug unternahm — von dem Briefe, der Sie als seinen Mitschuldigen, ja als den Hauptschuldigen ausweist, und der Ihnen den Hals gebrochen haben würde, hätte ich nicht geschwiegen.

Der Mann war, während ich sprach, zurückgetaumelt, als hätte er auf eine Giftschlange getreten; er verfolgte mit weit aufgerissenen Augen die Bewegung meiner Hände, er fürchtete jedenfalls, daß ich dieselben jetzt an die Brusttasche führen und das verhängnißvolle Blatt produciren würde.

Der Brief, den Sie meinen und in dessen Besitz Sie jedenfalls auf unrechtmäßige Weise gelangt sind, beweist nichts, stammelte er, beweist gar nichts. Es ist mir ganz gleich, ob Sie denselben meinem Bruder zeigen, oder wem Sie wollen, wem Sie wollen —

Ich kann ihn Niemanden mehr zeigen, denn ich habe ihn verbrannt.

Der Steuerrath schnellte in die Höhe. Die Angst hatte ihn gar nicht auf den Gedanken kommen lassen, der Brief könne mittlerweile verloren gegangen oder vernichtet sein. Wie anders lag jetzt die Sache!

Ein höhnisches Lächeln zuckte über sein Gesicht, das sich wieder mit Farbe zu beleben anfing.

Was schwatzen Sie denn, was wollen Sie denn? rief er mit heiserer Stimme, die seltsam mit seiner sonstigen glatten Stimme contrastirte; der Teufel mag wissen, was das für ein Brief ist, den Sie gesehen haben — gesehen zu haben vorgeben!

Denn das Ganze sieht verzweifelt wie eine Lüge aus und wie eine recht ungeschickte dazu. Herr, bleiben Sie mir vom Leibe! rühren Sie mich nicht an! ich rufe um Hilfe! und Sie haben zu Ihren sieben Jahren noch sieben Jahre dazu! Rühren Sie mich nicht an, sage ich!

Er war vor mir, dessen Miene wohl drohend genug sein mochte, zurückgewichen bis zur Wand, an deren Spalier er sich jetzt zitternd festhielt. Ich trat dicht vor ihn hin und sagte in leisem Tone:

Ich werde Ihnen nichts thun, denn — erbärmlicher Schuft, der Sie sind — ehre ich in Ihnen doch Ihre Brüder, den Einen, den Sie in den Tod gejagt haben, und den Anderen, von dessen kostbarem Leben Sie nicht eine Stunde mehr verbittern sollen. Wenn mir Niemand glaubt, daß ich den Brief gelesen und verbrannt habe — er glaubt mir's. Sie wissen, daß er mir's glauben wird. Und wenn Sie der Morgen des dritten Tages hier noch findet, so erfährt er, wen er so lange unter seinem Dache beherbergt. Sie kennen ihn! Er kann viel verzeihen und verzeiht viel; so frech belogen zu sein, wie er, wie der Commerzienrath, wie alle Welt von Ihnen belogen ist — das würde er nicht verzeihen.

Der Mensch wußte, daß ich recht hatte; ich sah es an seinem Gesichte, das die Angst vor dem Sieger, dem er rettungslos in die Hände gefallen war, ordentlich spitz machte.

Und es war die höchste Zeit gewesen; eine Minute später, und der Sieg wäre mindestens fraglich geworden. Denn jetzt kam durch den Garten daher Hilfe für den zu Boden Geschmetterten. Es war die geborne Kippenreiter, die schon aus der Ferne rief, wir sollten doch noch ein paar Pfirsiche für sie aufheben.

Ein weiser Feldherr nimmt keine neue Schlacht an, wenn er fürchten muß, damit einen mühsam errungenen Erfolg auf's Spiel zu setzen. Ich hatte vor den zornigen Blicken des Steuerraths nicht gebebt, aber vor den gelben Zähnen der Gebornen empfand ich etwas, das ich Furcht nennen müßte, wenn die Ehrfurcht, die wir den Damen schuldig sind, ein solches Gefühl in der Brust des Mannes aufkommen ließe.

Dem sei, wie ihm wolle; ich hielt den Augenblick, als ich die gelb-braune Seidenrobe der Gnädigen schon ganz aus der Nähe knittern hörte, für ganz besonders passend, mich nach einem letzten bezeichnenden Blicke auf meinen Feind und einer stummen Verbeugung vor seinem herannahenden Succurs in schicklicher Eile durch die mit dürren Blättern bestreuten Gartengänge auf mein Bureau zurückzuziehen.

Würde meine Drohung wirksam sein?

Ich hatte ihm noch zwei Tage Frist gegeben, die Entscheidung mußte also unter allen Umständen bald genug eintreten.

Sonderbar! ich war mir bewußt, aus den uneigennützigsten Beweggründen, mit einem Herzen, das nur für die Anderen schlug, gethan zu haben, was ich gethan — dennoch war meine Seele voller Unruhe und mein Auge spähte und mein Ohr lauschte nach jedem Zeichen, das mir sagte, was ich zu hoffen, was ich zu fürchten habe. Der nächste Tag verging — es blieb, so weit ich bemerken konnte, Alles beim Alten; ja selbst Paula's Zimmer — dasselbe, in welchem ich krank gelegen — wurde ausgeräumt; ich sah ihre Staffelei, ihre Skizzenmappen über den Flur tragen und — knirschte mit den Zähnen.

Aber am Vormittag des nächsten Tages trat der Director mit einem mehr als gewöhnlich nachdenklichen Gesicht in das Bureau und sagte, nachdem er sich von mir einige Acten hatte geben lassen, schon mit der Hand auf dem Drücker:

Sagen Sie, Georg! Sie sind ja in der Sache ganz unbefangen — haben Sie in meinem oder der Meinigen Betragen irgend etwas bemerkt, das meinem Bruder oder seiner Frau Veranlassung gegeben hätte, zu denken, sie seien von uns hier nicht gern gesehen!

Ich hatte gerade eine sehr feine Schraffirung zu machen und konnte deshalb den Kopf nicht vom Reißbrett erheben, als ich auf die Frage des Directors: Nicht, daß ich wüßte! antwortete.

Ich sollte doch auch meinen, sagte er — und seine Stimme klang ganz betrübt; es wäre mir sehr, sehr schmerzlich, müßte ich das fürchten; müßte ich fürchten, daß mein Bruder sagen,

ja auch nur denken könnte: er hat keine Achtung vor meinem
Unglücke gehabt, er hat mich von sich getrieben, als sein Haus
meine einzige Zuflucht war. Denn so steht es mit ihm oder doch
beinahe so. Seine Pension ist sehr gering für so verwöhnte
Menschen; die Abfindungssumme ist — nicht ohne unser Zu=
thun — klein genug ausgefallen; überdies hat er Schulden,
und für sein Leben zu arbeiten — wann hätte er in dem leidigen
Beamten=Schlendrian das gelernt! Sie haben unser Haus ge=
rade nicht heller gemacht — ich müßte lügen, wenn ich es an=
ders sagen wollte — aber er ist mein Bruder und er ist mein
Gast — ich wollte, er ginge nicht.

Der herrliche Mann mochte auf eine beruhigende Antwort
von mir hoffen; aber die Linien auf der Schraffirung waren
noch enger aneinander gerückt — ich mußte das Gesicht noch
tiefer als zuvor auf das Reißbrett beugen. Er seufzte und ver=
ließ das Zimmer.

Ich athmete, als sich die Thür hinter ihm schloß, hoch auf,
und einen Augenblick später sah ich in dem schwarzen Spiegel
der dickbäuchigen Tintenflasche auf dem Bureau meine lange
Gestalt in grotesker Verzerrung mit Armen und Beinen Be=
wegungen ausführen, welche in Wirklichkeit vermuthlich einen
Freuden= und Siegestanz darstellten.

Du bist ja ungeheuer vergnügt, sagte eine Stimme hinter mir.

Ich vergaß vor Schrecken das eine Bein, das ich noch in
der Luft hatte, und machte auf dem anderen eine Pirouette,
welche mir den lautesten Beifall der Kenner eingetragen haben
würde.

Arthur ist später ein Kenner in diesen Dingen gewesen;
zur Zeit aber konnte er es wohl noch nicht sein, denn seine Miene
strahlte, indem er sich jetzt in einen Stuhl warf, keineswegs vor
Entzücken und der Ton seiner Stimme war äußerst melancho=
lisch, als er, den Lockenkopf in die Hand stützend, also fortfuhr:

Freilich, Du hast alle Ursache dazu; Du hast Deinen Zweck
erreicht; von morgen an bist Du ja wieder hier Alleinherrscher.

Ich hatte mittlerweile den anderen Fuß auch wieder auf
den Boden gebracht und die Gelegenheit benützt, mich diesem

neuen Gegner gegenüber, — denn als solchen mußte ich Arthur
ansehen — fest in meine Stiefel zu stellen. Aber ich hatte mich
geirrt. Arthur war nicht gekommen, mir Vorwürfe zu machen.

Ich habe meine Gründe, sagte er, die Alten lieber nicht hier
an Ort und Stelle zu haben. Der Alte, weißt Du, ist seit seinem
Unglücke wirklich ganz disreputabel geworden: er pumpt den
ersten Besten an, der ihm über den Weg läuft — à propos,
die fünfundzwanzig, die Du mir neulich geliehen hast, kann ich
Dir wiedergeben — ich habe gestern Abend einen fabelhaften
Treffer gehabt — wir hatten ein kleines Jeu beim Lieutenant
von Serring — schade, daß ich das Geld nicht bei mir habe,
aber Du kriegst es morgen ganz gewiß — was ich sagen wollte:
der Alte treibt es zu arg, er hätte mich über kurz oder lang
heillos compromittirt; der Oberst paßt mir so schon schauder=
haft auf den Dienst. Deswegen also keine Feindschaft, Georg!
Denn Du hast ihn weggebissen — leugne es nicht; ich hab's
von der Mama. Sie ist wüthend auf Dich; aber ich habe ihr
gesagt, sie könne sich gratuliren, daß Du so discret gewesen und
die Geschichte von dem Briefe nicht weitererzählt hast. Und
deshalb bin ich auch nicht gekommen, sondern um Dich zu
fragen, wie ich nun mit Dir stehe.

Wie meinst Du das? fragte ich nicht ohne einige Verwir=
rung.

Laß uns vor einander keine Flausen machen, altes Haus,
sagte der Fähnrich, sich mit der Degenspitze die Sohle seines
linken Stiefels, den er auf das rechte Knie gelegt hatte, klopfend;
ich habe Dich weit unterschätzt; ich sehe jetzt, daß Du hier Hahn
im Korbe bist, und ich möchte nicht mit Dir anbinden, sondern
in Frieden mit Dir leben. Wenn der Onkel mich nicht ein
wenig mit durchfüttert, muß ich verhungern oder den Dienst
quittiren, und überdies würde mein Oberst zu wissen wünschen,
weshalb ich hier nicht mehr verkehren darf. Du bist ein guter
Kerl und wirst mich nicht unglücklich machen wollen.

Das will ich allerdings nicht, sagte ich.

Und ich bin auch nicht so schlimm, fuhr der Fähnrich fort;
ich bin ein wenig lüderlich; na, das sind wir Alle in unseren

Jahren, und Du würdest es vermuthlich auch sein, wenn Du die Gelegenheit dazu hättest, die Du in dem verdammten Nest hier allerdings nicht hast. Sonst aber kann man schon mit mir auskommen und sie mögen mich hier auch Alle gern: der Onkel, die Tante, die Jungen und —

Arthur nahm den linken Fuß vom rechten Knie und sagte: Höre, Georg, ich würde es Dir nicht sagen, wenn ich nicht das vollste Vertrauen in Deine Ehrenhaftigkeit setzte, trotzdem — kurz, ich verlange Dein Ehrenwort, daß Du nicht weiter darüber sprichst. Ich glaube, daß ich — aber, wie gesagt, Du mußt reinen Mund halten — ich glaube, daß ich meiner hübschen Cousine nicht ganz gleichgültig bin; sie hat es mir vorgestern Abend direct gesagt, und hätte sie es nicht gesagt —

Und der Fähnrich drehte an dem schwärzlichen Flaum auf seiner Oberlippe und sah sich im Zimmer um, vermuthlich nach einem Spiegel, der nicht da war; er hätte die große Tintenflasche dafür nehmen müssen, die ich ihm in diesem Momente mit tausend Freuden auf seinem hübschen Kopf in zehntausend Stücke zerschmettert hätte.

Arthur! rief in dem Garten Paula's Stimme, Arthur!

Der Fähnrich warf mir einen Blick zu, der sagen zu wollen schien: Siehst Du, was ich für ein glücklicher Teufelskerl bin! Und er stürzte zur Gartenthür hinaus, die er zu schließen vergaß.

Ich war ganz betäubt stehen geblieben und starrte durch die offene Thür in die lange Allee, die sie neben einander hinabgingen, sie in ihrer Weise still vor sich hinschreitend, er neben ihr hertänzelnd, und einmal standen sie auch still; sie blickte zu ihm auf und er legte betheuernd die Hand auf die Brust.

Ein unbeschreibliches Gefühl von Weh stieg in meinem Busen auf. Ich kannte dies Gefühl; ich hatte es schon einmal erfahren, in der Stunde, als ich vernahm, daß Konstanze einem Anderen gehörte; aber so schmerzlich war es doch nicht gewesen. Ich hätte mein Gesicht in die Hände drücken und weinen mögen wie ein Kind. Ich dachte gar nicht daran, daß Arthur mich oder sich selbst, vielleicht uns Beide belogen haben könnte. Seine Mittheilung, Paula's Rufen, die Promenade in dem um diese

Stunde einsamen Garten — das Alles war so plötzlich, so
Schlag auf Schlag gekommen, hatte so Eines in das Andere
gegriffen — es war nur zu wahrscheinlich! Und Arthur war
ja ein so verzweifelt hübscher Junge und konnte so liebenswürdig
sein, wenn er wollte — ich wußte es am besten, ich, der ich ihn
so sehr geliebt hatte! Und war nicht Paula, seitdem er im Hause
war, eine Andere gegen mich geworden? zurückhaltender? weniger mittheilsam? Ich hatte es ja längst gemerkt; es hatte
mich ja längst geschmerzt, bevor ich wußte, was diese Veränderung hervorgebracht hatte — ich wußte es jetzt!

Eitelkeit! Eitelkeit der Eitelkeiten! Was beanspruchte ich!
Was konnte ich beanspruchen, der Verstoßene, auf lange Jahre
hinaus zur Gefangenschaft Verurtheilte!

Mein Kopf sank auf die Brust. Ich demüthigte mich, demüthigte mich tief in den Staub vor dem holden Mädchen, das
mir immerdar wie der Himmlischen Eine erschienen war.

Dann schnellte ich zornig empor. Konnte sie sein, als was
ich sie verehrte, ja anbetete, wenn sie diesen Menschen liebte?

Hier war ein entsetzlicher Widerspruch, der offenbar so
leicht zu lösen war, den ich unfehlbar gelöst hätte, ja, in den ich
vielleicht nie gefallen sein würde, wenn ich ein Gran klüger oder
auch nur eitler gewesen wäre, und in den ich mich, da ich weder
klug noch eitel war, auf Jahre verstrickte.

Es geschehen Wunder und Zeichen, sagte Doctor Willibrod,
der am Abend athemlos in meine Zelle trat, wo ich, in trübes
Sinnen verloren, vor dem Ofen saß und den Funken zuschaute,
die an den glimmenden Scheiten hinauf- und hinabliefen.
Zeichen und Wunder! sie wollen ihre Zelte abbrechen und den
Staub von ihren Füßen schütteln. Hosiannah dem Herrn!

Der Doctor warf sich in einen Stuhl und rieb sich den
kahlen Schädel, auf dem die hellen Tropfen glänzten.

Gott ist mächtig in dem Schwachen, fuhr er in einem Tone
fort, dem die innere Erregung anzumerken war. Wer hätte
glauben sollen, daß ich kleiner David im Stande sein würde,
die ehernen Schädel dieser Goliaths von Unverschämtheit zu
durchbrechen, und doch ist es der Fall gewesen! Die Gnädige

kann die Luft hier nicht mehr vertragen, sie hat einen letzten Versuch gemacht, als sie sich Paula's Zimmer geben ließ. Der Versuch ist mißlungen, sie muß fort. Hosiannah dem Herrn!

Hat sie Ihnen das selbst gesagt?

Sie hat es, und der Steuerrath hat es bestätigt und von hypochondrischen Grillen gesprochen, denen die vernünftigsten Frauen unterworfen sind und für die ein galanter Gatte ein Verständniß haben muß. Schließlich hat er mich auf die Seite gezogen und sich, da er gerade nicht bei Casse sei, von mir hundert Thaler geben lassen, um auf der Stelle abreisen zu können!

Sie werden sie nie wieder zu sehen bekommen.

Die Hundert, oder die hohen Reisenden?

Beide!

Glück auf den Weg! Glück auf den Weg, und mögen sich unsere Wege niemals wieder kreuzen!

Der Doctor versank in ein andächtiges Schweigen; ich glaube, es stieg etwas wie ein Dankgebet aus seinem Herzen.

Wissen wir es schon, man will fort! ertönte eine tiefe Stimme hinter uns. Es war der Wachtmeister, der mit der brennenden Lampe hereingetreten war.

Man soll zu morgen früh, Schlag neun Uhr, beim Lohn= kutscher Hopp einen Wagen bestellen, fuhr der Alte fort, man sollte meinen, acht Uhr wär' auch nicht zu früh.

Und er rieb sich behaglich die Hände und versicherte, ihm sei zu Muthe, wie einem Bären, dem alle sieben Sinne jückten. Plötzlich verschwand das Lachen aus den tausend Falten seines Gesichtes auf einmal und er sagte, sich über die Lehne von des Doctors Stuhl beugend, in gedämpftem Tone:

Nun müssen wir den Jungen auch noch wegbeißen, Herr Doctor! rein weg! Die Brut ist noch schlimmer, meine ich, als die Alten!

Das meine ich auch! sagte Doctor Willibrod empor= schnellend, den Alten habe ich den Laufpaß gegeben; bei dem Bengel müssen Sie es thun, ja bei Gott, Mammuth, das müssen Sie!

Ich antwortete nicht, ich hatte die Augen starr auf die glimmenden Scheite gerichtet, aber ich sah sie nur wie durch einen Schleier, der irgendwie über meine Augen gefallen war.

Vierunddreißigstes Capitel.

Und wie durch einen Schleier sehe ich die Jahre, die kommen und gehen — die noch folgenden Jahre meiner Gefangenschaft! Durch einen Schleier, den die Zeit gewoben mit den unsichtbaren Geisterhänden, aber nicht so dicht, daß nicht jede Form und jede Farbe dem rückwärts schauenden Auge des Mannes mehr oder weniger deutlich wäre.

Am deutlichsten allerdings den stehenden Hintergrund in diesem langen Acte meines Lebensdramas. Noch jetzt, nach so vielen Jahren, bin ich fast zu jeder Zeit im Stande — zumal wenn ich die Augen schließe — mir das Local bis in die kleinste Einzelheit zu vergegenwärtigen. Besonders sind es zwei Beleuchtungen, in denen ich es am klarsten und auch am liebsten sehe.

Die eine ist ein heller Frühlingsmorgenschein. Ein blauer Himmel spannt sich darüber hin, die spitzigen Giebel der alten Gebäude ragen so hoch in die freie Luft, als ob die Idee eines Gefängnisses nur in dem dumpfen Hirn eines Hypochonders, der noch nicht recht ausgeschlafen hat, existire; in den Vorsprüngen der Giebel, auf den hohen Dächern zwitschern die Spatzen — und ich weiß nicht, wie es zugeht, aber Spatzengezwitscher am frühen Morgen macht mir noch heute die Welt um ein paar tausend Jahre jünger; die Schelme, däucht mir, können um Adam und Eva's Laube im Paradiese auch nicht seelenvergnügter und unverschämter gelärmt haben. — Die Sonne steigt höher, sie klettert die alten, epheuberankten Mauern hinab in die noch stillen Höfe, und der Thorwart, der eben mit einem großem Schlüsselbunde drüber hingeht,

und der sonst ein grämlicher, alter Mann ist, pfeift ganz
behaglich, als ob selbst er, der es doch besser weiß, in die=
ser morgenfrischen Welt nicht glauben könne an Schloß und
Riegel.

Die andere Beleuchtung ist Abend im Spätherbst. Im
Westen drüben hinter den flachen Kreide=Ufern der Insel ist
die Sonne untergegangen; noch glühen die schweren Wolken,
die am Horizonte hangen, in tausend düstern Purpurlichtern.
Kühler weht der Wind vom Meere her und lauter rauschen
die Wellen — man hört sie deutlich, trotzdem man vom Belve=
dere aus über den Festungswall hinweg die Brandung nicht
sehen kann. In den hohen Bäumen des Gartens fängt es
jetzt auch an zu rauschen und die braunen Blätter wehen
schaarenweise herab zu den anderen, durch die mein Fuß
raschelt, wie ich nun nach dem Hause zurückschreite. Ich
würde heute Abend, wie immer, im Schoße der Familie will=
kommen sein; aber ich könnte es heute Abend nicht ertragen,
daß so viele Augen freundlich in meine Augen sehen. Meine
Augen haben eben noch düster, ja verzweifelt in die Abend=
wolken geblickt, und der alte Dämon ist in mir erwacht und
hat mir zugeraunt: Noch zwei Jahre, zwei volle Jahre, und
ein Sprung trägt dich dort hinab und der erste beste Kahn
dort hinüber in die weite, weite Welt. Und du willst in
dein Gefängniß zurückkehren, die engen vier Wände, wo dich
nichts hält, als dein freier Wille. Dein freier Wille? wie
lange ist der nicht mehr frei! Du hast ihn ja verkauft —
fort, fort — vorüber an dem Hause — fort in deine Zelle,
fort aus dieser modernden Nebelwelt hinter Schloß und
Riegel!

Frühlingsmorgenschein und Herbstabendnebel! aber sehr
viel mehr Morgenschein als Abendnebel! Ja, wenn ich es
recht bedenke, muß ich sagen, daß der Morgenschein die Regel
und der Abendnebel, Alles in Allem, doch nur die Aus=
nahme ist. Denn, wie ein Abschnitt unseres Lebens — ja
selbst, wie der locale Hintergrund, auf den dieser Lebensab=
schnitt gezeichnet ist — uns in der Erinnerung erscheinen soll,

das hängt doch schließlich davon ab, ob es in unserer Seele
während jener Zeit hell oder dunkel war, und in meiner
Seele wurde es in dieser Zeit heller und heller, ganz allmä=
lig, wie das Tageslicht zunimmt — man weiß nicht wie, aber
was noch eben als dunkle, verworrene Masse vor unseren
Blicken lag, steht jetzt farbengeschmückt, in schöner Ordnung
vor uns da.

Der Wunsch meines väterlichen Freundes ist schon längst
in Erfüllung gegangen; ich habe im Arbeitshause arbeiten
gelernt. Die Arbeit ist mir eine Nothwendigkeit geworden;
ich erachte den Tag für verloren, an dessen Abend ich nicht
auf ein Stück gefördertes, auf ein vollendetes Werk zurück=
sehen kann. Und ich habe mir das Geschick zur Arbeit an=
geeignet, zu jedweder Arbeit: das schnelle Verständniß dessen,
um was es sich handelt, das sicher messende Auge, die leichte,
bildsame Hand. In der Anstalt sind fast alle Handwerke ver=
treten; ich habe mich nach und nach in fast allen versucht und
es meistens in kürzester Frist weiter gebracht als alte, grau=
bärtige Adepten. Der Director wiederholt gern, daß ich der
beste Arbeiter der Anstalt bin, das macht mich immer sehr stolz
und sehr demüthig; sehr stolz, denn ein Lob aus seinem Munde
ist mir die höchste Ehre, die mir auf Erden erreichbar scheint;
sehr demüthig, denn ich weiß, daß ich Alles, Alles ihm ver=
danke. Er hat die rohe Kraft, die sich kein Maß und Ziel
wußte, die sich an der Bewältigung schwerer Steinmassen müde
toben wollte, in bestimmte Bahnen gelenkt; er hat vor Allem
mich gelehrt, die Dosis gesunden Menschenverstandes, welche
mir die Natur gegeben und mit der sie in der Schule nichts
anzufangen wußten, als ein kostbares Gut zu betrachten, das
wohl gar ein Stück Genie ersetzen könne, oder, wie er es manch=
mal lächelnd ausdrückt, vielleicht selbst ein Stück Genie ist. Er
hat mich nicht mit Dingen gequält, von denen er bald heraus=
gefunden, daß sie in mein Hirn nicht passen; er hat heraus=
gefunden, daß ich mich ewig nur in einer etwas schweren deut=
schen Zunge mit Klarheit und Geläufigkeit würde ausdrücken
können und hat mir die Erlernung fremder Sprachen bis auf

das Nothwendigste erlassen; er weiß, daß mich eine erhabene
Stelle der Psalmen auf's Tiefste rührt, und daß ich mich an
Goethe, an Schiller und Lessing nicht satt lesen kann; aber er
muthet mir nicht zu, darüber hinauszugehen und mit ihm und
Paula über das Neueste der Tagesliteratur zu disputiren.
Dafür läßt er mich aus dem unerschöpflichen Quell seiner
mathematischen und physikalischen Kenntnisse in vollen Zügen
trinken, und seine liebste Erholung ist, wenn ich in der kleinen
Werkstatt, die er schon seit vielen Jahren eingerichtet hat,
nach seiner Anleitung und unter seinen Augen eine Maschine,
einen Maschinentheil, die sein schöpferischer Geist ersonnen,
modellire.

Unter seinen Augen! denn seine Hände sind müßig derweile, müssen müßig sein. Schon eine leichte physische Anstrengung bedeckt seine Glieder mit kaltem Schweiß und kann
ernstliche Gefahr für sein Leben herbeiführen. Ich weiß nicht,
was ich ohne Sie anfangen werde, sagt er mit schmerzlichem
Lächeln aus seinem Stuhle zu mir aufblickend, ich lebe von
dem Ueberflusse Ihrer Kraft; Ihr Arm ist mein Arm, Ihre
Hand ist meine Hand, Ihr voller Athem ist mein Athem. Sie
werden mich in Jahresfrist verlassen, folglich habe ich nur
noch ein Jahr zu leben; ein Mensch ohne Arm und Hand und
Athem ist ja todt.

Es ist das erstemal, daß ein so trostloses Wort über diese
edlen bleichen Lippen kommt; es macht mich deshalb sehr stutzig.
Ich habe ihn immer so muthvoll, so unverzagt gesehen, so
ganz hingegeben dem, was der Tag und die Stunde heischen,
so im Leben lebend — ich blickte erschrocken zu ihm hinüber
und es ist, als sehe ich zum erstenmale die Verwüstungen, welche
die Jahre, die sechs Jahre, in seiner Gestalt, in seinem Gesicht
angerichtet haben.

Sechs Jahre! ich muß mich darauf besinnen, daß es wirklich sechs Jahre sind. Es hat sich so wenig verändert in dieser
ganzen langen Zeit! so wenig!

Vielleicht, wenn ich es recht überlege, doch so wenig nicht.
Die Weinreben, welche, als ich vor sechs Jahren in Paula's

Zimmer krank lag, nur eben durch das Fenster nickten, sind jetzt fast den ganzen Giebel hinaufgeklettert; die große Gais= blatt=Laube hinten an der Pfirsichwand, die ich damals mit den Knaben errichtete und bepflanzte, ist vollkommen zuge= wachsen und ein Lieblingsplatz Paula's geworden, die von hier aus bis nach dem Hause blicken kann, was vom Belvedere nicht möglich ist.

In dem Belvedere ist es jetzt auch ein wenig unheimlich, und auch das würde nicht der Fall sein, wenn Benno nicht mittlerweile sechs Jahre älter geworden wäre und den „Faust" gelesen hätte, und nothwendig ein „hochgewölbtes, enges go= thisches Zimmer" haben müßte, daß er „mit Büchsen, Instru= menten, Urväter Hausrath vollpfropfen" kann, wozu ihm das baufällige Gartenhäuschen mit seinen gemalten Spitzbogenfen= stern das bei weitem geeignetste Local scheint. Benno ist jetzt ent= schieden der Ansicht, daß der Vater, der lieber einen Arzt oder Naturforscher in ihm sähe, vollkommen Recht, und Paula, die einen Philologen aus ihm machen möchte, durchaus Unrecht hat, und Benno muß das wissen, denn er steht in dem glor= reichen Alter von siebzehn Jahren, wo es wenig Menschen für uns giebt, die wir nicht, intellectuell gesprochen, um eines Hauptes Länge überragten.

Bei seinem um zwei Jahre jüngeren Bruder Kurt thut er das auch in Wirklichkeit, und Kurt hat es jetzt definitiv aufgegeben, mit seinem Senior zu rivalisiren, der so offenbar den langen schlanken Körperbau der Zehrens hat und voraus= sichtlich noch größer als der hohe Vater wird. Indessen Kurt braucht sich nicht zu beklagen; er hat die mächtige Brust und die langen kräftigen Arme, ja auch unter starkem krausen Haar die breite Stirn des Arbeiters. Er ist sehr bescheiden und anspruchslos, aber sein Blick ist merkwürdig fest und seine Lippen sind scharf geschlossen, wenn er über einer mathema= tischen Aufgabe brütet, oder mir auch nur einen Handgriff auf der Drehbank nachzumachen versucht, was ihm jedesmal in kürzester Zeit gelingt.

Kurt und ich sind große Freunde, und soweit es möglich

ift, unzertrennlich, dennoch ift, wenn ich ganz ehrlich fein will,
der zwölfjährige Oskar mein Liebling. Er hat die großen,
glänzend braunen Augen der Zehrens, die ich an meinem
Freund Arthur, als er noch ein Knabe war, fo bewunderte;
er hat auch Arthur's Schlankheit und anmuthige Manieren —
es ist mir manchmal, als fähe ich in ihm Arthur wieder, wie
er vor vierzehn Jahren war. Das follte ihm bei mir nicht
gerade zur Empfehlung gereichen, aber wenn er, die langen
Locken hinter fich fchüttelnd, die großen Augen von Lust und
Leben ftrahlend, auf mich zugesprungen kommt, kann ich nicht
anders, als ihm meine Arme öffnen. Oefter frage ich mich,
ob es wohl gerade diese Aehnlichkeit ift, weshalb Oskar fich
als Liebling der Schwester behauptet hat. Paula fagt freilich
nach wie vor, davon könne gar keine Rede fein; Oskar fei eben
der Jüngste und ihrer am meisten bedürftig, und daß gerade
er ein fo ausgesprochenes Talent zum Zeichnen und Malen
habe und dadurch ihr Schüler im eigentlichen Sinne des Wortes fei — das fei ein Zufall, für den man fie nicht verantwortlich machen dürfe.

Ganz ähnlich fo hat Paula vor fechs Jahren auch ge-
fprochen; ich erinnere mich deutlich noch des Sommernach-
mittags, als fie, bald nach meiner Reconvalescenz, die große
Kreideskizze von mir machte — auf dem Platze unter den
Platanen — fo deutlich, als ob es erst gestern gewesen wäre.
Und wenn ich Paula anblicke, kann ich ebenfalls nicht glauben,
daß ich fie bereits fechs Jahre kenne und daß fie im nächsten
Monat zwanzig wird. Damals fah fie älter aus, als fie war;
jetzt erscheint fie mir um ebensoviel jünger. Sie ift jetzt
vielleicht ein klein wenig größer und ihre Formen find wohl
voller und weiblicher, aber in ihrem lieben Gesicht ift fo viel
kindliche Unschuld, und felbst ihre Bewegungen haben noch
die Schüchternheit, ja felbst manchmal das Linkische eines ganz
jungen Mädchens. Freilich, wenn man in ihr Auge fieht,
vergeht wohl Jedem der Muth, fie nicht für das zu nehmen,
was fie ift. Es lodert nicht auf dies Auge in übermüthigen
Flammen, es blickt nicht fcheu oder fchmachtend, wie einer

Pensionärin Auge, die eben von der verstohlenen Lectüre ihres vergoldeten Lieblings-Lyrikers kommt — es glänzt in einem stillen, stetigen, vestalischen Feuer, weltvergessend und doch eine Welt umspannend, wie des Künstlers Auge glänzen muß.

Und eine Künstlerin ist Paula geworden in diesen sechs Jahren. Sie hat keinen Lehrer gehabt, außer einem verkommenen Genie, das eine kurze Zeit lang im Arbeitshause gewesen war und später vom Director das Gnadenbrot empfangen hat bis zu seinem schon vor mehreren Jahren erfolgten Tode. Sie hat keine Akademie besucht, sie hat kaum etwas gesehen, außer ein paar schönen alten Familien-Porträts und einem überaus herrlichen Kupferstich der Sixtinischen Madonna, welche die Wände im Hause des Directors schmücken. Sie ist, was sie ist, durch sich selbst, durch ihr wunderbares Auge, das jedem Menschen in das Herz blickt, ja auch jedem Dinge; durch ihre Hand, die nicht so schlank und fein sein könnte, wenn die Seele nicht bis in die Fingerspitzen strömte und sie zu dem bildsamsten Werkzeuge machte; durch ihren Fleiß endlich, dessen Energie und Rastlosigkeit geradezu unbegreiflich scheint, wenn man bedenkt, welche Arbeitslast noch außerdem auf diesen zarten Schultern liegt. Aber auch jede freie Minute widmet sie der geliebten Kunst, und sie weiß sich frei zu machen, wo Andere feierlich erklären würden, daß sie nicht wüßten, wo ihnen der Kopf stehe. Der Reichthum ihrer Mappen an Studien aller Art, Skizzen, Entwürfen, Copien ist außerordentlich. Da ist kein nur einigermaßen interessanter Kopf unter den Arbeits- und Zuchthäuslern, den sie übersehen hätte. Dem Fräulein einmal sitzen zu dürfen, ist in der ganzen Anstalt eine vielumworbene, vielbeneidete, mit Stolz getragene Ehre und Vergünstigung. Ihr oberstes Modell aber ist und bleibt der alte Süßmilch, dessen prächtiger Kopf mit den kurzen, grauen Locken, dem furchendurchzogenen energischen Gesichte, in der That ein Herztrost für ein Malerauge ist. Der Alte figurirt in allen möglichen Auffassungen als Nestor, Merlin, Getreuer Eckart, Belisar, Götz von Berlichingen, ja

fogar als Schweizer aus den Räubern; lauter Vorstudien zu
großen historischen Gemälden, von denen das muthige Mäd=
chen für die Zukunft träumt. Vorläufig ist freilich nur ein
einziges bis zur Untermalung gediehen: Richard Löwenherz,
krank in seinem Zelte, von einem arabischen Arzte besucht.
Das Motiv ist aus einem Roman von Walter Scott. Im
Hintergrunde ein englischer Yeoman, der traurig auf den kran=
ken Herrn blickt, und die Gestalt eines jungen normännischen
Edelmannes, der, die Hand am Schwerte, argwöhnisch prüfend
auf den Arzt schaut. Der Richard Löwenherz bin ich, wie
sie mich damals in meiner Reconvalescenz auf dem Belvedere
gezeichnet hat; in · dem arabischen Arzt — einer sonderbar
phantastisch gnomenhaften Figur — behauptet Doctor Willi=
brod sich wiederzufinden, trotzdem der Araber keine Brille
trage und sein·ohne Zweifel kahler Schädel mit dem grünen
Turban des Mekkapilgers umwunden sei; der Yeoman ist
Wachtmeister Süßmilch wie er leibt und lebt — er hat sich
nur ein anderes Costüm gefallen lassen müssen; der englische
Ritter mit den kurzen, braunen Locken und den braunen glän=
zenden Augen — eine anmuthig schöne, jugendlich elastische
Gestalt ist — Arthur.

Ist es ein Zufall, daß gerade diese Gestalt ·am meisten
ausgeführt ist, und daß die fast vollendete Gestalt ein solcher
Liebreiz umfließt?

Ich habe keinerlei Anhalt zur Beantwortung dieser Fra=
gen, als den ich aus meinem ahnenden Gemüth schöpfte. Ar=
thur, der längst Lieutenant ist und im Frühlinge dieses Jahres
an die Kriegsschule in der Hauptstadt commandirt wurde, ist
freilich noch oft genug in's Haus gekommen, aber doch hatte
die Häufigkeit seiner Besuche mit jedem Jahre abgenommen,
und ich könnte nicht sagen, daß er Paula irgend näher getreten
wäre. Aber es muß doch einen Grund haben, daß er gegen
mich, der ich ihm nichts nachgetragen, der ich stets freundlich
gegen ihn gewesen bin, so wenig mir auch oft darnach zu
Muthe war, daß er gegen mich immer zurückhaltender gewor=
den und mir in der letzten Zeit so weit als möglich aus dem

Wege gegangen ist. Das Geld, das er mir schuldet — und das sich im Laufe der Jahre zu einer für meine Verhältnisse nicht unansehnlichen Summe gesteigert hat — kann es nicht sein, denn ich habe es ihm — der immer in Noth ist und sich stets eine Kugel durch den Kopf schießen will — gern und willig gegeben, habe ihn nie gemahnt, ihm im Gegentheil stets versichert, daß es mit der Rückzahlung keine Eile habe — nein! das Geld kann es nicht sein. Fürchtet er in mir einen Nebenbuhler? Großer Gott! ich bin ihm nicht gefährlich! Wie kann man einen Gefangenen fürchten, dessen Zukunft ein Buch mit sieben Siegeln ist, das nicht viel anmuthige Capitel enthält! Kann er es mir nicht verzeihen, daß Paula nach wie vor gütig und freundlich gegen mich ist? Habe ich es nicht verdient, der ich Alles thue, was ich ihr nur an den Augen absehen kann?

Ich weiß es nicht; ebensowenig, ob es zufällig ist, daß Paula von der Stunde an, daß Arthur nach Berlin gegangen, nicht mehr an dem Bilde gemalt hat. Und doch braucht sie gerade ihn am wenigsten, denn seinem ritterlichen Doppelgänger fehlt kaum noch ein Strich. Ich trage mich lange, lange mit dem Warum? Und als ich endlich einmal wage, Paula darnach zu fragen, antwortet sie, nicht ohne einiges Zögern, das an ihr selten ist: Das Bild ist mir verleidet. Verleidet? Da ist ein neues Warum, das noch schlimmer scheint, als das erste, und an das ich deshalb nicht rühren sollte, wenn ich klug wäre.

Aber ich bin gar nicht klug und bringe es nicht aus dem Kopf, und da mein Kopf nichts damit anzufangen vermag, lege ich es Doctor Willibrod vor, so ganz gelegentlich; so ganz, als ob von der Beantwortung eigentlich gar nichts abhinge. Sagen Sie, Doctor, warum mag das Bild Fräulein Paula verleidet sein?

Wer hat das gesagt? fragt der Doctor.

Sie selbst.

Dann fragen Sie sie auch selbst.

Wenn ich das wollte oder könnte, brauchte ich Ihre Meinung nicht zu hören.

Weshalb sollte ich darüber eine Meinung haben? ruft der
Doctor Was geht es mich an, weshalb Paula das Ding nicht
weiter malen will? Mir kann es gleich sein, ob ich auf dem
Bilde fertig werde, nachdem mich die Natur einmal nicht fertig
gemacht hat.

Ich sehe, daß ich so nicht weiter komme, und wage anzudeuten, ob vielleicht Arthur's Entfernung einen Einfluß auf
Paula's Stimmung gehabt habe.

Geht die Katze endlich an den Brei, krähte Doctor Willibrod. Sie denkt wohl, man hat es nicht längst gesehen, wie
sie die Pfoten leckt? Und der Brei ist doch so süß! o, so süß!
gerade wie der Gedanke, daß ein solches Mädchen ihr Herz
an einen solchen Kerl hängen kann! Es ist unmöglich, sagt
Meister Hinz und sein Bart sträubt sich vor Unwillen. Weshalb unmöglich? was ist unmöglich? Bei Gott ist Vieles unmöglich, aber bei den Menschen ist Alles möglich. Ist das
Leben des Vaters etwas Anderes als ein fortgesetztes Opfer?
ist sie nicht ihres Vaters Tochter? Wenn man einmal so im
Zuge ist, kommt es auf ein bischen mehr nicht an, und das
Lamm opfert sich auch wohl, den Wolf zu retten. Heissa! es
ist ein lustiges Metier das Wölfe-Retten! aber noch lustiger
ist es, als ein solcher Kerl dabeizustehen und zuzusehen, und
nicht den Stecken zu heben und zuzuschlagen, nein, bei Leibe
nicht! sondern immer nur zu fragen: Glauben Sie nicht, Verehrtester, daß schließlich doch der Wolf das Lamm fressen
wird? O, geht mir doch! Ihr Alle, die Ihr Menschenange-
sicht tragt!

Doctor Willibrod kräht so hoch und sieht der bekannten
apoplektischen Billardkugel so täuschend ähnlich, daß es mir
leid thut, das Gespräch angefangen zu haben und noch dazu
so ungeschickt. Ich erinnere mich jetzt, daß der Doctor in der
letzten Zeit immer sonderbar aufgeregt gewesen ist, sobald die
Rede, so oder so, auf Paula kommt. Manchmal spricht er
von ihr, daß man glauben sollte, er hasse sie, wenn man nicht

wüßte, daß er sie vergöttert. Hält man ihm das vor, schiebt er es auf die Hitze. Der Teufel möge bei dem Wetter kalt= blütig bleiben; der sei es von der Hölle her gewohnt; Men= schen könne man nicht übel nehmen, daß sie bei vierund= zwanzig Grad im Schatten dann und wann ein wenig über= schnappten.

In der That ist die Hitze dieses Sommers ganz unerträg= lich gewesen. Tag für Tag durchläuft die Sonne einen wolken= losen, stahlblauen Himmel, und ihr Strahl versengt, was er trifft. Das Gras ist längst verdorrt, die Bastion und die Festungswälle sehen gelbbraun aus; die Blumen sind vor der Zeit verblüht; das Laub raschelt vor der Zeit von den Bäumen. Alle Creatur schleicht umher, den dumpfen Blick zur Erde ge= kehrt, auf der die Luft vibrirt, wie auf einem erhitzten Ofen. Auch ist der Gesundheitszustand in der Stadt sehr schlecht, und wir sind froh, daß wenigstens die Knaben, die ihre Michaelisferien haben, auf einem benachbarten Landgute zum Besuch bei einer befreundeten Familie sind; und in der Anstalt geht es keineswegs nach dem Wunsche des Directors und des Doctors, die sich gegenseitig in Fürsorge für die Kranken übertreffen, trotzdem der letztere stets behauptet, es sei der Un= sinn des Unsinns, für Andere seine Haut zu Markte zu tra= gen, besonders wenn man, wie Humanus, nur noch eine halbe Lunge und eine blinde Frau und vier Kinder und nicht einen Silbersechser im Vermögen habe. Was soll das geben?

Ich erinnere mich, daß diese Frage von dem Doctor in demselben Gespräch aufgeworfen wurde, und daß ich mir die Frage immer wiederholte, als ich eine Stunde später allein auf dem Belvedere stand, und, ohne etwas zu sehen und zu hören, in den Abend starrte, der über den Wall aus dem Meer her= aufzog. Ich sah nicht, daß über den Himmel, der Wochen und Wochen lang keine Trübung gezeigt hatte, ein Dunst sich breitete, durch den das letzte Abendlicht gespensterhaft fahl hindurch= schien; ich hörte nicht, daß sonderbar klagende, wimmernde Töne durch die Luft zogen, ich wandte mich nicht einmal ver= wundert um, als jetzt eine tiefe Stimme dicht an meinem Ohr dieselbe Frage hervorgrollte, die ich fortwährend bemüht war, mir zu lösen: Was soll das geben?

Es war der alte Süßmilch und er deutete mit der Rechten gen Westen in die schwefelfahle Dämmerung.

Einen Sturm, was sonst? erwiderte ich, ohne mich zu besinnen.

Mir war, als müsse die dumpfe Schwüle, die in der Natur und in meiner Seele brütete, sich in einem Sturm entladen.

Fünfunddreißigstes Capitel.

Und einen Sturm gab's, wie er seit Menschengedenken nicht über diese Küste getobt war, die doch Jahr aus Jahr ein so manchen wackern Nordost über ihre niedrigen Sand= und Kreideufer brausen hört.

Es war um Mitternacht, als ich von einem donnerähn= lichem Krachen aufwachte, vor welchem das alte Haus bis in seine Grundfesten erbebte und dem ein Prasseln und Knattern von herunterfallenden Ziegeln, zuschlagenden Thüren und Lä= den folgte, wie auf die Detonation einer Batterie von Fünf= undzwanzigpfündern das Knattern und Knallen des Klein= Gewehrfeuers. Das war der Sturm, der so lange schon in der Natur und in meinem Gemüth sich verkündet hatte! Mein erster Gedanke waren sie, da drüben in dem gartenumgebenen Hause. Mit einem Satze war ich von meinem Lager und im Nu in meinen Kleidern, als der Wachtmeister den grauen Kopf zur Thür hereinsteckte.

Schon auf? sagte er; aber davon müßte auch ein Bär mit sieben Sinnen aufwachen. Er wird auch aufgewacht sein.

Der Alte sagte nicht, wer auch aufgewacht sein sollte; es war das zwischen uns beiden nicht nöthig.

Ich wollte eben zu ihm, sagte ich.

Ist recht, sagte der Alte. Man wird derweile hier bleiben; wird hier schon Jemand nöthig sein, der den Kopf auf der rechten Stelle hat. Das ist ja ein heidenteufelmäßiger Spektakel; das ist schlimmer als vor acht Jahren, und schon damals woll= ten die Leute nicht in den Schlafsälen bleiben, und es fehlte nicht viel, so wäre es zu Mord und Todtschlag gekommen.

Während dieser kurzen Unterredung hatten sich die gewaltigen Stöße zweimal mit womöglich noch größerer Heftigkeit wiederholt; es war ein Heulen und Donnern — wir hatten laut sprechen müssen, um uns nur verstehen zu können. Das war im Zimmer — wie mochte es draußen sein!

Ich erfuhr es eine Minute später, als ich über den Gefängnißhof ging. Eine grabesnächtige Finsterniß lag wie ein dickes, schwarzes Leichentuch über der Erde; kein Stern, auch nicht der leiseste Schimmer einer Helligkeit. Der Orkan wüthete zwischen den hohen Mauern wie ein Raubthier, das sich zum ersten Mal im Käfig sieht. Ich hatte, trotz meiner Kraft und meines schweren Körpers, Mühe, dem Ungeheuer zu trotzen, das mich mit seinen Pranken hinüber und herüber warf. So schwankte ich zwischen Ziegeln, die von den Dächern rasselten, durch die schwere Finsterniß bis zum Hause des Directors, aus dessen Fenstern jetzt eben hier und da Licht aufblinkte.

Auf dem unteren Flur begegnete ich Paula. Sie trug eine brennende Kerze in der Hand. Der Schein fiel hell in ihr blasses Gesicht und ihre großen Augen, die sich, als sie mich erblickte, mit Thränen füllten.

Ich wußte es, daß Sie kommen würden, sagte sie. Es ist eine furchtbare Nacht. Er will durchaus hinüber in das Gefängniß, und ist die letzten Tage so unwohl gewesen! Ich wage nicht, ihn zu bitten, daß er bleibt. Er muß ja fort, wenn es seine Pflicht erheischt. Da ist es nun gar lieb von Ihnen, daß Sie gekommen sind.

Die Thränen, die in ihren Augen geglänzt, rollten jetzt langsam über ihre bleichen Wangen. Lachen Sie mich nicht aus, sagte sie; aber ich habe alle diese Tage das Gefühl gehabt, es müsse ein Unglück geben.

Das haben wir wohl Alle gehabt, liebe Paula. Es ist auch ein Stück Egoismus, zu glauben, daß ein Gewitter, welches über Tausenden und Tausenden in der Luft steht, gerade uns treffen soll.

Ich hatte das recht muthig sagen wollen; aber meine

Stimme zitterte, und bei den letzten Worten mußte ich meinen Blick abwenden.

Ich will zum Vater, Paula, sagte ich.

Da kommt er schon, sagte Paula.

Der Director trat aus seinem Gemache, ich sah noch eben, bevor er die Thür leise schloß, eine weiße Gestalt, die er, wie es schien, mit freundlichen Worten und Geberden im Zimmer zu bleiben genöthigt hatte. Es war Frau von Zehren. Hatte sie auch das Gefühl, daß ein Unglück in der Luft war? Vielleicht mehr noch als wir. Wer von uns Sehenden hört die leisen Geisterstimmen, die durch die Nacht der Blinden flüstern und raunen?

Eine tiefe Schwermuth lag auf seinem Gesicht, die sofort verschwand, und einem erstaunten Lächeln wich, als er uns Beide dastehen sah. Es war, wie wenn Jemand durch eine enge Felsschlucht schreitet, deren düstere Schatten auf seiner Stirn sich lagern und plötzlich, bei einer Wendung um einen scharfen Felsen, sieht er das freie Thal zu seinen Füßen, und ein breiter goldener Strom des Sonnenlichts ergießt sich über ihn.

Sieh' da, Ihr lieben Beiden! sagte er.

Er streckte die Hände nach uns aus.

Ihr lieben Beiden, wiederholte er.

Sah er uns? sah er aus dem Felsenthal in der Zukunft sonnige Weiten? Ich habe es mich später oft gefragt, wenn ich des geisterhaften, seligen Blickes dachte, mit welchem der Vater in dieser Stunde die geliebte Tochter sah, an der Seite des Mannes, den er wie seinen Sohn liebte. Doch das war nur ein Moment; dann trat die Gegenwart in ihre Rechte.

Sie sollen mich begleiten, Georg, sagte er; ich muß einen Gang durch das Gefängniß machen. Es kann nicht anders sein, als daß die Aufregung, die schon seit Tagen in uns Allen wühlt, auch die armen Gefangenen ergriffen hat. Da geht es denn ohne Heulen und Zähneklappen und Schreien nicht ab. Denkst Du noch, Paula, der Septembernacht vor acht Jahren?

sie war so schlimm nicht, wie diese hier, und doch geberdeten sich die Leute schon wie die Rasenden.

Paula nickte. Ich weiß es noch recht wohl, Vater, sagte sie. Wie sollte ich nicht? Hattest Du doch hernach an den Folgen so viel zu leiden. — Da kommt Doris mit der Laterne, fuhr sie schnell fort, während die Scham, auch nur versucht zu haben, ihren Vater von seiner Pflicht zurückzuhalten, auf ihren Wangen glühte. Hier!

Sie nahm dem Mädchen die große Laterne mit den zwei bereits angezündeten Lichtern aus den zitternden Händen und gab sie mir. Der Director winkte ihr freundlich-ernst mit den großen tiefen Augen, knöpfte sich den Rock zu, drückte den Hut fester in die Stirn und sagte, sich zu mir wendend: Kommen Sie, Georg!

Wir traten in die heulende, donnernde Finsterniß. In der rechten Hand trug ich die Laterne, meinen linken Arm hatte ich dem Director gegeben. Ich hatte gemeint, ihn, den Schwachen, durch die Gluth der letzten Wochen vollends Erschöpften, tragen, oder doch so gut wie tragen zu müssen, und wirklich waren seine ersten Schritte schwer und schwankend, wie die eines Kranken, der sich nach Wochen zum ersten Mal von seinem Lager erhebt. Mit einem Mal richtete er sich aus meinem Arm in die Höhe:

Hören Sie, Georg? Ich sagte es ja.

Wir schritten eben unter den Fenstern des einen der großen Schlafsäle hin, in welchem wohl hundert Gefangene zu dieser Stunde eingeschlossen waren. Die weiße Mauer hob sich nur noch eben aus der Finsterniß; durch die vergitterten Fenster schimmerte ein sehr schwaches Licht. Der Sturm raste an der Mauer hin, und pfiff schrill durch die Gitter der Fenster; aber lauter noch als des Sturmes Heulen und Pfeifen erschollen gräßliche Laute, die aus dem Innern des Gebäudes drangen. In der Nacht des Tartarus verirrte Seelen müßten solche Laute ausstoßen: Licht, Licht! rief es. Wir wollen Licht!

Schnell, Georg! sagte der Director, mit großen Schritten vor mir her eilend, daß ich Mühe hatte, ihm zu folgen.

Wir traten durch die offene Thür in den weiten Flur, wo wir den Wachtmeister im lebhaftesten Streit mit dem Inspector und einem halben Dutzend Aufseher trafen.

Man wird sehen, daß er mir Recht giebt, hörte ich den braven Alten rufen. Man müßte ja ein Bär mit sieben Sinnen sein; man müßte ja einen Zahnstocher nicht von einem Scheunenthor unterscheiden können! Steckt in drei Millionen Teufel Namen die Laternen an!

Ja, steckt die Laternen an, sagte der Director, herantretend.

Alle wichen ehrerbietig zurück, nur der Inspector sagte mürrisch: Es ist gar kein Grund, Herr Director, von der Hausordnung abzuweichen, und die Kerle wissen, daß kein Grund vorhanden ist; aber sie benutzen die Gelegenheit — das ist Alles.

Vielleicht doch nicht, Herr Müller, sagte der Director. Wir Beide, Sie und ich, haben noch nicht in einem eingeschlossenen Raume gesessen, zusammen mit hundert Andern im Dunkeln oder so gut wie im Dunkeln und in einer Nacht, wie diese, in der es ist, als wollte die Welt untergehen. Die Furcht ist ansteckend, wie der Muth. Folgen Sie mir; Sie und Süßmilch und zwei Andere, die die Laternen anzünden können.

Mich nannte er nicht; er hielt es für selbstverständlich, daß ich ihm folgte. Wir bogen in den Corridor und gelangten zu der großen Thür, die in den Saal führte, an dessen Fenstern wir vorübergeschritten waren. Licht, Licht! heulte es von innen heraus und harte Fäuste trommelten gegen die eichene Thür, und dazwischen krachte es, als ob man irgendwie versuchte, sie zu sprengen.

Oeffnen Sie! sagte der Director zu dem Schließer.

Der Mann warf einen scheuen Blick auf den Inspector, der die Augen grollend zur Erde senkte.

Oeffnen Sie! wiederholte der Director.

Der Mann brachte zögernd den Schlüssel in das Schloß und hob die schwere Eisenstange aus den Krampen. Zögernd schob er einen und schob er den zweiten Riegel zurück. Als er die Hand an den dritten legte, blickte er noch einmal scheu zu dem Director auf, um dessen Lippen ein Lächeln schwebte.

Sie haben doch sonst das Herz auf dem rechten Fleck, Martin, sagte er.

Mit einem Ruck zog Martin den Riegel zurück; die Flügel schlugen auseinander; ich werde das entsetzliche Schauspiel, das sich jetzt meinen Blicken bot, nie vergessen, und sollte ich das Alter der weißköpfigen Krähe erreichen.

Hinter der Thür aus Holz, in der Entfernung etwa eines Fußes war eine eiserne bis oben hinaufreichende, ebenfalls verschlossene Gitterthür. Die Holzthür wurde für gewöhnlich nicht geschlossen, damit die Wache auf dem Corridor einen Blick in den Schlafsaal hatte. Heute Nacht war es doch auf Befehl des Inspectors geschehen, um die Leute für ihr Revoltiren, wie er es nannte, zu strafen. Jetzt konnte er sehen, was er dadurch angerichtet.

Die Flügel der Holzthür schlugen auseinander und das helle Licht aus der Laterne fiel auf einen wüsten Knäuel, das sich hinter der Gitterthür zusammengekauert hatte, ein Knäuel von Menschenleibern, die übereinander geschichtet, durcheinandergeworfen waren; hier ein paar Arme hervorragend, dort ein paar Beine, wie aus einem Haufen Todter, die man auf einem Schlachtfeld kopfüber in eine gemeinschaftliche Grube geworfen hat, — nur daß dieser Knäuel sich bewegte, sich durcheinanderwälzte, und aus dem Knäuel dort und hier, und hier und dort und überall lebendige Augen starrten, fürchterliche, zornige, verzweifelte, wahnsinnige Augen.

Leute, rief der Director, — und seine sonst so leise Stimme war jetzt laut genug, den Lärm zu übertönen — schämt Ihr Euch nicht? Wollt Ihr Euch verderben, um einer Gefahr zu entgehen, die nirgends existirt, als in der Dunkelheit, die Euch umgiebt, und in Euren Köpfen?

War es die Stimme, die so muthig sprach? war es der Anblick des Mannes, war es die Wirkung des Lichtstrahls, der aus den Laternen der Schließer in das Chaos fiel — aber der Knäuel löste sich, die Arme fanden sich wieder zu den Beinen, die Beine standen wieder auf den Füßen; die Augen selbst verloren den wahnsinnigen Ausdruck; ja der Eine oder der Andere schlug sie, ich weiß nicht, ob geblendet oder beschämt, zu Boden.

Gebt Raum, Leute! sagte der Director, damit ich zu Euch kann! Sie wichen zurück. Die Gitterthür wurde aufgeschlossen; der Director trat hinein, von uns gefolgt.

Nun seht, Kinder, wie thöricht Ihr seid; fuhr er in freundlichem Tone fort: da steht Ihr im Hemd, frierend, zitternd — Ihr solltet Euch wirklich schämen. Legt Euch wieder zu Bett, oder zieht Euch an und bleibt auf; ich werde Euch die Laternen anzünden lassen, damit doch Jeder sehen kann, was für ein Hasenherz sein Nebenmann, und was für ein muthiger Kerl er selber ist.

Die Leute blickten einander an, und über mehr als ein Gesicht, das noch eben von Angst verzerrt war, zog jetzt ein muthwilliges Lächeln; im Hintergrunde lachten ein paar laut auf.

Das ist recht, sagte der Director; lacht nur! vor einem ehrlichen Lachen hält kein Teufel Stand, und nun gute Nacht, Kinder! Ich muß auch zu den Andern gehen!

Unterdessen hatten die Aufseher die vier großen Laternen, welche an die Decke hinaufgezogen waren, herabgelassen und angezündet. Eine sanfte Helligkeit verbreitete sich durch den großen Raum. Draußen heulte und tobte der Sturm wie zuvor; aber den Sturm hier drinnen hatte ein gutes Wort, das in die dunklen Herzen fiel, gesänftigt.

Laßt uns zu den Andern gehen, sagte der Director.

Und weiter schritten wir durch den Corridor, in welchem heute der Lärm draußen unsere Schritte übertönte. Ueberall, wohin wir kamen, die furchtbarste Aufregung der Gefangenen, die, wenn man wollte, grundlos war, zum wenigsten in keinem Verhältnisse zu stehen schien mit den Ursachen, die sie hervorgebracht; überall dasselbe, bald mit wilden Flüchen, bald mit flehentlichen Bitten ausgesprochene Verlangen der armen

Menschen nach Licht, und immer wieder nur Licht in die
grauenhafte Nacht! Und überall gelang es dem ruhigen Zu=
reden des Directors, die Halbwahnsinnigen zu beschwichtigen;
nur die Insassen des einen Saales wollten oder konnten sich
nicht zufrieden geben. In der That befand sich dieser Saal
in einem Flügel des Gebäudes, welcher dem Anprall des
Orkans noch mehr ausgesetzt war, als die übrigen Theile, und
wo in Folge dessen die Wuth des Elementes alle Fesseln
sprengte. Der donnerähnliche Knall, mit welchem die Winds=
braut gegen die alten Mauern schlug, das wüthende Geheul,
mit welchem sie um die Ecken raste, nachdem sie sich minuten=
lang mit der wahnsinnigsten Gewalt angestrengt, das verhaßte
Hinderniß zu beseitigen, die wimmernden, klagenden, ächzenden,
heulenden Töne, die, man wußte nicht wie und woher, erschallten
— das Alles war furchtbar genug, auch eine freie Seele mit
geheimem Grauen zu erfüllen. Dazu kam, daß in dem Augen=
blicke, in welchem der Director mit den Leuten parlamentirte,
von dem höheren Nebengebäude der Schornstein herabge=
schlagen wurde und auf den Dachstuhl des Flügels fiel, so
daß Hunderte von Ziegeln herabrasselten, und, wenn nicht die
Gefahr, so doch den Lärm vermehrten. Die Leute verlangten,
herausgelassen zu werden; sie würden Alles daransetzen, her=
auszukommen; sie wollten nicht bei lebendigem Leibe begraben
werden!

Aber, Kinder, sagte der Director; Ihr seid hier sicherer
als irgendwo sonst; so fest wie dieser Saal ist kein anderer
Theil des Gebäudes.

Er hat gut reden, murrte ein vierschrötiger, krausköpfiger
Kerl; er geht nach Hause, und schläft in seinem weichen Bett.

Gieb mir Deine Matratze, Freund! sagte der Director.

Der Kerl blickte verwundert drein.

Deine Matratze, Freund; wiederholte der Director; leih'
sie mir für diese Nacht; ich will sehen, ob sie so hart ist, und
ob es sich hier so schlecht schläft.

Tiefe Stille folgte plötzlich dem wirren Geschrei; die Leute
blickten einander verlegen an; sie wußten nicht, ob es Scherz

sei oder Ernst. Aber der Director rührte sich nicht vom Platze. Schweigend, das Kinn in die Hand gestützt, gesenkten Hauptes, sinnend, stand er da; Niemand, und auch nicht ich, wagte ihn anzureden. Aller Augen wandten sich auf den trotzigen Bur= schen, als ob er zum Tode verurtheilt sei, und die Hinrichtung demnächst vollzogen werden solle. Und des Menschen Trotz war gebrochen; still ging er hin, holte seine Matratze, und trat mit derselben vor den Director.

Da leg' sie hin, mein Freund, sagte der Director. Ich bin müde — ich danke Dir, daß Du mir zu einem Lager verhilfst.

Der Mann breitete die Matratze auf dem Boden aus; der Director ließ sich darauf nieder, und sagte: Nun legt Ihr Andern Euch auch. Sie, Herr Inspector Müller, gehen nach dem Krankenhause, und fragen dort, ob man meiner bedarf. Sie, Georg, bleiben bei mir.

Der Inspector ging mit den Schließern; die Thür fiel in's Schloß; wir waren allein.

Allein unter ungefähr fünfzig Zuchthäuslern, zum größten Theil den schlimmsten und verwegensten Gesellen, welche die Anstalt in ihrem Schooße barg.

Aus den Laternen, die von der Decke herabhingen, fiel ein mattes Licht auf die Reihen der Lagerstätten, die sich an den Wänden und in drei langen Linien durch das Gemach zogen. Die Leute hatten sich wirklich wieder hingelegt, oder kauerten doch auf ihren Lagern. Der, welcher dem Director seine Matratze hatte geben müssen, hätte sich auch legen können, denn es standen noch ungefähr ein halbes Dutzend leere Betten in dem Saale, aber er wagte es nicht, eines derselben zu be= rühren, und kauerte auf den nackten Dielen in einer dunklen Ecke. Ich stand mit verschränkten Armen an der steinernen Säule, welche die Mitte der Decke stützte, und sah dem wun= dersamen Schauspiele zu, das sich rings um mich her zeigte, und horchte dem Sturm, der draußen mit einer Gewalt fort= wüthete, die kein Ermüden zu kennen schien. Der Director lag ganz still, den Ellnbogen aufgestemmt, das Haupt in der

Hand. Er schlief, oder schien zu schlafen, doch war es mir, als ob von Zeit zu Zeit ein Zucken durch seinen Körper flog. Es war warm in dem Saale; aber, als wir über den Hof gingen, hatte uns ein Regenguß durchnäßt; er hatte keine Decke, und er hatte sich eben vom Krankenbett erhoben! Wie soll dies werden? seufzte ich aus der Tiefe meines Herzens.

Plötzlich richtete sich ein Mann in meiner Nähe, nachdem er schon mehrmals den Kopf nach dem Director gewendet, vollends empor, trat, die nackten Füße leise aufsetzend, an mich heran und murmelte: Er darf da nicht so liegen bleiben, es wird sein Tod sein.

Ich zuckte die Achseln. Was sollen wir thun?

Und plötzlich steht eine zweite Gestalt neben mir, und eine andere rauhe Stimme flüstert: er muß nach Haus! Was soll er hier liegen und frieren um des krausköpfigen Schuftes willen. Wir wollen keine Schuld daran haben.

Nein, wir wollen keine Schuld daran haben, murmeln andere Stimmen. Im Nu hat sich eine Schaar um mich versammelt, die mit jedem Augenblicke wächst. Von diesen Gesellen hat Keiner geschlafen, so wenig wie ich. Alle haben sie in ihre rauhen Herzen dieselben Gedanken gewälzt. Sie möchten ihr Unrecht wieder gut machen; sie wissen nicht, wie sie es anfangen sollen. Einer findet es endlich, er soll selber hingehen und ihn bitten! — Ja, das soll er! — Wo ist er? — dahinten! — her mit ihm!

Sie dringen in die Ecke, wo der Krausköpfige kauert; ein halbes Dutzend kräftiger Fäuste reißt ihn vom Boden; so schleppen sie ihn zum Director, der, als sie herankommen, von seinem harten Lager sich emporrichtet. Der Schein der nächsten Laterne fällt voll in sein bleiches, von dunkelm Bart und Haar umschattetes Angesicht. Ein glückliches Lächeln spielt um seinen Mund, und seine großen Augen glänzen in einem wunderbaren Licht

Ich danke Euch, sagt er, ich danke Euch! Die Stunden, die Eure Gutheit mir vielleicht noch einbringt — sie sollen Euch gewidmet sein. Und nun noch eins, Kinder!

Der Mann hier bin ich selbst. Was Ihr ihm thut, thut Ihr mir!

Der Mann ist vor ihm in die Kniee gesunken, er legt ihm segnend die Hand auf den buschigen Kopf; wir wenden uns zur Thür. Ich werfe noch einen Blick zurück: von den Leuten hat sich noch keiner von der Stelle bewegt; Aller Augen sind noch starr auf den Herrlichen gerichtet, der, auf meinen Arm gestützt, eben den Saal verläßt. Aber ich zweifle, daß Alle ihn noch sehen, denn in mehr als einem dieser Augenpaare glänzen die hellen Thränen.

———

Sechsunddreißigstes Capitel.

Es war zwei Uhr geworden, als wir wieder in das Haus traten. Bei dem ersten Ton der Glocke erschien Paula auf dem Flur, aber der Director lächelte nur freundlich und schritt, ihr die Wangen streichelnd, still vorüber in sein Zimmer, wohin ich ihm folgte. Er hatte mit seiner Tochter nicht gesprochen, weil er nicht sprechen konnte. Sein Antlitz war leichenblaß, während auf den eingefallenen Wangen dunkelrothe Flecke glühten. Er deutete mir durch eine Handbewegung an, daß ich ihm helfen möge, sich auf sein Lager zu legen, dann winkte er mir mit den Augen Dank und schloß sie in tödtlicher Erschöpfung.

Ich hatte mich an sein Bett gesetzt und verwandte kein Auge von dem edlen, blassen Antlitz. Eine hehre Ruhe lag darüber gebreitet; auch die rothen Flecke von den Wangen verschwanden allgemach, keine Regung verrieth, daß unter dieser hohen Stirn noch ein Geist hause; mir war zu Muthe, als ob ich bei einem Todten Wache halte.

So vergingen langsam und feierlich die nächtigen Stunden.

In meinem ganzen Leben ist kein wunderbarerer Gegensatz an mich herangetreten als das stille, hehre Antlitz des schlafenden Mannes und die wilde Wuth des Sturmes, der draußen mit unverminderter Gewalt fortraste. Er durfte schlafen. Zu den seligen Gipfeln, über welchen sein Geist schwebte, trug keine gewaltigste Schwinge irdischen Sturmes.

Und ich mußte der Nacht denken, als in der Mauerhöhle der alten Zehrenburg der Schleichhändler, der eben zum Mörder geworden, sich verwundet in meinen Armen wand und Gott und die Welt und sich verfluchte. Und jener Mann war der Bruder

dieses hier gewesen! Es schien unglaublich, daß derselben
Mutter Leib zwei so verschiedene Wesen hatte hervorbringen,
dieselbe Sonne zwei so verschiedenen Menschen leuchten können,
und dann war mir wieder, als ob Beide — der Wilde und
der Gute — der Menschenhasser und der Menschenfreund —
einer und derselbe wären; als ob ich jenes blasse Gesicht hier
vor mir schon einmal gesehen, als ob es dasselbe Gesicht sei,
auf dessen bleiche Todesstirn die Morgensonne schien, welche
nach der Schreckensnacht röthlich aus dem Meere stieg.

Doch das waren wohl die Phantasien Eines, den die Müdigkeit überwältigte. Auch mußte ich eine Zeit lang geschlafen haben,
denn als ich wieder einmal den Kopf hob, blickte eine graue
Dämmerung durch die heruntergelassenen Gardinen. Der Director lag noch da, wie er in der Nacht gelegen hatte, die Augen
geschlossen, die weißen Hände über der Brust gefaltet. Ich stand
leise auf, und leise verließ ich das Gemach. Ich mußte Luft
schöpfen; ich mußte die Last abzuschütteln versuchen, die mir auf
dem Herzen lag.

Als ich über den stillen Flur schritt, war ich verwundert zu
sehen, daß der Zeiger der großen Wanduhr am Fuß der Treppe
schon auf acht wies. Ich hatte nach dem spärlichen Lichte geglaubt, es sei fünf oder sechs. Doch sah ich alsbald, als ich
heraustrat, warum es nicht heller sein konnte. Der schwarze
Sargdeckel, der in der Nacht über der Erde gelegen, hatte sich
jetzt in einen grauen verwandelt — eine Dämmerung, die nicht
Nacht, nicht Tag war. Und die Gewalt des Sturmes unver-
mindert! Ich mußte mich, als ich um den schützenden Giebel
des Hauses trat, fest auf die Füße stemmen, um nicht umgeworfen zu werden. So, mich nach vorn beugend, schritt ich
durch den sonst so lieblichen Garten, der jetzt nur noch eine
grausige Stätte der Verwüstung war. Da lagen Bäumchen,
die mit der Wurzel herausgerissen, da lagen Bäume, die wenige
Fuß über der Wurzel abgebrochen waren. Der Weg war mit
Zweigen und Zweiglein übersäet, die Luft mit durcheinander
wirbelnden Blättern buchstäblich angefüllt. Nur die alten Platanen auf dem Altan schienen der Wuth des Sturmes trotzen

zu wollen, wenn auch ihre majeſtätiſchen Wipfel in wilden
Wellen durcheinander gepeitſcht wurden. Ich arbeitete mich nach
dem Belvedere hin, dem einzigen Punkte, von welchem man eine,
wenn auch beſchränkte Ausſicht nach der Wetterſeite hatte. Ich
fürchtete ſchon, das alte Gartenhäuschen möchte dem Anprall
nicht haben widerſtehen können; aber da war es noch; ohne
Zweifel hatte es die hohe Baſtion jenſeits des Wallgrabens ge=
ſchützt. Ich eilte, in dem Häuschen einen Schutz zu ſuchen; als
ich haſtig durch die offene Thür trat, ſah ich Paula neben einem
der ſchmalen Fenſter ſtehen, die nach der Waſſerſeite lagen.

Sie hier, Paula! rief ich erſchrocken. Sie hier in dieſem
Wetter, das uns jeden Augenblick das Häuschen über dem Kopf
zuſammenwerfen kann!

Wie geht es dem Vater? fragte Paula.

Er ſchläft, erwiderte ich; Sie haben nicht geſchlafen.

Ihre Wangen waren ſo bleich, ihre großen Augen ſo tief
gerändert! Sie wandte den Blick ab und deutete durch das
Fenſter, an welchem ſie geſtanden hatte und das jetzt nur noch
eine Fenſterhöhle war, denn der Sturm hatte die bunten Rauten,
bis auf eine unten in der Ecke, eingedrückt.

Iſt das nicht furchtbar? ſagte ſie.

Und furchtbar war es in der That. Bleigrau der Himmel,
bleigrau das Meer, und zwiſchen Himmel und Meer weißliche
Punkte, wie Schneeflocken, die ein Novemberwind durcheinander
wirbelt. Die weißlichen Punkte waren Möven und ihr klägliches
Geſchrei ſchallte auf Augenblicke bis zu uns herüber. Auf der
hohen Baſtion uns gegenüber hatte der Sturm das ſußlange
Gras, das ſonſt ſo luſtig im Winde nickte, platt gedrückt, wie
wenn ſchwere Walzen darüber hingegangen wären; und über
dem langen niedrigen Wall zur Rechten erhoben ſich von Zeit
zu Zeit ſchimmernde Streifen, für die ich im Anfang keine Er=
klärung hatte. Konnten das die Kämme von Wellen ſein? Es
ſchien unmöglich. Der Wall — das wußte ich — war zwölf
Fuß und darüber hoch und hatte noch einen breiten, ſandigen
Vorſtrand, auf welchem eine viel frequentirte Badeanſtalt an=
gelegt war. Ich hatte über den Wall weg das Meer immer

nur in perspectivischer Entfernung gesehen; aber diese schim=
mernden Streifen, wenn es Wellen waren, tanzten nicht auf der
hohen See; ich sah deutlich, wie sie auf= und niedertauchten und
sich überschlugen und abgerissen und in Staub und Schaum
zerpeitscht über den Wall fortgetrieben wurden. Es war die
Brandung; und die Brandung war bis an den Rand des Walles
gestiegen.

Was soll das geben? sagte Paula.

Es war genau dieselbe Frage, die ich mir gestern Abend
genau auf dieser selben Stelle vorgelegt hatte, wenngleich in
einem ganz anderen Sinne. Ich hatte nur an sie gedacht, die
jetzt vor mir stand und mit großen, angstvollen Augen zu mir
aufschaute, aber in meinem, durch die schlaflose Nacht zerrütteten
Geiste flossen Natur und Menschenschicksal unentwirrbar in ein=
ander, draußen war drinnen und drinnen draußen.

Paula! sagte ich.

Sie blickte zu mir empor.

Paula! wiederholte ich und meine Stimme zitterte und
meine Hand suchte die ihre: Wenn der Sturm des Lebens ein=
mal gegen Sie wüthet, wie der da gegen uns Beide hier —
würden Sie sich zu mir um Schutz und Hilfe wenden? Sagen
Sie, Paula, würden Sie das?

Ein flammendes Roth flog über ihre bleichen Wangen, sie
zog ihre Hand, die ich nicht festzuhalten vermochte, aus der
meinen.

Sie gehören zu den guten Menschen, Georg, die Allen
helfen möchten, und auf die deshalb Alle Ansprüche zu haben
meinen.

Das ist keine Antwort, Paula, sagte ich.

Sie öffnete den Mund, aber ich erfuhr nicht, ob die schlimme
Auslegung, welche ich ihren Worten gegeben, die richtige sei,
denn in diesem Augenblicke wurde das Gartenhäuschen von
einem Stoß getroffen, der das Bretterdach wegriß und die noch
übrig gebliebenen Fenster eindrückte, daß die Scherben um uns
herumflogen. Ich faßte Paula um die Hüfte und zog sie aus
dem baufälligen morschen Häuschen fort, das wir kaum verlassen

hatten, als es polternd zusammenstürzte. Paula stieß einen Schrei des Entsetzens aus und klammerte sich fest an mich. Mein Herz wollte aufjauchzen, als ich das liebe Mädchen so umfaßt hielt; aber sie löste sich alsbald mit einer gewissen Heftigkeit aus meinen Armen.

Welche Schwächlinge wir Frauen doch sind! sagte sie; Ihr Männer müßt wahrlich denken, wir seien zu nichts auf der Welt, als uns von Euch beschützen zu lassen.

Als sie das sagte, lag es wie Zorn auf ihrer Stirn, in ihren großen Augen; aber um ihren Mund zuckte ein verhaltenes Weinen.

Was ging in diesem Augenblick vor in ihrem Gemüth?

Ich habe es erst viele Jahre später erfahren.

Wir gingen oder kämpften uns vielmehr nach dem Hause zurück. Es wurde kein Wort weiter zwischen uns gesprochen, auch nahm sie meinen Arm nicht, den ich ihr nicht anzubieten wagte. Würde sie eines Anderen Arm ebenso verschmähen? fragte ich mich.

Traurig, wie ich mich nie gefühlt, saß ich eine Stunde später auf meinem Bureau. Arbeiten zu sollen mit dieser Unruhe im Herzen, mit diesem Druck auf dem Gehirn, an einem Tage, wie dieser! Aber zuerst seine Pflicht thun, das Andere findet sich! Das war das Wort des Directors, und nach diesem Wort setzte ich mich an meine Arbeit und stellte Listen auf und revidirte Rechnungen und verrechnete mich nicht. Ich hatte meine lange Lehrzeit wohl bestanden; ich durfte es sagen: ich hatte zu arbeiten gelernt.

Es war Mittag geworden, als ich mich zum Director begab, ihm die Sachen, die ich gefertigt, zur Unterschrift vorzulegen. In dem Vorzimmer zu seinem Arbeitscabinet angelangt, blieb ich stehen, denn ich hörte durch die geöffnete Thür sprechen.

Es ist eine herrliche Zeit, sagte eine sanfte Stimme, die sich in jüngster Zeit seltener im Directorhause hatte vernehmen lassen; — eine herrliche Zeit; dies ist: eine Zeit des Herrn, da er sich offenbart in Sturm und Gewitter, das Herz des sündigen Menschen aus seinem Frevelmuth aufzuschrecken. Verstehen wir

diese Zeit, Herr Director! Laſſen wir den Herrn nicht vergeb=
lich rufen!

Sie verzeihen, wenn ich nicht Ihrer Anſicht bin, Herr von
Kroſſow; ich habe heute Nacht ein Beiſpiel davon gehabt, zu
welchem Unſinn abergläubiſcher Schrecken dieſe verwilderten
Seelen treibt. Wollen Sie die Leute über das Naturereigniß
aufklären, bin ich gern bereit, Sie in dieſer Bemühung zu unter=
ſtützen; von einer gemeinſchaftlichen Fürbitte ſehe ich keinen
Vortheil, und muß mich alſo zu meinem Bedauern dagegen
ausſprechen.

Der Director hatte das in ſeiner ruhigen, überzeugenden
Weiſe geſagt; aber es ſchien nicht, daß er ſeinen Gegner über=
zeugt hatte. Es entſtand eine kurze Pauſe, dann fing die milde
Stimme wieder an:

Ich vergaß zu erwähnen, daß der Herr Präſident, von dem
ich eben komme, und dem ich meinen Plan mittheilte, ganz
meiner Meinung war, ja, daß er den Wunſch äußerte: es
möchten in allen Kirchen die Glocken gezogen und die Gemeinde
zum Gebet gerufen werden. Er würde es ſchwer empfinden,
wenn er hier — gerade hier — ſeine Autorität — wie ſoll ich
ſagen — mißachtet ſähe.

Ich fürchte, erwiderte der Director, es werden heut' noch
Manche in der Lage ſein, der Autorität des Herrn Präſidenten
den ſchuldigen Reſpect verſagen zu müſſen; ich fürchte: es werden
die Glocken gezogen werden, aber nicht, um die Leute in die
Kirche, ſondern an die Arbeit zu rufen. Es wird, wenn der
Sturm nicht bald nachläßt, vor Nacht noch viele und ſchwere
Arbeit geben.

Da zitterte durch das Brauſen des Sturmes ein wim=
mernder Ton, wie aus den Wolken heraus, dem andere ähn=
liche wimmernde, abgeriſſene Töne nachheulten; in demſelben
Augenblicke wurde auch die Thür nach dem Flur aufgeriſſen,
und hereinſtürzte der Doctor athemlos.

Es iſt, wie wir gedacht, keuchte er, an mir vorüber in das
Gemach des Directors eilend, in welches ich ihm in einer Re=
gung, die etwas Beſſeres als Neugierde war, folgte.

Es ist, wie wir gedacht, wiederholte der Doctor, seine Brille
abnehmend und sich den nassen Sand und allerlei Spreu, womit
er über und über bedeckt war, aus dem Gesicht wischend; in
einer Stunde, höchstens in zwei Stunden hat das Wasser den
Wall überstiegen, wenn nicht vorher ein Durchbruch erfolgt,
was an mehr als einer Stelle zu befürchten steht.

Und was trifft man für Vorkehrungen?

Man legt die Hände in den Schooß — ist das noch nicht
genug? Ich bin spornstreichs zum Polizei=Director und zum
Präsidenten gelaufen; sie sollten Alles, was die Arme rühren
kann, auf den Wall schicken; sie sollen das Bataillon zurück=
kommen lassen. Es ist — können Sie sich den Wahnsinn
denken! — vor einer Stunde, weil keine Contreordre gekommen
ist, zum Manöver abmarschirt und quält sich jetzt auf der Chaussee
hin, wenn der Sturm sie nicht längst alle rechts und links in
den Graben geworfen hat, was mir wahrscheinlicher ist. Sie
können unter allen Umständen noch nicht weit sein, in einer
Stunde, in anderthalb meinetwegen, sind sie zurück, wenn man
ihnen ein paar reitende Boten nachschickt. Hier sind sie mehr
von Nöthen, als in den Chausseegräben. Das Alles stelle ich
den Herren vor. Was glauben Sie, das mir der Polizei=Di=
rector antwortet? er sei selbst Soldat gewesen und wisse, daß
ein Officier seiner Ordre nachzukommen habe. Es sei nicht
daran zu denken, daß das Bataillon auf seine Bitten umkehren
werde. Und der Präsident? dieser scheinheilige — was giebt's?
ah! Herr von Krossow! Sie hier! Thut mir leid, daß Sie haben
hören müssen, wie ich über Ihren Herrn Onkel denke; aber es
ist nun einmal heraus, ich kann mir und ihm nicht helfen. Ich
weiß nicht anders, als daß es nur den Schein von Heiligkeit
haben heißt, wenn man in einer solchen Calamität von Straf=
gerichten Gottes, von dem Stachel, gegen den man nicht löcken
dürfe, spricht.

Ich werde nicht ermangeln, meinem Onkel von den freund=
lichen Gesinnungen, die man hier so ungenirt gegen ihn aus=
spricht, pflichtschuldigen Bericht zu erstatten; sagte Herr von

Krossow, indem er mit vor Wuth zitternden Händen seinen breitkrämpigen Hut ergriff und zur Thür hinauseilte.

Glück auf den Weg! rief der kampflustige Doctor, mit seinen kurzen Beinen ein paar Schritte hinterherlaufend, wie ein Hahn, den sein Gegner allein auf dem Kampfplatz gelassen hat. Glück auf den Weg! rief er noch einmal durch die offengebliebene Thür, die er dann, Zorn und Verachtung schnaubend, wüthend zuwarf.

Sie haben sich um Ihre Stelle hier gebracht, sagte der Director ernst.

So weiß der Kerl doch, wie ich über ihn denke, krähte der Doctor.

Was liegt daran? sagte der Director. Aber daran, daß Sie hier Arzt sind, — daran liegt sehr viel, vor Allem mir. Wir müssen sehen, wie das wieder in's Gleiche zu bringen.

Der Director ging mit langsamen Schritten, die ernsten Augen vor sich nieder auf den Boden gerichtet, durch das Gemach; der Doctor stellte sich von einem Fuß auf den andern und sah sehr verblüfft und beschämt aus.

Was giebt's? fragte der Director einen Schließer, der eben mit verstörten Mienen zur Thür hereinkam.

Es sind eine Menge Leute da, Herr Director.

Wo?

Vor dem Thor, Herr Director.

Was für Leute?

Zumeist aus der Brückengasse, Herr Director, sie sagen, sie müßten Alle versaufen, Herr Director. Und weil die Anstalt nun doch so viel höher liegt —

Der Director verließ, ohne ein Wort zu erwidern, das Zimmer und das Haus. Wir folgten ihm über den Hof. Er war herausgetreten, wie er ging und stand, in kurzem seidenen Hausrock, ohne Hut oder Mütze. So schritt er vor uns hin, und der Sturm, der im Hof umherfuhr, zerzauste sein Haar und peitschte die Spitzen des langen Schnurrbartes, wie Flaggenzipfel.

Wir kamen zum Thor, das der mürrische Thorwart aufschließen mußte. Ich hatte gestern Abend, als eine Gefängnißthür sich öffnete, ein grausiges Bild gesehen; ich sollte hier ein rührendes, bejammernswerthes zu sehen bekommen, das nicht weniger klar in meiner Erinnerung stehen geblieben ist.

Es mochten wohl fünfzig Menschen sein, zumeist Weiber; aber auch Männer, alte und junge, und Kinder, zum Theil noch auf den Armen ihrer Mütter. Fast Alle trugen sie Sachen in der Hand, oder hatten sie vor sich auf den Boden gestellt, die ersten und gewiß nicht immer die besten, die sie in der Eile und der Angst ergriffen. Ich sah eine Frau, die einen großen Wassertrog auf der Schulter hatte, den sie mühsam fest hielt, als müsse er zerbrechen, wenn sie ihn auf die Erde niedersetzte; ich sah einen Mann, der ein leeres Vogelbauer trug, das der Wind hin und her schleuderte. Das Thor war kaum geöffnet, als Alle, wie von Furien gejagt, auf den Hof stürzten. Der Schließer wollte sich ihnen entgegen stellen; der Director ergriff ihn beim Arme.

Nicht doch! sagte er.

Wir waren auf die Seite getreten und hatten den wüsten Strom an uns vorübergelassen, der sich jetzt über den Hof ausbreitete, zum Theil bereits nach den Thüren der Gebäude stürzte.

Halt! rief der Director.

Die Leute standen.

Laßt die Frauen und die Kinder hinein, sagte er zu seinen Leuten, auch die Alten und die Kranken. Ihr Männer mögt einen Augenblick eintreten, Euch zu erwärmen; in zehn Minuten seid Ihr wieder hier, dies ist keine Zeit für Männer, hinter dem Ofen zu hocken.

Da kamen schon wieder neue Gäste durch das offene Thor. Laßt sie herein, laßt Alle herein! rief der Director.

Ein junges Weib mit einem Kinde auf dem Arm, das den Andern nachgestürmt kam, trat vor den Director hin und rief: Ich will meinen Mann. Warum halten Sie ihn eingesperrt? Ich kann die Bälger nicht alle auf einmal tragen; wenn ich sie nicht mehr finde, so könnt Ihr dies auch nur ersäufen!

Sie war im Begriff, das Kind auf die Erde zu legen, als sie es plötzlich dem Doctor, welcher dabei stand, in die Arme drückte und wieder zum Hofe hinausstürzte. Das junge Weib hatte wunderbar blondes, langes Haar, und das Haar war aufgegangen, und wie sie jetzt in rasender Eile davon stürzte, flatterte es in tausend sturmgepeitschten Strähnen hinter ihr her.

Machen Sie, daß Sie Ihre kleine Bürde los werden, sagte der Director lächelnd zu dem Doctor, und sehen Sie nach den Weibern und Kindern. Und noch eines, lieber Freund! Sorgen Sie dafür, daß die Leute mit ihrem Mittagessen in einer Viertelstunde fertig sind; und dann sollen sie hier antreten, hören Sie, Alle ohne Ausnahme, außer den Kranken!

Der Doctor warf einen fragenden Blick auf seinen Chef. Plötzlich flog es wie ein Lichtstrahl auf sein grotesles Gesicht, und das schreiende Kind fest gegen die Brust drückend, lief er mit seltsam trippelnden Schritten in das Haus, die Befehle des Directors auszuführen.

Bleib' hier, Georg! sagte dieser zu mir, und sprich mit den Leuten; Du kannst das ja; ich bin in zehn Minuten wieder hier.

Er ging; ich schaute ihm mit starren Blicken nach. Was war das? Zum ersten Male hatte er mich Du genannt! Sein Auge war voll auf mich gerichtet gewesen, er hatte sich nicht versprochen; er hatte es aber auch nicht mit Absicht gesagt, ich fühlte das instinctiv; ich fühlte, ja, ich wußte, daß der Moment zu hoch war, und daß die kleinlichen Schranken, welche das conventionelle Leben zwischen uns aufthürmt, vor den Blicken dieses Mannes zu einem Nichts zusammenschrumpfen mußten. Und ich wußte auch, was er vorhatte; ich wußte, daß er sich rüstete zu einem Kampf auf Tod und Leben, und daß er ge= gangen war, Abschied zu nehmen von den Seinen. Ein Schauder durchrieselte mich, meine Brust hob sich, mein Kopf richtete sich empor. Ihr guten Leute, rief ich, seid getrost, er wird Euch helfen, wenn ein Mensch helfen kann.

Sie drängten sich zu mir; sie klagten mir ihre große Noth, wie das Wasser gestiegen sei seit gestern Mitternacht, einen Fuß in jeder Stunde fast, das sei nun zwölf Stunden her und der Wall habe an der höchsten Stelle nur eine Höhe von dreizehn bis vierzehn, die Brückengasse und die nächste, die Schweden=

gaſſe, lägen nur wenig höher als das Meer, und wenn der Wall bräche, ſeien ſie alle verloren. Der Lootſen=Commandeur Walther, der das gut verſtände, habe immer geſagt, da müſſe etwas geſchehen, aber für dergleichen hätten ſie ja kein Geld, das brauchten ſie zu den Baſtionen und Kaſematten auf der Landſeite.

Und meine beiden Jungen haben ſie in die bunte Jacke ge= ſteckt, ſagte ein alter Mann, die liegen nun auf der Landſtraße, da können ſie uns freilich nicht helfen.

Aber er wird es, ſagte ich.

Der alte Mann blickte mich ungläubig an: er iſt ein guter Herr, ſagte er, das weiß jedes Kind; aber was kann er thun?

In dieſem Augenblick trat der Director wieder aus dem Hauſe; zu gleicher Zeit ſtrömten aus drei verſchiedenen Thüren, welche in die verſchiedenen Flügel des Hauptgebäudes führten, die Arbeits= und Zuchthäusler heraus, an die vierhundert, alle mehr oder weniger rüſtige Männer, in ihren grauen Arbeits= jacken, die meiſten bereits ausgerüſtet mit Spaten, Hacken, Aexten, Stricken, und was denn noch ſonſt aus der Kammer an Werkzeugen und zweckdienlichen Hülfsmitteln hatte genom= men werden können. Die Leute waren von ihren Aufſehern geführt.

So kamen ſie heran in militäriſchem Schritt und Tritt. Halt! Front! commandirten die Aufſeher und die Leute ſtanden in drei Gliedern aufmarſchirt, ſtramm und feſt, wie eine Com= pagnie unter dem Gewehr.

Zu mir, Männer, rief der Director mit tönender Stimme. Die Leute traten heran. Aller Augen waren ſtarr auf ihn ge= richtet, der, gebeugten Hauptes, ſinnend daſtand. Plötzlich ſchaute er auf, ſein Blick leuchtete über den Kreis und mit einer Stimme, die man dieſer kranken Bruſt nimmer zugetraut hätte, rief er:

Männer! Ein Jeder von uns hat in ſeinem Leben eine Stunde gehabt, um die er viel gäbe, wenn er ſie zurückkaufen könnte. Nun iſt Euch heute ein großes Glück beſchieden; ein Jeder von Euch, ſei er, wer er ſei, und habe er gethan, was er gethan habe — ein Jeder soll jene Stunde zurückkaufen dürfen und wieder werden, was er vordem war, vor Gott, vor sich selbst und vor allen guten Menschen. Man hat Euch gesagt, um was es sich handelt. Es gilt, sein Leben in die Schanzen zu schlagen für das Leben Anderer, für das Leben von Weibern und Kindern. Ich mache Euch keine eitlen Versprechungen, ich sage Euch nicht: Was Ihr thun werdet, soll Euch zu freien Menschen machen. Ich sage Euch im Gegentheil: Ihr werdet hierher zurückkehren, wie Ihr ausgegangen seid; kein Lohn, keine Freiheit, Nichts harrt Eurer, wenn heute Abend nach gethaner Arbeit jenes Thor sich wieder hinter Euch schließt, nichts, als der Dank Eures Directors, ein Glas steifen Grogs und ein sanftes Ruhekissen, wie es einem ehrlichen Kerl ziemt. Wollt Ihr unter diesen Bedingungen zu Eurem Director stehen? Wer es will, der hebe seine Rechte empor und rufe aus voller Brust: Ja!

Und vierhundert Arme flogen in die Höhe und aus vierhundert Männerkehlen donnerte ein Ja, das den Sturm übertönte.

Im Nu war die Schaar auf den Befehl und unter der Leitung des Directors zusammen mit den Männern, die vorhin in die Anstalt geflüchtet waren, in drei Züge getheilt, von denen Süßmilch den ersten, ich den zweiten und ein Sträfling, Namens Mathes, der früher Schiffbauer gewesen, ein sehr intelligenter, thatkräftiger Mensch, den dritten führen sollte. Die Aufseher standen in Reih' und Glied. Heut, Kinder, sind wir Alle gleich und Jeder ist sein eigener Aufseher, sagte der Director. So marschirten wir zum Thor hinaus.

Der Weg, die enge Straße, auf welche das Hauptthor führte, hinab, war nicht lang und wurde schnell zurückgelegt; aber an dem alten und ziemlich engen Thor an dem Ende der Straße fanden wir einen unerwarteten, seltsamen Widerstand, der mir mehr als alles Vorhergegangene die Gewalt des Sturmes bewies. Das alte Thor war eigentlich nur noch ein offener weiter Mauerbogen; dennoch brauchten wir mehr Zeit hindurchzukommen, als wenn wir die schwersten, eisenbeschlagenen, eichenen

Thorflügel hätten sprengen müssen, so drückte der Sturm durch die Oeffnung. Wie ein Riese mit hundert Armen stand er draußen und stieß jeden Einzelnen, der sich an ihn wagte, wie ein machtloses Kind zurück; nur unseren vereinten Anstrengungen, indem wir uns gegenseitig die Hände reichten und an der inneren rauhen Oberfläche des Thores festhielten, gelang es, durch den Engpaß zu kommen. Dann ging es auf dem Wallwege zwischen der hohen Bastion auf der einen, und den Gebäuden der Anstalt auf der anderen Seite schnell vorwärts, bis wir an den Ort gelangten, wo unsere Hülfe Noth that.

Es war jener lange, niedrige Wall, der unmittelbar an die Bastion stieß und über dessen Rand ich so oft vom Belvedere aus sehnsüchtigen Blickes auf das Meer und auf die Insel geschaut hatte. Seine Länge betrug vielleicht fünfhundert Schritt. Dann kam der Hafen mit seinen weit in das Meer hineingebauten, steinernen Molen. Warum diese Stelle bei einem Sturm, wie der heutige, so unendlich gefährdet war, wurde mir auf den ersten Blick klar. Das von der offenen See unter der Gewalt des Sturmes hereinflutende Wasser wurde zwischen der hohen Bastion, die auf gewaltigen Futtermauern ruhte, und dem langen Hafendamm wie in einer Sackgasse gefangen, und da es weder rechts noch links ausweichen konnte, mußte es wohl das Hemmniß, welches sich ihm hier entgegenstämmte, zu durchbrechen suchen. Riß aber der Wall, so war der ganze untere Theil der Stadt verloren. Das konnte Keinem entgehen, der von dem Wall stadtwärts in die engen Hafengäßchen sah, deren Dachfirsten zum großen Theil kaum die Höhe des Walles erreichten, so daß man über dieselben weg in den Binnenhafen sehen konnte, welcher auf der uns entgegengesetzten Seite der Hafenvorstadt lag, und wo jetzt die Masten der Schiffe wie Binsen durcheinanderschwankten.

Ich glaube, daß ich keine Viertelminute gebraucht habe, mir die Situation, wie ich sie soeben geschildert, vollkommen klar zu machen, und mehr Zeit ist mir auch schwerlich vergönnt

gewesen. Sinn und Gemüth wurden von dem Anblicke der
Gefahr, die wir zu bekämpfen gekommen waren, zu mächtig
ergriffen. Ich, der ich mein ganzes Leben an der Küste zuge=
bracht, der ich mich Tage lang in großen und kleinen Fahr=
zeugen auf den Wellen geschaukelt, der ich manchen Sturm,
an Bord und von der Küste aus, mit nimmer müder Auf=
merksamkeit und sympathetischem Grausen beobachtet hatte —
ich glaubte, das Meer zu kennen, und sah jetzt, daß ich es nicht
besser kannte, wie Jemand eine Bombe kennt, die er nicht hat
explodiren, und Tod und Verderben rings um sich her hat
streuen sehen. Nicht einmal in der Phantasie war ich der
Wirklichkeit nahe gekommen. Das war nicht mehr die See,
die aus Wasser bestand, welches kleinere und größere Wellen
bildet, welche Wellen mit größerer oder geringerer Gewalt an
das Ufer schlagen — dies war ein Scheusal, eine Welt von
Scheusalen, die mit weit aufgerissenen, schäumenden Rachen,
brüllend, heulend, schnappend dahergefahren kamen; — es war
gar nichts Bestimmbares mehr: der Untergang aller Form, ja
selbst aller Farbe, das Chaos, das hereinbrach, die Welt der
Menschen zu verschlingen.

Ich glaube, daß wohl keiner in der ganzen Schaar war,
auf den dieser Anblick anders wirkte. Ich sehe sie noch da=
stehen, die vierhundert, wie sie auf den Wall heraufgestürmt
waren, mit bleichen Gesichtern, die starren Augen bald auf
das heulende Chaos, bald auf den Nachbar gerichtet, und
dann auf den Mann, der sie hierhergeführt, und der allein
im Stande war, zu sagen, was hier geschehen solle, was hier
geschehen könne.

Und niemals hat eine rathlose Schaar einen bessern Füh=
rer gehabt.

Der herrliche Mann! Ich sehe ihn mit dem treuen Auge
der Liebe, das sinnend in die Vergangenheit blickt, so oft, in
so vielen Situationen, und immer sehe ich ihn schön und groß;
aber in keinem Augenblicke schöner und größer als in diesem,
wie er dastand auf dem höchsten Punkte des Walles, sich fest=

haltend an der Flaggenstange, die er dort hatte aufrichten
lassen: — schöner und größer und heldenhafter! Ja! Hel=
denhaft war seine Haltung und heldenhaft sein Auge, das die
Gefahr und die Abhilfe in einem Blick umspannte, und hel=
denhaft war die Stimme, die unermüdet, mit scharfem klaren
Ton, in knappen, bestimmten Worten die nöthigen Befehle
ertheilte! Die mußten hinab in die Hafengassen und an leeren
Fässern und Kasten und Kisten herbeischaffen, was sie konnten;
die mit Spaten und Schaufeln und Karren und Körben hinauf
auf die Bastion, wo es Erde in Ueberfluß gab; die mit Sägen
und Beilen und Stricken hinüber in das benachbarte Glacis,
die jungen Bäume zu fällen, die seit Jahren auf einen Feind
warteten, der heute gekommen war; die auf die nahe gelegene
Lastadie, die Schiffszimmerleute aufzufordern, mit Hand an's
Werk zu legen und ein paar Dutzend große Balken, die wir
nothwendig brauchten, sei es mit Güte, sei es mit Gewalt her=
beizuschaffen. Noch war keine halbe Stunde vergangen und
die mit genialer Umsicht angeordnete Arbeit war im vollen
Gange. Hier wurden Körbe mit Erde in die Lücken gesenkt,
die das Meer in den Wall riß, dort Pfähle eingeschlagen und
mit Zweigen durchflochten, dort eine Balkenwand aufgeschichtet.
Und das trieb und hastete sich, und grub und schaufelte und
hämmerte und karrte und schleppte Centnerlasten herbei mit
einer Emsigkeit, mit einer Kraft, mit einem starken, opferfreu=
digen Muth, daß mir noch jetzt die Thränen in die Augen
kommen, wenn ich daran denke; wenn ich denke, daß dies die=
selben Menschen waren, welche die Gesellschaft von sich ausge=
stoßen, dieselben Menschen, die vielleicht um weniger Brocken
willen, um eines kindischen Gelüstes, zum Dieb geworden; die=
selben Menschen, die ich so oft verdrossen durch die Höfe der
Anstalt an die Arbeit hatte schleichen sehen; dieselben Menschen,
die gestern Abend der Sturm, der an die Mauern ihres Ge=
fängnisses schlug, zu rasender Angst hatte aufregen können!
Da lag die Stadt unter ihnen: sie konnten hineinstürzen und
rauben, brennen und morden nach Herzenslust — wer sollte

es ihnen wehren? Da lag die weite Welt offen vor ihnen: sie durften nur davon= und hineinlaufen — wer sollte sie zurück= halten? Hier war eine Arbeit, schwieriger, mühsamer, gefähr= licher, als eine, die sie je gethan — wer konnte sie dazu zwin= gen? da war der Sturm, vor dem sie gestern gezittert, in seiner scheußlichsten Gestalt — warum zitterten sie heute nicht? Warum gingen sie scherzend, lachend in die offenbare Todes= gefahr, als es galt, den großen Schiffsmast, der vom Hafen hergetrieben war, und jetzt von den Wellen als Sturmbock gegen den Wall geschleudert wurde, hereinzuholen? Warum? Ich meine, wenn alle Menschen dies Warum mit mir in gleicher Weise beantworteten, dann gäbe es keine Herren und Knechte mehr, dann sänge man nicht mehr das alte traurige Lied vom Hammer, der kein Amboß sein will, dann — doch warum ein Warum beantworten wollen, das nur die Weltgeschichte beant= worten kann? Warum die Ahnung unseres Busens heraus= stellen in die Welt, die gleichgültig daran vorübertreibt, ohne hinzublicken, vielleicht nur hinblickt, um darüber zu spotten! —

Wer diese Arbeit sah, wer diese Menschen sich die Haut von dem Fleisch und das Fleisch von den Knochen reißen sah in ihrer gewaltigen, fürchterlichen Arbeit, der lachte nicht, und wer es sah, das waren die armen Bewohner der Hafengassen, Weiber und Kinder zumeist — denn die Männer mußten mit arbeiten —, die herbeikamen und unten im Schutze des Walles standen und mit sorgenvollen, erstaunten Mienen hinaufschauten zu den Graujacken dort oben, die sie sonst nur mit miß= trauischen, scheuen Blicken von weitem beobachteten, wenn die= selben, in kleinen Trupps von einer kleinen Außenarbeit kom= mend, durch die Straßen geführt wurden. Heute hatten sie keine Angst vor den Graujacken; heute beteten sie, daß ihnen Speise und Trank gesegnet sein möge, die sie selbst bereitwillig herbeitrugen. Sie hatten keine Angst vor den vierhundert Grau= jacken, sie wünschten höchstens, daß ihre Zahl sich verdoppeln und verdreifachen möge!

Aber es gab Leute, die weit aus dem Bereiche der Gefahr

wohnten, um deren Gut und Leben es sich in diesem Augenblicke keineswegs handelte und die deshalb vollauf in der Lage waren, das Ungehörige und Ungesetzliche, das man hier zu vollführen wagte, bitter zu empfinden.

Ich erinnere mich, daß nach einander der Polizei-Director von Rabach, der Regierungs-Präsident von Krossow, der Generallieutenant und Commandant der Festung, Excellenz Graf Dankelheim kamen, und unsern Anführer mit Bitten, Befehlen, Drohungen bestürmten, seine gefürchtete Brigade wieder hinter Schloß und Riegel zu bringen. Ja, ich erinnere mich, daß sie gegen Abend zusammen da waren, einen gemeinschaftlichen Sturm zu versuchen, und ich muß noch heute lächeln, denke ich der heiteren Ruhe, mit welcher der Gute, Brave diesen Angriff zurückwies.

Was wollen Sie, meine Herren? sagte er. Wollen Sie wirklich lieber, daß Hunderte ihr Leben verlieren und das Eigenthum von Tausenden vernichtet wird, als daß ein Dutzend oder ein paar Dutzend dieser armen Schelme das Weite und die Freiheit suchen, die sie nebenbei heute redlich verdient haben? Und übrigens werde ich sie, wenn die Gefahr vorüber ist, zurückführen. Bis dahin soll mich Niemand von hier vertreiben, es sei denn, daß er mich mit Gewalt vertriebe, und dazu ist ja wohl glücklicherweise Keiner von Ihnen im Stande, meine Herren! Und nun, meine Herren, muß diese Unterredung zu Ende sein, das Dunkel bricht herein; wir haben höchstens noch eine halbe Stunde, unsere Vorbereitungen für die Nacht zu treffen. Ich habe die Ehre, meine Herren!

Und bei den Worten machte er eine Handbewegung gegen die drei Würdenträger, die mit unendlich armseligen Mienen davonschlichen, und wandte sich dahin, wo man seiner bedurfte.

In diesem Augenblicke mehr als je; denn es war jetzt — kurz vor dem Hereinbrechen der Nacht — als ob der Sturm seine ganze Kraft zu einem letzten, entscheidenden Angriff zusammennähme. Ich fürchtete, daß wir unterliegen würden, daß die sechsstündige, verzweifelte Arbeit vergeblich gewesen sei.

Die Riesen-Wellen brandeten nicht mehr zurück — ihre Kämme wurden abgerissen und über den Wall herüber weit in die Straßen hineingeschleudert. Angstheulend stob die unten versammelte Menge auseinander; von uns Arbeitern vermochte kaum einer noch oben Stand zu halten, ich sah verwegene Gesellen, die bis dahin mit der Gefahr gespielt hatten, bleich werden und den Kopf schütteln und hörte sie sagen: Es ist unmöglich, es geht nicht mehr.

Und jetzt kam der schauerlichste Act in diesem furchtbaren Drama.

Ein kleines holländisches Schiff, daß draußen auf der Rhede gelegen hatte, war von seinen Ankern getrieben, und wurde in der grauenhaften Brandung wie eine Nußschale hinüber und herüber, aus der Tiefe in die Höhe, aus der Höhe in die Tiefe und mit jeder Welle näher an den Wall geschleudert, den wir vertheidigten. Wir sahen die verzweifelten Geberden der Unglücklichen, die in den Raaen hingen, wir hätten uns einbilden können, ihr Angstgeschrei zu hören.

Können wir nichts thun? rief ich, nichts? mich mit Thränen der Verzweiflung in den Augen an den Director wendend.

Er schüttelte traurig den Kopf. Das Eine vielleicht, sagte er, daß, wenn das Schiff bis oben hinauf geschleudert wird, wir versuchen, es festzuhalten, damit es die Brandung nicht wieder herabstrudelt. Gelingt es nicht, sind jene verloren, und wir auch, denn das hin- und hergeschleuderte Fahrzeug würde uns eine Bresche in den Wall schlagen, die wir unmöglich wieder ausfüllen können. Laß starke Pfähle einschlagen, Georg, und das eine Ende unserer dicksten Seile daran befestigen. Es ist eine schwache Möglichkeit nur, aber es ist doch eine. Komm!

Wir eilten zu der Stelle, an der das Fahrzeug voraussichtlich stranden mußte, und von der es nur noch wenige hundert Fuß entfernt war. Die Leute waren von dem Wall gewichen und hatten vor der maßlosen Wuth des Sturmes, wo sie konnten, Schutz gesucht, jetzt, als sie ihren Führer selbst die Axt in die Hand nehmen sahen, kamen sie alle wieder herbei und arbeiteten mit einer Art von Wuth, im Vergleich zu dem Alles, was sie bis jetzt geleistet, Kinderspiel gewesen.

Die Pfähle waren eingerammt, die Seile befestigt. Ich selbst und noch drei andere Männer, die für die stärksten galten, standen auf dem Wall, des rechten Augenblickes harrend. Furchtbare Momente, die dem Muthigsten das Blut in den Adern erstarren, die einem Jünglinge das braune Haar bleichen konnten!

Und das kaum für möglich Gehaltene gelang. Eine Riesenwelle kam herangebraust, auf ihrem Rücken das Fahrzeug. Und da bricht sie herein — eine Sündfluth, die sich über uns ergießt; aber wir stehen fest, wir krampften uns mit den Nägeln an die eingerammten Pfähle, und als wir wieder um uns blicken können, liegt das Schiff, wie ein verendeter Wallfisch auf der Seite, hoch oben auf dem Wall. Wir springen herzu, hundert Hände sind auf einmal beschäftigt, die Seile um die Masten zu schlingen, hundert Andere die bleichen Menschen — fünf an der Zahl — aus den Raaen, an die sie sich gebunden, herauszulösen. Es ist geschehen, ehe die nächste Welle hereinbricht. Wird sie uns unsere Beute entreißen? Sie kommt, und noch eine, und abermals eine; aber die Stricke halten; jede Welle ist schwächer als ihre Vorgängerin; die vierte erreicht nicht mehr den Rand, die fünfte bleibt noch weiter darunter; — in dem furchtbaren, unaufhörlichen Donner, der heute so viele Stunden unsere Ohren betäubt, tritt auf einmal eine Pause ein; die nach Osten gepeitschten Flaggen auf den schwankenden Masten der Schiffe des Binnenhafens hangen auf einmal herab und flattern dann nach Westen herüber; — der Sturm ist gebrochen; der Wind springt um — der Sieg ist unser!

Der Sieg ist unser! Ein Jeder weiß es in demselben Augenblick. Ein Hurrah, das nicht enden will, bricht aus den Kehlen dieser rauhen Menschen. Sie schütteln sich die Hände,

. sie fallen einander in die Arme. — Hurrah! Hurrah! und nochmals Hurrah!

Der Sieg ist unser — er ist theuer erkauft!

Als meine Augen ihn suchen, dem Alle Alles zu danken haben, finden sie ihn nicht auf der Stelle, wo ich ihn zuletzt gesehen. Aber ich sehe die Leute nach der Stelle laufen, und ich laufe mit ihnen, ich laufe schneller als sie, gejagt von einer Sorge, die mir Flügel verleiht. Ich dränge mich durch ein paar Dutzend, die in dichtem Haufen zusammenstehen, und alle vornübergebeugten Kopfes auf einen Mann blicken, der auf der Erde liegt, auf den Knieen des alten Wachtmeisters. Und der Mann ist todtenbleich, seine Lippen sind mit blutigem Schaum bedeckt und neben ihm rings umher ist die Erde mit Blut gefärbt, mit frisch vergossenem Blut, seinem Blut, dem Herzblut des Edelsten der Menschen.

Ist er todt? höre ich einen der Männer fragen.

Aber der Held hier darf noch nicht sterben; er hat noch eine Pflicht zu erfüllen. Er winkt mir, da ich mich über ihn beuge, mit den Augen und bewegt die Lippen, über die kein Laut mehr kommt; aber ich habe ihn verstanden, ich umfasse ihn mit beiden Armen und richte ihn empor. So steht sie nun aufrecht an mich gelehnt, die hohe, königliche Gestalt. Sie können ihn Alle sehen die Männer, die er hierher geführt, und die er jetzt zurückführen will. Und wieder winkt er mir mit den Augen nach seiner Hand, und ich nehme die schlaff herabhängende wachsbleiche und sie deutet in die Richtung des Weges, den wir heute Mittag gekommen sind. Und da ist Keiner, der dieser stummen, feierlichen Mahnung nicht zu gehorchen wagte. Sie schaaren sich zusammen, sie treten in Reihe und Glied; der Wachtmeister und ich, wir tragen den sterbenden Führer. So geht es zurück in langem, langsam feierlichen Zuge.

. Die Nacht ist hereingebrochen, nur noch einzelne Sturm- stöße sausen vorüber und erinnern an den Tag, den furcht- baren, den wir Alle durchlebt haben. Die Arbeitshäusler, die heute außer dem Hause gearbeitet haben, — sie schlafen auf dem Ruhekissen eines guten Gewissens, das ihnen ihr Director zur Nacht versprochen. Ihr Director schläft auch, und sein Kissen ist so sanft, wie der Tod für eine große, gute Sache es machen kann.

Ende des ersten Theiles.